语文教学与学生阅读能力的培养

魏健康 张 帅 南新霞 著

北方文艺出版社
哈尔滨

图书在版编目（CIP）数据

语文教学与学生阅读能力的培养 / 魏健康，张帅，
南新霞著 . -- 哈尔滨：北方文艺出版社，2022.6
　ISBN 978-7-5317-5609-5

　Ⅰ . ①语... Ⅱ . ①魏... ②张... ③南... Ⅲ . ①小学语
文课 - 教学研究 Ⅳ . ① G623.202

　中国版本图书馆 CIP 数据核字 (2022) 第 095842 号

语文教学与学生阅读能力的培养
YUWEN JIAOXUE YU XUESHENG YUEDU NENGLI DE PEIYANG

作　者 / 魏健康　张　帅　南新霞
责任编辑 / 李　萌　　　　　　　　封面设计 / 邓姗姗

出版发行 / 北方文艺出版社　　　　邮　编 / 150008
发行电话 /（0451）86825533　　　经　销 / 新华书店
地　址 / 哈尔滨市南岗区宣庆小区 1 号楼　网　址 / www.bfwy.com

印　刷 / 三河市元兴印务有限公司　开　本 / 787mm×1092mm　1/16
字　数 / 391 千　　　　　　　　　印　张 / 20
版　次 / 2022 年 6 月第 1 版　　　印　次 / 2023 年 1 月第 2 次印刷

书　号 / ISBN 978-7-5317-5609-5　定　价 / 80.00 元

前　言

　　综观世界各国和我国新课改的理念，语文教学提倡以人为本，倡导全人教育，注重学习的过程与方法，培养各方面能力，重视价值观。语文教育引导学生学会学习、学会合作、学会生存、学会做人，这已成为主旋律。现阶段，全面提升学生的语文素养是语文教学的根本目标。学生的阅读习惯和阅读能力是培养学生语文素养的基础，其中阅读教学是语文教学的重头戏，在小学阶段，阅读教学所占的比重更大，是十分重要的基础工作。

　　阅读教学与阅读既有联系，又有区别。首先，阅读教学中的读不同于学生自读，阅读教学鼓励学生个性化的自读自悟，在独立的阅读实践中提升独立阅读能力。阅读教学并不是指学生孤立地读，而是有教师和其他学生的参与，是一种基于学生自读之上的对话过程。如果仅强调学生自读，忽视其他人的参与，就不能称为阅读教学了。其次，阅读教学中的读区别于生活中的读，生活中的读对阅读教学有促进作用。例如，生活中的读是个性化阅读，尊重个体在阅读过程中的独特感受，个体可以选择自己喜欢的读物，用自己喜爱的阅读方式阅读。阅读教学中的阅读无疑要借助生活中的阅读体验，关注学生阅读需求，注意阅读趣味，使阅读成为学生精神生活的一部分，除此之外，还要将读与写、读与说、读与用结合起来。阅读教学的任务与目标宽于生活阅读。

　　阅读教学是语文教学的基本环节。它是写作、口语交际、综合性学习的基础，是重点培养学生阅读能力的一系列语文训练活动，有利于学生掌握系统的语文知识和语文学习方法。此外，还能对学生的情感、态度和价值观进行熏陶。对于学生来说，只有激发其阅读兴趣，培养其阅读能力，才能为其全面发展、终身发展打下基础。由此可见阅读教学在语文教学中的地位，只有抓住阅读教学这一核心环节，才能占据语文教学的主阵地。

　　阅读量的弹性很大。一本 10 万字的书，要读到什么程度才算完成了 10 万字的阅读量？阅读"量"的规定得落脚到阅读"质"的检测上来。阅读质量不仅体现为读懂，更体现为会读，在课外阅读指导中更要强调阅读方法的选择和运用。应采取多样化阅读教学手段和方法，如：①选择的内容贴近学生的生活。针对学生不同的阅读需求，应选择不同的阅读内容，贴近学生的生活。这样不仅有利于学生借助生活实际来理解文章意蕴，还能让学生体会到学习的乐趣和成功的快乐。②阅读形式多样化。学会多种阅读方法，如朗读、默读、浏览、诵读、自由读等。除此之外，在阅读中还可以加入表演或者说唱，使学生在阅读中感受快乐，放松心情，成就自我。③关注学生的个体差异。正确、客观、积极地看待每位学生，尊重每位学生在阅读过程中的体验和感受，鼓励每位学生发挥想象，表达独特感受。

俗话说："授人以鱼，不如授人以渔。"阅读教学的根本目标在于教会学生阅读的方法，培养学生自主阅读的能力。语文教师应从具体抓起，指导学生学会各种形式的读，尤其强调朗读和默读。此外，在引导学生读书时必须注意指导学生阅读方法：学习精读、泛读、浏览、速读四种常用的阅读方法；学会使用工具书；指导学生集中注意力，提高学生的阅读速度；培养学生边读边思考、记录的习惯，使学生学会做读书笔记；等等。

习惯影响一个人的终身。叶圣陶先生说："教育是什么？往简单方面说，只需一句话，就是要培养良好的习惯。"阅读习惯关系到阅读效果，良好的阅读习惯对形成阅读能力有着积极作用。所以，在阅读教学中，应该注重培养学生良好的阅读习惯。

总之，阅读对一个人的全面发展、终身发展意义非凡。阅读教学中的阅读对学生来说是一个学习、理解语言，掌握阅读方法，吸取知识，提高认识，发展思维，丰富思想感情的过程。在语文教学过程中，教育工作者应将学生引向自然、社会、生活，让学生站在语文学习的最前沿，让学生真正爱上语文、爱上阅读，让学生从小养成爱阅读、会阅读的好习惯，树立终身阅读的理念，为其全面发展奠定基础。

本书由魏健康、张帅及南新霞撰写，因时间比较仓促，加上作者水平有限，难免有不足之处，请读者谅解。

目　录

第一章 语文教学学科基础研究

第一节 语言学基础

一、现当代语言学研究

（一）西方现当代语言学研究

从发展历程来看，西方现当代语言学可以大致分为三个阶段：结构主义语言学阶段、转换生成语言学阶段、交叉语言学阶段。

1.结构主义语言学阶段

20世纪五六十年代之前，结构主义语言学盛行于欧美各国。索绪尔是结构主义语言学的创始人。索绪尔提出了研究存在于某段时间内的共时语言学和研究语言在不同时期发展、变化的历时语言学，并把重点放在共时语言学方面；区分了语言（langue）和言语（parole）；同时，他指出，在共时的观察和描写中，语言是一个由词汇、语法和语音中相互联系的成分组成的集合体，这一点体现了索绪尔从结构上研究语言的观点。

结构主义语言学派又发展为三个重要的分支：布拉格学派（又称功能语言学派）、哥本哈根学派（也称符号派）、美国描写语言学派。

2.转换生成语言学阶段

20世纪50年代中后期，美国语言学中占主导地位的结构主义描写语言学开始受到一种新学说潮流的冲击，艾弗拉姆·诺姆·乔姆斯基（Avram Noam Chomsky，以下简称"乔姆斯基"）《句法结构》一书的出版及其后一系列著作的问世，明确地对描写语言学代表人物莱纳德·布龙菲尔德（Leonard Bloomfield）的学说提出了否定，引发了语言学领域中一场划时代的革命。

乔姆斯基建立的一整套转换生成语法理论，试图从语言的性质推导关于人类语言使用者的性质，以语言的性质去证明人类大脑的性质，解释人类的心理现象。他主张研究语言不应只研究语言结构的表层或语言行为的表面现象，而主要应该关心人类先天普遍具有的语言能力，即一种先天的、能够生成和理解句子的机制，他认为语言最重要的特征是它的生成能力，因此他把语言结构看作一种动态的秩序变换过程。乔姆斯基认为，语法是研究具体语言里用以构造句子的原则和加工过程。这就大大拓展了语言研究的视野，引起了研究者对包括语言学领域在内的许多学科的浓厚兴趣。

转换生成学派的兴起打破了结构主义的统治，促进了其他语言学派的发展。在转换生成学派的直接挑战下，原有的语言学派不断完善自己，并由此产生了一些新的学派，如序位语法派、层次语法学派、系统功能语言学等。

3. 交叉语言学阶段

随着当代社会的飞速发展，语言学和社会科学与自然科学的关系越来越密切。它们之间相互渗透，产生一些交叉性、边缘性学科，形成了当今语言学多元兴盛的局面。例如：语言学和社会学交叉，产生了社会语言学；语言学和心理学、认知学、人类学、数学、病理学交叉，产生了心理语言学、认知语言学、人类语言学、数理语言学、病理语言学。再如，语言学和模糊理论、应用理论、文化理论交叉，产生了模糊语言学（也有人把它归入认知语言学）、应用语言学、文化语言学。这些新兴的语言学科及众多边缘学科、交叉学科不再追求纯客观地对语言结构做精细的静态描写，而是关注语言运用的实践规律。

目前，人们不但重视微观语言学，而且重视宏观语言学；不但重视语言的语言学，而且开始重视言语的语言学。交叉性、边缘性成为当代语言学的最大特点。

（二）现当代中国语言学研究

中国是世界语言研究三大发源地之一，研究语言和文字的学问在中国古代被称为"小学"。历代语言学家主要从文字、音韵和训诂三个方面进行全面深入的研究，取得了丰硕的成果。

清代乾嘉时期发展到鼎盛的"小学"在20世纪初遭到来自西方的语言学理论的强烈冲击。当时向西方寻求教育教国、科学救国真理的语言学者试图建立一个以西方文化为顶点的学术发展序列，中国现代语言学正是在这股引进西学的热潮中建立起来的。在中国现当代语言学的发展历程中，一系列重大的社会历史变革对语言学的发展产生了深刻的影响，据此可以将中国现当代语言学的发展分为三个时期：从1898年马建忠发表《马氏文通》到中华人民共和国成立前为初创时期，从中华人民共和国成立到20世纪80年代改革开放为探索时期，改革开放以后为多元发展时期。

1. 初创时期

诞生于19世纪末、20世纪初的中国现代语言学，一方面，由章太炎、刘师培、胡以鲁、张世禄等人积极引进西方语言学理论，致力于立足汉语的语言学理论体系的构建和语言学理论的普及，促成了中国现代语言学理论意识的觉醒；另一方面，由马建忠、黎锦熙等学者在西方语言学理论的指导下对具体语言问题加以研究。这一时期的不少研究工作都具有开创性。

马建忠撰写了我国第一部系统研究汉语语法的著作——《马氏文通》，他运用"西方已有之规矩"来解剖分析经籍的结构，跳出了传统语言学的思维，揭示了前人从传统方法入手所无法揭示的汉语的内部结构规律，揭开了现代意义上的中国语言学的序幕。

黎锦熙的《新著国语文法》创建了空前完整的"句本位"语法体系，肯定了句法功能标准，使句法成为汉语语法研究的核心，完成了一次立足于汉语特征认识的质的飞跃。

1938 年到 1943 年，以陈望道、方光焘为主的学者开展了一场有关"中国文法革新"的讨论，讨论的核心问题是汉语词类问题。这次讨论首次引进了以索绪尔的理论为代表的早期结构主义理论，介绍了"所指""能指""功能""结合关系"等重要观念，同时通过不同观点的辩论开创了汉语语法理论研究的新风气。在这以后，吕叔湘的《中国文法要略》、王力的《中国现代语法》和《中国语法理论》、高名凯的《汉语语法论》相继出版，这几部语法著作在运用西方新的语法理论发掘汉语语言事实和汉语特点方面都取得了重大成就。

这一时期，语言学的其他分支学科也受到现代语言学的影响，呈现出了新的面貌。赵元任、罗常培、李方桂合译了高本汉的《中国音韵学研究》（1937 年），在翻译中三位学者加了注释和补订，该书影响极大，标志着中国现代音韵学的开启。方言研究方面，以赵元任的《现代吴语的研究》为代表，开始了对汉语方言详细而科学的调查、分析和描写。修辞研究方面，陈望道的《修辞学发凡》标志着新的中国修辞学理论框架已经建立。

抗战爆发后，各高校和研究机构纷纷内迁，罗常培带领一批学生调查研究了西南地区众多的少数民族语言，这些人后来都成了我国少数民族语言研究领域的专家。另外，他还培养了一批从事汉语历史音韵和方言研究的专家。

2. 探索时期

1949 年中华人民共和国成立，中国语言学研究开始进入新的发展阶段。由于国家的重视和大规模调查研究工作的开展，以及现代汉语语法教学的普及，中国语言学开始蓬勃发展。

1951 年 6 月 6 日起，《人民日报》开始连载吕叔湘和朱德熙合写的《语法修辞讲话》，在全国范围内掀起了"学一点语法"的高潮，随后又制定了"部颁"的"暂拟汉语教学语法系统"（1956 年），并且在中学普遍推行汉语语法教学。"暂拟汉语教学语法系统"吸收了自《马氏文通》以来我国语法学界的研究成果，成为语法教材编写及中学语法教学的主要依据。

20 世纪 50 年代，我国开展了全国范围的汉语方言普查工作，主要任务是调查汉语方言的语音情况，调查范围之广，参加人数之多，是汉语方言研究史上前所未有的。汉语方言普查工作对贯彻各项语文政策发挥了重要作用。根据方言调查工作的需要，语言学者对方言调查方法进行了新的探索，《汉语方言调查手册》是这方面具有代表性的著作。它从汉语方言的实际出发，贯串古今语音演变的规律，以具体实例阐述了调查方言和整理材料的方法，对方言调查和方言的研究具有普遍的指导意义，在培养方言调查工作人员方面也起到重要的作用。与此同时，我国开展全国范围内的少数民族语言调查工作，获得了丰富的语言和方言材料，为解决少数民族文字创制、改革问题提供了条件，也为民族语言研究奠定了基础。这些具体工作既锻炼了一大批青年语言工作者，又为今后的研究工作收集了大量的原始资料，为我国语言学的发展打下了很好的基础。

20世纪50年代，我国语言学界从整体上看处于苏联语言学理论的影响之下。1950年，斯大林的《马克思主义与语言学问题》被翻译出版，为理论语言学研究提供基本的指导思想，对中国语言学界产生了巨大的影响。这一时期我国大量翻译并介绍当时的苏联理论语言学论著，西方理论语言学被斥为资产阶级唯心主义学说，但在语法、语音领域中，结构主义语言学的理论方法还是被借鉴运用到汉语研究中。

3. 多元发展时期

从20世纪80年代开始，国内逐步受到国外20世纪50年代以后兴起的新的语言学理论和方法的影响。乔姆斯基的许多著作被译成中文，生成语法理论，广泛影响了中国语言学研究。随着改革开放的不断深入，层出不穷的当代语言学理论流派以不同形式被引进、运用，格语法、生成语义学、蒙太古语法、切分语法、层次语法、关系语法、从属关系语法、法位学语法等纷纷在中国语言学舞台上登台亮相。同时，中国语言学与自然科学、社会科学的关系越来越密切，形成了众多交叉学科、边缘学科。这预示着中国语言学未来的发展方向：成为一门开放的、多元的、与人类社会有密切联系的领先学科。

二、语文教学语言学研究

中国古代传统教育与传统语言学是密不可分的。传统教育的主要内容是阅读古代经典著作，主要目的是为经学服务，为解经而开展对古代语言的研究工作。清末以来，传统教育逐步向现代教育转变，语言学也脱离了经学，成为独立科学体系。语言学独立以后，在汉语研究方面取得了一系列成就，语言学理论被用于指导语文教学，解决语文教学中的实际问题，对规范语文教学活动、满足语文课程内容建设的迫切需求、推动语文教学改革等起到了积极的作用。

（一）语文教学语音学研究

语音学是研究语音的科学，包括语音系统的成分和结构、语音的变化和变化规律等语音知识和语音理论，以及语音的实际运用。我国早期的语音学在 20 世纪 50 年代中期发展为实验语音学，是用各种实验仪器来研究、分析语音的一门学科。

语音学研究与语文教学，尤其是汉语拼音教学有密切的联系。对元音、辅音、声调、重音及节奏、音变的研究成果被直接运用于汉语拼音方案的制定和修改，并对小学汉语教学起着指导作用。

（二）语文教学现代汉字学研究

现代汉字学是一门新兴的学科，从它的产生到现在只有 20 余年的历史。1980 年，周有光在《语文现代化丛刊》第二辑上发表了《现代汉字学发凡》一文，将汉字学分为历史汉字学、现代汉字学和外族汉字学三个部分，该文还初步确定现代汉字学研究的内容为字量、字序、字形、字音、字义、汉字教学法等。

目前，小学识字教学中普遍存在这样的问题：由于教师缺乏文字学的知识，难以把汉字的构字规律等理论知识有效地迁移到小学的识字教学实践中，忽视了汉字的本质和性质，学生记得快，但遗忘率也高，形近字和同音字混淆严重。为了完成课程标准中对汉字会写、会认的要求，教师常常随意解释汉字，如把"壹"这个常见的构字偏旁解释为"十豆落口中"、将"腰"字解析为"要月亮"、将"雹"字解析为"雨中做包子"等，这样的教学曲解了汉字的本义，也是造成识字教学效率低下的重要原因。

1. 汉字字形特点与识字教学

汉字构形具有理据，了解汉字构形的理据，最常用的办法就是追溯字源，从汉字文化的角度进行识字教学。王宁认为，科学的汉字讲解要在不违背汉字构形规律和演变规律的前提下，对构意直接、明确的字加以准确讲解，或对需要推源的汉字进行推源后再来讲解。在讲解个体汉字时，要把它放到汉字构形系统中，找到它应有的位置再讲解，以免讲了一个，乱了一片。

对于汉字字形的特点，研究者对笔画数、部件及结构方式进行研究，并且认为笔画、部件、部件的组合、整字都有成为知觉与加工单元的可能，所以人们不再像以往那样一味强调由易到难、由简单到复杂、由独体字到合体字的循序渐进的教学次序，并对部件在汉字教学单元中的重要作用有了一定的认识。

2. 汉字的字量与识字教学

1958 年，语文出版社出版了《现代汉语常用字表》，分常用字（2500 字）和次常用字（1000 字）两个部分。经计算机抽样检测，常用字在语料中的覆盖率达到 99.48 %，掌握了常用字就满足了利用汉语的基本要求。从此，在进行汉字教学、编写语文教材时确定字量、选择字种等工作有了权威的根据。

语言教学首先是汉字的掌握和词语的积累。在基础教育阶段，需要掌握多少汉字、积累多少词汇，每一个阶段应该达到多少，阶段与阶段之间应该有多大的梯度，过去并没有深入的研究。随着课程改革的深化，这些都成为现代汉字学研究的具体内容，其研究成果已经运用到课程改革中。例如：《识字、写字教学基本字表》中收录了 300 个字，这些字构形简单、重现率高，其中的大多数能成为其他字的结构成分；提出"先认先写"的理念，"建议先认先写字表中的 300 个字，逐步发展识字写字能力"。长期以来，识字教学以"四会"，即"会读、会讲、会写、会用"作为对学生识字的字量要求，而现行课程标准将识字的教学要求简化为"认识"和"会写"，体现了识写分开、多认少写的理念。

3. 现代汉字教学方法研究

对于汉字教学的特点，人们进行了多方面的探索。如根据汉字和拼音文字的不同性质进行汉外教学的比较研究：汉字是语素文字，记录的是最小的词汇单位和语法单位；拉丁字母是音素文字，记录的是有区别意义的最小的语音单位。学习汉字，不仅要学习汉字的字形，而且要学习汉字所记录的词的音义，学习汉字事实上是将文字、词汇放在一起学习。这和学习拼音文字首先学习字母读音，然后通过正词法学习拼读词语的学习方法是不同的。汉字数量繁多，结构复杂，因此汉字学习入门很难，拼音学习入门则容易得多。

王宁把小学识字分成三个阶段：初期积累阶段、中期积累阶段和后期积累阶段。初期积累阶段识字量较少，可以朗读，以语音来强化字形与口语的关联，利用构图来显示字形与语义的关联，教学重点在于增强学生的识字兴趣；中期积累阶段识字量大幅增加，字理的显现也越来越明显，可以引导学生进行字理归纳，并将字与词、句联系起来，让学生在语言环境里加深对字义的掌握，同时写字教学可以大面积展开；后期积累阶段，阅读与写作和单字的增加同步进行，识字进入字用阶段，新字的积累主要依靠演绎的方法。基于此，速度和字形识别的数量并不是评定小学识字教学各阶段成绩的唯一指标，在有的阶段甚至不是最重要的指标。

学习汉字是学习语文的基础，小学生初学汉字，在识字、理解意义及书写方面都有相当的困难。根据汉字的特点和学生的认知规律，研究者做了多方面的探索，结合教学实践，总结出一系列行之有效的识字教学方法，如随文识字、集中识字、注音识字、部首识字、字族文识字、韵语识字、字根识字、字理识字、多媒体电脑辅助识字等。

（三）语文教学语法学研究

语法学通常分为理论语法和教学语法。理论语法是语法学家按照自己的语言观和方法论对某种语言的语法所做的分析和描述。教学语法是根据语法教学的内容制定的，适用于学校教学的语法系统，侧重于语法功能的描述。理论语法是教学语法的基础，其研究成果决定着教学语法的研究水平。教学语法是对理论语法研究成果的普及、推广和运用，也是对理论语法的检验。

汉语语法学是在西方语法学的基础上创建的，由于汉语自身的特点，现代汉语语法理论存在种种不足。到目前为止，我国还没有一种得到语言学界公认的、符合汉语语法特点的语法理论。例如：对于如何确定词和语素、短语的问题，因为汉语中的词缺少明显的形态标志，词、语素、短语三级语言单位难以分清；汉语词类的划分也是长期困扰语法界的难题，现行的词类划分的标准很难统一；关于句子成分，各派语法理论都把"主、谓、宾、定、状、补"作为汉语句子的基本成分，但是在分析汉语的句子成分时，很难确定什么叫主语，什么叫谓语，什么样的成分可算作主语，在这方面，理论上的分歧和教学语法体系上的改动都不小。又如，对句和非句、单句和复句的界定，对句子成分的分析，都是理论语法尚未完全解决的问题。理论上的问题没有解决，教学上的问题自然也无法解决。凡此种种，导致了中小学语法教学的"后天不良"。

20世纪90年代，语文界展开了关于"淡化语法"的大讨论，达成了几项共识：第一，教材中的语法知识偏琐细，不符合张志公提出的"精要、好懂、有用"的原则，不符合学生的实际；第二，教学方法的陈旧导致教学效果不佳；第三，语法教学的意义和作用是不容忽视的，关键是明确"教什么"和"怎么教"。但在新课改后，中小学语法教学实际上被"淡化"，甚至被部分取消了。

为配合推行《中学教学语法系统提要》，张志公主编了"教学语法丛书"，这套书共有20本，大多由名家执笔，1987年后陆续由人民教育出版社出版发行。

在小学阶段，语文教材基本没有关于语法的内容，学生主要通过模仿学习语法，教材编写主要依据惯例和经验，各部分缺乏概念化或概念化水平相同，具有相当大的随机性。乔姆斯基认为，儿童具有语言的深层结构，但这种结构主要表现在口语方面。对于书面语言来说，语法实质上是它的外化和概念化的形式。因此，小学生是可能学习和掌握语法的。小学生没有以语法为支柱的书面语言认知结构，这使其已有的口语结构不能提高、扩大，势必妨碍小学生学习书面语言，而且阻碍了以言语结构发展所推动的学生整个认知水平的发展。因此，尽可能早地进行语法教学对于小学生的学习和发展是必要的。

课程标准在"教学建议"中指出："在阅读教学中，为了帮助理解课文，可以引导学生随文学习必要的语文知识，但不能脱离语文运用的实际去进行系统的讲授和操练，更不应要求学生死记硬背概念、定义。"在"评价建议"中指出："语文知识的学习重在运用，其概念不作为考试内容。"这些都为人们指明了语法教学的方向。陆俭明认为，语法知识应结合课文讲解，或结合作文、练习的评讲来讲解，将语法知识融入课文讲解，融入作文或练习的评讲。

（四）语文教学语义学研究

语义学是以语言学观点研究语言意义的科学。语义学的研究对象是自然语言的意义，这里的自然语言可以是词汇、句子、篇章等不同级别的语言单位。语言教学与语义学的关系是非常密切的，语义学不仅为语言教学提供一系列重要的指导思想，而且也提供了很多学习与训练的方法。语义学的各个重要内容如语义关系、成分分析、语义场理论、语境描述和语义规范的研究等都可以广泛地运用于语言教学的各个环节、各个侧面及各个课型。

1. 汉语语义学研究

中国古代语义研究称为训诂学，着重研究词的词汇意义和词义的变化。20世纪80年代以来，在国外语义理论的影响下，我国学者写出了一些汉语语义学专著，如贾彦德的《语义学导论》（再版时改名为《汉语语义学》）将现代语义理论较好地与汉语实际相结合，在运用义素分析法来描述不同词性的汉语词、分析汉语语义场类型并建立汉语总语义场和进行句义分析方面卓有成效，在建立汉语语义学体系方面做了成功的尝试。

在词汇研究方面，研究者吸收了西方现代语义学理论，尤其是义素分析理论，对词义的分析和描写更加精细和理性，这一方面的代表作是刘叔新的《汉语描写词汇学》和符淮青的《词义的分析和描写》。

总的来看，我国的语义研究仍然侧重词义研究，对句义研究重视不够；语义研究集中在同义、反义、歧义等语义关系方面；义素分析法虽然在语法研究中运用得越来越多，但其本身却有很强的随意性；汉语的语义系统研究得还很不够，不能很好地为中文信息服务。这些都是汉语语义学今后要解决的问题。

2. 词义教学研究

（1）词的语义分类与语文教学。多义词、同音词、同义词和反义词是传统语义学对词的语义分类，把握好这些语义分类对语文教学非常重要。如多义词在使用时，在一定的上下文中一般只表示其中的一个意义，学习多义词需要了解它有哪些意义，不同的意义经常和哪些词相搭配，阅读时根据上下文来推断用的是哪个意义，写作时注意所用的多义词是否准确地表达了自己的意思。

（2）词义的类型与语文教学。实词都有一种与概念相联系的核心意义 —— 理性义，此外还可能有附着在理性义上面的色彩义，主要表达人或语境赋予词的特定感受。教师要指导学生区分理性意义相近但感情色彩不同的词。词还具有形象色彩，如"白茫茫、笔直、碧空、蚕食"，它们除了理性义之外，还有生动具体的感觉，这种形象感来自词对该事物的形象的概括。在讲授这些词语时，要抓住其意义中形象色彩构成的关键成分，引导学生正确理解，并利用形象色彩所指示的特征加深学生对词的理性义的理解。

（3）义素分析法与语文教学。以往为使学生体会作者用词的准确性，教师总是引导学生利用自己的生活经验或学过的同义词来比较、判断，缺乏客观的标准，科学性不强。义素分析可以深入词义内部，把词义分为具体的一个个义素，看各个义素与语境是否吻合，然后确定用词是否准确。义素分析可用于同义词辨析，同义词辨析可以提高学生运用语言文字的能力，帮助学生避免用词造句的错误，提高写作水平。

（五）语文教学语用学研究

作为语言学领域一门新兴的分支学科，语用学研究语言文字符号的意义及其在不同的语言环境里的不同用法，以及不同用法所带来的不同的表达效果。语用学的基本理论包括语用原则、言语环境与关联理论、言语行为理论等。

我国的学者对这种语用推导机制进行了广泛的研究，提出了适合我国国情的会话含义理论框架。例如：在对礼貌原则的探讨中应该充分考虑"面子"概念；在讨论言语行为的过程中，言语行为不是说话人单方面的行为，而是与听话人有关的双方共同的行为，因此把言语行为置于社会活动的大范围里加以考察，就能发现言语行为新的含义。还有学者提出了现代汉语语用原则：信息适量、信息真实、话题相关、语义明晰、注重礼貌、追求一致、换位思考等。

在语用学理论引进中国后不久，王建华编写了《语用学在语文教学中的运用》（1993 年），这本书被雷良启称为"汉语语用学的拓荒之作"。此后不断有语文教师和语言学者提出构建"语用"语文课堂，建立语用学的语文教学体系，语用学指导下的语文教学模式研究也渐成风气。其中最有代表性的是王建华的《语用学与语文教学》（2000 年）和刘仁增的《让语文回家：刘仁增语用教学新思路》（2009 年），两本书分别从理论和实践两方面讨论了语用学指导下的语文教学问题，并提出了语用型语文教学的观念。

明确提出语用教学观的是王元华。王元华认为，在学生学习的所有阶段，语文教学的实质都是语用教学。从语文教学实践看，语用教学可以分成两个部分。识字教学、语言知识教学等可归入语用教学的基础部分，这些准备性、基础性的语文知识必须放入具体语境和话语中进行教学，不能孤立地脱离语境死记硬背，大量重复做题练习；将阅读理解教学和作文教学等归入语用教学的发展部分。在某些情况下，二者可以相互转化，如识字教学与具体语境、学生的言语行为结合得很好，教师教一字，学生便理解了整个篇章的内容，这样就成了阅读理解教学、语用教学发展部分的教学。

三、现当代语言学发展对语文教学的启示

理论语言学可以从各种不同的角度进行分类。从研究的侧重方面，语言学可以分为理论语言学和应用语言学。理论语言学着重研究人类语言的一般理论和共同规律。将语言研究成果用于实际领域的分科，统称为应用语言学。

（一）现当代理论语言学研究对语文教学的启示理论

语言学是语言学的主体部分，是所有语言学的理论基础，它包括对具体的、个别的语言的研究和综合各种语言的研究。理论语言学从宏观上界定概念范围和研究方法，在此基础上对特定语言的描写和研究，一方面直接成为该语言教学的教学内容，另一方面也指导语言教学的理论研究，是建设教学理论的基础。

1.语言基本理论研究对语文教学的启示

（1）语言和言语

在语言基本理论的研究中，索绪尔提出的语言和言语这对概念对语文教学具有特别重要的意义。语言指一个社会共同体中每个说话人和听话人共同运用并遵守的规则。这种规则是抽象的、一般的、相对稳定的。语言作为一套规则，包括个别民族语言的规则和普遍语法的规则。而言语是个体运用语言进行交际、交流信息的活动和过程。

由于索绪尔的语言研究以语言为对象，并不注重言语，因此我国语文教育界曾一度将语文课上成语言课，过于注重静态的语文知识的讲解，特别是语法知识的讲解，大搞语文技能训练，并愈演愈烈，结果造成语文课"少、慢、差、费"。

20世纪80年代以来，言语的概念被引入语文教学，产生了言语实践派，这种学派认为语文即言语，语文课就是言语课，提高语文能力最根本的方法是言语实践，通过生活化教学，进行对话活动，让学生在其中亲历、自得，从而提高语文能力。然而，语言和言语是相互依存的关系，语言既是言语的工具，又是言语的产物。语言和言语只有在统一的辩证过程中才能获得各自的完整定义。没有言语就没有语言，也没有语言之外的言语。对语文基础知识——语音、字词、句法、语法等的掌握，就是语言问题。言语是个体对语言的运用，语文教师总是根据上下文或一个完整的句子讲解某个词语的运用和某个语法规则的使用。由于个人的言语是对语言的运用，这就决定了它只有在不断地学习词汇、语法等语言因素的过程中才能获得规范和发展。因此，语言学习要以具体言语为对象，在学习过程中通过语言来发展言语，在言语活动中学习语言，不可偏废任何一方。

岑运强主编的《语言学基础理论》曾指出，区分语言和言语的意义是为语言的学

习和研究提供"言语—语言—言语"的模式。韩雪屏教授几乎完全肯定这一模式对于语文教学的意义。

（2）语言能力与语言运用

乔姆斯基提出了语言能力与语言运用这两个在语言学领域有着重要影响的概念。语言能力指的是在人的大脑中形成的一种能够按照本族语的语言规则把声音与意义联系起来的能力，包括语音能力、词汇能力、语法能力等，是语言或语言知识的核心。语言能力只能描述语言中的规则，语言运用则是这种语言能力的实际运用。

在语文教学中，与上述概念相对应，教师常常使用语言知识和语言能力的概念。语文教学所需要的语言知识是一个母语使用者为了提高自己的语言能力、发展自己的语文素养而必须具备的、对母语的科学认识。就其在语文教学中的体现而言，这种知识应该包括三个部分：一是学生为了自身语言能力的有效发挥和继续发展而必须掌握的语言知识；二是语文教师为了指导学生语言能力的学习而必须掌握的语言知识；三是在课堂上师生为了互动而运用的语言知识。掌握语言知识是发展语言能力的先决条件。语言能力也不仅限于听说读写的能力，而是与一个人的认知能力、思维能力及交往沟通能力，甚至与情感体验、审美感受紧密结合在一起的，在教学中应通过听说读写发展学生的语言能力，提高他们的整体素质。

针对乔姆斯基语言能力理论的局限性，美国语言学家、人类学家海姆斯（Hymes）提出了交际语言能力理论。交际语言能力应包括四个方面：①语法能力，即语法和词汇能力，是准确理解和表达话语字面意义的基本能力；②社会语言能力，即根据社会环境恰当使用语言的能力，是交际语言能力的核心部分；③语篇能力，又称话语能力，包括协调语言表达中逻辑联系的能力及使语句通顺的能力，是不同于语法能力和社会语言能力的一个重要方面；④策略能力，即使用语言或非语言手段克服交际障碍的能力。

这一概念内涵丰富，既包括静态的语言能力，又包括动态的运用能力，还蕴含着对文化价值观念、百科知识、思维认知、情感态度（时下所说的人文因素）的要求，在概念的广泛性上丝毫不亚于"语文素养"。因此，有学者认为应该以交际语言能力取代语文素养。语文教学的目的就在于培养学生的这种交际语言能力。

2.语言基本性质与语文学科性质

20世纪80年代以后，语文教学界对语文学科性质的看法大致有工具论、人文论、素质论、工具性与人文性的统一、语感论等。对语文学科性质的判断源于对语言基本性质的理解。就语文教学而言，应该选择什么样的教学内容和教学方法，往往取决于从哪一个角度来对待和理解语言。

近现代语言学家和哲学家对语言的工具观有过不同的论述，可总结为语言是人类最重要的交际工具，是人类思维的工具，也是社会上传递信息的工具。叶圣陶先生被视为语文工具论的代表。语文工具论认为语文是书面语言和口头语言的合称，就外部语言而言，语言是交际的工具，就内部语言而言，语言是思维的工具，学习和工作都少不了思想的表达和交流，都不能不使用语文这个工具。因此，工具性是语文的本质属性。然而，语言本身是一个复杂的符号系统，除了工具性，还有其他诸多性质。对语言诸多性质的判断影响着人们对语文学科性质的理解。

（1）工具性

有人认为工具性是语文学科的唯一本质属性，是语文区别于其他任何学科的显著标志，思想性、文学性和知识性都以工具性为基础。因此，语文学科的教学任务就是进行语言知识教学，培养学生理解和运用语言的能力，即听说读写能力，课文只是例子。

（2）人文性

有人认为语文这个工具和一般生产生活工具不同，它是思想感情、社会文化的负载工具，所以人文性才是语文的本质属性。语文教学的任务主要是让学生通过对语言的学习、感悟去培养情感，陶冶情操，弘扬中华民族的人文精神。

（3）素质论

有人认为语言既是交际工具，又是思想工具，也是认识世界、改造世界的工具。语文教学既要加强语言运用能力的训练，又要把语言能力的训练同对语言的思想内容的理解结合起来。语文教学的任务是培养和提高学生的语文素质，既要培养学生运用语文工具的能力，也要培养学生的思维能力、文学鉴赏能力，同时要开发学生的智力，进行思想品德教育、审美教育、语言文化知识教育。

（4）语感论

20世纪90年代以来，语感成为语文教学界讨论的热点。针对语文教学中存在的"肢解性分析"和"坐实的意义讲解"等弊病，有人提出培养语感是语文教学的首要任务，语文教学应以语感为支点和中心。

以上观点对语文学科性质的认识要么各执一端、过于片面，要么试图面面俱到，却反而造成认识上的混乱。课程标准把语文学科的性质归纳为工具性与人文性的统一，是对现代语文规律的科学认识。在新一轮课改实践中，语文教学必须坚持语文工具性与人文性的统一。

（二）现当代应用语言学研究对语文教学的启示

应用语言学有广义和狭义之分。狭义的应用语言学主要指语言教学。广义的应用语言学指把语言学的知识应用于解决其他科学领域的问题，包括词典编纂、文字的制定与规范、机器翻译、人工智能、情报自动检索、失语症治疗、信息传达处理等。

1.语言教学研究对语文教学的启示

狭义的应用语言学专指语言教学，包括语言学理论在教学中的应用及语言教学本身的理论与实践。

（1）语文教学内容和教学方法研究

陆俭明曾提出，目前中小学的语文课从语言教学的角度说存在着两大问题：一是课本有很多不合理的地方，字、词、语法点的出现与安排缺乏科学性；二是现行的语文教学思路和教学方法很有问题。未来我国汉语应用研究中在语文教学方面应着重研究以下几个问题：语文教学的目的是什么；学生怎样才能获得语文技能；字、词、语法点有多少、有哪些、孰前孰后、复现率是多少；语文课本怎么编写，需要一种什么样的教学思路和教学方法，具体来说，怎么讲解课文。

近年来，针对这些问题，学者进行了深入的研究。吴忠豪提出要"教语文"而非"教课文"；王荣生认为教什么内容是最重要的，而怎样教是次要的，他的《语文科课程论基础》及相关论文都对此进行了较详尽的论述；叶开编著的《这才是中国最好的语文书》则提供了有关语文教材编写的另一种思路。

（2）第二语言教学研究

第二语言教学的研究对课堂组织方式、学生心理状态等方面的分析都比较深入，可以发现一般语文教学研究无法揭示的影响学生表达能力的关键因素。如在作文教学中，语文教师一般只注意两个方面的因素：一是影响学生表达能力的语言方面的因素，即学生对语言结构规律和语言使用技巧的掌握对其书面或者口语表达能力的影响；二是学生的思维能力，即学生对事物的认识能力和对问题的解决能力，以及想象力和创造力。教师很少考虑学生复杂的心理动机在其表达能力形成中的作用。第二语言教学理论研究关注的因素比较丰富，可以给语文教学提供借鉴。

如吴旭东对中国学生英语口语表达能力的形成做了深入的研究。其考察的因素包括两个方面：宏观方面，不仅研究口语课的授课内容与授课方式等因素的作用，而且研究其他课程的授课内容和授课方法，以及学生对待不同课程的具体策略；微观方面，研究学生在进行口语交际时的注意力分布模式、学生驾驭语言的自信程度的变化等因素。如果语文教学也能进行如此全面系统的分析，一定会找到制约中小学生语文能力提高的具体因素，从而设计出针对具体问题的合理解决方案。

2.篇章语言学研究对语文教学的启示

传统语言学认为有五级语言单位，即语素、词、短语、句子、句群，因而将语言研究局限在句子，至多是句群的范围内。现代语言学则突破了这种局限，把语言研究的范围扩大到篇章，称为语篇。语篇研究作为现代语言学的一个分支，称为篇章语言学。

语篇是语言的交际单位。小到学校里的一条标语"欢迎新同学"，大到一部长篇小说，都是语篇。语篇研究的意义主要在于从生动的语言交际过程方面研究语言。语言是人类的交际工具，只有在交际中才能真正把握其本质和规律。传统的五级语言单位都是静态的，即使是作为"使用单位"的句子，在一定程度上同样游离于交际过程之外。只有语篇才能实现交际目的并完成一个具体的语言行为，且有完整的语言效果，词和句子也只有结合语篇才能被全方位地研究和把握。

从微观层面看，篇章语言学研究具体的句子和句子的连贯方式。语篇的连贯性对语篇能否构成一个合理的整体具有重要意义，可以帮助教师教学生阅读和作文。从宏观层次看，语篇研究试图揭示语篇整体结构的特征，对创造出合理的文章结构意义重大。从语言学角度研究篇章的目的在于通过系统深入的语言细节分析揭示不同语言的总体篇章结构特征。详细了解篇章结构分析的基本技术，有助于语文教师更加具体深入地分析文章结构的微妙之处，从而更好地指导学生的作文学习。

3. 心理语言学研究对语文教学的启示

心理语言学是一门只有几十年历史的边缘学科。它综合运用语言学和心理学的理论及实验方法来研究语言的习得、学习和使用的心理过程，并对当代语言学理论关于语言习得和语言能力的某些假设进行解释和论证。汉语心理语言学的研究有三个主要方向：汉字心理学、语言教学心理学和语言发展心理学。

（1）心理发展与汉字教学

任何学习都有一个泛化、初步分化与精确分化的过程，学生记忆字形也需要经历这三个发展阶段。在对字形结构的各个组成部分和形、音、义三者建立模糊联系的泛化阶段，学生对汉字形成了模糊、粗略的印象，还不能正确地写出汉字。在分化阶段，学生能逐渐明白汉字形、音、义之间的联系，基本掌握汉字结构，但对细微之处还有遗漏和遗忘。在精确分化阶段，学生对汉字构字规律有了一定的认识，可以迅速地写出汉字并能进行形近字的辨别。教师要了解学生认知汉字的规律，在不同学习阶段给予学生不同的教学指导，以便及时避免和矫正泛化。例如，先讲清汉字的结构位置，指出汉字的内部笔画特征，分化时运用比较法帮助学生认清细微差异，并及时总结汉字构字规律。

（2）阅读与写作的心理特征与语文教学

学生阅读能力的培养是一个渐进的过程，其发展与认知能力发展紧密相关，阅读教学应根据学生的不同发展阶段采用不同方法。小学低段学生进行阅读理解的最大困难是知识、经验的缺乏，在阅读教学中应加入相应的内容，教学重点在于对文章内容的理解。随着学生阅读和生活经验的丰富，以及知识水平的提高，阅读能力的培养应转移到对文本结构的分析和主题的归纳上。朗读和默读是阅读的两种形式，其效果因识记材料的不同而呈现出很大差别。因此，对不同的文类应使用不同的阅读方式。

写作是从感知到表象、从表象到思维，通过分析综合和抽象概括，从内部语言转化为外部语言的过程。这一过程的完成取决于书面表达能力的发展，书面表达能力则是在口语表达能力的基础上发展起来的。提高学生的作文水平，关键是促进口语向书面语言的转化，让学生不仅能够把想说的东西写出来，还能够丰富写出来的内容，完善写作技巧。小学写作教学首先应教会学生观察生活，发掘写作题材，以记叙文为入门，通过作文分析、评价和讨论修改等方式提高学生的写作水平。

4. 社会语言学研究对语文教学的启示

社会语言学是运用语言学和社会学等学科的理论和方法研究语言与社会多方面关系的学科，其研究对象主要是语言的社会本质和语言的差异。社会语言学的许多理论对语文教学有重要的启示。

（1）语言教学应与文化教学紧密结合

在对语文工具性与人文性的讨论中，关于语文教学被泛化为文化教学的担忧一直存在。然而，在语文教学中，语言和文化是统一的，一个人对语言的文化内涵掌握得越多，对这种语言的理解就越丰富、越深刻，运用这种语言进行表达就越灵动。在对外汉语教学中人们已经认识到这一点，但在母语教学中还没能足够重视。

（2）注重语文教学的信息量

社会语言学认为语言是传递信息的重要载体。社会语言学假定一个人谈话的语音符合标准，语法规范，词汇的使用符合语义需要，在这个前提下研究信息量的多少，以及传达信息的效果是否达到所能允许的最大值，即最佳效能。

语文课堂中这样的情况屡见不鲜：对于学生已经了解的知识或学生自己读一读就能学会的知识，教师仍然反复分析讲解，以至于学生觉得语文课没什么可学的。语文教学中有效信息的量是保证语文教学质量的基础，单位时间内教学的有效信息量过多或过少，都会造成教学的低效率。信息量过少，学习过于轻松，满足不了学生求知的欲望，他们会对这样的学习失去兴趣；信息量过多，学生被搞得精疲力竭，产生厌倦心理。

（3）语言规范与语言变异

语言是一个开放的系统，始终处于变化之中，只有这样才能适应不断变化的社会需要。如果规范过度，缺乏灵活运用的余地，语言将无法发展。如果语言的发展得不到有效控制，语言系统会变得非常庞杂，既不利于学习，也不利于使用。语言变异是客观存在的，任何人都不能避免，教师绝不能因为学生的语言不够标准或者口音而歧视他们，而应给予他们更多的关心和帮助。对于学生中流行的不规范用语如网络语言等，教师要保持宽容的心态，区别对待可接受度和流通度不同的网络词语。

第二节　语言心理学基础

一、语言知觉

作为术语，语言知觉来自语言学和心理学，它涉及相互交叉的两个不同领域。概念"语言""知觉"把语言学和心理学紧密结合在一起，也正是这些概念的融合，加强了各学科之间的协同与配合，进而更全面、更准确地理解和认识研究对象。

（一）语言知觉内涵

"语言知觉"一词起源于 20 世纪 80 年代的英国语言知觉运动，当时许多英国语言学家和教育学家认为，小学毕业生母语写作能力日渐下降的原因是母语教学中缺乏对语法学习的重视。"语言知觉"这一提法的初级阶段主要是针对母语教学的。

一般而言，语言知觉就是指人对言语感知和理解的能力，它既受语音的物理特性的制约，也受言语环境的影响。关于语言知觉有两种理解；一是从心理语言学的角度来理解它的含义，二是侧重它在语言教育方面的含义和作用。从心理语言学的角度来看，语言知觉被看作学习者接触语言时进行信息处理的一项能力，个人的语言知觉可能是直觉意识，或者是更清晰的对语言形式的注意，甚至是更高层次的元认知。从语言教育方面的含义来看，语言知觉可解释为对语言本质和语言在人类生活中的作用的敏感和清醒知觉。发展这方面的语言知觉成为语言教学课程设置的基础，其主旨是鼓励学习者思考语言使用，注意语言载体、语言变迁和语言区别。概括地说，这两个不同角度的语言知觉不仅侧重点不同，性质上也存在区别。前者是一种内在的获得和处理语言的能力，而后者是有关语言系统和知识的教学。

（二）语言知觉反应模式

语言知觉反应模式指以大量实证研究成果和有关理论为基础，以语言知觉为对象，说明音位、音节、词、短语、句、语篇等各层次语言单位在语言知觉中的心理模式作用，并通过短时记忆中的处理特征揭示各层次模式的共同作用所形成的综合反应。

1.各层次语言单位的模式作用

此处的模式指经过日积月累形成的语言习惯，它存在于语言的各个层次，构成不同层次的认知单位，在语言知觉和理解中发挥作用。

（1）范畴性语音识别

在感觉阶段，话语以声波的形式传到听觉器官，因语言声音差异大、缺省多、音值分散，许多语音无法辨别。针对这种复杂的情况，大脑采取了一种既简单又可靠的范畴性感知，即根据语音标准进行粗略的判断。用这种方式，大脑在一瞬间就能把要素转换为语音特征和语音。

（2）音节与韵律识别模式

每种语言的语音组合都遵循一定的规则。有实验以英语说话人作为受试者，让他们左耳听 banket，右耳同时听 lanket，结果是有些受试者把两组音融合起来，认为自己听到的是 blanket。同样，受试者会把 sin 和 spin 这两组音听成 spin。这种实验结果说明，语音特征和音位特征存在于不同的层次，大脑可以分别在两个层次上辨别同一个音位，但一般会对高一层的音位特征做出反应，将听到的音按音位规则进行辨别和组合。在某种程度上，这一发现可以解释为什么同一个音会在言语中被辨别为不同的音，也可说明整体在感知和认知中重要性。

语调、重读、音高等韵律特征不是一个独立的层次，与语音没有一对一的关系，在话语中的作用除了直接表意外，主要是用声音模式帮助词语感知，有实验发现，如果改变正常的节奏和重读，语音的感知就会受到影响，而非重读音节的弱化和省略却没有明显的影响。实验还发现，由于语调段与句子成分倾向于吻合，当话语中词的可辨度降低时，韵律模式可帮助受试者消除辨认度不足的影响，使受试者确定句子的组成。韵律心理模式属于一种表象结构，在受到外界刺激时，这些表象储存就会作为背景经验发挥作用，使人们分辨出熟悉的对象。

（3）词和词组识别模式

从词位角度分析，词包括单词，也包括固定词组、习语、成语等，这些在形式和意义两方面都可以独立存在的语言单位，具有固定的语音组合，容易形成反应模式。人们在听话时一般只能意识到词的存在，而意识不到其中的音，这种模式不计较细节，可以使词中缺省的音自动恢复。词和词素意义能引起两种联想，一种是有助于构建句子形式结构的句法概念，另一种是能帮助构建句子命题结构的一般知识概念。概念激活就是意义反应模式的激活，一个词可以激活许多词，激活的程度取决于词形与词义之间和词义与词义之间联系的紧密程度。

（4）句子层次的模式反应

句子层次的模式反应属于一种框架结构反应，这种抽象的结构经过反复使用后形成心理反应模式，并在语言处理中发挥三大作用：一是句法和意义具有帮助词音识别的作用；二是句子结构成分在感知中具有心理真实性和较强的凝聚力，能抵制咯嗒声和咳嗽声之类的外界干扰；三是在构建句子结构时，大脑能从结构和意义两方面进行。结构模式主要由功能词激活，意义模式主要由实词激活，两种模式在激活后都有缩小分析和推理的范围。例如，关系代词 that 可提供对很长一串音的切分方法，若将其省略，人对词的识别速度就会受到影响。

（5）语篇整体表征

语篇是句子之上的一个语用层次，既是语言形式单位，又是语义单位。在理解语篇时，人们从每一句中获取命题意义和推理含义，将来自各种不同句子的信息重新组合，形成一种意义结构或整体表征。在听话的过程中，人们倾向于把所听内容纳入自己熟悉的心理模式，若与语篇模式相匹配，已知的话题、典型的情景和熟悉的语篇结构就都可以起心理框架的作用，感知和理解的速度就比较快。如果事先不了解，人们会在记忆中搜寻一种适合的整体表征，模式的搜寻在语境中进行，词语的识别有利于模式的建立，建立起的模式也可以帮助进行词语识别，使原来不清楚的词语突然清楚，与完形心理学中揭示的顿悟现象相似。

2. 模式综合反应

（1）短时记忆中的处理方式

大脑对语言的处理在短时记忆中进行，以短时记忆的最长储存时间计算，在20秒内，大脑必须处理200～600个音位，不然无法跟上说话速度，但根据短时记忆的容量计算，大脑在20秒内只能处理7个音位。为解决这一矛盾，大脑采取最大限度地扩大储存单位的方法，即采用长串切分的方法，发挥高级反应单元的作用，包括自动反应和复杂的期待、预知、推理、判断等心理活动，全部在一瞬间完成。由于高级反应单元的作用，短时记忆的容量可以扩大到20～25个英语单词，足以容纳一个完整的句子。同时，在听话理解时并不需要辨别所有的音和词，音、音节、词、词组、句子直接成分、句、韵律特征、语篇、话题、非语言知识等各层次的心理模式都在同一时间起作用，听话反应是一种具有高度自动性的综合反应。

（2）综合反应的共识

综合反应是一种心理现象，可从多种角度解释。从神经学角度分析，联想的形成是在皮质神经细胞之间建立联系的过程。这样的联系经过强化而成为反应习惯，不同的反应习惯又可以相互联结，形成网络状反应。因此，如果网络中一个神经细胞受到刺激，该刺激就会引起一系列的反应。从心理学角度分析，综合反应是过去的经验经过整合而产生的一种整体作用，如约翰·弗里德里希·赫尔巴特（Johann Friedrich Herbart，以下简称"赫尔巴特"）的"统觉群作用"、汉密尔顿（Hamilton）的"经验整体作用"和"重整作用"、斯宾塞（Spencer）的"整合"、威廉·冯特（Wilhelm Wundt）的"创造性的综合"、雷蒙德·卡特尔（Raymond Cattell）的"高级反应单元"原理、完形心理学的"形质"作用、巴甫洛夫的"动态定型"、让·皮亚杰（Jean Piaget，以下简称"皮亚杰"）的"图式原理"、人工智能研究中的"框架"等。虽然理论和术语不同，但众多研究者都看到了这种综合作用，并试图对这种心理现象进行描述。

二、内部词典

（一）内部词典特点

内部词典又叫心理词典、心理词库、心理词汇、内部词汇等，这一概念是由美国心理学家特利斯曼（Treisman）首先提出来的。他认为，每个语言使用者的头脑中都有一个结构有序，可以按一定的程序通达的词汇表征。美国语言心理学家卡罗尔（Carro）认为，内部词典是指永久性储存于记忆中的词及词义的心理表征。桂诗春认为，内部词典是研究词汇是怎样储存在记忆里和怎样被提取的，它所包含的信息无论从数量上还是从构成复杂性上都远远超过一般意义上的普通词典。

1. 概括音节词知识系统信息的词典

汉语意音文字的外在形态是方块字，每一个字都是音节词，都有相关的意义，都能起到相应的认知作用。利用词典进行学习，是为了明确音节词的意义。音节词意义是它自身的外延，包括音节词的客观意义和词典上标明的意义。为了标明音节词的意义，词典总是尽可能多地概括多方面知识的信息。

2. 词的定义是音节词知识系统的含义

在认识或使用一个单词时，首先要明确的是对该词的定义。词的定义其实是指该音节词知识信息的系统定义。无论是哪一种语言的词典，对单个音节词的定义都会包括下面的基本内容：语音信息（拼音与发音）；正字法信息（笔画书写）；句法信息（词类知识）；语义信息（多重意义）；词法信息（相关单词关系）；词源信息。这些都属于它的外延信息系统。

3. 内部词典是单词在长时记忆中的组织

内部指大脑皮层神经网络组织内部，对于儿童来说，内部指正在发育的新的智能化皮层神经网络组织内部。词在长时记忆的组织，实质上是音节词知识在儿童新皮层神经网络中的信息单元神经密码中的言语含义。儿童绝大多数的知识和心理活动都是通过词语表述实现的。

（二）心理词库组织与提取

内部词典是一种心理词典，不仅包括讲话人了解的每个单词的词形变化，而且包括单词的所有语言信息，如单词的语义内容、句法特征、音位形状等。其中，心理词库的组织研究的是心理词库的静态表现，心理词库的提取研究的是心理词典的动态表现。

1. 心理词库组织

心理词典的静态表现有以下几个方面。

第一，词汇并不是孤立地储存在大脑中的，相关词可能是被存放在一起的。第二，所有存储在大脑中的词汇构成一个类似于神经网络的表示各种关系的网络，即词汇语义网络，词汇和语义概念以节点的形式存储在大脑中，这种节点通过各种网络的联系连接在一起。基于这样的认识，对于心理词库的语义及语义表征，研究者进一步提出了分层网络模型和激活扩散模型。分层网络模型是指在内部词典中，各个词按照语义关系具有明显的层次性。激活扩散模型认为，心理词库的组织是一个相互连接的网络，但并不总是分层的，内部词典的组织就像一个相互连接的网，网中的节点代表词的概念，激活其中一个节点上的概念也会同时激活其他节点上的概念，激活的强度由节点之间的距离来决定。这说明在内部词典中词汇及其相关的信息是以词汇语义网络的形式存储在大脑中的，词汇在人脑中的组织绝不是无序、孤立、互不联系的，而是按照特定的关系联系在一起的。

2. 心理词库提取

（1）内部词典的组构与提取

随着社会化生活经历和年龄的增长，儿童在语音知觉基础上对客观事物的认知，以及随之而来对自己心理体验与情感表达的认知不断增加。这实质是大脑神经密码的产生与内部词典的组构与建立。在将语音知觉进化为语言知觉的过程中，儿童生成了初级认知能力，能够将外界客观事物的存在形态和运动事件过程及自身的心理体验与情感表达，用智能语言明明白白地说出来，并在大脑中产生运用智能语言表达心情与情感的能力，这实际是内部词典组织和信息提取运用的精神智能。

（2）内部词典是以语义关联网络组构建立起来的

内部词典组构与提取表达的难易程度与儿童内部词典网络组织组构范畴大小和层次结构深刻程度密切相关。一个音节单词在大脑神经网络中产生与存在，需要语音知识信息、词法知识信息、句法知识信息的瞬间合成与支持。而能够将这些多维知识信息组织起来形成信息单元结构的，是语义知识信息系统的脉络。语义脉络组构的结果是在大脑内部产生智能神经密码，外在生成多种关联的精神存在形态——音节（单）词。

（3）内部词典网络层级模型

儿童的社会精神存在发育是立体与多元的，反映在内部词典的组织机制上就是精神信息多层级结构。产生信息层级结构的精神机能是人们看不见却能感知到的，即精神存在形态活动方式——言语含义的层级结构。语义关联由相互关联的要素（知识要素）组成，在语义关联网络中，词的分类关系涉及上下位关系和并列关系，类似于音节词的概念被表征为不同节点，而属性与特征关系表示网络不同水平上的深刻程度，与儿童新大脑皮层神经网络的不同回路契合，共同构建内部词典语言信息网络。

（三）影响词汇通达的因素

激活心理词汇意义的过程叫作词汇通达，是从记忆中获得或提取词汇信息的过程。词汇通达受多种因素的影响。

1. 词频

词频是指某个单词在书面语言中，通常是在报刊、教材中的使用次数。从这个意义上讲，它是一个客观变量。但每个人对同一单词有不同的经验，熟悉程度不尽相同，因此相对于频度的总体指标而言，它又是一个主观变量。相关实验表明，单词的使用频率越高，人们对单词的觉察阈限越低。

2. 语义频率

语义频率的高低也会影响词汇的提取，学习者会在不同的词义之间进行选择，这就直接影响到心理词库的激活速度。词汇的歧义性影响语句的理解，检索内部词典是将多种释义都提取出来，而上下文只是用来确定一个恰当的释义。换句话说，上下文在此起到了选择过滤的作用，这种选择也许是无意识的。所以，词汇歧义性对语句的影响并不是因为词义检索的快慢，而是在多义中的选择导致的。

3. 词素结构

一个词可能是由两个以上的词素组成的，如 unluckily 由三个词素组成，其中 un 和 ly 是词缀，一个为前缀，一个为后缀，lucky 是词根。研究发现，受试者对带有词缀的词的反应慢于没有带词缀的词，说明受试者可能先对带词缀的词进行分析，然后分别提取词根和词缀进行比较后才做出决定，而不带词缀的词是直接提取的，所以时间快。从词汇存储的角度看，这说明词缀和词根可能是独立存储的。

4. 语义启动

在具体的语境中，语义启动因素也对词汇的激活有一定的影响。语义启动是目标词前面的词汇提示现象，即一个先呈现的词激活了另一个语义相关的词。如果启动词和目标词有明显的语义关系，激活的速度高（如 school 和 teacher），否则速度低。因此，词汇学习不能靠背单词表，因为词与词之间在意义上有一定的联系，词与客观的情景和背景也有一定的联系。在不同的语言里，即使词的外延相同，内涵也往往不同。例如"斗牛"这个词，西班牙人和英国人听到了会有不同的联想，因此词汇必须讲究搭配。

三、句子的理解与记忆

（一）句子构成及理解特性

1.句子构成

句子是由词构成的。句子的产生是说话人通过语言的一套规则（句法）把词组合起来，以表达相对完整的意思。要真正理解句子所要传达的信息，还需要根据已知的词语组合规则对句子进行加工，以获得句子的意义。由此可见，句子有两个彼此依存却又彼此独立的层面——语法组合层面和语义组合层面。前者是显性的，由语法成分（主语、谓语等）组成，比如"那个男孩很高兴看到那个女孩"，句子中的"那个男孩"形成一个相对独立的语言片段，句子中其他的词形成另一个相对独立的片段"很高兴看到那个女孩"，通过对词、词组的分析与整合，认识句子的语法结构。后者是隐性的，它由施事、受事、与事、工具、时间、处所等语义成分组成，这些成分按照一定的规则组合起来，构成了句子的意义。

从语言学角度来看，对句子的理解过程包括两个步骤：①对句子的表层结构进行加工，初步建立起句子的语法结构关系；②在识别句子的语法成分的同时，按照一定的规则构造相应的语义结构关系。应当指出，这两个步骤并不是依次进行的，而是相互影响、并行活动的，两者都是理解句子意义的必要加工过程。

2.句子理解特性

（1）理解对象单一性与理解要素广泛性的统一

理解对象的单一性是指每个句子都是独特的具体存在，是一串由基本符号与附加符号共同组成的语音序列；理解要素的广泛性是指一旦启动理解过程，就必须调动一切相关因素，全力对句子中的基本符号和附加符号进行解读。为了最终达到建立意义的目的，面对具体而相对简单的符号序列，各种理解要素纷纷介入理解过程，单一与广泛统一在一个过程之中。

（2）社会约定性与个人差异性并存

一方面，对语音、词汇、句法和语义各层面的理解具有共同的社会规范，要在约定俗成的前提下进行，最终获得相同或基本相同的句义；另一方面，面对同一个句子，已经获得语用能力的成年人与尚未完全获得语用能力的未成年人理解的深度与广度或多或少存在差异，即使都是具备基本语用能力的成年人，也会由于各自的年龄、性别、经历、性格及生活区域等因素的差别而产生对相同句子的不同理解。社会约定的共同性使理解成为可能，个人差异性使共同性的存在成为必要。

（3）容忍与修正相辅相成

面对有悖于语用规范的句子，理解过程会启动容忍与修正两个机制。当句子的错误无碍大局时，容忍机制会将错误搁置起来或忽略不计；当句子的错误影响继续理解时，修正机制开始启动，将错误内容引入正确的规范之中，以对照出错误部分的实际意义。有时候两者的界限并不十分明显，能够容忍往往意味着能够修正，能够修正也就意味着能够容忍。

（4）句子理解策略

句子理解是一个多层次的复杂的心理过程。在句子理解过程中，需要对句子的表层结构进行辨认，把表层的语法成分分配到深层的语义成分中，最后建构起句子的意义。在这一过程中，需依据一定的线索（又称为策略）对句子进行加工。比如句法策略（词序）、语义策略（词的语义特征）、语音策略（停顿）。

句法策略是指在理解句子时对句子中句法因素的利用。比如，学生在学习语言时会发现，"甲问乙""某同学踢球"这样结构的句子为NVN，他们会领悟到第一个名词往往是向第二个名词发出动作的人。在以后的句子理解中，他们总倾向于将第一个名词当作施事者。如果学生会使用这种规则来理解句子，说明他们已掌握了这种句法策略（词序策略）。

语义策略是指听者在理解句子时对句子中语义因素的利用。

语音策略是指在理解句子时对句子的语音因素的利用。如说话人说一个句子时，句子不同的成分之间可能会有停顿，并附着着特定的节律、语气、语调、口气等因素。在句子理解过程中，语音为表层结构的感知提供了线索，人们往往倾向于把彼此紧密连接的一些单位作为一个整体来处理，而这些连接紧密的整体在句子的表层结构中通常也是关系更加密切的语法成分。说话人在口语表达中的停顿，对理解句子来说是一个很好的提示。

（二）句子理解过程

句子理解过程是以句子为对象的、有多种因素参与的通过认知建立意义的语用过程。这个过程是由三个基本环节构成的。这三个环节是符号获取环节、信息加工环节和意义建立环节。

1.符号获取环节

符号获取环节是对构成句子的意义符号建立印象的阶段。首先，符号获取环节是在音素或音位听辨的基础上全面获得各个层次语音符号的阶段。在自然状态下，人们能够听辨的和说出的最小单位是音节，但在感受音节之间的差异以获得不同意义符号的区别时，感受对象就是音素或音位了。其次，在符号获取环节中，符号是以删改的方式获得的。"删"是指取重要的，因为人的记录能力与方式不同于电脑或录音机，也没有必要进行百分之百的记录。"改"是指人们对按时间顺序排列的词语序列的接收并不是按原样记录，思维在迅捷性上远远高于有声语言的表达速度，即便叙述同时发生的事情也只能"花开两朵，各表一枝"。最后，在符号获取环节里，符号应符合或大体符合语音、语义、词汇、语法、语体、语用等规律，也就是说，获取符号时虽未进入信息处理状态，但已有"意义"介入，符号与符号、符号与语境之间具有有利于记录的关系，符号本身并不是孤立或纯粹的。例如，要获得"我的书包还好好地挂在墙上"的符号特征并不难，而获得对"地我还的上书包在好好墙挂"的印象并使之为信息处理阶段做准备则实属不易。

2. 信息加工环节

信息加工环节是以获得句子意义为目标的理解过程。这个过程至少要完成两个任务：一是提取词汇意义，二是提取关系意义。

3. 意义建立环节

意义建立环节是句子理解过程中的独立环节方面，意义的建立是信息加工的自然结果。作为结果，它已独立于信息加工环节，不再属于加工过程。意义的建立是由理解者的感觉来进行的。当理解者完成一系列复杂的信息加工后，确定已经获得了句子的意义，句子的意义就被建立起来了。因此，意义的建立与信息的加工虽然具有密切联系。但两者的性质却是迥然不同的：一方面，意义的建立作为信息加工的结果，已是句子理解过程中一个独立的环节；另一方面，意义的建立的独立性还表现为它是语后行为的出发点。当理解者通过思考或深思熟虑把意义建立起来之后，一般都要有语后行为，有的可能表现为对句义的心理反应，有的则在心理反应的同时做出相应的语用表达。尽管语后行为不属于句子的理解过程，但它的存在说明了意义建立环节的独立性。

（三）句子记忆

句子记忆和推理过程是句子理解的后期步骤。有关实验证实：词汇的近期激活使之在即时记忆中更易于提取；如同长时记忆一样，即时回述句子的准确性大部分建立在句子的意义表征上，而不是简单地建立在词的表征上。通常当句子有多个信息点，或者多个句子同时发出时，意义和表层结构的记忆及句子推理记忆的过程有必要考虑在内。

语境对句子理解的作用是明显且关键的。句子信息可以分为已有信息和新信息。理解的过程就是把新的信息和材料与已有信息和记忆中的材料加以对照，确认新旧，然后在记忆中找到已有信息的先行词，把信息加到已有的信息上去，最后把它们整合起来的过程。如果某一个信息是已有信息，但在上文或听者的记忆中找不到，理解就会发生困难。句子的形式和内容主要是以句子的表征方式和命题的形式储存的，人们在记忆中保存的也是这些命题和它们之间的关系。

四、语篇理解与记忆

（一）语篇理解概念与特征

语篇理解是人们基于语篇自身的规定性对语境不断做出选择，自觉或不自觉地利用认知机制对意欲信息进行推理的动态认知过程。要了解语篇，就必须掌握语篇的特征。语篇的特征有衔接与连贯、语域、隐喻、信息性、情境性、意图性、可接受性、篇章之间的关联性、文本修辞等。

1. 衔接与连贯

衔接与连贯具有不同的概念，衔接主要指语篇表层形式，是使语篇连贯的一种手段。衔接可以是线性的，也可以是层级性的，是显性的，也可以是半显性的。采用衔接手段所形成的语篇使人容易理解，它对信息度有一定的影响。连贯是语篇必不可少的特征，语篇不连贯就不成篇。连贯的基本特点是程度的等级性、连接性、意义整体性、功能性。

2. 语域

语域是指语言随着使用场合、环境不同而区分的变体。语域不仅要研究情境变体，还要研究功能变体、口语体和书卷语体、社会变体等。语域具体有以下几个主要因素：说话者和受话者、话题、背景、交际方式（口头和书面）。只有了解不同题材的功能特征、说话人的独特风格和语言使用的正式程度等，才能更好地理解和分析原文。

3. 隐喻

隐喻是从一种意义（思想）中被抽象出来的，并把被抽象出来的特点归属到另一种所指意义上去，目的是阐释或使意义生动。隐喻主要分为两大类，即词汇隐喻和语法隐喻，表现在语音、语法、词汇等各个层面上。比如《卫风·硕人》："手如柔荑，肤如凝脂。领如蝤蛴，齿如瓠犀。螓首蛾眉，巧笑倩兮，美目盼兮。"第五句与前四句相比，不是明喻结构"首如螓，眉如蛾"，而是一种隐喻。究其原因，可能和节奏有关，按照前面句式所恢复的两个"如"字结构"首如螓，眉如蛾"，均缺少一个音节。

（二）影响语篇理解因素

1. 信息加工过程

语篇理解是一个接收信息、处理信息、储存信息的信息加工过程，当新语篇给大脑输入一定的信息后，人们会在记忆中寻找和收集与信息相关的图式，当接收的信息和原有的图式信息发生碰撞或者原有的模糊记忆被激活以后，输入的信息在理解后完成对原有储备信息的更新与储存。在语篇理解过程中的信息加工是循环递进的，随着阅读行为的不断进行，更多的信息被载入、被激活、被储存，从而实现对语篇的理解。

（1）每个人的注意力分配、目光的移动速度不同

注意力集中能使人专注地感知一定的事物，深入地思考一定的问题。令人感兴趣的语篇会吸引更多的注意，理解效果更佳。视幅是指阅读时目光两次移动之间的距离，阅读能力强的人视幅较大，也就是扫读时会以一个分句或一个词群为单位来阅读，而阅读能力差的只会一个单词一个单词地读，这样容易出现重复阅读的现象，思路断续会影响理解效果。

（2）每个人的识辨能力、瞬时记忆幅度不同

这样会导致在处理接收信息时产生不同效果。因为识辨能力不同，在理解语篇的主旨寓意及对层次各方面的认识都会出现差异，而在不同的认识产生后需要由一个瞬时的记忆来帮助连贯理解下文。每个人的瞬时记忆是不同的，在语篇阅读中，头脑常会对某句话产生两种或两种以上的理解，此时瞬时记忆幅度小的读者就会立即随意提取一种理解，放弃其他理解，而瞬时记忆强的读者会同时记住这几种理解，阅读到下文时选择其中一个合理的理解储存在记忆中。在这一过程中，若提取了错误的理解，就会导致理解偏差。

（3）每个人的年龄、记忆空间不同

这又使被储存的信息有了优劣之分。对于同样的语篇，少年、青年、中年和老年理解程度是不一样的，成年人比儿童阅读速度要快，理解得也好。随着年龄的变化，信息输入量的增加对大脑储存空间的拓展程度的不同，使不同年龄、不同身份和不同知识结构的人的记忆空间有了差距。

2. 语法功能实现过程

提高阅读理解力需掌握正规系统的语法规则，储备大量的有用词汇，熟练运用基本句式，对句子的成分应给予明确划分，语法知识必不可少。语法视角下的语篇理解是阅读的基础，是理解语篇最直观的途径。

（1）词汇学习方法

在阅读中，对于如何把记忆中的词汇意义、词性及用法准确地反映到理解过程中，词汇学习的观念和方法很重要，一味单纯地背生词，认为词汇学习的内涵就是拼写、朗读和了解字典意义，这有助于词汇量的增加，但容易出现所学的词汇不能在需要时及时地在头脑中激活的情况，在阅读理解时也容易出现偏差，上下文联系不上，翻译理解出现歧义。

（2）语法知识运用

一定的词汇量和扎实的语法知识是需要积累的，而句子层次的理解和语篇层次的

理解则需要学生动脑筋，运用所学的语法知识，认真分析句子的构成，从而达到对句子和整篇文章的全面理解。句子层次的理解和语篇层次的理解是息息相关、密不可分的，明确了句子的层次，对语篇层次的理解也会容易得多。

（3）语境情境分析

语篇与语境相互依存，相辅相成。语篇产生于语境，又是语境的组成部分。就整个语篇来进，一个语境带来更多上下文间的连贯，帮助总结前文，预测下文，使读者更好更快地区分文章的层次，掌握文章结构，更好地理解文章内容，抓住语篇的中心思想。语境还有补充、生成的功能，使语篇的隐含意义得到充分的挖掘，让文中的省略部分不会对全文的理解造成影响。

（三）语篇记忆

在日常阅读或听说过程中，有些活动要求辨认语篇的话题，有些则需要记忆语篇的全部或部分内容。语篇理解和记忆密切相关。一方面，理解是记忆的前提，只有对语篇的内容进行深刻的理解，才有可能记忆深刻，对语篇的透彻理解也能使记忆事半功倍；另一方面，记忆又可以加强和巩固已经理解的内容。

1. 短时工作记忆在语篇阅读理解中的作用

短时工作记忆在语篇阅读理解中具有重要作用。心理学家用抑制发音的方法进行实验，在阅读理解过程中强制被试者大声重复与阅读的句子无关的语音或一个数字时，这个语音信息就会进入语音存储系统，从而导致语音控制装置即语音复述装置失去作用，使被试的阅读理解成绩下降。

当阅读只有一个命题的句子时，抑制发音条件下的反应时同其他条件下的反应时相比没有显著差异。但当阅读含有两个命题的句子时，抑制发音效应十分明显。这说明阅读较复杂的句子时，需要被试者将两个或更多的命题整合起来。

2. 长时工作记忆在语篇阅读理解中的作用

提取结构是长时工作记忆的主要成分，它在阅读理解中起着重要作用。首先，提取结构在语篇阅读理解中是建立连贯心理表征的基础。在阅读中，把一个个的命题整合起来，形成连贯的心理表征，这个过程就是理解。一方面，阅读中形成的新命题，以各种方式如时空、因果等与其他命题相联结形成较大的结构，而这些结构又可以构成更宏观的结构；另一方面，这些命题还要同长时记忆中的各种结构，如图式、脚本、框架、情境记忆单元等相联结。这样，一个完整的提取结构就建立起来了。

其次，长时工作记忆还有一个特点：信息可以在长时记忆中快速、可靠地存取。在长时记忆中有一个缓冲区，其中保留了特定领域的知识和相应的操作程序，可以快速可靠地在这个缓冲区保存信息和提取信息，这一特点对阅读理解具有极其重要的作用。有人做过中断阅读实验，结果是语篇的中断并不妨碍阅读理解，这是因为长时工作记忆可以利用提取的线索，可靠地访问长时记忆中保存的语篇的记忆痕迹，而且从长时工作记忆中提取信息是非常快的，大约只需要花费毫秒。

五、语言习得

（一）语言习得的三大理论

关于语言习得理论，众说纷纭，莫衷一是，这些学说形形色色，五花八门，或别出心裁而独创，或借移他科学说而巧用，或承旧说而稍变，或取众长而出新，或就假说而推衍，或自事实而归括。这些学说或针锋相对，或相互纠缠，或面相异而实相似，或貌相似而实相异。其中较有影响的概括起来为三大理论：后天环境论、先天决定论、先天与后天相互作用论。

1. 后天环境论

该理论以巴甫洛夫的条件反射和两种信号系统学说、约翰·布鲁德斯·华生（John Broadus Watson）的行为主义学说为理论基础。行为主义学说认为儿童语言的习得是通过后天环境中一系列的"刺激—反应"学习逐渐习得的。因强调的侧重点有异，其内部还可分为模仿说、强化说和中介说。

（1）模仿说

模仿说认为儿童语言习得是通过模仿成人的语言实现的。模仿说分为机械模仿说和选择性模仿说。机械模仿说最早由美国心理学家阿尔波特（Allport）于1924年提出，至20世纪50年代，流行了30余年。该说把儿童语言看作父母语言的翻版，忽略习得过程中的主动性和创造性。模仿的确在儿童语言的发展中起了不可或缺的作用，但对一些重要现象或问题不能解释，如儿童短时间内如何能通过机械模仿学会无限多个句子构成的语言，有些语言儿童并不能很好地模仿，儿童有时说出的词句是成人语言中所没有的，等等。为克服其弊端，有学者提出了选择性模仿的概念。1975年怀特赫斯特（Whitehurst）和瓦斯托（Vasta）在《语言是通过模仿获得的吗？》一文中，对这一概念进行了较系统的阐述，认为儿童语言发展主要依靠选择性模仿。在儿童对语言现象有了一定理解力后，就会对说话者的语言结构而非内容进行选择性模仿，会把示范句的结构通过应用于新的情境或通过将模仿获得的结构重新组合成新的结构产生自己的话语。怀特赫斯特等人把这种理论表述为理解、模仿、产生假说。选择性模仿说试图解决理解、模仿和新话语产生的关系，关注儿童语言习得过程中的主动性。但是，模仿，即使是选择性模仿说意义上的模仿，也只是儿童学习语言的一种方式，仅用它来解释儿童语言的发展，有失偏颇。

（2）强化说

强化说的主要代表人物是美国心理学家伯尔赫斯·弗雷德里克·斯金纳（Burrhus Frederic Skinner，以下简称"斯金纳"），该理论于 20 世纪 40 年代至 50 年代初盛行，以"刺激—反应"论和模仿说为基础。强化说认为儿童模仿正确就会得到成人的认可或鼓励，即受到强化，正是这种不断的强化，儿童才得以逐步习得语言。斯金纳在自己的著作《言语行为》中提出了自动的自我强化概念，指出儿童的模仿性发音也会对儿童产生强化作用。其后期著作《关于行为主义》又提出"强化依随"的概念，指出强化刺激紧跟在言语行为之后发生，当儿童对示范句模仿近似时，就予以强化，然后再强化接近该句的话语。通过这种逐步接近的强化方法，儿童逐渐学会复杂的句子。强化的作用的确显而易见，但其只是影响儿童语言发展的因素之一。

（3）中介说

中介说又叫传递说，是为解决传统"刺激—反应"论的简单化而提出的一种改良主张。1935 年，美国心理学教授、新行为主义代表人物汤勒曼（Tolman）提出"中介变因"概念，之后一批有影响的心理学家或心理语言学家奥斯古德（Osgod）、莫勒（Mowrer）、苏皮斯（Suppes）、斯塔茨（Staats）等人把这一概念创造性地应用到儿童语言研究中，形成中介说。此说在"刺激—反应"之间加上了"传递性刺激"和"传递性反应"的中介，以此来解释客观环境怎样通过语言作用于人、语言怎样表现非当时当地的事物、新的话语怎样被创造出来并被理解等传统的"刺激—反应"论所不能解释的问题，进而解释儿童是怎样通过一系列"刺激—反应"习得语言的。但中介说仍然秉承"刺激—反应"的基本模式，还有很多地方不能自圆其说。

2. 先天决定论

与后天环境论相反，先天决定论强调遗传因素在儿童语言习得中的决定作用，忽视甚至否定后天环境因素的影响。较有影响的有先天语言能力说和自然成熟说。

（1）先天语言能力说

该说于 20 世纪 60 年代提出，代表人物是美国语言学家乔姆斯基，认同此说的还有美国的卡兹（Katz）、米勒（Miler）和麦克尼尔（McNeil）。这些学者在心理语言学界又被称为内容派，主张人天生具有语言习得能力。

乔姆斯基等人认为儿童有一种受遗传因素决定的先天的语言获得机制（language acquisition device, LAD），包括若干范畴、规则的语言普遍特征和先天评价语言信息的能力。LAD 的工作程序一般是当儿童听到特定话语时，先依据语言的普遍特征对这一话语结构提出假设，再运用语言评价能力对假设进行验证和评价，从而确定这一话语的具体结构，即为语言的普遍范畴和规则附上具体语言的值。

该说把儿童语言习得看作一个主动的、有创造性的语言发展过程，后天语言环境只起到触发 LAD 工作的作用。儿童在自然语言环境中习得的不是具体的话语，而是关于语言的一系列规则，这些规则让儿童能听懂或说出他从未听过的话。LAD 活动有一个临界期，过了这个临界期就会退化。

此说关注了儿童获得语言的先天性、主动性和创造性，但也受到不少质疑。例如，如何证明 LAD 这一假设在人脑中存在，过分忽略后天环境的作用，把儿童学习语言的过程看得过于轻易，等等。

（2）自然成熟说

该论由美国心理学家伦内伯格（Lenneberg）提出，他与乔姆斯基等人一样也赞成先天说，但理论基础是生物学和神经生理学。他认为人类具有一种先天的潜在语言结构，有适合语言的生物学基础。因此，他认为随着儿童的成长，发音器官和大脑神经机制逐渐发展成熟，当与语言有关的生理机能的成熟达到一种语言准备状态时，只要受到适当外界条件的激活，就能使潜在的语言结构状态转变成现实的语言结构，语言能力就显露出来了。不同民族的儿童生理发展相似，所以语言的发展过程和速度也相似。伦内伯格的学说较多地阐明了生物学基础对语言发展的影响，未免有些片面，而且也有一些现象是伦内伯格学说不易解释的。

3. 先天与后天相互作用论

该论以皮亚杰的认知说为理论基础，也受到乔姆斯基和行为主义的影响，认为儿童的语言发展是天生能力与客观经验相互作用的结果。主要包括认知说、规则学习说和社会交往说。

（1）认知说

认知说的代表人物是瑞士儿童心理学家皮亚杰，其理论核心是发生认识论，认为儿童心理的发展既非先天的成熟，也非后天的经验，而是源于主体通过动作对客体的适应，这才是儿童心理发展的真正原因。儿童的心理发展是在外因与内因相互作用中不断产生量变和质变的。

由于该说不是专为解决儿童语言习得提出的，所以通过皮亚杰的认知说可派生出以下有关儿童语言习得的基本观念。

①人类有一种先天认知机制，不是与生俱来的普遍语法，而是人类具有的普遍的认知策略，适应包括语言活动在内的一切认知活动。

②儿童没有特殊的语言学习能力，语言学习能力只是认知能力的一种。认知能力的发展先于和决定语言能力的发展。

③儿童的语言习得是儿童主体因素和客观环境因素相互作用的结果，是通过同化和顺应不断地从一个阶段发展到一个新的阶段的过程。

皮亚杰之后，在探讨认知结构的发展与语言发展的一般关系研究方面贡献较多的有斯洛宾（Slobin）、福多尔（J.A.Fodor）、里沃（Rever）、普勒马其（Premach）和苏热兰德（Sutherland）等人。同时，他们受到乔姆斯基的一些影响，承认语言行为有不同于人类其他行为的地方。

认知说只强调认知发展对语言发展的影响，忽视乃至否定语言发展对认知发展的影响，这是其最大局限。

（2）规则学习说

该说是在乔姆斯基和行为主义的双重影响下形成的一种儿童语言习得理论，主要代表人物有布朗（Brown）、弗拉瑟（Fraser）、伯科（Berko）、欧文（Ervin）、布雷恩（Braine）、塔戈兹（Tagatz）等学者。

规则学习说认为，儿童具有一种理解母语的先天处理机制，这种机制主要是一种学习和评价的能力，不具有语言的普遍特征。儿童学习母语不是一个演绎的过程，而是一个归纳的过程，是用先天的语言处理机制，通过对语言输入的处理归纳出母语的普遍特征和个别特点。对规则的归纳凭借的是工具性的条件反射，是"刺激—概括"的学习过程，是先天因素与后天因素的相互补充和相互影响。与行为主义不同的是，它强调儿童的语言学习有先天能力存在；与乔姆斯基先天说不同的是，它认为儿童学习语言的先天能力中不包括语言的普遍特征。

（3）社会交往说

该说是布鲁纳（Bruner）、贝茨（Bates）、麦克惠尼（Macwwhinney）等学者的主张。他们认为语言习得不仅需要先天的语言能力，也需要一定的生理和认知的发展，更需要在应用中发挥语言的实际交往功能。儿童和成人语言交际的互动实践活动，对儿童的语言发展起着决定性的作用。

社会交往说依据儿童语言的特点，强调语言输入对儿童语言习得的重要意义；强调在社会交往实践中，尤其是儿童与成人的语言交际中，儿童应主动控制和自己生活密切相关的话题；成人应为儿童提供便于模仿和加工的语言样板，在吸引儿童的兴趣和注意力的基础上，推动儿童语言的发展。

规则学习说和社会交往说获得越来越多的认同，但还不够系统，仍需进一步完善。

（二）语言习得过程

诸多观察和研究表明，儿童语言的发展遵循一定的模式，尽管不同个体达到某种模式的时间存在较大差异，但发展的基本模式和各水平之间的顺序基本相同。

1. 前语言期

言语听辨是言语产生的基础。研究表明，儿童在5～6个月时便会注意到言语中的语调和节奏，这是言语听辨的关键一步。约6个月时，儿童进入咿呀学语阶段。此阶段持续6～8个月，然后进入习得音节和词的阶段。

2.真正语言发展期

（1）单词句阶段

1岁至1岁半，儿童迎来了真正的语言期。这一时期的儿童话语中只有词语，没有语法。这些词语也较少，多是儿童熟悉的称谓、动物、食物、玩具、动作等名词或动词，之后才逐渐习得形容词、副词等抽象名词。

词语会起到句子的作用，一个词语往往代表一个句子，能表达独立的意思，能引导听者的行为。

单词句的使用已带有明显的交际意图，并且这些词的功能的习得有一定的顺序。格林菲尔德（Grenfield）和史密斯（Smith）（1976年）对两个7～22个月的儿童的语言功能做了调查，发现功能的习得有先后次序：先是施事者，然后是承受动作的物体、地点、所有者和受事者。

（2）双词句阶段

随着交际意图的需要和增长，1岁半左右，儿童开始把单词连起来说，单个词有一定的语调，词和词之间还有一定的停顿。可见，在不断交际的过程中，儿童的言语能力有了突飞猛进的飞跃。

按照成人的语法结构，常见的双词连接形式有名词主语＋动词、动词＋宾语、动词或名词＋表地点的词。但对处于这一阶段的儿童来说无所谓语法，只有词序，形式多是模仿。有研究者从双词话语的结构上进行研究，发现了一定的规律：一类词可称为轴心词，数量不多，使用频繁，发展缓慢，一个月才出现几个，这些轴心词属于不同词类，有指示词、代词、数量词、介词、动词等；另一类词可称为开放性词，数量多，发展快。二者组合的方式有两种：一是轴心词＋开放性词，二是开放性词＋轴心词。

双词句的结构相同，但表达的含义往往不同，说明儿童在表达上有自己的主动性和创造性。

相比单词句阶段，该阶段儿童能够表达更丰富的含义，实现更多的交际意图，并在这一过程中不断习得更多的语言规则，把交际意图映现在复杂的规则里，促进其简单命题能力的发展。

（3）电报句阶段

2岁至2岁半，儿童掌握的词汇量增加，在双词基础上开始使用一些连接词，如介词、助词、连词等，虚词的数量和使用频率也不断增加，儿童的话语开始由双词句向多词句阶段发展，开始建立句子雏形。这些句子简短，成分主要是一些传递信息的实义词，就像人们打电报时用的语句一样，所以哈佛大学的心理学家布朗（Brown）把这时的儿童语言称为电报句。

电报句阶段也是向成人语法过渡的阶段，儿童开始注意到约定俗成的语法规则，根据一定的构词规律和词语组合规律创造出一些成人言中没有的词或词语组合。

（4）语法感阶段

这一阶段从 2 岁半到 6 岁。早在电报句阶段，儿童已开始由自己的特殊语法向规范语法转变。研究者发现汉语儿童此时期的"病句"特别多，有相当一部是在模仿成人语法基础上的创造性运用，符合儿童语言发展规律。有规律、成系统的类化现象的出现，是电报句阶段结束和语法感形成阶段开始的标志。

过了电报句阶段，儿童语言习得便基本在成人语法的框架里进行，最主要的发展体现在两方面。一方面是逐渐意识到语法的存在。比如，心理语言学家研究发现，3 岁左右的儿童在说话过程中会停下来纠正自己的错误，或者纠正别人说话的错误，说明儿童头脑中已有了一个自己认为正确的语法模式，比较后意识到不匹配，便出现了修改行为。另一方面是能够谈论语言。谈论语言是语法感的进一步发展。一般说来，到了 4～6 岁，儿童才会谈论语言。戈雷特曼（Gleitman）等人曾经记录了一个母亲与其 7 岁的女儿谈论语言的情况，发现这个女孩知道句子的同义关系，知道一些冠词的使用条件和 be 动词的运用条件，等等。儿童能够谈论语言，表明儿童的语法感已经基本形成，儿童已经初步习得语言。

（三）不同语言内容的习得

1. 语音内容的习得

语音是由人类发音器官发出的表达一定语言意义的声音，是口头语言的物质载体。儿童语音系统的习得主要分两个时期：一是语音的准备，二是语音的发展。

（1）语音的准备

①非自控音阶段

儿童出生至 20 天左右。儿童的啼哭、咳嗽、吃奶时的声音都是自己不能控制的，故称非自控音。

②咕咕声阶段

儿童出生后 21 天至 5 个月。这段时期，儿童声音听辨能力和发音能力都有较大的发展。沃尔夫（Wolf）发现，两个月的儿童能分辨出表达不同感情的声音，听到友善的声音会微笑或发出表示舒服的咕咕声，听到责骂声则会停止喊叫。此阶段的儿童已能初步区分音高、音长、音色和语音情感。

儿童出生 20 天后，已有了"玩弄"声音的现象，并出现模仿意识的萌芽。40 天以后，出现了与成人咿咿呀呀的交流。60 天后，儿童的语音模仿能力有了较大进步，许多音听起来像语音了。

③咿呀学语阶段

6个月到12个月，儿童开始说出第一批真正的词语。这一时期称为咿呀学语阶段。

约6个月时，儿童已产生话语理解反应，说明其听辨能力有了较大发展，标志着真正语言活动的开始。7个月时可对"跳""歌歌"等祈使句做出理解反应。8～9个月时，可对"跟妈妈再见""给姐姐吃"等祈使句做出理解反应。10个月后理解反应快速发展。如果把儿童所能理解的最小话语单位称为语元的话，据研究，儿童此期已经可以区分出230个不同的语元，说明儿童的听觉分析器已经相当敏锐，在其头脑中已经开始形成较为复杂的语音表象。

（2）语音的发展

1岁左右，当儿童说出第一批真正词的时候，就是掌握音位系统的开始，到3岁时音位系统基本形成，5岁至6岁时，音位系统的发展已差不多成熟了。

2. 词汇内容的习得

词汇是由语音和语义结合而成的最基本的语言运用单位，这里主要讨论儿童词汇量的发展和主要实词词义的习得。

（1）词汇量的发展

词汇量的发展是衡量儿童语言发展的一个重要指标。儿童各年龄段的词汇量大体上可以描述为：一岁时词汇量在10个词以内；1岁至1岁半时为50～100个；1岁半至2岁时为300个左右；2岁至2岁半时为600个左右；2岁半至3岁时为1100个左右；3岁至4岁时为1600个左右；4岁至5岁时为2300个左右；5岁至6岁时为3500个左右。其中有两个高速增长期：3岁为第一高速期，6岁为第二高速期。

通过对诸多研究的综合考察，基本可以看到汉语儿童1岁半至7岁各年龄段上各种词类的词汇量的比例及其发展的大致面貌：①实词发展始终处于绝对的优势地位。几乎在所有的年龄阶段，实词的比例都在90％左右。②在实词中，以名词的比例为最高，其次是动词，再次是形容词。名词和动词在整个词汇中占大多数，一般情况下为60％～70％。这种情况与国外的研究一致。③从词类的比例发展来看，名词、动词和其他实词的发展比例随年龄的增长而不断下降，而虚词的发展比例则随年龄的增长呈上升趋势。因为随着句子的句法结构发展，儿童需要使用更多的虚词。

（2）主要实词词义的习得

①名词的习得

名词是儿童掌握最早、词量最大、最能反映儿童和生活的联系的词类。随着儿童年龄的增长和生活范围的扩大，具体名词的习得范围扩大，并开始出现抽象名词。

综合阎克乐和邹春岚对3～4岁儿童获得的名词的内部小类分析，以及其他研究，儿童名词的习得有一些突出的特点：①具体名词早于且快于抽象名词的发展。3～6

岁儿童所掌握的具体名词的比例在 80 ％以上，而抽象名词在 20 ％以下。②儿童掌握较早较多的是与他们日常生活关系密切的词语。③兴趣是影响儿童名词发展的一个重要因素。④观察、注意和思维水平对儿童掌握名词有相当大的影响。

②动词的习得

动词是表示动作、行为和事物之间联系的词语，是句子结构的核心。

③形容词的习得

形容词的发展是儿童句子复杂化的一个标志，也是儿童对事物的性质认识发展的一个标志。

3. 句法内容的习得

（1）单句的发展

单句结构是指由句法成分组合构成的各种语法序列。汉语的句法成分主要有主语（S）、谓语（P）、宾语（O）、补语（C）和修饰语（M，包括定语和状语）等。对这些不同的句法成分进行不同的组合，可构成不同的单句结构。这里主要介绍否定句、疑问句和被动句的习得。

①否定句的习得

否定句是含有否定词的句子，含有一个否定词的是单重否定句，两个的称为双重否定句。

单重否定句。单重否定句早在独词句阶段就和肯定句一起产生了。否定句习得大约经历三个阶段：第一阶段是双词话语阶段，儿童表达时常结合体态语。第二阶段是否定词后移阶段，随着语言发展，否定词开始后移到主语和谓语中心语之间。因对否定焦点的掌握有一个渐趋明确的过程，所以否定词的后移过程必然是一波三折。第三阶段儿童能把否定词从状语的位置嵌进补语中去，单重否定句的发展才臻于成熟。

双重否定句。双重否定表示肯定，具有特殊的情感表达功能。单重否定句是双重否定句习得的基础，单重否定句发展到一个较高阶段，才有可能出现双重否定句。

双重否定句习得也需经历三个阶段：一是与单重否定句混用，要么把双重否定句当单重否定句去理解，要么把双重否定的意思用单重否定句来表达；二是能模糊意识到二者的差异，尚不能正确运用；三是大概能正确使用，儿童 7 岁左右基本能做到。

②疑问句习得

汉语通常把疑问句分为是非问、反复问、选择问和特指问四大类。儿童疑问句的习得可分为四个时期。

1 岁 3 个月至 1 岁 8 个月属于萌芽期。1 岁 3 个月之前儿童只会简单的祈使句和陈述句，之后出现表示惊疑的句子，1 岁 4 个月时还可能听到儿童模仿疑问句。

2 岁前后是疑问句产生的主要时期。句子简略、短小，句法上还不太流畅，有些句子离开具体语境不好懂。

2 岁 4 个月至 3 岁是疑问句发展的快速期。研究表明，除了一些使用难度较大的问数量、问程度的疑问句和无标记的选择问，问句格式已基本齐全。

3 岁后进入成熟期，儿童的各种疑问句式逐渐出现，句法组织趋于流畅。

4 岁以后，询问原因、要求解释的问句大量出现，说明儿童的因果意识逐渐增强，也说明儿童疑问句的功能已经发展成熟。

③被动句的习得

汉语的被动句基本上是一种受语义控制的句式，有四种基本模式：①受事者＋动作（水洒了）。②受事者＋施事者＋动作（水，小强洒了）。③受事者＋格标＋动作（水被洒了）。④受事者＋格标＋施事＋动作（水被小强洒了）。前两种称为无标记被动句，后两种称为有标记被动句。

（2）复句的发展

复句是若干分句构成的表意相对复杂的句子。复句一般分为联合复句和偏正复句（又称主从复句）两大类。具有两层及以上关系的复句称为多重复句，看似单句实际含有复句关系的复句称为紧缩复句，其产生稍晚于单句，运用比例远低于单句。1 岁半是复句的发轫期，双词句和电报句阶段复句稍有发展，电报句阶段结束，发展步伐开始加快。但直到 6 岁，复句尤其是偏正复句的发展仍处于较低水平。

华东师范大学研究的结果显示：联合复句在各个年龄段都占绝对优势，这之中并列复句在各年龄段均占优势，随年龄增长比例逐步下降，连贯复句与补充复句大体相当，在联合复句的发展中占第二位，递进复句和总分复句发展较为缓慢，使用频率一直较低；偏正复句在 3 ～ 4 岁有一定发展，但是使用频率一直在 10 % ～ 30 % 浮动；多重复句和紧缩复句在 3 岁时才偶有使用，到 5 岁左右，多重复句开始有些发展，但使用频率不到 8 %；紧缩复句一直发展不大。

第三节　语文教学论基础

一、现当代教学论

教学论是研究教学一般规律的科学，其研究内容包括教学过程及其本质、教学目的与任务、教学原则、教师与学生、课程设置与教材、教学方法与形式、教学环境、教学评价与管理等。现代教学论是 20 世纪 50 年代随着现代科技革命的飞速发展而产生的现代教育理念。它根据时代发展的要求，有意识地改革传统教学理论，不断选择、重组、整合世界各国在教育改革和教学实践中形成的先进的教学理论。它既蕴含了原有教学论中经过长期教学实践检验的符合教学规律的合理部分，又因在应对时代挑战的过程中形成新思想、新观点、新方法而具有变革、创新的特点。

就中国而言，经过近百年的躁动，教学论在源远流长的传统教学论和现代西方教学论的冲突与交融中，呈现西方教学论的"中国化"与本土化进程中的"中国式"教学论新气象。这一过程体现为20世纪中国教学理论创新与教学实践创新是教学理论与教学实践的"双向转化、双向构建"。

20世纪80年代以来，我国除了沿袭苏联伊凡·安德烈耶维奇·凯洛夫（Иван Андреевич Каиров）和列·符·赞可夫（Занков Леонид Владимирович）的教学思想，还引介了尤里·康斯坦丁夫·巴班斯基（Юрий Константинович Бабанский，以下简称"巴班斯基"）教学过程最优化教学理论，同时，掀起了对欧美学者有关教学理论的关注与引进。例如，我国对扬·阿姆斯·夸美纽斯（Jan Amos Komenský，以下简称"夸美纽斯"）、赫尔巴特、约翰·杜威（John Dewey，以下简称"杜威"）等著名教育家经典理论的重新评价与深入研究，又对大批现代学者的教育思想予以高度关注，如本杰明·布鲁姆（Benjamin Bloom）的掌握学习理论、杰罗姆·布鲁纳（Jerome Bruner，以下简称"布鲁纳"）的建构主义教学理论、戴维·保罗·奥苏贝尔（David Pawl Ausubel）的有意义接受学习理论、瓦根舍因（Wagenschein）和克拉夫基（Krafsky）的范例教学理论、洛扎诺夫（Lozanov）的暗示教学理论、罗杰斯的非指导教学理论和加涅的学习信息加工理论等。这种积极的引介工作打开了国内教学论研究工作者的视野，为建构"中国式"教学理论给予了学理营养。肇始于1999年的跨世纪的中国第八次基础教育新课程改革一改过去"坐而论道"的研究之风，通过教改实验为教学论研究奠定了坚实的实践基础，逐步衍生出教学论研究的中国流派，主要有以下几种。

（1）生命实践教学论流派。叶澜教授指出："把丰富复杂、变动不居的课堂教学过程简括为特殊的认识活动，把它从整体的生命活动中抽象、隔离出来，是传统课堂教学观最根本的缺陷。它既忽视了作为独立个体、处于不同状态的教师与学生在课堂教学过程中的多种需要与潜在能力，又忽视了作为共同活动的师生群体，在课堂教学活动中多边多向、多种形式的交互作用和创造能力。这是忽视课堂教学过程中人的因素之突出表现，它导致课堂教学变得机械、沉闷和程式化。"因此，必须超出和突破（但不是完全否定）教学特殊认识论的传统框架，从高一个层次 —— 生命的层次，用动态生成的观点，重新全面认识课堂教学，构建新的教学观。在生命实践教学论学派看来，发展作为一种开放的、生成性的动态过程，不是外铄的，也不是内发的，人的发展只有在人的各种关系和活动的交互作用中才能够实现。个体在与周围世界的关系和实践性活动、与自我的关系和反思重建性活动之中采取的基本方式不外乎主动或者被动。人不可能时时处于主动，但从自身发展的角度看，个体的主动性是十分关键的因素。个体实践的主动性，对处于今天变化剧烈、生存环境中不确定因素大增时代的每个人来说尤其重要。在这个核心价值理念之下，生命实践教学论学派十分强调学科教学价值观的重建，具体包括拓展学科丰富的育人价值，恢复书本知识与人的生活世界的联系、与知识形成过程的联系，按育人价值实现的需要重新组织教学内容，将结构化的以符号为主要载体的书本知识重新激活，综合设计弹性化的教学方案。

（2）回到原点的教学论流派。以裴娣娜教授为代表的学者提出"回到原点"的教学论，主张教学论研究应回到丰富的"教育教学实践"这一原点，并通过对课堂教学和班级建设的研究来完成这一任务。裴娣娜教授认为，在研究中国教学实践重大问题中形成和完善有独特体系的学说，通过多种学说的建立和支撑，促进中国教学论的发展，是现代教学论学科建设的基本思路，而要实现这种发展，就要使教学论回归"原点"。无论是从教学论自身的发展角度来看，还是从教学论对教学实践的指导角度来看，教学论研究都必须强调自身研究的主体性，强调回到"原点"的研究。

（3）课堂教学论流派。教学论研究者的工作就是选择大量的引起他注意的"教学事件"，然后以详尽的描述去充实它并赋予其一定的理论意义。教学论研究者的参与观察就是指教学论研究者参与到教学生活中，不仅作为观察者研究教学活动及其教程，即从事"客位研究"，也相当程度地参与到课堂教学活动之中（主要是研究者自己的课堂教学活动），从事课堂教学的"主位研究"等。在实践中形成的"高效课堂"教学模式、"导学案"教学模式等，就是课堂教学论倡导下的实践产物。

现代教学论流派体现了一些基本共性：一是理论体系的开放性。现代教学论首先是一种开放的理论体系，只有开放才能使理论自身的发展更加有新意、有活力，唯其如此，教学论的研究才能百花齐放、百家争鸣。二是研究内容的综合性。现代教学论要综合解决当代教学论的各种基本矛盾。任何领域都在寻找一种综合解决各种矛盾的途径，现代教学论也必然要体现这一大背景下的综合性的特征。三是研究方法的多样性。现代教学论的特征与现代社会密切联系，随着科学的进步，系统论、控制论、信息论、耗散结构论等现代科学方法论也应运而生，教学论对这些方法论的借鉴使用，使教学论的系统研究方法在把握复杂、大量、多变教学事实及其联系的能力上向前跨进了一步。

二、现当代教学论发展对语文教学的启示

语文教学实践的优化，需要教学论的发展与理性的关照。在反思语文教学的现实

困境时，可以在教学论的新进展中寻求智慧的钥匙和理论的启迪。

（一）语文教学的现实困境

21世纪以来，基础课程改革如火如荼地开展，新课改理念日益深入人心、深入课堂，这对各学科教学产生了巨大的冲击，甚至存在局部颠覆性的影响，但同时也引发了一系列的现实困境。目前，在语文教学中大致存在如下教学方面的问题。

（1）功利主义取向 —— 重结果，轻过程。重结果、轻过程是应试教育功利价值取向下语文教学普遍存在的严重问题。结果取向的教学危害极大，它漠视了沿途的风光，逃避了课堂的机趣，把学生单一地变成了盛放知识的容器，把教师异化为加工与传授语文知识的技术工人，语文知识被抽干了丰富的人文精神内核，变成了"风干的丝瓜"。

只有注重坚实的语文学习过程，语文教学才能生发人文情韵，语文知识才能转化为语文素养。这是因为人的学习不能单靠被动地接受外来信息，必须经过感知、体验与内化，必须经过分解和吸收来加以建构，必须经过重新建构才能真正变为自己所拥有东西。

（2）科学主义取向 —— 重分析，轻感情。"语"就是语言。学好语言，最重要的途径就是品味和感悟。如杜甫的诗句"两个黄鹂鸣翠柳，一行白鹭上青天"，徐志摩的诗句"轻轻地我走了，正如我轻轻地来。我轻轻地挥手，作别西天的云彩"。这些精妙的语言怎么讲？一讲不就索然无味了吗？最好的方法就是让学生在阅读中去品味、去感悟。

不管是哪种语文教材都不乏文质兼美的名家名篇，学生自己去读也很有趣味。这样的教材经过教师大"嚼"之后机械地"教"给学生，大部分学生就感到味同嚼蜡了。没有兴趣就很难有学习的动机，学生的积极性得不到调动，学习态度就比较被动，这样也就难以集中和维持注意，也不可能全身心地投入学习，必然大大降低教学效率。某特级教师的一堂公开课只讲了5分钟；某著名教师上观摩课，45分钟只说了一句话，提了一个问题。试想，一篇课文，教师把什么都说到了、讲透了，那课文还有什么意思？绘画、写作要讲究空白，因为有空白才有意境，才有余韵，才耐人寻味，语文课堂教学更是如此。

（3）实用主义取向 —— 重应用，轻精神。语文教学要培养学生的语文能力。学生的语文能力包括心智能力和操作能力，都必须通过学生自身的认知活动和训练活动才能逐步形成与不断提高。一些语文教师好心地越俎代庖，客观上挤走了培养学生语文能力的实践环节，语文教学便可能成了中看不中用的"独角戏"。提高语文能力以走向人文精神的涵养升华为旨归。因为，语文是鉴赏的，也是人文的，语文课堂教学应以培养学生的语文精神为宗旨，以奠定学生的正确价值取向为根本。语文是一种精神的需要、审美的需要，基于这个前提，学生学语文才会有兴趣，若仅仅以考试为标准，就必然抽去语文的精神，造成语文素质的滑坡。

（4）师本主义取向——重教法，轻学法。传统的语文教学就是教师教什么，学生学什么，教师是教学主体，学生是被动的受教育者，所以教师与学生的互动是很不够的，很多教师甚至已经养成了自己的主体性习惯，不顾甚至不考虑学生的反应或者学生的接受能力，久而久之，就会大大影响教学效果。

教学方式的选择是调动学生学习兴趣的一个非常有效的方法，多样化、有效化的教学方式更容易调动学生的学习兴趣，而相反，教学方式过于单一，则会使学生感到厌倦。当前还是普遍存在教学方式单一的问题，教师依然采用传统的教学方式进行教学，很少使用现代多媒体进行教学，即便使用，也只是简单使用，体现不出多媒体教学的效果。对于语文课程来讲，很多知识要是用多媒体展示，必定要比教师单纯的讲授效果要好很多。因此，要在教学方式上进行创新。只有在传统教学方式的基础上引入自主、合作、探究的学习方式，让学生从校内到校外、从课堂到课下、从教材到校本课程，不断打开视野，不断熟悉生活，语文学习的春天才会百花齐放。

（二）教学论的当代发展对语文教学的启示

纵观 10 多年来我国教学论研究的主要趋势可以发现，教学论研究更加关注实际问题。教学实践领域由于课程改革对教学的要求，教师的专业发展成为一种现实，更多的教师需要成长为教学的研究者，他们之中的有志者已经通过对教学理论的学习与掌握成为教学与研究的能手。教学论发展新趋势给予语文教学重要的启示。

1.对语文教学的新诠释

语文教学包含语文文字、语言文学和语文文化，其多样的内涵必然会导致教学目标的错综复杂。

长期以来，语文教学一直被认为是教学生怎么认字、怎么造句，或者如何去写作文的学科，其实这是一种狭义的理解。学习语文更多是为了交流，为了应用，而不仅仅是将它当成一种被动式的学习。所以，传统的一言堂的讲授在新形势下已经不符合语文教学的发展趋势。新形势下的语文教学主要应做好这样几方面的工作：一是充实教师的知识，教师没有充足的知识，是很难进行教学的；二是要提高教师的教学能力，这个教学能力不仅是指教师能讲，而且是指教师要会讲，要让学生容易接受、听得明白；三是教师要教会学生做人，通过道德引导使学生懂得学习、主动学习，不断提高学生的自学能力。时代在发生变化，教学方式也要随之发生变化，更重要的是，教师的教学能力要满足学生的需求，教与学是一个互动过程，不是静止过程，不是教师一个人说，学生被动地听。在语文教学中充分挖掘学生的各方面潜力，调动学生的积极性、主动性，培养学生的个性，激发学生的活力，增强学生对课堂教学的兴趣，优化课堂的人文环境。因此，教师对于新形势下的语文教学要有新的理解，要考虑学生的主体性，学生不是被动的受教育者，而是主动的学习者。

2. 实践取向的语文教学研究

课程标准明确指出："语文是实践性很强的课程，应着重培养学生的语文实践能力，而培养这种能力的主要途径也是语文实践，不宜刻意追求语文知识的系统和完整。"在此原则下值得一提的是实践取向的教学论知识得到纵深发掘和学习化课程的大力倡导与实施。

（1）科目教学知识及其运用

科目教学知识是针对学科知识如何转化为教学策略性知识提出来的，研究者围绕这一核心开展了不少研究。

语文教师应该在掌握语文学科特有的知识的前提下，将自己理解、掌握的知识在课堂上转化成学生易于理解的形式的知识。因此，教师学科教学知识虽不同于学科内容，但其指向于特定学科及其内容的加工、转化、表达与传授，与特定主题（如诗歌、散文等）紧密联系，所以它与学科内容息息相关。同时，教师学科教学知识是关于如何教的知识，是教师基于课堂实践及在生活与学习中所获得的经验，对其进行反思、归纳与总结，经过综合、转化而不断获得与丰富的。语文学科教学知识的形成不只是教学理论的自觉，更是教学实践—教学理论—再教学实践—再教学理论螺旋上升的自组织生成过程。另外，语文学科教学知识由于教师的个体差异，会内化为教师自己所拥有的、真正信奉并在实践中实际应用的知识，即教师的个体知识。语文教师对学科主题的观念及其兴趣影响着教师的学科教学，也就是说教师的学科教学附加了教师的个人价值因素。

（2）学习化课程与实施

从文化哲学的角度，课程就其本性而言是人的学习生命存在及其优化活动，基本原理就是"学习生命关联"。所谓学习生命关联意味着：学习就是对蕴含在教学内容里的"社会—历史"生命的一种理解和解释，即通过解释而理解内容，进而获取内容里的社会—历史现实的有效知识；学习生命存在不是绝对的，而是实现在人与教育环境的相互作用过程之中，以学习者与教师、其他同学、内容、学习环境等的活动为基本特征。

学习化课程实施倡导学习者本位观，要求在课程实施中注重教育环境营造、尊重个体生命实践及其差异、理性提升与情感激发并重等原则。在学习化课程实施过程中，倡导以学习为本，坚持学习者本位，在知识建构的过程中开展的主要学习方式包括"合作—生成"学习方式、"反思—生成"学习方式与"体悟—生成"学习方式。

3.语文教师在教学研究中成长为教学专家

（1）破除专家的神秘，模糊教学理论专家与教学实践专家的界限

教学研究是教师专业化的基本路径，也是教师专业权利的重要指标。在实践取向的教学论范式下，语文教学研究下移，"草根化"势成必然。在这种背景下，教学论理论工作者与一线语文教学工作者日益结成同盟，消解对话"失语"的现象。专家不再是高深学问拥有者的专属，一线教师也有望通过扎实的教学研究成长为学科教学专家。

（2）树立研究意识，增强研究能力

研究意识是一种深入洞察、反思的思维习惯，它需要研究者对所从事的工作领域的聚焦关注，需要对习以为常的事情的批判。研究意识更是一种专业精神，它有赖于对所从事的工作精益求精的态度和卓越追求的精神。当下，随着人们对教育质量的期待和对教育品质提升的渴望，单靠过去那种经验式的教学工作方式远远不能满足社会、家长和学生的需要，迫切需要一线教师树立对日常教学的研究意识和态度，把教学中的问题转换为研究问题，通过自主研修、同伴互助和专家引领等方式不断增强研究能力，由教学新手转变为教学能手，以至于成长为教学专家。在教学论发展的新趋势下，一线语文教师势必要转变教研态度，提升研究意识，增强研究能力，促进自身专业发展，力争成长为语文教学专家，以充分适应时代的挑战与选择。

第二章　语文教学教材建设研究

第一节　语文教材功能

语文教材（语文教科书）不仅是教师进行教育教学工作最重要的凭借，也是学生学习、发展的最主要的凭借。

一、德智启迪

德主要指思想道德修养，包括学生正确的人生观、世界观、价值观的形成和良好行为习惯的养成。智指的是学生的智力发展，智力的核心是思维能力。学生思想道德素养的提高和思维能力的发展与语文学习有着密切的关系。语文学科丰富的人文内涵对学生精神领域的影响是深刻的，而听说读写等语文学习活动的开展又都与学生思维能力的提升息息相关。西汉刘向言："书犹药也，善读之可以医愚。"莎士比亚说："生活里没有书籍，就好像没有阳光；智慧里没有书籍，就好像鸟儿没有翅膀。"这都说明了阅读对于学生品德、智慧的启迪作用。而学生阅读得最多、领悟得最深的语文教材，对于学生德智启迪的功能无疑是更为重要的。

二、语文历练

语文是学习语言文字运用的综合性、实践性课程。学生语言文字运用能力的提高必然是在语言文字运用的过程中实现的。而语文教材就是学生学习语言、运用语言的最直接、最有效的凭借。语文教材中的课后习题、教师在研读教材的基础上在教学过程中安排的听说读写等各种活动，都是学生语文历练的过程。

三、语言积累

语言的积累包括口头语言和书面语言的积累。通过阅读、品味文质兼美的课文，通过参与教师精心设计和组织的教学活动，学生不仅可以积累词汇、句式、结构技巧，还可以在口语交际的态度与能力、对写作的目的与态度的认识上有较大幅度的提高。

四、知识扩展

学生获取知识的途径有两条：一是通过生活获取直接经验；二是通过学校学习获

取间接经验。相比之下，第二条途径的效率更高，因此也是学生获取知识的主要途径。语文教材中包含的知识既有与语言文字运用有关的学科知识，又有与学生发展密切相关的自然、人生、社会等领域的百科知识。通过对语文教材的学习，可以极大地扩展学生的知识面，增加学生的知识储备。

第二节　语文教材内容要素

现代语文教材的内容由四种基本要素构成：范文系统、知识系统、实践活动系统和助读系统。

一、范文系统

范文即课文，是语文教材的主体，是编者精心选择的文质兼美的典范文章。把范文作为教材的主体内容，并使之形成一个独立的系统，是语文教材区别于其他学科教材的一个鲜明特点。其他学科的教材如数学教材，大都以知识系统为主体，并辅之以作业系统。只有语文学科以范文系统为教材的主体，是理解知识、训练能力、扩展视野、陶冶情感的凭借。知识系统、作业系统等都是辅助系统。因此，选编优秀的语言作品作为范文仍然是教科书编写者最重要的工作。

二、知识系统

语文是学习语言文字运用的综合性、实践性课程。语言文字运用能力的提高必然以知识的丰富为前提，因此知识系统也是语文教材的重要组成部分。《全日制义务教育语文课程标准》中把语文知识归纳为附录"语法修辞知识要点"，包括词的分类、短语的结构、单句的成分、复句、常见修辞格五项，在教学方法上强调精要、好懂、有用。

（一）词的分类

名词、动词、形容词、数词、量词、代词、副词、介词、连词、助词、语气词及叹词。

（二）短语的结构

并列式、偏正式、主谓式、动宾式、补充式。

（三）单句的成分

主语、谓语、宾语、定语、状语、补语。

（四）复句的类型

并列、递进、选择、转折、因果、假设、条件。

（五）常见修辞格

比喻、拟人、夸张、排比、对偶、反复、设问、反问。

三、实践活动系统

《全日制义务教育语文课程标准》在"课程基本理念"部分提出："语文课程是学生学习运用祖国语言文字的课程，学习资源和实践机会无处不在，无时不有。因而，应该让学生多读多写，日积月累，在大量的语文实践中体会、把握运用语文的规律。"语文实践活动是指与范文系统、知识系统相配合的动口、动手、动脑的实践活动的安排。

实践活动系统在语文教材中的表现形式是练习题或是与教材配套的练习册。实践活动系统有助于教师检测教学效果或学生自测学习效果。

四、助读系统

助读系统是指为帮助学生阅读和理解范文、培养和提高学生自读能力而设计的一系列材料。助读材料包括教科书编写者对整套书、一册书、一个单元、一篇课文的学习目的、学习要求、学习重点难点、学习方式方法等做出的说明、提示或注释。助读系统可分为注释类、提示类、图像类、附录类、练习类等。

助读系统的作用主要有三个方面：一是有利于培养学生的自学能力，使学生养成自学习惯；二是使教科书的采用者明白教学的统一要求，作为教学参考；三是助读材料中的某些重要提示往往体现科研、教研新成果或先进的教育思想，可以促进语文教学改革。

第三节　语文教材应用艺术

教材是教师教学和学生学习的最重要的凭借，但是教材并不等同于全部的教学内容，教师教学也并不等同于教教材。历来没有尽善尽美的课程标准和教材，教师可以使自己的教学水平日趋完美。教师选择教材的权利是有限的，但使用教材的科学和艺术是无限的。这就需要教师树立正确的教材观：教师不是"教教材"，而是"用教材教"，同时掌握使用语文教材的科学与艺术。

一、了解编辑意图

无论使用哪个版本的语文教材，都要首先研究它的编辑意图，包括整套教材的设计理念、整体结构及各个局部的编辑意图。掌握教材的编辑意图和整体结构是掌握使用教材的科学和艺术的关键，是决定教学成败的第一要素。只有了解清楚所使用教材的编辑意图，才能深刻地认识到教材内容的选择、学生活动的安排背后的原因，有的放矢，充分发挥教材促进学生发展的积极作用。

要树立全面的、系统的教材观，强化课标意识、整体意识，着重于从教学目标、教材编排规律、编者意图上整体把握教材，要认识教材各部分之间的有机联系。若是分析一篇文章，就把它放到整个单元、整册课本、整套课本中去观照，在比较中去决定文章的重点与难点；若是单元知识，就应该联系本单元的几篇文章加以落实。

二、明确教学重点

在了解了整套教材的编辑意图之后，还要认真研究本学期将要使用的这一册课本的教学目标、整体结构、具体内容和重难点。只有这样才能做好教学设计。

（一）根据教学单元制订学期教学计划

每册课本通常由八个单元组成，每学期授课时间 18 周左右。用两周的时间讲授一单元，共 16 周，剩下两周机动使用。每单元通常为 8～12 课时，知识讲授 1 课时，阅读训练 8～9 课时，作文训练 2～3 课时。这是常规的学期教学计划的制订方法。在操作时，还应该具体情况具体分析，例如某些教材一册课本只有七个单元，某个学期只有 16 周等。另外，还要注意单元之间、各册课本之间、各学年之间和各学段之间的内在联系。

（二）处理好讲读课文、自读课文与课外自读课文三者之间的关系

在了解教材编辑意图的基础上，对于同一单元中不同性质、不同作用的课文，需要做出不同的教学安排，包括课时、教学方法等各个方面。

讲读课文对于学生来说是"教材"，教师要起引导作用，需要通过精讲示范带领学生理解和掌握规律性的知识并发展能力。课内自读课文对于学生来说是"教材兼学材"，教师起指导作用，指出要达到的目标和方向、途径，让学生通过课内自读来完成。课外自读课文对于学生来说是"学材"，需要学生在课下通过课外自主阅读来完成，教师起监督作用。

（三）精心设计篇章处理艺术

篇章处理艺术最能体现教师的教学能力和教学风格。例如，说明、议论类的文章要着重通过事理去启迪学生，文学作品类的文章着重用形象去感染学生。教不同作者的文章也要体现作者的特点。

三、研究教学策略

（一）根据主题进行教学

人教版课程标准实验教科书是新课程理念的一面旗帜，其单元安排不以相同文体为参考，而是淡化文体，以文章反映的共同主题来安排课文。

（二）突出写作特点，加深理解

许多文章的写作特点都是为表现特定的内容和特定的主题服务的，教师要做到不得真谛不教人。

（三）利用插图及多媒体增强教学效果

夸美纽斯说："知识的开端永远必须是感官。"所以，智慧的开端当然不仅在于学习事物的名目，还在于真正知觉事物的本身。文字和图像是教材借以展示教学内容的两种主要手段，图文并茂是教材追求完美的一个重要目标。语文课本中有许多配合课文内容的插图，包括记叙文、说明文、议论文的实物实事示意图，小说、戏剧等的生活原型图，诗歌、散文等的写意画风景画，等等。利用这些插图进行教学，可以给学生以直观的感受，培养学生的观察能力、想象能力和鉴赏能力。

四、灵活运用

语文教材是相对稳定的因素，教师与学生则是活动着的因素；语文教材是大体划一的，教师和学生却是各不相同的。这需要语文教师灵活对待教材，时时引进时代活水，去适应变化着的教学对象和教学情境。

第三章 语文教学内容研究

第一节 语文口语教学

口语交际是语文课程的重要组成部分，明确口语交际教学的课程目标和内容，能使教师更有针对性地开展教学活动。

一、语文口语教学在课程标准中的要求

（一）总目标

学生具有日常口语交际的基本能力，学会倾听、表达与交流，初步学会文明地进行人际沟通和社会交往。

（二）阶段目标

1. 第一学段（1～2年级）

（1）学讲普通话，逐步养成讲普通话的习惯。

（2）能认真听别人讲话，努力了解别人讲话的主要内容。

（3）听故事、看音像作品，能复述大意和自己感兴趣的情节。

（4）能较完整地讲述小故事，能简要讲述自己感兴趣的见闻。

（5）与别人交谈，态度自然大方，有礼貌。

（6）有表达的自信心，积极参加讨论，敢于发表自己的意见。

2. 第二学段（3～4年级）

（1）能用普通话交谈，在交谈中能认真倾听，养成向人请教、与人商讨的习惯。

（2）听人说话能把握主要内容，并能简要转述。

（3）能清楚明白地讲述见闻，并说出自己的感受和想法，讲述故事力求具体生动。

3. 第三学段（5～6年级）

（1）与人交流，能尊重、理解对方。

（2）乐于参与讨论，敢于发表自己的意见。

（3）听人说话认真耐心，能抓住要点，并能简要转述。

（4）表达要有条理，语气、语调要适当。

（5）能根据对象和场合稍做准备，进行简单的发言。

（6）注意语言美，抵制不文明的语言。

（三）教学建议

口语交际能力是现代公民的必备能力。应培养学生倾听、表达和应对的能力，使学生具有文明和谐地进行人际交流的素养。

口语交际是听与说双方的互动过程。教学活动主要应在具体的交际情境中进行。努力选择贴近生活的话题，采用灵活的形式组织教学，不必过多传授口语交际知识。鼓励学生在各科教学活动及日常生活中锻炼口语交际能力。

（四）评价建议

评价学生的口语交际能力，应重视考查学生的参与意识和情意态度。评价应在具体的交际情境中进行，让学生承担有实际意义的交际任务，以反映学生真实的口语交际水平。

二、语文口语教学的内容及特点分析

语文教材在口语交际的编排上有着非常鲜明的特点和优势。有别于以往的教材，语文教材将口语交际作为一个独立板块进行编排，在 1～6 年级中建构了清晰的目标体系，更加突出了"交际"的功能，更重视学生交际能力与交际习惯的养成。

（一）口语教学的内容编排

在话题设置上，每册教材基本安排 4 个（六年级下册为 3 个）话题，小学阶段共设置 47 个交际话题。与旧版教材把口语交际作为"语文园地"的一部分不同，语文教材把它明确地列入教材目录，使之成为一个独立板块。

在教材呈现上，口语交际一般由情境图、对话框、小贴士三部分组成。尤其是小贴士，对训练的要点进行了明确的提示。以前的语文教材中，口语交际只是以"畅所欲言"的形式用几行字描述，但新的语文教材对每个话题都给了一个页面，这体现了教材编写者对口语交际的重视。

（二）口语教学的编排特点

1.话题选择更加贴近学生生活，突出育人的功能

话题的类型大体分为介绍类、对话类、独白类、交往类等。不同类型的训练侧重点会有所不同。例如：语文三年级上册"我的暑假生活"属于独白类话题，侧重培养学生当众表达、条理表达的能力；而"身边的小事"作为讨论交流的话题，侧重培养学生的应对能力。

2. 呈现方式多样

情境图，用来创设课堂交际情境，激发学生说的欲望；对话框，为学生的口语交际提供直观生动的范例；小贴士，清晰呈现教学目标和训练要点，使学生明确口语交际的方法策略。每册四次口语交际均链接一个小贴士，既阐明了本次口语交际的要求，也明确了训练的目标取向。例如，语文一年级下册中"听故事、讲故事"的训练要求有两个："听"的同时看图记内容，"讲"的时候要大声清楚。这样清楚明白的要求不仅让教师明了训练应达到的程度，同时也告诉学生交际过程中的做法。"请你帮个忙"的小贴士列出了礼貌用语，提示学生请人帮忙要有礼貌、文明、尊重对方。"打电话"的关键要求是"没听清时可以请对方重复"，这是个新出现的训练要求，因此要作为练习的重点。"一起做游戏"则提醒学生一边说一边做动作更容易让人明白，这是动作第一次作为口语交际的训练目标列入教材，教师应予以重视。这样的呈现方式避免了口语交际教学的模糊与朦胧，给教师的教与学生的学提供了指导。

3. 注重交际实质，梯度递进，关注言语表达的内容

语文教材突出"交际"，并关注不同阶段的交际特点，提出不同的要求。一年级，着重解决学生不会听、听不清、不敢说、说不响、不知道跟谁说、不懂得区别场合、不容易说清楚的问题。二年级，着重解决学生不会问、说话无序、听人讲话抓不住要点、不会应对等问题。三年级，着重培养学生有对象意识，引导学生成段表达，避免对生活场景的简单重复。四年级，着重培养学生两方面：听要有筛选，判断出哪些是重要的，及时做出应对；说要有主题、说完整、有情感，通过语调、手势等增强表现力和感染力。五年级，话题的选择更关注口语交际对现实生活的指导意义，方法策略强调有依据、有条理地表达。六年级，由感性的动情表述向理解深刻的表述过渡，强调有要点、有条理地表达，以理服人。例如，语文一年级上册安排了四次口语交际，训练的目标要求分别为：大声说，让别人听得见，注意听别人说话——"我说你做"；有时候要大声说话，有时候要小声说话——"我们做朋友"；说话的时候看着对方的眼睛——"用多大的声音"；大胆说出自己的想法——"小兔运南瓜"。

在对刚进入小学阶段的学生进行口语交际训练时，教师应主要从交际的态度、习惯、礼仪等方面加以指导，尤其要鼓励学生有表达的自信心。在教学中，要特别重视交际方法与策略的学习。

4. 交际的话题内容与本单元的主题大多有一定的关联

体会教材的编排意图，不光要看一册书的目标要求，要把不同年级的教材放在一起，梳理出交际目标，循序渐进地进行梯度序列，这样在教学的时候才能做到心中有数。比如三、四、五年级对于倾听、表达、交际素养的要求就不同。

三、识字课与口语交际整合教学

在识字课堂教学中，要落实识字的教学目标和任务，让学生辨认字形、读准字音、晓得字义，必须让学生多"说"多"读"，在说与读中识得汉字，提高学生的口语交际能力，同时也为学生说好普通话奠定基础。

以语文二年级下册的《神州谣》为例。本篇课文是识字单元的第一课，要通过教学激发学生对祖国的热爱，培养他们对方块字的独特情感。其教学目标：会认 10 个生字；会写"州""奔""湾"等 9 个生字；正确、流利、有感情地朗读课文，理解课文内容。为了更好地完成教学目标，同时训练学生的语言表达等口语交际能力，可以通过以下途径来完成。

（一）设置提问环节

教师提问："你怎么理解课文题目中的谣字（通过组词，理解谣的意思）？课文题目中有一个生字朋友，它是谁（州）？哪位同学有什么好方法记住州字（给州字组词，并试着造句）？结识了课文题目中的生字朋友，我们再去课文中找一找还有哪些生字新朋友吧。把生字朋友送回到课文中，谁能把课文读好（指名学生读）？通过课文朗读，你知道了什么？中国地图像什么（昂首挺胸的雄鸡）？我们学习了第一节，哪位同学能给大家背诵第一节呢？"在一问一答中，学生通过观察、阅读、讨论、思考等过程寻找答案，通过大脑组织语言对问题进行即时回答，有效锻炼了自己的语言表达能力。

（二）设置朗读环节

在《神州谣》中，教师可以让学生把本节课的生字多读几遍，然后将生字放到课文中，让学生多读课文，把课文读流利。对于一些重点字词，要特别强调，"奋""繁"都是前鼻音韵母，"耸""峰""浓""涌""荣"都是后鼻音韵母，可以让学生在辨认之后多读几遍。"州""谊"是两个容易读错的字，更需要学生辨认。在认识完生字后，要让学生进入课文学习，并通过朗读和背诵掌握学习方法。

（三）设置合作探究环节

在《神州谣》的识字教学中可以设置讨论问题，如"有什么办法认识这些汉字呢？"，引导学生探究合作讨论。学生会针对不同的字给出自己的识字方法，这样学生在讨论发言中就能通过多种方法熟记生字了。诸如"加一加""减一减""偏旁归类识字""熟字识字法""字理识字""归类识字"等，都可能是学生自己发言或者是倾听同学回答得到的答案。

四、阅读课与口语交际活动整合教学

语文课程中学生的"听、说、读、写"能力训练贯穿每一节语文课堂，"听""读""说"即口语交际活动所需要培养的能力。因此，在课文教学中巧妙结合教学目标，有意识地培养学生的口语交际能力，是语文教学的义务。阅读课中各类文体诸如散文、诗歌、童话、寓言、说明文等的教学在口语交际能力训练方面也应有所侧重，不能一概而论，笼统照搬。下面以叙事性散文及故事类课文、诗歌类课文及说明文类课文为例进行口语训练教学融合分析。

（一）叙事性散文及故事类课文教学中的口语交际训练

复述是用自己的话把故事内容讲出来，是语言表达的一种综合能力表现。叙事性散文及故事类课文都承载着培养学生复述能力训练的任务。在课程标准中，在阅读能力方面，要求学生要能复述叙事类课文的大意，要有复述作品、故事情节的能力或者较完整地讲述故事的能力。语文教材编写对复述故事内容的要求十分突出，在教材中循序渐进地安排了各种各样的复述内容，不同年级各有侧重。比如，二年级教材安排借助图片等讲故事，三年级教材安排完整详细地复述，四年级教材安排简要复述，五、六年级教材安排创造性复述。因此，在具体的课文中落实"复述"的能力目标训练也是加强口语交际训练的过程。

以语文三年级下册第八单元为例。本单元以故事类课文为主，单元的语文训练点是教给学生完整复述故事的方法：一是按故事时间顺序和任务要求变化提示复述；二是按地点转换和故事内容提示讲述。教读课《慢性子裁缝和急性子顾客》是掌握复述方法的训练篇目，自读课文《漏》是复述实操的训练篇目。第八单元的训练则是"选最意想不到的部分讲述"，再到全文完整复述，倡导续编故事。《枣核》作为本单元最后一篇，复述要求是"完整复述故事和续编"。由此可见，本单元是"复述"能力的集中训练，在复述能力训练课堂教学设计中，应让学生根据不同的任务要求，通过讨论、发言、小组汇报等多种形式，让每个学生参与到复述能力的训练中，培养学生的逻辑思维、语言的归纳概括、口头陈述等表达能力，最终实现口语交际能力的提升。

（二）诗歌类课文教学中的口语交际训练

诗歌是抒情性较强的一种文学体裁，分行排列，情景交融。在诗歌教学中，诵读是理解内容、把握思想感情最好的方法。语文教材共有 147 首古诗词，古诗词的教学重点是让学生朗读、背通，积累优秀诗句，培养学生的语感。教师应该有意识地教会学生朗读的停顿节奏和情感表达之间的关系，还可以在教学中增设互动环节，让学生在听说、对话中获得知识，并提高自己的听说能力。

以古诗《黄鹤楼送孟浩然之广陵》为例。"故人 / 西辞 / 黄鹤楼，烟花 / 三月 / 下扬州。孤帆 / 远影 / 碧空尽，唯见 / 长江 / 天际流。"教师通过划分停顿和轻重音，让学生有节奏地朗读，在诵读和情景理解中体会友人的离别之情。

（三）说明类课文教学中的口语交际训练

根据课程标准的要求，阅读说明性文章要能抓住说明的要点，了解文章的基本说明方法。说明文是一种以说明为主要表达方式的文章体裁，它通过对实体事物科学的解说，对客观事物做出说明或对抽象事理做出阐释，使读者对事物有科学的认识，从而获得相关知识。这与口语交际要求学生具备介绍人物或事物的表达能力是相吻合的。在说明文的课文教学设计中，可以让学生运用相关的说明方法来介绍人物或描述事物。

以语文五年级上册第五单元的课文为例。此单元以"说明性文章"为主题，包括《太阳》《松鼠》两篇教读课文。本单元的语文要素是"阅读简单的说明性文章，了解基本的说明方法。收集资料，用恰当的说明方法把一种事物介绍清楚"。这其中的语言训练目标就是让学生用说明方法把事物介绍清楚。例如，《太阳》这篇说明文综合运用了列数字、举例子、做比较、打比方等说明方法，恰当地说明了太阳的特点及与人类的密切关系。教师可以让学生以一个讲解员的身份运用这些说明方法进行讲解。在讲解第二部分太阳与人类的关系时，让学生采用自主、合作、探究的方法，在小组中分享、交流自己的意见，并进行小组汇报，最终由教师点评。这都是很好的提高语言表达的方式，既使学生锻炼了口语，又很好地提升了学生的总结概括能力。

第二节　语文识字教学

一、在语境中识字

随着教育观念的不断更新，人们已经清楚地认识和感受到识字教学和阅读教学是不可能完全割裂的，二者的融合更有利于促进学生的学习。字词句段篇，字不离词，词不离句，句不离段，段不离篇，把字词放在课文的语言环境中学习，联系上下文理解才会更透彻，才会更深入人心。教材将识字任务贯穿于课文的学习中，自始至终融合在第一、二课时的教学中，不断提高汉字在学生头脑中出现的频率。生字回归语境就不再是简单的符号，而是生动和灵性的。

二、多种方法识字

（一）图解识字法

所谓图解识字法，是指利用图画（简笔画、贴画等）帮助识记字形的一种方法。此方法主要适用于象形字。用此法识字，既有趣，又能培养学生的想象力。

（二）猜谜识字法

猜谜识字法是利用编谜语和猜谜语帮助学生识字的一种方法。它用有韵顺口的语言，描述某个汉字所表达的事物的特征，琅琅上口，易学易记。通过猜谜语来巩固已学的知识，既可调动学生的积极性，又可以培养学生的逻辑思维能力。

（三）编儿歌和顺口溜识字法

简短、形象化、顺口的语言和口诀识字的形式是容易被学生接受的，它能让学生兴趣盎然、轻松愉快地识字。小学一、二年级的识字单元有大半课文都采用这种形式。

（四）联想识字法

所谓联想识字法，就是指发挥汉字音、形、义互为结合的特点，使其在学生的头脑中建立起联系，牵一点而动全字，从而达到记忆汉字的效果。这种识字方式不仅增强了学习的趣味性，而且开阔了学生的眼界，提高了识字效率，是一种不错的识字方法。

（五）部件识字法

所谓部件识字法，即利用已学过的熟字部件，通过"加一加、减一减、换一换"等方法改变字的偏旁帮助学生识字的一种方法。此方法主要适用于形声字和部件相同的字。

（1）加一加，就是指用熟字加偏旁的方法来学习生字。将学生以前学习过的生字加上偏旁变成新的生字，这样记忆起来就比较简单。如青草的"青"字加上三点水就是"清"，加上日就变"晴"，加上人就变"倩"。

（2）减一减，同样道理，"清＝青"就是减一减识字法。

（3）换一换，通过换偏旁的方法来帮助学生分辨字和字的差别，理解字义。如"清、请、倩、情、晴、睛、蜻、精"和"伸、婶、审、呻、畅"，偏旁换了，字就不同了。

（六）字理识字法

汉字的形体不是随便画成的，而是遵循一定的原则和方法。在汉字教学中，把汉字的构形原理告诉学生，让学生知道某个字的构形原理及其演变过程，就是字理教学。

（1）象形字。象形字就是描摹实物形状的文字。

（2）指事字。文字由指示性的符号构成指事者，视而可识，察而见意。

（3）会意字。会意者，比类合谊，以见指扬。武，信是也。

（4）形声字。所谓"形声"，就是指将表示意思的形旁和表示读音的声旁结合起来而造成新字的方法。

（七）游戏识字法

引入游戏，可以加快识字。在教师的指导下，多组学生对同一个主题进行表演练习，让学生在游戏中轻松准确地认识生字。随着识字量的增加，教师可以将"字谜迷宫""山顶夺旗""摘苹果"等有趣的游戏带入课堂中来。在轻松快乐的气氛中，学生的识字热情会非常高涨，识字效果也将随之提升。

（1）打牌游戏。学生自制牌形生字卡，在课后玩打牌游戏，边出牌边读出字音，再组词读（组词越多越好），谁先把手中的汉字牌打完，谁获胜。

（2）翻图片游戏。在自制的教学挂图背后写本课的生字，然后让学生乘着小小的船去翻一翻星星背后的秘密。

（3）戴头饰表演识字。把各种小动物的头饰戴在学生的头上，让学生扮成小动物，并模仿动物的声音、动作、外形特征。识字教学时安排学生演一演，既给学生创造了施展才华的机会，同时又加深了学生对小动物的了解，更重要的是让学生牢牢记住了动物的名字。

（4）勇闯"红绿灯"游戏。学生通过"开火车"的方式认读生字卡片，由听读的学生充当"红灯"和"绿灯"。如果"开火车"的学生读对了，大家就亮出"绿灯"，齐声喊"过过过"；如果"开火车"的学生读错了，大家则亮出"红灯"，并齐声说"停停停"。这个游戏能充分调动全体学生的积极性，也能在课堂上真实地反映出学生的识字情况，便于教师及时纠正，并有针对性地进行巩固练习。

（八）编故事识字法

编故事识字法是指将汉字的几个部件利用故事巧妙地联系起来帮助学生识字的一种方法。此方法适用于识记字形复杂的字。多数汉字是由几个部件组成的，如果能发挥想象，把几个部件巧妙地联系起来，让一个个抽象的字变成一个个生动的小故事，则既能使枯燥抽象的笔画变得富有灵气，又给识字增添了趣味性。

第三节 语文阅读教学

一、对话理论与阅读教学

学生是语文学习的主体，教师是学习活动的组织者和引导者。语文教学应在师生平等对话的前提下进行。

（一）有效对话的特征

从发生学的角度来看，对话作为一种重要的活动形式，最早可追溯到古希腊及中国的春秋战国时期。对话既是当时学者的一种思维方法，同时也是学者之间进行学术研讨、思想交流和感情沟通的一种重要方式。

（二）教学实践中容易出现的不良倾向

正是由于对话可以激发思维、丰富知识、发展能力、体验情感，所以语文课程标准特别重视对话在阅读教学中的运用。然而，反观教学实践，却非常容易出现两种不良倾向：缺乏对话和虚假对话。

1.缺乏对话

（1）文本解读的应试化倾向

许多教师在分析具体文章的时候，完全按照考试题型的框架进行讲解。教师还会由此编制模拟试题，对学生进行强化训练。考试的阅读题型成为语文阅读教学的出发点和归结点。凡是与考试题型有关的内容，都会在课堂上被无限地放大，并得到强化训练，而与考试题型无关的语文基本能力训练则草草收场，甚至被偷梁换柱。

（2）有机整体的破碎化倾向

文章是一个有机整体，一个词、一个句子、一个段落、一个层次，都与整篇文章有着内在的、千丝万缕的联系。可是一些语文教师常常把一篇活生生的文章整体肢解得零散破碎。这种做法会丢失许多宝贵的文章的思想和灵魂，也会使文章的局部和碎片失去活力和生命。

（3）主题理解的单一化倾向

主题理解主要表现为文章解读的三部曲，即主题思想、层次结构和写作特点。主题思想的概括也有明确、固定的句式。在分析议论文的结构时，往往是老三段，即提出问题、分析问题和解决问题，或者说是绪论、本论和结论。对于写作特点的分析，也常常千篇一律地从语言、修辞、表达方式等方面进行分析和概括，而缺乏文体的独特视野。

2.虚假对话

（1）随意交谈似的对话

在语文课上，围绕着一个话题而展开的言语交际，显然不同于随机式、私人化、未必具有创造意义的交谈。后者不能达到使双方思维深度融通、碰撞出智慧火花、激发起情感热流的境界。语文教不到思维上，学生的思维没有得到训练与发展，只用几个词语模仿着说几句、写几句，表面精彩，实质无效。为教语言而教语言，那是无效的。生活中的人，可以相遇相谈，而彼此的心，却未必能相拥相纳。因此，停留在应酬层面上的交谈，当然是与对话精神相去甚远的。我们只有把语言的教学教到学生的思维本质上去才有效。

（2）简单问答似的对话

如果教师并未充分认识对话式教学的实质，简单地理解为只要教师提问，学生回答就是对话式教学，而不考虑是否真正启动、激发了学生的思维，是否体现了追问和启发的精神，那么教师就只是为了营造一种师生"互动"的课堂教学氛围而专门提问一些事实性的、记忆性的，却根本无须学生调动思维的问题。表面上看去整个课堂热热闹闹，而事实上只是为问而问，学生的思维活动并没有真正展开，也就无实际意义的"对话"。

阅读教学中的有效对话是建立在教师、学生积极参与的前提下，紧紧围绕文本内容展开的，因此无论是无视学生主体地位的缺乏对话，还是空有对话形式而没有新的意义生成的虚假对话，都不是阅读教学提倡的。

（三）如何开展有效对话

1.营造环境

有效对话的开展受一些前提条件的制约，因此在开展对话之前需要营造适合的环境氛围。

（1）信任与互爱

教师与学生应该共同创设信任与互爱的教学环境。信任与互爱渗透在对话的整个过程与方方面面。教师要相信学生有自己的见解，将学生视为学习的主人，学生要尊敬教师、相信教师，愿意与教师分享自己的想法。

（2）对话情境与氛围

要开展理想的教学对话，就应善于创设对话情境，形成支持性的氛围。所谓支持性的氛围指的是学生的思维处于被激发的自由状态，问题的答案是多元、开放的，教师对学生的回答耐心倾听并给予恰当引导。

（3）把握时机

于漪老师说过："在课堂教学中，要培养激发学生的兴趣，首先应抓住导入课文的环节，一开课就要把学生牢牢地吸引住。"魏书生老师也说过："好的导语就像磁铁，一下子把学生的注意力聚拢起来。"因此，语文教学要根据课文特点，采用适当的方式导入，像磁铁一样把学生牢牢地吸引住。上课伊始就是对话展开的最佳时机。

（4）选好话题

在阅读教学中开展有效对话，话题的选择至关重要，好的话题应该具备以下特征：①话题可以引发整体性阅读，而非"是非题"。②话题对课文内容和教学过程有内在的牵引力，有"牵一发而动全身"之效。③话题可以促使学生鉴赏语言，发展思维。名家名作往往用词精练、含有深意，像这样的文章总有一些非常值得推敲的句子和词语，这就需要教师引导学生在充分品读的过程中，不失时机地抓住可能成为思维焦点的语言，并设计开放性的话题，引起学生的认知失调。④话题要有指向性。教师设计话题时目的要明确，不要随意发问。例如，在教学朱自清的《春》时，请学生以简洁生动的语言给文章的几个画面命名。设计这个话题的目的在于促使学生细读文本，赏析画面，确定重点，且在命名的过程中运用了语言，锤炼了语言。⑤话题要有开放性。话题的答案应该是多元的、开放的，唯有如此才能使学生的思维处于自由的激发状态，才可能开展有效的对话。⑥问题要有语文性。话题的展开应该是紧扣文本并且具有学科特征的，不要做远离文本的过度发挥。例如：有教师在教学《背影》时和学生讨论父亲过马路是不是违反交通法；在教学《珍珠鸟》时谈把鸟关在笼子里是不是违反动物保护法。这样的做法使语文教学丧失了学科特征，看起来似乎很民主、很开放，实际上却偏离了正常的教学轨道。

（5）警惕对话"陷阱"

有教师在教学《孙悟空三打白骨精》时，让学生说说自己对课文中角色的看法。有学生说："白骨精身上也有优点，她屡败屡战，不怕困难。"老师当即表扬："你的见解很有新意！"于是，又有学生说："白骨精还有孝心，吃唐僧肉还不忘老母亲！"老师说："你的看法很有道理！"

所谓陷阱，指的是使人难以提防、极易被骗的状况。要避免落入陷阱，需要教师有高度的敏感性，准确把握阅读教学的原则，掌握开展有效对话的形式。促进有效对话的形式有以下几种。

①角色转换。例如，在教学《走一步，再走一步》时，教师可以抓住"应怎样面对困难"及"当别人遇到困难时怎么办"两个重点，请学生扮演课文中的某个人物，谈谈面对困难时自己该怎么办，别人需要帮助时自己又该怎么办。

②自创作业。作业往往是教师给予的，其实这个权利也可交给学生。例如，在学

习《〈论语〉十则》后，可以给学生出情境型填空题："当你的朋友因为被人误解而伤心时，你可用孔子的哪句话安慰他？"同样的，让学生也出题考老师或同学，他们一定很有兴趣。

③微型写作。例如，可以请学生为《春》《济南的冬天》《秋》等课文中描写的画面命名，提高其语言的运用能力。学习古代诗歌，可以根据诗句发挥想象，用语言描绘诗歌所表现的内容画面，以了解诗歌所蕴含的意境。

④配插图，列图表。例如，在教学《核舟记》时，为了加深学生对文章中人物方位的把握，可以让学生画苏轼、佛印和黄庭坚三人的姿态简图，学生通过绘画能特别有效地记忆与理解课文。在学习说明文时，可以让学生尝试以列图表等方式有序、有法、有效地与文本对话。

（6）提高素养

实施有效对话对教师素养提出了较高要求。在对话过程中教师要做到耐心等待、有效倾听、多元评价、有效激励。对学生进行评价时，忌"全盘否定"，重肯定激励；忌"夸大其词"，重强调示范；忌"丧失原则"，重思维引领；忌"评而不点"，重内容拓展。

总之，有效对话集中体现在三个方面的要求上。

时间要求 —— 在单位时间内，对话始终围绕教学内容展开。

效益要求 —— 在对话后，学生对文本的解读或阅读能力有提升与进步。

体验要求 —— 在整个对话的过程中，学生表现出的应该是一种积极的、愉悦的情感状态。

二、多元解读与阅读教学

语文课程丰富的人文内涵对学生精神世界的影响是广泛而深刻的，学生对语文材料的感受和理解又往往是多元的。因此，应该重视语文课程对学生思想情感所起的熏陶感染作用，注意课程内容的价值取向，继承和发扬中华优秀文化传统和革命传统，体现社会主义核心价值体系的引领作用，突出中国特色社会主义共同理想，弘扬以爱国主义为核心的民族精神和以改革创新为核心的时代精神，树立社会主义荣辱观，培养良好思想道德风尚，同时也要尊重学生在语文学习过程中的独特体验。

阅读是学生的个性化行为。阅读教学应引导学生钻研文本，在主动积极的思维和情感活动中加深理解和体验，有感悟和思考，受到情感熏陶，获得思想启迪，享受审美乐趣。要珍视学生独特的感受、体验和理解。教师应加强对学生阅读的指导、引领和点拨，但不应以教师的分析来代替学生的阅读实践，不应以模式化的解读来代替学生的体验和思考；要善于通过合作学习解决阅读中的问题，但也要防止用集体讨论来代替个人阅读。

（一）什么是多元解读

多元解读指的是读者能够透过作品的语言体系，在理解其中的社会、历史、传统的蕴含的基础上，对其做出具有个性色彩的种种有说服力的、可能的阐释与解读。它是针对传统阅读教学追求阅读理解的整齐划一提出的。

西方谚语有"有一千个读者就有一千个哈姆雷特"等说法，我国古人也有"仁者见仁，智者见智""诗无达诂"等说法，这些都是多元解读的表现，可见多元解读是一种客观存在的阅读现象。但是，长期以来，由于受应试的干扰，片面追求"唯一答案"的"一元解读"一直是中小学阅读教学的主要价值取向。例如：《从百草园到三味书屋》必然是对封建教育制度的深刻反思与批判；《宋定伯捉鬼》必定是人定胜恶；《荷塘月色》少不了对于小资产阶级知识分子的苦闷情绪的批判；《骆驼祥子》就是个人奋斗没有出路。这种做法不仅异化了阅读教学，而且泯灭了学生的个性。

正是在这种背景之下，语文课程标准提出了多元解读。这就要求人们对传统的阅读教学的价值观进行重新审视，使阅读教学从过去按照教参的"定论"进行强制灌输的"一元解读"，转变为在教师、学生、文本对话的基础上的"多元解读"。

（二）如何进行文本多元解读

1.发扬民主教学，建构文本多元解读平台

和对话理论在阅读教学中的运用一样，在阅读教学中体现多元解读的理念同样受到一些条件的制约，因此形成信任与互爱的师生关系、营造支持性的氛围也是进行文本多元解读的前提。

2.善于抓住文本切入点，有效进行多元解读

（1）从文本内容入手

莫怀戚的《散步》是一篇玲珑剔透、秀美隽永、蕴藉丰富的精美散文，也是一曲由580字凝成的真善美的颂歌，讲的是祖孙三代在初春的田野上散步，和和美美、相亲相爱的故事。读这篇文章是人的心灵在亲情、人性、生命这三点构成的轨迹上的一次愉悦而高尚的旅行。学生在熟读课文后，获得了美好的阅读印象，完成了对课文的整体感知。在就文本内容进行交流时，有人谈到了一家人互相包容、互相体谅的精神，有人谈到了可贵的亲情、温馨的气氛，有人谈到了尊老爱幼的美德，有人谈到了春天美丽的景色、生命的气息。再如教学《我的第一本书》，在学生自读文本、尽情触摸文本后，教师问："你了解到了哪些内容？"学生的答案是丰富多彩的：有的说了解到了社会黑暗；有的说了解到了友情的珍贵；有的说了解到了父爱；有的说知道了父亲心灵手巧；等等。

这些都是对文本内容的多元解读，虽然学生解读的结果各不相同，但都是建立在尊重文本、与文本真诚对话的基础上的，只要有理有据，能够自圆其说，就都值得肯定。

（2）从文本语言入手

汉语具有朦胧、模糊、多义的特点，这为文本的多元解读提供了可能性。例如：《我的第一本书》末句"人不能忘本"的"本"在这里指什么？根据"本"字的多个义项，可引导学生概括出父亲的教育、父亲的希望、友情的重要、亲情的温馨、生活的艰辛等。再如：《盲孩子和他的影子》末句"我们都是光明的孩子"如何理解？由于"光明"一词具有多义性，因此对这句话的解读也是多样的：我们都是幸福的孩子；我们都感受到生活的光明和美好；我们都是美丽的、品质高尚的孩子；等等。这些解读也都是建立在尊重文本、与文本真诚对话的基础上的，因此只要有理有据，能够自圆其说，也都值得肯定。

（3）从文本主旨入手

例如，对《从百草园到三味书屋》的主题的理解有以下三种观点：

①用百草园的自由快乐衬托三味书屋的枯燥无味，揭露和批判封建腐朽、脱离儿童实际的私塾教育。

②用百草园的自由快乐同三味书屋的枯燥无味做对比，表现了儿童热爱大自然、喜欢自由快乐生活的心理，同时对束缚儿童身心发展的教育表示不满。

③通过对百草园和三味书屋的回忆，表现了儿童时代对自然的热爱，对知识的追求，以及天真、幼稚、欢乐的心理。

这几种理解都建立在仔细阅读和分析文本的基础上，也都可以从文本中找到依据，因此都是正确的。

3. 从人物形象入手

文学作品中的人物形象生动、丰满且具有鲜明的性格特征，但就像西方谚语所说的"有一千个读者就有一千个哈姆雷特"一样，对于这些人物形象的解读也往往是多元的。

例如，在教学《皇帝的新装》时，教师让学生读课文之后给文章加个副标题——"一个××的皇帝"。学生的积极性很高，发言踊跃，有的拟为"一个愚蠢的皇帝"，有的拟为"一个虚伪的皇帝"，有的拟为"一个不可救药的皇帝""一个昏庸的皇帝"……这个过程就是学生以文本为依据，从多个角度对人物形象进行多元解读的过程。

4. 从补充文本"空白"入手

例如，《最后一课》的高潮部分写道："韩麦尔先生站起来，'我的朋友们啊，'他说，'我——我——'但是他哽住了，他说不下去了。"

教师要求学生尽力感受韩麦尔先生当时的心情，用心去读这一句话，力图创设一种情境，唤起学生情感共鸣。接着教师发问："韩麦尔先生究竟想说什么？那是怎样的难以言状的痛苦？是一种怎样的思想感情的潮水在他的心头汹涌澎湃？请你做一回韩麦尔先生，说出他没有说出的话。"

有学生说："我 —— 我 —— 我的朋友们，我的孩子们，你们要永远记住法语，她是世界上最美丽的语言，是我们民族的根，记住她就有了根，谁也不能使我们屈服。"

有学生说："我 —— 我 —— 我的朋友们，我的孩子们，虽然我走了，但我今天把爱国的种子撒下了，希望它在你们心中生根发芽。"

有学生说："我 —— 我 —— 我的孩子们，我犯下不可饶恕的罪过，在应该好好教育你们的时候却不负责任，我愧对你们！"

有学生说："我 —— 我 —— 我的朋友们，我的孩子们，不要悲伤，不要绝望，留着一份信仰，那就是对法兰西的爱。"

有学生说："我 —— 我 —— 我的孩子们，这是最后一课，却是你们人生的起始课，你们将从这里走向成熟。"

学生的回答精彩纷呈，这里有主旨的多义性及解读的生成性，与小弗郎士一样，他们也在经历人生一课：面对失去应该怎样做；一个人的心灵是如何成熟的；什么是生命中的根；人要有忏悔意识；等等。

（三）多元解读的底线

从"满堂灌"到"满堂问"，再到"随便说"，无论是文本解读的单一向度，还是文本解读的诠释过度，对学生来说都是一种误导。前者关闭了学生理解的多向通道，使学生思维单一、思路刻板；后者则对文本解读牵强附会，使学生断章取义，扭曲了文本的真实意义，使文本意义严重超载。片面强调"多元的个性化阅读"往往会使教学中的文本对话或失之过浅，或失之过深，或失之过偏，甚至出现远离文本的虚假对话、胡乱对话及无效对话，使语文教学走向盲目和浅薄，既不能全面落实语文教学的目标，也不符合语文教学的实际。

因此，"多元解读"并不意味着可以无限衍义、漫无边际地乱解乱读，并不意味着可以有绝对的"弹性"，它必须以文本为阅读和批评的中心，必须有一定的价值取向是引导和解读范围的限定。读者的主体作用不是万能的，它理应向文本靠拢与挺进。

1. 多元解读要尊重文本，与文本真诚对话

（1）尊重文本，学习文本

文本是作者生命运动的结果，是作者价值观、生命观、审美观的体现。生命的价值是多方面的，它综合地包含在文本中，自然又会多层次、多面地折射出来。解读文本，

首先必须直面文本，以文本为基础、为前提，整体感知，抓住关键语句，进而深入理解文本。也就是说，解读务必立足于文本，紧扣文本语言，切忌离开文本架空分析、主观臆想。

（2）精研文本，读懂本意

学生只有真正亲近文本，走进文本描述的情感世界，才能产生真实的体验和交流的愿望，从而在主动积极的思维和情感活动中感悟思考、体验理解，进而获得情感的陶冶、思想的启迪和审美的熏陶。只有这样，阅读教学才能成为有意义的学习过程。

漠视文本自身提供的信息，容易导致学生对作品内容的曲解和误读。比如，对刘成章的散文《安塞腰鼓》中"黄土高原啊，你生养了这些元气淋漓的后生；也只有你，才能承受如此惊心动魄的搏击！多水的江南是易碎的玻璃，在那儿，打不得这样的腰鼓"的理解，作者只是对江南与黄土高原的特点进行比较，突出对黄土高原的热爱和对安塞腰鼓的热爱。但有的学生对"多水的江南是易碎的玻璃"理解不当，认为作者言语间有贬低江南的意思，其实作者并没有这样的意图，这就显然违背了作品的原意，是一种误读，而不是教学所提倡的"多元解读"。

因此，在教学中教师首先要给学生充分的阅读时间和独立思考的时间，虚心平气，熟读精思，尽可能让他们用经验、情感对文本进行自主解读；其次要开放阅读空间，创设对话的情境，引导学生对文本进行整体感知、整体把握，以便完整、全面、深刻地认识文本所表达的思想、观点和情感，不至于获得"瞎子摸象"式的阅读体验；最后要注重帮助学生在阅读过程中进行多角度、有创意的阅读，进行批判性、反思性的阅读，不人云亦云，不迷信权威，通过自己的独特感受和个性体验进行自主探索，吸取那些值得取的，排除那些不足取的，这样学生才会渐渐地成长起来。

对于教师自身而言，应对经典文本进行一定程度的赏读。教师只有首先打开精神空间，被文本感动，同时用自己的生活阅历、文化底蕴来补充课文的知识背景，展现文章语境，才能帮助学生走进文章。同时，应深入思考这样几个问题：文本的内在思想核心是什么？文本中是否包含着作者本人尚且未能被发掘的更深层的人文思想？文本的价值该如何体现？文本是用来做"例读"还是做"引读"？如果是"引读"，那么拓展的目的是什么？如何通过拓展来深化思想？

2. 做到"多元有界"，切实提高多元解读效果

（1）多元解读不能脱离语文学习的底线

语文课上学生的阅读毕竟不同于一般的文学作品欣赏，在进行文学作品欣赏时，对作品意义的建构可以更多地发挥读者的主体性和创造性。语文课上学生的阅读是一种在教师指导下有目的的学习行为。学生由于阅读能力、理解水平有高有低而对文本

的解读有高低之分、深浅之分、正误之分。阅读教学不仅要帮助学生读好课文，更要通过对学生的阅读实践培养和提高他们的阅读能力，使学生学会怎样品味语言，怎样捕捉文字背后的隐含信息，怎样获得审美的愉悦，怎样对文本做出既富有创造性又符合文本实际的解读，等等。因此，作为语文阅读教学中的"多元解读"，它绝不应是"阿Q革命"：想什么就是什么，想怎样就怎样。

对生活阅历还不够丰富、鉴赏水平还有待提高的学生而言，最重要的是先学会倾听、领悟、吸收。因此，在引导学生进行阅读的时候，教师首先要抱着学习的态度，要尊重作者，而不是本着批判的态度去读。

（2）多元解读要注意教学内容的价值取向

语文学科的人文性决定了语文教学担负着对学生的价值观念进行引导的任务。文学艺术的审美包括对弱小的怜悯，对恶者的贬斥，对崇高的敬仰。在阅读教学中，教师可以以此为契机教育学生弘扬爱心，热爱祖国，健全人格，远离恶习。

同时，教师还要有较强的敏感性。如学习《孙悟空三打白骨精》《狐狸和乌鸦》，当学生在课堂上说白骨精屡败屡战、不怕困难的精神值得学习，以及自己要做一个像狐狸那样聪明的人时，教师应该意识到如果社会上真的涌现出一批像白骨精和狐狸这样为达目的不择手段的人，社会将会呈现怎样局面。

可见，多元解读是有底线的，倘若越过这条底线，则搅乱、歪曲了语文学科的人文内涵，有悖于语文教育育人、立人的宗旨。

（3）多元解读不能忽视文本"体裁"的底线

并不是所有的文本都允许或提倡"多元解读"。一些文学作品，如小说、诗歌、散文、戏剧等，其主题和人物形象存在多元解读的可能。而一些非文学作品，如应用文、说明文、政论文等，对于这些作品的主题或形象进行解读应该追求一种科学、准确的理解。如果对非文学作品的解读出现了多元倾向，则应引起教师的重视和重新审视，看看是否是一种误读。

如在学习《愚公移山》一课时，有的学生认为愚公"挖山"不如"搬家"，愚公缺乏经济头脑；有的学生认为愚公"移山"破坏生态平衡，应该制止。又如在《南辕北辙》一课中，说到"楚国在南方，他的马越快，他的路费越多，他的车把式越有本领，他就会离开楚国越远"。有学生提出质疑，说："地球是圆的，楚国人可以围绕地球一周后到达楚国。"这种解读似乎不无道理，也不乏创意。然而，只要教师静下心来，仔细审视文本的体裁——寓言，就不难看出这种解读的偏颇之处。

寓言，重在劝喻、训诫。其寓意往往通过一个"虚构"的故事来体现，比喻、夸张是其主要表现手法。因此，阅读寓言不应对"故事"的真伪、"事件"的发展进行推敲与判断，而应把重点放在对寓言的整体把握、对寓意的深度理解上。

有些体裁则给学生留有一定的余地，允许学生开展想象，对文本的内容再"加工"，生成"第二文本"，并对文本中的人物从不同角度进行思考、分析。一些童话故事就可以让学生续写。例如，学习《皇帝的新装》，可以让学生展开想象，思考这些问题：故事会怎样发展下去？那个皇帝以后会怎么样？

（4）多元解读不能脱离文本具体时代背景的底线

孟子提出的"知人论世"论强调对作品的解读一定要联系作者身世和写作背景，只有"知人论世"，才能正确解读文章主题，而不能脱离作品所反映的时代背景，以今律古。

在教学中有这样的现象：有人认为施耐庵的《武松打虎》中的武松屠杀动物，违反了《野生动物保护法》；有人从《背影》（朱自清）中解读出"父亲"行为"老土"，"违反交通规则"……这样的做法显然是以现代人的眼光、理念来衡量和要求先人的行为。殊不知，在封建社会，人们保护自然、保护动物的意识还没有萌芽，与武松谈保护动物，无异于对牛弹琴；而对父亲"违反交通规则"的解读，显然是不了解 20 世纪初的交通状况。

（四）多元解读阅读教学对教师素养提出的新要求

（1）更新语文教育教学观念，树立以人为逻辑起点、以人的持续发展为实践归宿的服务宗旨，为学生个性的彰显、思想的解放营造充足的心理空间。

（2）完善自己的知识结构与心理素质，有强烈的发展意识，关注当代社会广阔的信息环境，适应学生从多角度提出的各种问题。

（3）不要过分突出教师的主导意识，应淡化自己的权威形象，构建民主的课堂气氛。

（4）根据自己的个性特点彰显个性化教学的魅力，打破传统教学中压制教学个性的几步法以及几段式"标准化"课堂构建模式，向"无模式"的教学境界升华。

（5）充分肯定有发展价值的解读途径与结果，让学生在被肯定中调动主人意识，树立信心，敢为人先，标新立异，发展自己的个性特长，完善自己的个性品德。

（6）充分考虑阅读主体对客体的个性化需求。尽管今天的教材向一纲多本发展，但教材编选受学历培养目标与编者意志限制，不可能满足阅读主体的个性需求，因此教师应创造条件，为学生提供健康高雅的个性阅读材料，营造更广阔的阅读空间，培养学生良好的阅读习惯与优秀的文化品质。

第四节　语文写作教学

一、转变观念

（一）降低要求

教师在教学活动中扮演着非常重要的角色。教师的观念决定着教学行为。当前，许多教师没有运用新课标理念指导教学，教学观念陈旧、落后。有的教师盲目拔高了学生习作训练的标准，不仅要求学生将作文写具体、写生动，还要体现高尚的情感、卓越的品质，将培养作家作为习作教学的目标。有的教师要求学生按照一定的套路来写作，使学生写出来的内容千篇一律，缺乏个性，局限了学生思维的发展。

中国教育学会小学语文教学专业委员会理事长崔峦老师指出："课程标准在作文方面倡导的最重要的理念是：放开手脚、自由表达。老师们在作文教学中要努力求真——童真、童趣、童语；求实——有实在的内容，不空洞，讲实话，讲自己的话，不说假话、空话、套话；求活——内容不限，形式不拘，写自己最想写的，用自己最方便的形式写；求新——尽量不和别人雷同，习作要写新发现、新感受、新想法，从内容到语言，都是自己的。"语文课程标准对学生作文的要求只有"文从字顺、具体明确"，因此要紧密结合语文课程标准的学段目标安排训练，不宜盲目拔高习作训练的标准。一、二年级注重夯实基础，培养学生正确朗读课文和准确书写字词的基本技能，重点训练看图写话，画图配话，以激发学生兴趣为主要目的；三、四年级重点训练流利朗读和半自动化书写的技能，注重文段的训练，以写通顺为目的，重在贯彻"我手写我心""快乐作文"理念；五、六年级以读促写，重在引导学生关注生活，实现读写迁移，培养发散性思维和创造性思维，激发学生主动写作的欲望，激励进取精神。总之，教师要以新课程理念为指导，从学生知识的生长点出发，循序渐进地实现螺旋式整体推进，真正促进学生习作能力和语文学习品质的提高与发展。

（二）转变角色

学生写作文最常遇到三类问题：一是不愿意写，没有写作的愿望；二是觉得没东西可写，缺少写作素材；三是不会写，缺乏写作方法、技巧。在教学时，教师往往把时间和精力放在解决第三个问题上，而缺乏对前两个问题的关注。这样一来，习作教学就变成了以教师命题、学生写作为主要形式，以传授写作的技巧为主要内容的活动。至于学生愿不愿意写、有没有内容可写，则不在教师的考虑范围之内。这源于对学生写作活动的片面理解，即把学生的写作活动理解为学生个人掌握作文知识和技巧的单一性活动。

在习作教学活动中，教师应该转变自己的角色，不仅要做一个写作知识的传授者，还要做学生情感体验的激发者、写作素材收集的指导者。为此，教师应该做到：①树立以学生为主体的教学观念，以倾听者和对话者的身份组织学生的写作活动，尊重学生的独特感受与独特思考，同时进行人格的引领。②了解学生生活，懂得学生心理，充分挖掘语文教育资源，创设有利于学生写作活动的写作情境，为学生的自主写作提供有利条件和广阔空间。③引导主体参与，组织、引导、启发、协调好写作前或写做过程中的对话活动，激发情感，打开思维，指导方法，从而使学生产生倾诉、吐露、描写、表达的欲望，进入较好的写作状态。④改变评价观念与评价方式，用"欣赏的眼光"看学生的作文，用"孩子的眼光"来理解和评价学生的写作，善于发现学生作文中的积极因素，不压抑学生的写作欲望。鼓励学生在教师的指导下进行自我评价、自我修正与自我展示及互评互改等活动。此外，教师要开辟多种园地，搭建更多平台，为学生的习作"发表"提供尽可能多的机会。

二、激发兴趣

兴趣是最好的老师。有兴趣才有作文的动力，有兴趣才有作文的潜力。一旦作文课使学生产生了浓厚的兴趣，学生就有了进行作文训练的积极性和主动性，作文时就处于积极主动的状态。在作文教学活动中，激发兴趣的常用方法有以下四种。

（一）使学生明白写作的目的

这是有关学生写作动机的问题，其核心是要让学生清楚"为什么要写作"和"为什么要学习写作"，对学生来说，这不是简单的问题。当前的学生大多只知道"为分数而写""为完成老师布置的作业而写""为受到表扬而写"等，而要使学生产生强有力的作文动机，就必须激发他们较高层次的社会性的需要，如交往的需要、认知的需要、审美的需要和取得成就的需要，而不能停留在分数、教师和家长的要求、奖励与表扬等低层次的需要上。

语文课程标准提示，学生学习写作的目的在于自我表达和与人交流，其终极目标是为生活服务，提高生活质量。这些是学生难以理解的，但是教师可以通过生动的谈话或创设有趣的情境来激发学生认识自己、表达与交往或自我实现等高层次的表达需要，然后因势利导地和学生一起确定作文题目和要求，让学生充满情趣地进行写作。

（二）创设情境

精心依据作文教学的目的来创设相应的写作情境，创造适合习作的"大环境""小气候"，在轻松和谐的氛围中诱导学生进入特定的艺术境界，找出需要表达的内容，捕捉写作素材，触发习作的灵感和激情。

教师可以运用童真味、情感味浓郁的言语，去描述、烘托出特定的氛围，来拨动学生的心弦，令学生如见其人、如闻其声、如临其境。还可以根据写作的需要选择相应的音像课件来渲染气氛，把学生带进写作的美妙景象中，给学生强烈的感染。

（三）组织活动

举办一些贴近自然、贴近生活、贴近社会的活动，让学生在大千世界里观察生活，积累多姿多彩的作文素材，使学生深深地感受到美的律动，激起强烈的表达欲望，妙笔生花，其乐无穷。

（四）提供发表机会

搭建习作展示平台，在教室里展示学生的优秀习作成果，或者为学生编辑个人作文集，亦会激发学生的写作欲和表现欲。

总之，要采取多种途径，让学生热情高涨地投入到习作中。因为兴趣是写好作文的起点，所以激发兴趣是作文教学的永恒主题。

三、多种途径积累素材

知识在于积累，写作素材同样需要积累。有写作的积极性而没有写作素材，巧妇也难为无米之炊。因此，除了激发学生的写作动机之外，教师在教学过程中还要逐步培养学生的积累习惯，使其能有意识地、自觉地捕捉出现在学习、生活中的人、事、景、物，并将之诉诸笔端，养成观察生活、体验生活、记录生活的习惯。

（一）通过阅读积累

阅读对写作有着直接的促进作用，学生学写作文必须大量阅读。古人云："博观而约取，厚积而薄发。"多读能使学生开阔视野，丰富体验。读书还有利于积累词语、名句、佳段，也有利于掌握更多的写作技巧。"读书破万卷，下笔如有神""熟读唐诗三百首，不会作诗也会吟"，这些都证明了读和写的紧密关系。博览群书，是与古今中外的大师进行对话，是接受前人思想光辉的沐浴，是从人类精神文化遗产中摄取人文的和精神的营养。

为了提高学生阅读的效果和质量，教师还需要做好阅读指导。

（1）根据课标的要求，对不同学段的学生提出相应的课外阅读要求。如第二学段的阅读要求是背诵优秀诗文 50 篇（段），课外阅读总量不少于 40 万字。教师要对要求的落实情况进行监督检查。

（2）做好读书的指导，教给学生读书的方法。教师要指导学生读什么书，怎样读书。

（3）教学生写读书笔记的方法，使其逐步养成写读书笔记的习惯。写读书笔记可以有效地积累词句，并养成良好的读书习惯。

（4）开展各种读书活动，比如读书交流会、好书推荐会、读书笔记展览等。巩固、展示学生的读书成果，形成学生持续阅读的动力。

（二）通过生活实践积累

生活是写作的源泉，没有丰富的生活实践，写作便如同无源之水。走进生活、体验大自然不仅可以让学生体验到人与大自然的和谐，培养他们对大自然的朴素情感，也有利于培养学生善于观察、乐于观察，用心体验周围事物的好习惯，丰富学生的情感，丰富学生习作的源泉。因此，要让学生积极参与生活实践，亲身体验。要尽可能地创造机会，组织学生参加一些有益的活动，如春游、参观工厂、公益劳动、兴趣活动、各种比赛活动等，让学生从生活中、从活动中撷取素材，表达自己的所见、所闻、所感。只有这样，学生才会感到有东西可写，文章才显得真实、可信。

要使写作教学贴近学生生活，教师要做到如下几点。

1. 尊重生活、体验生活、热爱生活

只有保持对生活场景的关注和对生活的热爱才可能获得真实、丰富的情感体验。在这方面教师要以身作则，教师和学生分享感受、见解的过程也是潜移默化地影响学生的生活态度的过程。因此，要让学生关注生活，教师首先要善于关注生活、体验生活，引导学生留意并学会观察看似平淡的生活。

2. 思考生活，表达生活

在观察生活、体验生活的基础上，教师还要引导学生思考身边的生活，指导学生多角度、有创意地反映身边的生活。

学会思考也就是学会分析事物，它是观察训练的发展，在观察进行到一定阶段后就要对学生进行分析能力训练。因为学生的认识是一步一步由低级向高级发展的，即由浅入深，由感性认识上升到理性认识。提高学生观察事物、分析事物、认识事物的能力，由感性认识的观察发展到理性认识的思考分析，透过现象抓住事物本质，这是符合认识规律的。促进学生思考常用途径有以下两条。

（1）想象联想。在实践中，观察是常与想象、联想结合在一起的。把观察与联想、想象结合起来，对学生来说并不是很困难的事，当他们用好奇的目光去观察周围世界的时候，联想和想象会情不自禁地发生。如学生在观察春天的垂柳时，就能联想到贺知章的《咏柳》："碧玉妆成一树高，万条垂下绿丝绦。不知细叶谁裁出，二月春风似剪刀。"学生可能把绿丝绦想象成姑娘美丽的头发，这种结合给人带来更新的认识。

（2）提出问题。在观察过程中，学生要善于发现观察对象存在的问题，然后通过调查、访问等方式进一步思考分析，对症下药，找到问题的答案。如学生在观察校园垂柳时，发现一枝条上两头叶子大，中间叶子小，自己不知道为什么，就去问老师，老师告诉他中间的叶子可能被摘掉了，现在是新生出来的。学生似懂非懂地问："柳叶是不是像壁虎的尾巴一样有再生功能呀？"通过追本溯源式的发问，学生明白了在柳树发芽生长期，柳叶有再生功能。柳树不仅在秋天有落叶现象，在生长过程中也有落叶现象，落叶处会抽出新的枝条，这叫新陈代谢。

学生在观察时无论运用哪种思考方法，只要能由此及彼、由表及里地进行推理，做出正确判断，认识事物就有一定的深度与广度，思维就可得到科学的锻炼而逐渐走向深刻。掌握这些方法还可以帮助学生养成调查研究和用事实说话的良好习惯，丰富生活积累的内容。

四、以读促写与以说促写

听、说、读、写是四种基本的语文活动形式，它们相互联系、相互促进，不可偏废。将阅读教学、口语交际教学和写作教学结合起来，可以极大地提高写作教学的效率。

（一）以读促写

心理学的相关研究表明，学生的写作经历了由仿到创的过程。写作始于仿写，而仿写要以读为前提。尤其是阅读教学中学生对课文的阅读，对学生的写作具有直接的借鉴作用。可见，学生写作能力的提高离不开阅读教学。

1.课外阅读常抓不懈

推荐图书，提示方法，精于组织，使学生的课外阅读更加有效，做好这项工作将会极大地提高习作教学的效果。

2.阅读教学中的写作训练

读中写。在阅读教学中要合理挖掘教材内部的写作因素，以期有目的、有计划地进行写作指导。教材选的课文大部分都是文质兼美、风格迥异、表达独特的名篇佳作。教师在进行阅读教学时，要有意识地引导学生对这些课文进行阅读感悟，使其对课文的表达形式和表达方法有所了解，积累丰富的语言词汇。同时，教师在阅读教学中针对某些课文的特点，指导学生进行适当的写作训练，以写促读，以读促写，读写相互渗透。还可以加强仿写的指导，让学生模仿某些范文的立意、构思、布局谋篇或表现手法进行习作训练，拓宽学生写作的思路，从读、仿中悟出写的门径。例如，读书时随时将自己的感受、观点、疑问记录下来，以及在阅读教学过程中进行仿写、改写、续写等训练，都是将阅读和写作紧密结合，以读促写的有效途径。

读后写。例如，在教学《美丽的小兴安岭》后，可以把学习按时间顺序、抓住特点描写景物作为一个读写结合的重点，安排学生进行写作训练。把引导学生写读书笔记作为写作教学的重要内容。不动笔墨不读书，让学生养成喜欢读且每读必写的习惯。读书笔记的类型很多，可以是好词佳句的摘录，可以是书的内容提要，可以是零星的感想或由此而引发的自由联想，可以三言两语，也可以长篇大论。这是激发学生阅读和写作兴趣、提高学生读写能力的有效途径。久而久之，写作能力就会得到提高。

写前先读。写前先读是指在写某一题目的作文之前阅读与此类作文有关的文章，目的在于找出范例，便于模仿。也可以针对学生过去作文中存在的问题有的放矢地找一些课内外文章，让学生先阅读后落笔，避免重犯老毛病。

（二）以说促写

口头语言与书面语言是互相影响、紧密联系的。口头语言的发展是书面语言的先导和基础，是内部语言转化为书面语言的桥梁。想得清楚、说得清楚，写出来就明白。因此，要提高书面表达能力，必须按照先说后写的顺序进行训练，以下四条途径不妨一试。

1. 听后说写

听后说写就是让学生把自己听到的有趣的故事、优美的句子说出来并写下来。按照由易到难、由浅入深的原则，可以先说一个简单的歌谣，让学生听后说出来，说清楚之后再写一写。慢慢地，引导学生把从广播里、电视里听到的小故事记下来，讲给教师、家长和同学们听。这样时间长了，学生不仅养成了集中精力听、用心记的习惯，还提高了说写水平。

2. 做后说写

教师可以结合少先队、班级的活动安排，或者有目的、有计划地组织学生参与一些活动，让他们把经过说出来、写下来，以培养他们的说写能力。如学校开展尊老敬老活动，活动一开始就动员大家做尊敬老人和长辈的模范，要学生做一件尊敬老人的事，并把事情的经过写下来。由于学生有了明确的目的，也注意了做的经过，所以写得既真实又完整。还可以结合自然课和美术课上学生做的实验和粘贴画，让学生把做的过程记下来。这样，无论是在家里还是在学校里，只要学生做过有兴趣的事就让他记录下来，让学生养成自觉练笔的习惯。

3. 看后说写

看后说写主要是看图说话。课文中的插图、基础训练上的"看图说话"，都是看后说写的内容。每次说话课，可以先教给学生观察的方法：①谁在什么时间、什么地方，干了一件什么事；②他先干了什么，后干了什么，看清顺序；③结果怎样。然后把每幅图分开看，在观察的基础上让学生说给同学听，要说得具体、形象。说完以后让学生根据教师指导的顺序写下来。

4. 读后说写

读后说写主要结合阅读教学进行。如《我要的是葫芦》一课，写的是从前有一个种葫芦的人，不懂叶子跟葫芦的关系，只知要葫芦，叶子生了虫子他也不管。让学生以"第二年，那个人又种了一棵葫芦"为起始句，把自己的想象写下来。这样学生的思维想象能力就得到了锻炼和提高。

总之，无论是听后说写、做后说写、看后说写，还是读后说写，都是从内容入手解决学生作文最感头痛、无话可写的问题的方法。

五、将习作训练日常化

写作作为一项技能，它的熟练和提高必然以经常练习为前提，因此很有必要将习作训练日常化。

（一）提高写作训练的计划性

写作的目的是适应生活，形成功能。因此，根据交际的条件和任务，根据现代社会信息交流的需要来安排和设计写作教学，这一点应引起教师的足够重视。在具体的写作教学活动中，教师应有意识地按交际对象、交际目的来安排相应的写作内容，如自我介绍、读书笔记、启事、广告、说明书、假条、借条、书信、导游词、小调查等，并使学生明白在不同的交际情境中因写作者的身份不同和为了不同的交际功能的实现，文体和语言必须有相应的变化。

（二）养成写日记的习惯

鼓励学生把自己每天学习和生活中发生的事情、感想及见闻有选择地、真实地记录下来。坚持写日记可以积累知识、积累生活经验和写作素材；有助于培养学生的观察能力、理解能力和表达能力；同时给学生在课堂上展示自己日记的机会，好日记大家听、大家看、大家欣赏，学生的写作兴趣会一天天地浓厚起来。

（三）养成做读书笔记的习惯

引导学生多看适合他们年龄、社会阅历的各种书籍。无论是诗歌、寓言、童话还是小说，无论是古代的还是现代的，无论是文学读物还是科普读物，无论是中国作品还是外国作品，对阅读的内容和范围不做限制，越广泛越好。教育学生随身准备一个记录本，遇到名言佳句就摘录下来，随时积累写作素材，也可写上自己的心灵感悟。

六、注重作文评改

好作文是改出来的，教师要指导学生在作文写好之后多读、多改，注重作后评改，在"作文后"多下点功夫。

（一）多就少改

多就少改是中国古代写作教学的有益经验之一，其目的在于保护学生写作的积极性。在批改学生作文时，要尊重学生的原文，把错别字、病句和明显的常识性错误改出来即可，不能凭着教师的喜好和成人的写作标准盲目追求面面俱到。学生的作文无论好坏，都是他们的情感表达，教师改动过多，会极大地挫伤学生写作的自信心和积极性。因此，小学习作讲评宜以鼓励为主。

（二）有意识地培养学生自我评改的能力

作文评改的目的不在于改正错误，而在于逐步培养学生自我修改的能力，这是一个长期的过程。作文评改可分为自改自评、互改互评、师评三个步骤：第一步，学生按教师提出的修改要求自读自改自己的习作，写上评语，打上分数；第二步，修改同学的习作，也写上评语，打上分数；第三步，由教师检查点评。培养学生自己修改作文的能力，不仅增强了学生的写作兴趣，还能有效提高学生的写作能力，也是培养学生主动学习的一种有效方式。

小学作文教学之路是坎坷不平的，要提高学生的写作水平并非一朝一夕就能做到的，因此要在教学理论中不断探索，在教学实践中获得启发，不断总结经验，努力让学生对作文由"厌"写变"乐"写，由被动变主动，因"厚积"而"薄发"！

第五节　语文综合性学习

一、语文综合性学习含义及意义

语文综合性学习是在教师的指导下，立足学生的生活和经验，以实践活动为主要形式，有意识地综合开发和利用学生生活、社会生活及其他学科的课程资源，运用自主、合作、探究等学习方式，在自主活动中全面提高学生语文素养的一种语文学习方式，是语文课内教学的有效补充。语文综合性学习主要体现为语文知识的综合运用、听说读写能力的整体发展、语文课程与其他课程的沟通、书本学习与生活实践的紧密结合。课程标准对语文综合实践学习的目标和任务做了明确的规定，其功能如下。

（一）语文能力养成的前提保障

语文知识的学习最终是为了提高学生的语文能力，即听说读写的综合能力。因此，学生不仅要学习知识与理论，更要培养自己运用知识发现问题、分析问题、解决问题的能力。教育的目标不是培养只会读书的孩子，而是要培养能应用知识解决问题，运用聪明才智服务社会的综合性人才。因此，语文综合实践活动特别重要，这也是时代发展的需要。

（二）提升学生语文素养的重要途径与方法

综合性学习不仅是知识的应用，更是培养学生情商的重要途径。研究表明，情商高的人更容易在社会中生存与发展。特别是高速发展的当前社会对人才的要求越来越高，机关企事业单位，甚至是小型私人企业都不再只看重考试分数，而更看重人的综合能力与综合素质，这些要从小学阶段开始抓起，提高语文素养。从某种程度来说，学生的素养提升了，国家的整体文明水平也就提高了。

（三）语文人文性的再现与落实

语文课程学习很重要的一个任务就是完成考试、升学，掌握汉字学习、课文阅读、写作的技巧与方法，这是语文的工具性。与此同时，语文具有人文性的特点，要求教师用文本的人文内涵对学生进行文化熏陶，教会学生做一个具有健全人格和高尚品德的人。因此，在语文教学中，教师要加强对学生综合实践活动的设计与指导，让学生在实践中提升自己的语文素养，养成良好人格。

二、语文综合性学习教学目标

（一）第一学段（1～2年级）

（1）对周围事物有好奇心，能就感兴趣的内容提出问题，结合课内外阅读，与同学共同讨论。

（2）结合语文学习，观察大自然，用口头或图文等方式表达自己的观察所得。

（3）热心参加校园、社区活动。结合活动，用口头或图文等方式表达自己的见闻和想法。

（二）第二学段（3～4年级）

（1）能提出学习和生活中的问题，有目的地收集资料，与同学共同讨论。

（2）结合语文学习，观察大自然，观察社会，书面与口头结合表达自己的观察所得。

（3）能在教师的指导下组织有趣味的语文活动，在活动中学习语文，学会合作。

（4）在家庭生活、学校生活中，尝试运用语文知识和能力解决简单的问题。

（5）有条件的地方，可学习使用键盘输入汉字。

（三）第三学段（5～6年级）

（1）为解决与学习和生活相关的问题，利用图书馆、网络等渠道获取资料，尝试写简单的研究报告。

（2）策划简单的校园活动和社会活动，对所策划的主题进行讨论和分析，学写活动计划和活动总结。

（3）针对自己身边的、大家共同关注的问题，或电视、电影中的故事和形象，组织讨论、专题演讲，学习辨别是非善恶。

（4）初步了解查找资料、运用资料的基本方法。

三、语文教材综合性学习的呈现方式及编排特点

（一）呈现方式

语文的综合性学习活动指学生语文综合能力及核心素养的养成，贯穿在语文教学中，而不只存在于某一次的集中实践训练。在实践活动中，教师应该抓住实践活动的有利因素进行活动设计。在部编教材中，综合性学习以口语交际、单元专题和每个单元后的语文园地为呈现方式。

1.综合性学习专题板块

语文教材十二册共设置了四次综合性学习，分别安排在三、四、五、六年级下册的教材中，主题分别为"中华传统节日""轻叩诗歌大门""遨游汉字王国""难忘小学生活"。其中，三年级的"中华传统节日"和四年级的"轻叩诗歌大门"这两个综合性学习主题穿插安排在普通单元中，而五年级的"遨游汉字王国"、六年级的"难忘小学生活"这两个综合性活动编排设置的是单元整组的综合性学习内容。

2.语文园地板块

语文园地板块一般由交流平台、识字加油站、字词句运用、日积月累等基本模块组成。不同的年级和单元内容在模块设计上会有适当的增加、删减或者调整，如有些

单元有"书写提示"，有些单元有"词句段运用"等。各年级语文教材的语文园地的编写依据学段特征和语文素养的序列，呼应每个单元的语文要素。教材鲜明地彰显出语文要素和人文主题双线并进的姿态，特别是从三年级起，每个单元都有导读，包含人文诗意的导语和简洁清晰的语文要素两个部分，构成单元的核心语文内容，以单元为单位，使语文的工具性和人文性和谐统一，协同推进。语文园地的内容与板块设计往往与单元课文、课后问题等形成一个有机的整体，在教学中应结合单元目标任务及语文要素展开语文园地的教学。

3. 口语交际板块

口语交际训练的是学生的表达、倾听和应对的能力，能力的养成需要以实践活动为载体。因此，口语交际也是综合实践活动的一个重要组成部分，在一至六年级教材中专门有独立的口语交际板块。关于口语交际内容，可以参见口语交际活动设计章节的内容，此处不再赘述。

（二）综合性学习专题板块的编排特点

综合性学习单元自成体系，以活动贯穿始终，以任务驱动的方式带动整个单元的学习。语文教材在综合性学习板块编排和设计具有以下几个特点。

1. 围绕单元主题，分步骤编排学习活动

语文教材共设置四个专题的综合性学习单元，综合性学习紧紧围绕单元内容主题进行设计，活动目标任务明确。其主题大多跟中华优秀传统文化的内容相关，旨在让学生通过实践活动，在获得综合性技能的同时提高语文素养。

以四年级下册的"轻叩诗歌大门"为例。单元导读提出了这样的语文要素：合作编小诗歌，举办诗歌朗诵会。本单元从单元导读到课文内容、课后练习再到综合性学习，都与诗歌有关。在课文教学中，教师对诗歌进行精讲与略讲，让学生对诗歌有一定的认识，在此基础上，给学生安排活动任务。课文第一篇诗歌《短诗三首》的课后练习设计有活动提示，紧紧扣住课文的内容，以任务驱动的形式让学生去收集相关诗歌，为下一步的综合活动做准备。而综合性学习专题就是围绕诗歌学习和创作来开展的。在主题活动中出示活动提示："诗歌的海洋里有无数珍宝，让我们开始综合性学习，感受诗歌的魅力。可以通过阅读报纸、杂志、图书等方式收集喜欢的现代诗，再准备一个摘抄本，把它们工整地抄写下来，注意写清楚作者和出处。这段时间，我们阅读、收集了许多诗歌，还做了自己的诗歌摘抄本，大家可以交流一下。我们还可以试着当个'小诗人'，写写诗，把自己的感受表达出来。写的时候要注意分行。写完后和同学交流。"

教师让学生通过阅读报纸、杂志、书籍等方式收集自己喜欢的现代诗，在此基础上提出"小诗人"写写诗等任务。在收集、摘抄、写诗、交流等活动中让学生对诗歌有更深的认识和把握，同时也提高了学生诗歌创作的技能，提高了他们的语言表达能力，学生的综合能力也在这一过程中得到锤炼和升华。

2. 综合性学习目标明确

综合性学习板块编排的每一次实践活动目标都十分清晰，不仅在单元导读中出现，课文的课后活动提示及活动过程也有明确的任务，这方便学生根据目标有针对性地开展活动，并获得技能的提升。同时，根据不同的年级特点，四次综合性学习专题活动目标各有侧重。

3. 把习作和口语交际训练融入综合性学习活动

综合性学习活动不是孤立的，它往往跟课文内容、习作和口语交际等板块存在着紧密的联系。把习作和口语交际中融入综合性学习活动，更有利于提高学生的语文综合能力与素养，提高他们的听说读写能力。语文教材很好地将这些板块内容有机融合，例如，在四年级下册中，让学生试着当个"小诗人"，写写诗，把自己的感受表达出来，这就是一种习作能力的训练，而让学生举办诗歌朗通会则是培养学生的口语交际能力。又如，三年级下册在综合性学习中要求学生写"过节的过程"，这本身就是对学生写作能力的训练。由于此部分承担了"写作"的任务，在本单元中就不再设计写作环节。因此，教师在教学过程中要特别注意写作主题的引导，实现学生写作能力的训练与提升。

因此，综合性学习训练的是学生的语文综合能力，在实践活动设计中，要将学生的口语表达与书面表达有机结合起来，做到两者兼顾。

四、语文综合性学习特点

语文综合性学习的特点主要体现为综合性、实践性、开放性、生成性与主体性。

（一）综合性

一方面，综合性是指学生的学习不仅限于课堂，而是要走出课内，在课内外进行有目的的实践学习。另一方面，综合性还体现在学生在实践活动中需要训练综合性的听说读写能力，要能够在参观访问、办报办刊、演课本剧、开故事会等实践活动中发挥自己的能力，掌握利用广播、电视、网络、图书馆等进行语文学习的能力。因此，综合性学习表现为学习目标的综合性和学习方式的综合性。

（二）实践性

综合性学习不同于其他课，如阅读课、作文课更侧重于知识的传授与技能的习得，而综合性学习是围绕某一个专题或者话题展开的活动，活动开展前的目标、器材的准备，活动过程中的参与，活动后的材料收集、整理、总结，都更加重视学生的动手能力，观察事物的能力，发现问题、分析问题和解决问题的能力，有更强的实践操作性。因此，语文综合性学习是以实践活动为载体的，是书本和实践活动的紧密结合，让学生在实践中学习语文，在实践中运用语文。同时，综合性学习不仅关注知识和能力，更注重学生的参与，强调学生的亲身经历与参与，是考查、访问、探究、合作等一系列动手动脑的实践。

（三）生成性

综合性学习最大的优势在于让学生在实际动手、真实体验、亲身经历和考察、解决问题的过程中获得成长。因此，不管是活动前的准备、实践活动中的参与还是活动后的成果汇报，对于学生来说，都能获得不同程度的成长。

（四）开放性

语文课不是封闭的，而是开放的。因此，综合性学习的活动不仅限于课堂的知识学习，还需要学生走入社区、图书馆、网络收集资料，活动形式也不仅限于学生坐在教室里，在活动设计中需要学生参观访问、开故事会，或者演剧本、写调查报告等。其中既有个人的努力，也有小组的合作完成，形式多种多样，体现了语文课的开放性与富有活力的建设性。

（五）主体性

语文综合性学习倡导的是自主、合作、探究的学习方式，以任务为驱动，激发学生兴趣，自主合作，对问题进行探究、发现、分析、整理、总结等。因此，在活动中，要充分尊重学生的兴趣爱好，引导学生选择自己感兴趣的内容和目标开展活动，自己收集资料，分析问题。

第四章　语文课堂教学技能研究

第一节　语文课堂导入技能

德国教育家阿道尔夫·第斯多惠（Adolf Diesterweg）曾说："教学的艺术不在于传授本领，而在于激励、唤醒、鼓舞。"课堂导入是每个教师的基本功，也是课堂教学的重要环节，其意义不容忽视，就如同一本书的序言、一场旅行的攻略。课堂导入是指在教学的起始阶段，教师运用一定的方式引导学生进入学习状态的行为方式。作为课堂教学的重要一环，导入一般出现在一节课的开始，有时也可以出现在课堂教学某一个教学环节的起始阶段。成功的课堂导入需要教师研究课文，针对学情借鉴成功经验，考虑导入设计可行性与可操作性。

一、导入作用

（一）做好衔接过渡

注意力是指心理活动指向和集中于一定对象的能力，其生理基础是大脑皮层优势兴奋中心的形成和稳定。优势兴奋中心能保证对当前作用于大脑的事物产生清楚的反应，故注意力是深入了解事物、提高工作效率的必要条件。虽然它不是一个心理过程，但是它存在于所有心理过程之中。

一般来说，在教学活动的起始阶段，学生的注意力常常停留在课前活动上，其兴奋点尚未转移到教学活动上来，也不清楚教学活动的目标，对课堂教学活动表现出不够关心、不知不解、不求甚解。从课前骚乱到课堂肃静，从课间休息时的打闹到上课铃响后的宁静，需要有个过渡阶段。这就需要教师通过有效导入，引起学生对学习内容的注意，使学生大脑的优势兴奋中心转移到教学活动上来。

（二）激发学习兴趣

动机是个体发动和维持某种活动的心理状态，也是激励人采取行动的主观原因，它时常建立在需要的基础上。强烈的动机会激发学生对知识的渴望，使学生主动摒弃各种干扰，并集中注意力听讲。兴趣是较为持久的需要，教师在引起学生的注意之后，就要设法诱发学生的学习动机，激发其学习兴趣。有效导入对学生学习动机的生成是非常必要的。在导课过程中，教师风趣幽默的讲解、富有感情的朗诵、漂亮美观的板书、潇洒动人的风姿或一幅美丽的绘画、一首美妙的乐曲，都可以吸引学生的注意，激发学生学习新课的兴趣。

（三）明确学习目标

高尔基曾说："最难的是开始就是第一句话。如同在音乐上一样，全曲的音调都是它给予的，平常得好好去寻找它。"教师的导入语基本上奠定了一节课的基调，直接显示课文的内容和情感的基调，让学生明确目的和要求，宛如一首乐曲的前奏，让学生把握基本旋律，例如：散文像一首舒缓的歌，记叙文像一条平静的河，说明文像一场绵绵的春雨。只有实现了内容定旨、情感定调、语调定格，开场白才算充分发挥了效力，整个课堂教学才会井然有序、有条不紊。

（四）创造学习氛围

师生之间的情感交流是上好一堂语文课的前提条件。教师一开始就应当通过风趣的、富于启发性的语言，使学生进入一种融洽的学习氛围中，以饱满的精神状态去获取新的知识。课堂导入还能化解学生对教学的抗拒情绪，使学生从心底产生对新知识的渴望、对教师的仰慕之情。

（五）温故而知新

在已有知识的基础上引出新内容，让学生建立新旧知识的联系，使学生能顺利地将新知识纳入自己的知识结构之中。因此，教师必须在课程的起始阶段给学生补充或展现必要的背景知识，让学生在新旧知识之间找到恰当的联结点，以确保新旧知识的实质性联系。

二、语文常见导入类型

好的开头是成功的一半，自然、流畅的导入设计是课堂的序曲，也是课堂成功的关键。创设出好的课堂开头，要秉持自然、本真、唤醒、灵动、和谐、创新的价值追求。教师应该针对不同的课堂内容，研究学生的年龄特点、知识程度和接受能力，恰当地使用自然、新颖的导入方式。用 3～5 分钟吸引学生的眼球，凝聚学生的注意力，自然顺利地导入教学是一门学问，值得每一位教师潜心思考。下面结合语文教材内容探讨几种常见的导入方法。

（一）情境导入法

教师通过设置具体的、生动的情境，让学生在课堂教学开始时就置身于某种与课堂教学内容相关的情境之中，促使学生在形象的、直观的氛围中参与课堂教学。教师所用的工具有录音、视频、图片等。这样的导入设计能让学生很快进入课文的语境之中，使学生能集中注意力，并关注与课文有关的内容、人物。其种类主要有以下几种。

1. 游戏情境

小学生，特别是中低年级的小学生，集中注意力的时间较短，注意力的稳定性差，分配注意力的能力弱，注意的范围小。教师可根据不同的教学内容和小学生好动、喜欢做游戏的特点创设一种游戏情境，使他们心情愉悦，让他们在游戏活动中学习新知识。

2. 故事情境

小学生特别喜欢听故事，教师可以通过讲故事的形式激发他们对学习的兴趣，促使他们积极探究。

3. 用多媒体创设情境

小学生对形象逼真的动画片、色彩艳丽的卡通片、生动活泼的事物等非常感兴趣，其思维容易被激活。

4. 现场模拟创设情境

教师依据课文内容模拟设置一个生活场景，如家、公园、吃饭、逛商场等，让学生根据生活场景开展游戏。

5. 语言描绘情境

这是比较传统的情境导入，教师用绘声绘色的语言描绘一个跟课文内容相吻合的情境。

6. 悬念情境

在课堂中创设悬念容易引起学生极大的探究激情，有利于引发每个学生对问题的深层次思考与研究。

《草船借箭》（五年级下册）是根据我国古典名著《三国演义》中的故事改写而成的，主要描写周瑜妒忌诸葛亮的才干，要诸葛亮在十天之内造好十万支箭，想以此为难他。诸葛亮趁江上大雾，把船用绳索连起来向对岸开去，用妙计向曹操"借箭"，挫败了周瑜的计划，表现了诸葛亮有胆有识、才智过人的品质。古典名著节选类的课文需要交代故事背景、原著的大致情节。怎样才能处理好这些环节而又不占用太多的时间呢？教师可以这样设计。

第一步，教师利用语言创设情境："东汉末年，曹操、刘备、孙权各据一方，三足鼎立。当时，曹操率军刚刚把刘备的军队打败，又想挥师进攻孙权。孙权和刘备唯恐曹操吞并自己的领地，就商议决定联合起来对付曹操，先下手为强。"

第二步，教师出示三国鼎立的形势图，引导学生观看魏、蜀、吴三国的地理位置。

教师指着图片说："请看当时的局势图，了解什么是三国鼎立。"

第三步，教师给学生看周瑜和诸葛亮的图像，之后进行讲解："刘备派遣自己的军师诸葛亮到孙权那里协助作战。孙权麾下有一员大将，名字叫周瑜。他嫉妒诸葛亮的才能，暗地里企图加害诸葛亮。他假借商议军事之名，叫诸葛亮三天之内必须造十万支箭。在这三天里，周瑜又设置了种种障碍，不但不给诸葛亮造箭所用的材料，而且让诸葛亮立下军令状，假如三天之内造不出十万支箭，诸葛亮就会被就地正法。至于诸葛亮如何在三天之内造出十万支箭，让我们一起去看看诸葛亮如何草船借箭吧。"

这个导入设计合理地运用了情境导入法，使用了悬念法、图片法、教师解说法等方法，综合创设了符合课文内容的情境，突出了人物的性格特点，强调了人物的矛盾与冲突，引发学生的好奇心，推动着学生去了解课文内容，同时还介绍了课文背景。

（二）解题导入法

课文标题是文章的眼睛，它往往与文章的立意有着密切关系。解题导入法就是抓住课文标题中的关键词并加以解释，使学生从一开始就对这一课的内容有大致的了解。教师通过解释标题，引发学生对教学内容的关注，引导学生带着强烈的兴趣学习新的内容。

《美丽的小兴安岭》是一篇科学小品文，作者按照总—分—总的思路来介绍小兴安岭春、夏、秋、冬不同的景色和物产。全文紧扣"美丽"一词来展开叙述。教师设计课程时可以考虑从题目来导入。

师：今天我们要学习一篇新课文，请同学们齐读一遍课文题目。

生：《美丽的小兴安岭》。

师：我想问问同学们，读了课文题目，你有什么感受呢？有什么问题想问吗？

生：（预设1）课文题目为什么叫《美丽的小兴安岭》？我想知道小兴安岭在什么地方？（预设2）小兴安岭很美丽，我想知道小兴安岭到底美在哪儿呢？

师：课文题目为什么叫《美丽的小兴安岭》？它到底美在哪儿呢？同学们想不想看看小兴安岭的图片呢？（出示课件）

师：刚才老师把小兴安岭搬到了我们的教室里，那么同学们想不想知道美丽的小兴安岭在我们国家的什么地方呢？（出示课件）小兴安岭在我国黑龙江省的北部，是我国的重要林区之一。

师：刚才我们欣赏了小兴安岭的图片，同学们想说什么呢？

生：小兴安岭实在是太美了！我真想到那里去看一看！

师：既然大家都想去，那么现在就跟随老师去看看《美丽的小兴安岭》的作者是怎样描述这片美丽的景色的。请大家打开书，用自己喜欢的方式来朗读课文吧！

一般而言，在学习语文教材中的每篇课文时都需要理解题目，大多数课文的题目都是对课文内容的揭示。第一课时的教学设计可以从解题入手，抓住课文题目中的重点词语进行分析，既符合学生的好奇心理，又提示了课文的重点。这不仅能激发学生的学习兴趣，还能培养学生的审题能力。

（三）背景导入法

语文教材的选文范围很广，涉及古代、现代和当代，小学生生活阅历很浅，有些课文的内容会让小学生感到陌生，特别是历史名人故事、国内外名著等课文。当教师碰上这些课文时，需要介绍课文背景、课文中的人物和作者，以便拉近学生与作者之间的距离。

《青山处处埋忠骨》（五年级下册）是一篇关于伟人毛泽东的故事。毛泽东的儿子壮烈牺牲了，毛泽东悲痛万分，朝鲜人民认为毛泽东的儿子就是他们的儿子，要将他埋在朝鲜。毛泽东经过了一夜的思考，终于决定尊重朝鲜人民的意愿，青山处处都可以埋忠骨，何必一定要将自己孩子的遗体运回家乡安葬呢？课文表现了毛泽东深沉的情感、博大的胸怀。教师可以这样设计。

师：（出示毛泽东的图片）大家认识他吗？

生：（预设）认识。

师：他就是伟人毛主席，我们今天能过上幸福的生活离不开他。在战争打响的时候，毛主席把他的长子送到前线，毛岸英在这一场战争中壮烈牺牲了。

师：同学们想一想，毛主席当时是什么心情？

这样的课程设计，既有直观的图片，又有详细的介绍，一下子把与课文有关的知识点串起来了。这不仅可以帮助学生理解作者的创作目的，还可以帮助学生更深刻地理解课文内容。

（四）温故知新导入法

温故知新导入法是指通过复习旧知识，找到新旧知识的联结点，顺理成章地引出新知识。在回顾旧知识时，通常先在教师的带领下回顾，学生给予相应的回应，然后教师利用新旧知识之间的联系引出新的知识点。教师在设计第二课时时，主要是通过生字的复习和检测来进行导入的。假如教师在第一课时中就设计了导入的内容，一般是为了与本单元的其他课文做一个知识的衔接。

《古诗三首》（四年级上册）按正常的排课一般会安排 2 个课时，三首诗歌之间不可能孤立地讲解，必须有衔接。因此，第二课时导入就可以这样处理。

师：上节课我们一起学习了白居易的《暮江吟》，诗人选取了从红日西沉到新月东升这段时间里的两组景物进行描写，赞美了夜露的美，表达了诗人对大自然的喜爱之情。接下来，我们来读苏轼的《题西林壁》，看看他是如何表现庐山真面目的。请同学们依照上节课的方法划分好古诗的节奏并朗读。

（学生划分节奏、朗读）

师：怎样学习这首古诗呢？让我们先回顾之前学习古诗的步骤和解决疑问的方法。

（师生共同梳理）

师：这节课我们就用这种方法学习《题西林壁》和《雪梅》这两首古诗。

这种导入能把第一节课和第二节课衔接起来，实现知识的迁移，而旧知识在回顾中又得到了巩固。

（五）谜语导入法

学生的好奇心特别强，遇事总爱追根问底，根据这一特点，教师可以利用谜语导入新课。谜语导入法主要运用猜谜的形式揭示题旨，旨在充分调动全体学生的积极性，激发学生的学习兴趣，开拓学生的思维，活跃课堂气氛。这种方法广泛运用在美术、音乐等课程中，适合在低学段的语文课堂中应用。一年级下册《猜字谜》一课有"左边绿，右边红，左右相遇起凉风，绿的喜欢及时雨，红的最怕水来攻"，在生动有趣的儿歌中嵌进了一个字谜，既直奔主题又活跃课堂。这不仅可以激发学生的思维，还可以引导学生掌握一种识字的方法。

此外，阅读课也可以运用谜语导入法。《小蝌蚪找妈妈》（二年级上册）是一则童话，它运用对话的形式来说明小蝌蚪是如何变成四条腿的青蛙的。

师：同学们，今天老师给大家介绍一位新朋友，大家来猜猜它是谁。"小黑鱼，滑溜溜，圆圆脑袋长尾巴，池塘里面游啊游。"大家知道它是谁吗？

生：小蝌蚪。

师：对，它就是小蝌蚪。我们都有妈妈，可是我们的小蝌蚪遇到了一个难题，它不认识自己的妈妈，这是怎么一回事呢？最后小蝌蚪找到它的妈妈了吗？今天我们就来学习《小蝌蚪找妈妈》这篇课文。

这篇课文讲述的是青蛙的成长历程，选用谜语导入法，既符合课文内容，又能让学生结合自己的生活经历来寻找答案。无论是猜对的学生还是猜错的学生都热情高涨，活跃了课堂气氛。

（六）游戏导入法

游戏是儿童的天性。在小学阶段，教师适当地将游戏融入课堂教学，可以吸引学生的注意力，激发他们的学习热情和学习兴趣，从而达到提高课堂效率的目的。低学段的拼音识字课利用游戏的方法来引导学生学习，这是非常好的方法。游戏导入法在课堂上使用的目的主要是激发学生的学习兴趣，鼓励学生积极地参与课堂学习。小学阶段常用的游戏有开火车、穿山洞、采蘑菇、摘苹果、找朋友等。"欢乐对对碰"游戏用在课堂导入中就很合适。教师在课前准备一个转盘，在课上指名学生转转盘。随着转盘的转动，形旁和声旁会组成不同的汉字。例如，形旁"氵""马""女""亻"分别与声旁"也"组成四个不同的形声字，即"池""驰""她""他"。这样一种既有童趣又极富智慧的拼字游戏，不仅能让学生在快乐的游戏中轻松掌握一批有规律的汉字，也能形象地告诉学生形声字是由形旁和声旁两个部分组成的，即声旁表音，形旁表义。

此外，阅读课也可以结合内容设置游戏。《曹冲称象》（二年级上册）这篇课文说的是曹操儿子曹冲自小聪慧，并懂得如何给一头大象称重的故事。教师可以这样设计。

师：同学们，今天我们先来做个游戏，好不好？

生：好！

（教师拿出电子秤，分别让学生称东西。一个学生称了一个苹果，记下了重量；另一个学生称了五个梨，记下了重量……学生都想参与，课堂气氛高涨）

师：现在，同学们都知道，要想知道物体的重量可以用秤测量。很方便，是不是？

生：是。

师：可是，在古代，要想知道一头大象的重量该怎么办呢？

生：用很大很大的秤称……

师：今天我们一起来学习《曹冲称象》，课文会告诉我们答案。

这种将游戏引入语文课堂中的方法不仅能使学生积极地参与到教学活动之中，还能够活跃课堂气氛，让学生在丰富多彩的游戏中爱上语文，从而达到"玩与学"相结合的目的。针对学生不同年龄阶段的心理特点，先组织学生做游戏，再增加新知识，便于学生学习。

（七）图音画结合导入法

在小学阶段，学生的形象思维能力较强，抽象思维能力正在形成。所以，在课堂中，教师可以借助音乐、图片、视频等形式，创设一种匹配课文内容的诗意情境，把学生直接带入课堂，在轻松的教学氛围下引导学生对新课产生兴趣，提高学生的听课效果。

《敕勒歌》（二年级上册）是一首北朝民歌，诗中展现了阴山脚下敕勒族生活的大草原的风光。敕勒川位于山西及内蒙古一带，大多数学生都没有去过。教师可以这样设计。

师：我们的祖国风光秀美，山川壮丽。今天，老师带你们到草原去游一游。（课件展示草原风光的图片，播放草原歌曲）

师：看到这美丽的风光，你们想用哪些词语或句子来表达你们的内心感受？快来说一说！

生1：草原真辽阔！

生2：草原真美啊！

生3：草原真是一望无际啊！

师：蓝蓝的天空，洁白的云朵，一望无际的草原，成群的牛羊……这就是草原，游牧民族可爱的家乡。从古至今，草原人民都在用满腔的热情歌颂着自己的家乡。1600年以前，在这片辽阔的大草原上曾生活着一个少数民族——敕勒族，他们用一首优美的诗歌赞颂着自己的家乡。今天我们就来学习这首《敕勒歌》。

这种借助与课文内容联系紧密的图片、音乐的图音画结合导入法，方式灵活多变，有利于调动学生的情绪，帮助学生克服紧张的心理，活跃课堂气氛。

（八）图片导入法

语文教材针对学生的心理特点，为每篇课文配插图，图文结合，用直观的图画帮助学生理解相对抽象的文字。教师要善于利用这一直观形象的教学资源，巧用插图进行导入。这些插图形神兼备，能帮助学生感知、理解文本。教师要引导学生细心观察、形象描绘、合理想象，这样会产生意想不到的效果。针对说明文，教师可以运用图片导入法引导学生观察图片并理解课文内容。

《赵州桥》（三年级下册）是一篇说明文，在上课伊始，教师可以利用课件展示中国各种古老的桥。《纸的发明》（三年级下册）是一篇说明文，教师可以利用课件展示各式各样的纸产品。《一幅名扬中外的画》（三年级下册）也是一篇说明文，教师可以从展示《清明上河图》开始，这不仅能激发学生的学习兴趣，还能激发学生心中的自豪感和神圣感。

《太空生活趣事多》（二年级下册）是一篇说明文，主要介绍了人类登上太空后在船舱里生活、工作的趣事。教师可以这样设计。

师：同学们，2003年10月15日，中国发生了一件令全国人民激动的事情，那就是"神舟五号"载人飞船发射成功了。你们想不想回到那一天？我们一起来观看视频。（播放"神舟五号"载人飞船发射成功的视频）在这段视频里，航天员杨利伟不仅完成了他个人的飞天之旅，还成功地让自己的足迹留在太空中，让五星红旗飘扬在太空之中。请同学们仔细观察，你们有什么新发现？有什么新感受？

生1：看见杨利伟漂浮在船舱内。

生2：看见杨利伟坐着的时候需要固定。

生3：看见杨利伟走路的姿势很怪。

师：同学们观察得很仔细。因为太空舱中的物品都处在失重的状态下，所以大家就看到了这些有趣的现象。下面让我们一起走进课文，去了解人类是如何在太空中生活的。

太空与人们实际生活的空间有着一定的距离，所以教师展示杨利伟登上"神舟五号"载人飞船的图片，不仅能让学生产生直观的感受，也能激发学生的爱国之情和自豪感。

综上所述，适合语文教学的导入方法还有很多，诸如单元导入法、作者导入法、词句导入法、对比导入法、点评作业导入法等。课堂教学导入虽有方法但无定法，教师要根据课文特点、教学目标和学生的实际情况来选择有效导入法。当然，为了取得较好的导入效果，还应做到因课制宜，将各种导入法整合到一起，这样才能发挥导入法的效果，并取得良好的成效。

第二节　语文课堂讲授技能

讲授是语文课堂教学的重要手段之一，也是语文教学最基本的形式之一，在课堂教学中起着举足轻重的作用。《中国大百科全书》对"教育"的解释是，教师通过口头语言向学生描绘情境、叙述事实、解释概念、论证原理和阐明规律的教学方法。教师讲授的目的在于帮助学生理解概念，熟悉知识背景，建立知识之间的内在逻辑关系，让学生真正地理解和掌握新知识。

教师要善于指导学生正确地理解课文的思想内容，体会课文所表达的思想感情，指导学生理解语言文字是怎样表达思想感情的。教师的讲解技能直接影响课堂教学的氛围和教学效果，也影响教学其他环节的实施。语文课程改革提倡"以教师为主导，以学生为主体"，虽然讲授法已由过去"一言堂"的教学方法转向多元教学方法，但是讲授的作用依旧不可替代。

一、语文讲授法原则

（一）规范准确

语文教学首先是语言教学。教师必须教会学生正确理解和运用汉语言文字。因此，教师的课堂语言必须规范、清晰、准确、严谨。语文是一门基础学科，学生对语文知识掌握的程度将影响其今后的学习和发展。教师在课堂上所讲的内容要准确无误，遵守语音、词汇、语法、书写等方面的标准和规范，不能出现知识性差错，让学生养成良好的习惯。

（二）形象活泼

在讲授过程中，教师要对讲授内容进行加工，把抽象的理论形象化，绘声绘色地呈现课文内容。教师可以借助表情、动作、实物、图像、多媒体等手段，对讲授内容进行形象化的描绘，这是学生理解和接受的首要条件。在语文教学中，要想让课堂氛围活跃起来，根据学生的身心成长需要对课文内容进行通俗解读，教师通常要辅助以体态语言。例如《狐假虎威》（苏教版二年级下册）一文，为了让学生很好地领会到小狐狸的狡诈、大老虎的无知，教师要能在讲解中配以惟妙惟肖的体态语言，活灵活现地展现小狐狸的狡诈和大老虎的见识短浅。教师要努力提高自己的知识文化水平，组织自己的语言，用流畅、生动、优美的语言引导学生进入美好的意境，用自己的语言带领学生进入忘我的境界。

（三）生动有趣

教师在讲授时感情要充沛，语言表达要清晰、简洁，富有表现力和感染力，感情要有起有伏，要善于把抽象的概念具体化、把深奥的道理形象化、把枯燥的知识趣味化；在讲授时犹如与挚友促膝谈心，感情炽热，心心相印。例如，《欢乐的泼水节》（苏教版二年级下册）一文讲的是周恩来和少数民族群众过泼水节的故事，教师可以先借助多媒体给学生创设一种欢乐、祥和的气氛，再用语言描绘美丽的西双版纳，然后说明泼水节的来历，最后还可以介绍一些有趣的节日，如火把节、刀杆节、花山节、月亮节等，增加趣味性。假如有学生去过西双版纳，教师还可以让他们讲一讲旅游过程中的见闻和感受，为课堂创设出浓郁的情感氛围，铺设一座与文本交流的情感桥梁。

（四）简洁明了，条理清晰

简洁就是语言精练、简单，讲课不拖泥带水，条理清晰，富有层次。小学阶段的课文从低年级开始字数依次递增，篇幅不会很长，但精选的每篇课文都是按照一定的结构安排层次的。教师必须深入钻研和分析教材，把握教材的编写特点，这样才能进行有针对性的讲解和分析，提高学生的阅读能力。教师在授课时语言要尽量精练，推进课堂进程。

（五）启发思维，寓教于乐

教师要把一定的思想、道德观念、感情传达给学生，引导学生积极思考和实践，提升学生的思维能力，其关键在于启发并鼓励学生质疑问难。教师要巧妙引导，帮助学生达到活跃思想、拓展思路、发展思维的目的。比如讲解寓言故事这类作品，教师在绘声绘色地讲解故事时要提示寓意。《守株待兔》（三年级下册）启发学生不要存有侥幸心理，不要想着不劳而获，要想获得成功，需要付出相应的努力；《揠苗助长》

（二年级下册）要让学生明白违反事物的发展规律、急于求成反而会坏事。在愉快的氛围中，让学生增长见识，养成健全的人格。

（六）激发联想和想象，引导学生积极思考，丰富学生的思想感情

教材中有不少文情并茂的文学作品，如诗歌、童话、散文等，都充满了诗情画意。教学目标之一就是引导学生结合自己的生活经验想象作品所描述的画面、形象和意境等，让具体的形象在脑中鲜活起来。大凡优秀的文学作品都包含着作家对生活的理解和评价，对真、善、美的颂扬，对假、恶、丑的批判。这对培养学生的审美情趣、提升创造美的才能都具有深远的意义。

二、讲授法利与弊

课程标准指出：学生是语文学习的主体，语文教学应激发学生的学习兴趣，注重培养学生自主学习的意识和习惯，为学生创设良好的自主学习情境，尊重学生的个体差异，鼓励学生选择适合自己的学习方式。教师是学习活动的引导者和组织者。教师应转变观念、更新知识，不断提高自身的综合素养，应创造性地理解和使用教材，积极开发课程资源，灵活运用多种教学策略，引导学生在实践中学会学习。学生主体性的发挥被提到了前所未有的高度，而讲授法一度受到质疑，甚至被视为等同于"满堂灌"。

（一）讲授法的利

1. 快捷有效地传授知识

语文课程应培育学生热爱母语的思想感情，指导学生正确地理解和运用母语、丰富语言的积累、培养语感、发展思维，使他们具有适应实际需要的识字与写字能力、阅读能力、写作能力、口语交际能力。语文课程还应重视提升学生的品德修养，培养他们的审美情趣，使他们逐步形成良好的个性和健全的人格，促进他们全面发展。如果要完成这样的任务，那么必须依靠教师的引导。

在授课前，教师依据课程标准和学情精心备课；在课堂上，教师通过合理、流畅、准确的语言传授给学生知识。教师所传授的知识凝聚着前人长时间的探讨、分析、归纳、总结和论证，因受知识积淀、阅历深浅、理解能力等条件的限制，学生还无法做到通过自读的方式满足课文的各项要求。

2. 标准性

中华人民共和国成立以来，语文教学一直维持着"一纲多本"的状态。教师备课以课程标准为依据，并统一进行有关新教材使用方法的培训，在一定程度上保证了课

文内容和讲法上的统一性。教师受过专业教育，参加全国统一考试而获得教师资格证，承担传道授业的任务，其基本条件是合格的。在教学工作中，教师不断积累教学经验，把前人所总结的正确的、科学的智慧结晶传授给学生，准确性能够得到很好的保证。如果让知识储备少，实践经验、理性思维、逻辑能力不足的学生去自行探讨和归纳，不仅准确度不高，还有可能令其走入与结果背道而驰的误区。

3. 引导性

青少年时期的学生正处于心智不成熟的阶段，其思想道德、人格素养、价值观念等的形成还需要教师在课上、课下有意识地予以引导。教师要引导学生掌握正确的学习方法，引导学生体会文章的寓意，引导学生通过所学的课文思考和分析社会现象。

4. 兼顾了群体教学的需要

我国现行的学校教育属于群体性大班教学，一个班以 50 人为标准。在课堂上，教师不可能兼顾每一个个体，只能基本兼顾大多数学生。

对于学生来说，阅读理解是一种比较复杂的精神活动。在这个过程中，从感知课文语言到理解课文，从理解课文到运用语言，由于受到认知、阅历、理解等条件的限制，学生必须依靠教师的讲解和引导。

（二）讲授法的弊

1. 忽视学生主体地位

传统的语文教学在字词的认知、语段的理解、文章的分析、思想感情的体悟等方面基本由教师强制性地灌输给学生，学生只能被动接受。然而，每一个学生都是一个独立的个体，他们有着自己的思想意识、行为习惯、阅读习惯。从人才培养的角度来看，这种方法不利于有思想、有个性、有创新能力的人才的培养。

2. 违背语言文字多种解读和感受的原则

语文教材是由一篇一篇的文章构成的，作者或叙述，或描写，或抒情，或说明，表达自己的思想感情。对于课文的解读，可谓"仁者见仁，智者见智"，没有统一的标准。我国的考试方式仍停留在按照统一的标准打分上，所以对于个性阅读，教师很难在课堂教学上有更多的突破。

3. 学生依赖性很强

传统的讲授法强调教师的主体地位，学生的课前预习、课上听讲、课后巩固练习等任务的实施与完成都需要教师分配与督促。课堂就是学生等着教师来上课、等着教师来讲授、等着教师来布置作业、等着教师来解答疑难。如果没有教师的讲解，学生便不会主动去研讨和探究；如果没有教师的督促，学生便不会主动去完成课业。这种依赖心理的养成十分不利于学生独立人格的形成。

4.体现不出教师能力的高低

不同的教师的能力存在较大差距，这与时间的沉淀和个人素质有关，大多数学校绩效的考核主要还是以成绩来衡量的。例如，使用"满堂灌"的教师所教授的班级成绩要比突出主体性、兼顾个性发展的教师所教授的班级成绩更好。这是一个矛盾，需要教师通过更多的实践去解决。

总之，课堂需要具备丰富的专业知识储备、准确而流畅的语言表达、良好的人文素养和敬业精神的教师。在优秀教师的努力下，学生能够得到比较高效的教育。

三、语文常见课堂讲授类型

（一）陈述式

陈述是指说话人客观全面地按一定的条理，用语言清晰地表达自己的观念、观点。在教学中，陈述是指教师用简洁的语言向学生客观地叙述教学内容的一种讲授方式。在语文教学中，讲述故事梗概、生活经验、背景知识、人物关系、学习方法等，都可以运用这种方法。它可以有效地帮助学生丰富感性认识，引导学生了解学习内容和学习方法。因此，语文课堂的导入、课堂推进、课堂总结等教学环节都离不开教师的陈述。

语文三年级下册第一单元选用了杜甫的《绝句》。这首《绝句》的作者杜甫是唐代伟大的现实主义诗人，可以用陈述式的语言结合图片进行如下介绍：

我们今天学习的《绝句》是唐代诗人杜甫创作的作品。它写于成都草堂，描绘在初春灿烂阳光的照耀下，浣花溪一带明净绚丽的春景。

杜甫是唐代伟大的现实主义诗人，人们称他为"诗圣"，他的诗歌有着强烈的社会责任感，对穷苦人民寄予深切的同情。杜甫有许多优秀的作品都显示了唐代由盛转衰的历史过程，也有很多"以诗为画"的作品，这一首就是极富诗情画意的佳作。

（二）描述式

描述是指运用各种修辞手法对事物进行形象化的阐述。在课堂中，描述是指教师用比较生动、鲜明、形象的语言，具体地描摹人物、事件、景物及塑造情境的一种讲授方式。在语文教学中塑造情境、刻画人物、描绘场景、揣摩细节、渲染气氛、表达情感时适合使用这种形式。它可以有效地激发学生的形象思维和审美感受，使学生具体、细微地感知学习内容。小学生的年龄特点决定了他们喜欢听有声有色、描绘性强的语言，这可以激发他们无限的想象。因此，教师亲切的描绘性语言可以给小学生带来很多向往，感动他们纯洁的心灵。

《爬山虎的脚》（四年级上册）是我国著名教育家叶圣陶写的一篇描写植物爬山虎的散文。教师在上课时可以结合图片给学生描述它的特点：

有一种藤类植物，它占地少、生长快，绿化覆盖面积大，这是什么植物呢？下面请大家一同观赏这一面面绿色的墙。大家有发现吗？对，它叫爬山虎，是一株软软的藤，用它可爱的小爪子往高处爬，爬到墙上、屋顶上，密集的绿叶覆盖了建筑物的外墙，就像穿上了绿装。春天，爬山虎长得郁郁葱葱；夏天，爬山虎开黄绿色的小花；秋天，爬山虎的叶子变成橙黄色。一面墙在不同的季节显示出不同的色彩。

（三）解释说明式

解释是指在观察的基础上进行思考，合理地说明事物变化的原因、事物之间的联系或事物发展的规律。语文课堂中的解释说明式是教师用简洁严谨的语言解释说明某个事物的概念、现象、事理，或解释词语的含义，或阐释难以理解的问题的一种方式。在语文教学中，解释说明式多用于解释字词句的含义、课文题目的意思、课文中有争议的地方、学生陌生的知识（比如典故）等。这种方式可以帮助学生正确理解课文内容，密切联系旧知识，紧扣课文主题。该方式在科学普及类的课文中使用较多。

《小蝌蚪找妈妈》（二年级上册）是一篇科普童话，涉及的科学知识就是青蛙的生长过程。在学生学习完这则童话故事后，教师可以结合图片或者视频解释青蛙的生长过程：

同学们，青蛙是一种特殊的动物，即两栖动物。它是从水生向陆生过渡的一个类群。青蛙的发育经历了一个复杂的变化过程，其形态结构会发生很多的变化。刚孵化出来的蝌蚪，有尾无四肢，用羽状外鳃进行呼吸，随后外鳃消失，长出内鳃，四肢的生长是先长后肢，再长前肢。当蝌蚪发育成幼蛙时，尾巴消失，长全四肢，内脏消失，形成肺，并用肺呼吸。

（四）启发式

启发是指阐明事例，引起对方联想而有所领悟。在课堂中，启发一般指教师通过联系新旧知识，提示、启发学生观察、思考，使之主动学习的一种讲授方式。自东方的孔子、西方的苏格拉底开始，至今已有两千多年的历史。随着社会的进步，科学技术的传承、创新、发展，人们又赋予这种讲授方式以新的内涵。课程标准明确指出，语文课应该充分发挥师生双方在教学中的主动性和创造性，语文教学应在师生平等对话的过程中进行。教师对这种讲授方式运用得较为普遍，它常与设问相配合，对于教学中较为复杂的或难以理解的内容、容易理解的或知识面较窄的重点内容，通过调动学生的积极性，帮助他们找到思考的路径和解决问题的方法，使他们快速地掌握知识，培养他们解决问题的能力。

　　低学段的学生知识储备有限，对一些课文内容的接受光靠阅读是不够的。为了帮助他们理解课文、启发思维，可以多想一些方法，比如利用图片、实物、实景等素材进行教学。

　　《小马过河》（二年级下册）这篇童话故事讲的是一匹小马驹第一次承担驮运东西过河这项任务的经过。在小马驹正准备下水过河时，一只小松鼠大惊失色地警告它说河水很深，会淹死它的。小马驹在踌躇之际遇到了一头老牛，它询问老牛，得到的则是完全相反的答案，老牛说河水很浅。课文的难点是为什么同样的河在不同动物的嘴里深浅不同，这对学生的成长有着实际的指导意义。教师可以这样做：在黑板上画一条河，将事先准备好的老牛和小松鼠的图画模型依次放到"河水"中，让学生观察思考为什么在同样的水中，老牛和小松鼠进去之后会有不同的结果。

　　《乌鸦喝水》（一年级上册）这篇课文也可以用同样的方法处理，教师可以让学生借助工具亲自操练一次，学生自然就能明白乌鸦在一开始为什么喝不到水，后来又是怎么喝到水的。

　　（五）概括式

　　概括意为归纳、总括，是指把事物的共同特点归结在一起并加以概述，使文章更清晰、简明，让人在很短的时间内就可以知道文章的主要内容。在课堂中，概括是指教师对学生遇到的重点、难点及其存在认识分散、含糊混淆的情况进行归纳、整理、总结的一种讲授方式。概括对促进思维有着很大的作用，它是一种有效的思维方法。语文课的一个目标是让学生学会概括，包括书面和口语表达，教师需要对学生进行指导训练，方法有扩写、缩写、合并归纳、按课文叙述的顺序提出相应的问题再归纳、依据文体特点概括等。

　　（1）扩写。例如：将《草船借箭》的四个字课文题目扩展成一句话，即"诸葛亮利用草船向曹操借了十万支箭"。

　　（2）缩写。抓住主干来缩写，例如：对"大熊猫贪婪地吃着鲜嫩的竹叶"进行缩写，即"大熊猫吃竹叶"。

　　（3）合并归纳。《落花生》（五年级上册）一文第一段讲的是种花生和收花生，第二段讲的是一家人围坐在一起品尝花生、谈论花生。显然第二段是重点段，一家人一起品尝花生、谈论花生，并借父亲的话以花生喻人。以此为核心，联系文中其他内容，概括出全文的主要内容：作者一家人在后园过花生节，他们一边品尝花生，一边谈论花生的好处，父亲以花生做比喻，告诉我们要做务实、有用的人，不要做只讲体面而对别人没有好处的人。

　　（4）按课文叙述的顺序提出相应的问题再归纳。如教学《鲁宾逊漂流记》（六年级下册）一文，设计以下问题让学生在阅读中思考：课文讲的是谁的什么事？鲁宾逊漂流的原因是什么？他漂流了多少年？他是怎样生存下来的？让学生认真思考然后回答问题，并归纳出文章的主要内容，即鲁宾逊因乘船遭遇暴风失事，漂流到荒岛，一个人在荒无人烟的小岛上战胜了种种困难，生活了二十多年。

（5）依据文体特点概括。例如，叙事散文和抒情散文的特点不同，叙事散文需要抓住人物、事件、环境三要素，抒情散文需要抓住情景关系。《观潮》（四年级下册）是一篇以写景为主的散文，描写了被人们称为"天下奇观"的浙江省杭州市的钱塘江大潮雄伟壮观的景象。课文先写了潮来前江面风平浪静，人们焦急盼望的情景，再写潮来时那雄伟壮观、惊心动魄的景象，最后写潮退后的余波奔涌，表达了作者对大自然和生活的热爱。

语文讲授法还有很多，如讲述法、讲解法、讲评法、讲演法、复述法、讲读法、讲练法等。这些方法都需要教师付出努力、钻研教材、锻炼自己的口语表达能力。

第三节　语文课堂提问技能

课堂提问是指教师根据教学目标和学生发展的需要，在课堂教学过程中提出一系列问题，期待学生的积极反馈，从而优化教学效果，提高教学质量的一种教学行为。作为课堂教学中普遍采用的一种教学手段，它贯穿于整个教学活动过程中，是联系教师、学生、教材三者的纽带。在阅读量、阅读方式不断变化的今天，教师应该创新课堂提问方式，使其更好地服务于课堂。

一、课堂提问作用

教学活动是发生在师生之间的一种特殊的交往活动，课堂提问则是师生互动的重要途径。教师将课堂提问运用得恰到好处，就可以通过高质量的问题将学生引入真实的学习状态之中。这样可以有效调动学生学习的积极性、主动性和创造性，实现课堂教学的高效与优化。

（一）集中注意力

研究发现，学生注意力集中的时间为 15～30 分钟。在课堂教学中，学生的注意力能否集中取决于兴趣。若学生对某个事物没有兴趣，他注意力集中的时间就会明显低于这个数值。在实际生活中，教师常常要面对学生注意力逐渐下降的事实。

孔子说："学起于思，思源于疑。"人的思考往往是从问题开始的，课堂提问可以把学生引入"问题情境"，使他们的兴趣和注意力集中到某一特定的专题或概念上，激发学生探讨的兴趣，促使学生参与到教学活动中来，并产生解决问题的自觉意向。要使学生长时间保持注意力集中，教师必须交替使用无意注意和有意注意，并使无意注意向有意注意转化。这就依赖于教师灵活多变的教学策略，而提问恰好是集中学生注意力的有效方法。

（二）启迪思维

学生在解答教师提出的问题的过程中，会对教师给定的命题进行分析，并通过观察、记忆、联想、想象等一系列心智活动，对已有的知识和经验进行分析、综合、比较、抽象、概括。因而，课堂提问可以引导学生的思考方向，使学生扩大思考的角度，提高思考的层次。课堂提问有助于学生对所学内容进行深入理解，培养学生分析问题、解决问题的能力。通过课堂提问，还可以有效培养学生创造性思维、发散性思维、逆向性思维的能力，引导学生突破思维定式。

（三）及时反馈

教学过程是师生双向的思维交流过程。教师教得怎样，学生学得如何，需要通过一定的方式进行考查，课堂提问就是思维交流的方式之一。课堂提问不仅是教学方法，还是教师了解学生学习活动、掌握知识情况的手段。提问过程就是信息反馈的过程。教师只有充分利用提问反馈、捕捉信息，及时对教学过程进行有效调控，才能提高课堂教学的效益。

（四）培养问题意识

新课程理念指导下的课堂提问在本质上是指师生一起发现问题、探讨问题、创造性地解决问题，使师生之间、学生之间、师生与文本之间形成一种对话关系，让学生的学习真正"活起来"，先让学生带着问题走进教室，然后让学生带着问题走出教室，形成一种多向互动、开放的状态。因此，通过课堂提问培养学生的问题意识，发展学生的创新能力，是课堂提问重要的功能之一。

（五）加强口语训练

课程标准指出，语文是一门学习语言文字运用的综合性、实践性课程。语文课程应致力于培养学生的语言文字运用能力。教师提问是引导学生沿着正确的方向思考并组织语言回答问题，培养学生的语言文字运用能力和思维能力的一种有效方式。

二、语文有效课堂提问策略

有效的课堂提问策略是实现教学过程优化的条件。所谓"有效"，《现代汉语词典（第7版）》的解释为："能实现预期目的；有效果。"有效提问意味着教师提出的问题能够引起学生的回应或回答，这种回应或回答能让学生积极地参与学习，由此获得具体的进步和发展。有效的课堂提问能使人进入一种怀疑、困惑、焦虑、探索的心理状态，这种心理状态能驱使个体积极思考，不断地提出问题和解决问题。

（一）问题少、好、深

问题少是指问题要精确、恰当。如对绝句的讲解，紧扣作者、背景、情景关系来设问，少一些无关紧要的废话。例如，对于苏轼的《饮湖上初晴后雨二首（其二）》（三年级上册）这首诗，教师设计的问题是：你们认识苏轼吗？这首诗写了什么地方的风景，选了什么内容来表现？表达诗人什么样的思想感情？

问题好是指恰到好处，能促进思考和拓展思维的问题。例如，《"精彩极了"和"糟糕透了"》（五年级上册）一课讲述的是父爱和母爱的方式，围绕"我的同一首诗，父母的评价为什么会截然不同"这个问题展开讨论。很多学生认为父亲太严厉，甚至有些不近人情。教师可以让学生细细体会描写父亲的句子，学生就会发现父亲这样严厉也是一种爱。

问题深是指问题能抓住关键。特级教师于永正在讲授冯骥才的散文《珍珠鸟》（五年级上册）一课时，抓住文章开头"真好"一词提出一个问题："你从文中哪些地方感受到'真好'？好在哪里？"这样的提问使得课堂教学集中于关键一点，深入下去，突出重点，突破难点，真正达到"一课一得"的目的。

问题广意味着思维能得到启迪。教师要善于从教科书中跳出来，在更广阔的知识和生活经验领域开展课堂提问活动，让学生通过主动积极地获取知识，将感性的实际活动与内心的感受、体验结合起来。《珍珠鸟》一课的拓展可以抓住课文结尾一句"我笔尖一动，流泻下一时的感受：信赖，往往创造出美好的境界"，教师借此提问："信赖的获得是单方行为还是双方行为？"再由课文指向生活，学生可以从中受到教育的熏陶，丰富自己的人文内涵。

（二）内容有梯度、有层次

内容有梯度是指遵循由易到难、由简单到复杂的循序渐进的原则。对于学生难以理解的内容，教师可以采用化整为零、化难为易的办法，把一些太复杂的内容设计成一组有层次、有梯度的问题，以降低问题的难度。例如《掌声》（三年级上册）一文，教师在板书课文题目后可以这样设置问题：读了课文题目你想知道什么？课文中的掌声是给谁的？谁给他（她）掌声？他们为什么要给他（她）掌声？四个问题将课文内容一一带出来了。针对学生不同的层次，教师所提出的问题应该兼顾不同的群体，对优等生可合理提高难度，对一般学生可逐步升级难度，对学困生可适当降低难度。

（三）把握好时机

好时机正如孔子说的"不愤不启，不悱不发"（《论语·述而》）。"愤"是指学生对某一问题正在积极地思考，急于解决而尚未搞懂时矛盾的心理状态。这时，教师应对学生思考问题的方法适时地给予指导，以帮助其开启思路，这就是"启"。而"悱"是指学生对某一问题已有一定的思考，但尚未考虑成熟，处于一种想说又难以表达的矛盾的心理状态。这时，教师应先帮助学生整理思路，并弄清事物的本质属性，然后引导学生用比较准确的语言表达自己的观点，这就是"发"。当学生处于"心求通而未得，口欲言而未能"的"愤悱"状态时，学生的思维异常活跃，对教师的提问能入耳入脑，这就是教师设问的最佳时机。

（四）掌握好问题的难度

教师要考虑学生现有的认知水平，以学生现有的认知结构和思维水平为基点来设计问题，使问题符合学生的"最近发展区"。这样既不会让学生因问题太简单而不屑一顾，也不会让学生因问题太难而丧失信心。

（五）形式有趣味、有创意

《清平乐·村居》（四年级上册）中"最喜小儿无赖"一句中有"无赖"一词，这个词在现代汉语里是一个贬义词，所以可以这样问："小儿是个无赖，怎么还会讨人喜欢呢？"这样的提问别具一格、新颖有趣，有启发性，促使学生积极思考、讨论，使学生理解这里的"无赖"不是"游手好闲，品质不好"的意思，而是"顽皮"的意思。

三、语文常见提问方法

（一）复习记忆型

这一类提问方法比较简单，只要求学生用自己记住的知识照原样来回答，而不需要其更深入地思考。经常运用这种方法提问，有利于巩固学生的旧知识。从信息论的角度来看，记忆的过程就是信息输入、加工、编码、贮存、检索、提取的过程。每一个学生都是记忆天才，恰当的提问可以让他们学会提取记忆中储存的信息。研究发现，对大多数5岁或6岁的儿童来说，熟悉的项目要比不熟悉的项目更容易记住。教师应该通过反复循环的方式帮助他们熟悉已经保存在其记忆中的信息。

语文教材里的内容依据儿童记忆的特点，在单元学习时会集中一个训练项目，单元和单元之间也会有连续性，便于学生反复接触，形成较为固定的知识项。现在以三年级上册第三单元为例。单元导读中直接提示这是童话单元，由两篇教读课《去年的树》《在牛肚子里旅行》和两篇自读课《那一定会很好》《一块奶酪》构成。教师在使用教材时会感到困惑，语文教材从一年级上册开始就安排很多童话了，为什么到了三年级上册才正式提到这种体裁？主要原因是低学段教材淡化了文体，把重点放在字、词、句上。因此，在研究完教材发现这个问题后，教师授课时一定要有意无意地围绕童话要素来设计问题：故事内容是什么？主人公是谁？为什么主人公明明是动植物却会说话做事，还具有人的情感？用这样的问题引导学生建立对童话这种体裁的认识，以后学生再碰到同样的难题就能将文体知识联系起来，并尝试自己解决问题了。例如《在牛肚子里旅行》一课，童话里包含了一个牛是反刍动物的科学知识。教师可以这样设问：像这样讲解科学知识的课文我们都学过哪些？学生由此打开记忆的闸门，回想起小学一年级、二年级学习的科学类童话课文，如《小蝌蚪找妈妈》《我是什么》《植物妈妈有办法》等。这种方法可以将记忆串起来，实现知识的复现，并产生很好的效果。

（二）铺垫型

铺垫型是指在解决某一颇有难度的问题时，教师在提出问题之前先对与这个问题相关的知识、背景加以概括或提示，让学生沿着已知与未知的联系去思考答案的方法。这种提问既强化了已知的知识，又降低了未知的难度，加强了新感知材料同原有材料的内在联系，使学生的思维产生明显的倾向性。

宋代著名爱国诗人辛弃疾的《清平乐·村居》描绘了恬静、安逸的乡村田园生活画面。居住在城市里的学生大多没有完整的乡村生活体验，有些学生甚至没去过乡村；而农村里的学生大多认识不到田园生活的好处。针对这种情况，教师可以在课前导入问题：看到"村居"二字，我们就会想到农村，你印象中的农村是怎样的呢？你有什么有趣的经历吗？这两个问题的设计联系了学生的生活经历，激发了他们的兴趣，活跃了课堂氛围，为学生理解这首词的境界做了铺垫。

（三）理解型

理解型是指达到对文章更深一层的认识，这类问题设计的目的主要在于让学生利用自己所学知识理解文本。

《慈母情深》（五年级上册）节选自梁晓声的小说《母亲》。课文讲述的是"我"在少年时代渴望得到一本心爱的书，想得整天失魂落魄，贫穷、辛劳的母亲不顾同事的劝阻，用龟裂的手指掏出了一大把毛票，毫不犹豫地给钱让"我"买书。"我"深感不安，用这一元五角钱给母亲买回来了一瓶水果罐头，结果遭到了母亲的一顿数落。尔后，母亲又凑齐了一元五角钱，"我"自此拥有了平生第一本小说。

小说通过描述这件日常生活的小事，表达了深沉的母爱。教学要紧扣三要素进行，围绕三要素设计的问题会比较有针对性，可以引导学生掌握读懂小说的方法。例如，教师可以问："作者把母亲放到什么环境下刻画？这样写有什么好处？"还可以问："作者刻画母亲形象时用了什么特殊的句式？为什么？"

（四）演示型

演示型是指教师在设计问题的时候根据课文内容，用实物展示的方式来激发学生思维的一种提问方法。

寓言故事《揠苗助长》相对来说是极具生活气息的，但是学生可能对于农作物不是特别了解。教师可以一边借助多媒体展示稻苗、麦苗的图片，播放农民插秧的视频，一边提问："你们认识图片上的事物吗？农民伯伯在田里忙什么呢？"教师引导学生观察，学生会发现稻苗、麦苗的成长过程离不开泥土，并能深刻地理解该则寓言故事的寓意。

（五）递进型

递进型是指在课堂教学中，教师在设计问题的时候将问题设计成不同层次，思考由浅入深、步步引导、层层推进的方法。这里展示窦桂梅老师在执教《圆明园的毁灭》（五年级上册）时的精彩提问。

师：我看到你们的表情很复杂，正如刚才一位同学所说的，"心中的滋味复杂极了"。学习一篇课文，最重要的是要打开思路、学会思考。现在我们就要离开圆明园了。请闭上眼睛，课前你们眼前出现的是废墟，是火焰，现在你们心中，圆明园还仅仅是废墟，是火焰吗？圆明园在你心中是什么形象？

生 1：圆明园是我们的耻辱。

生 2：圆明园是中国人民的警示牌。

师：圆明园的大火早已熄灭，可是我们思考的脚步不能停止。有着五千年文明的中国为什么会被一万多名外国侵略者掠夺？圆明园烧掉的究竟是什么？毁灭的究竟是什么？永远也毁灭不了的是什么？也许今天的学习只是给你们打开了一扇小小的门，希望大家从这扇门出发，怀着更多的思考走向未来的人生。这才是这两节课学习的真正目的。

窦桂梅老师通过"圆明园在你心中是什么形象"及结尾处的一连串的问题，让学生从民族仇恨中走出来，并保持理性的反思。教师对教材的深度挖掘和准确把握，使得本课教学的目标明确，对教材循序渐进的提问使学生的思想得到了升华。

（六）追问型

追问型是指在某个问题得到学生的回答之后，教师再顺着其思路对问题紧追不舍，刨根究底地继续发问的方法。教师在提出一个问题后，不能仅仅追求或满足于一个正确答案，还要灵活地抓住学生回答过程中的"有利因素"进行启发、引导，使学生的思维更加开阔，并获取更多的信息和知识。

《搭船的鸟》（三年级上册）是一篇状物类散文，画面很干净，从动态和静态两个角度来描绘一只站立在船尾的小鸟。"我看见一只彩色的小鸟站在船头，多么美丽啊！它的羽毛是翠绿的，翅膀带着一些蓝色，比鹦鹉还漂亮。它还有一张红色的长嘴。"针对这段文字设计的问题为：作者描写小鸟时抓住了它的什么特征（颜色）？用了什么方法（对比）？产生了什么效果？教师连续提出三个问题，从词语的运用到方法的使用，学生可以从中领悟状物类散文应该从哪个角度去写。

（七）评析型

评析型问题是在学生理解文本的基础之上设计的问题，这种问题在文本中是无法直接找到答案的，需要学生在字里行间乃至从相关的知识补充材料中去判断、推理、求证解决的方法。这是提问技能中的最高层次，因为它要求学生对课文进行欣赏、鉴别、评论。而这种类型的提问方法，无论是对培养学生的语感、创造性思维，还是对提高学生的口头表达能力、写作能力，都极为有益。教师在提问过程中要有意识地设计这一类型的问题。

以四年级上册第七单元为例。该单元导读中的"天下兴亡，匹夫有责"揭示了单元的主题。《为中华之崛起而读书》讲的是周恩来读书时的故事，教师读完故事可以让学生展开讨论：少年周恩来是一个怎样的人？怎样理解"为中华之崛起而读书"的深刻含义？让学生深入理解课文，激发爱国情感。《梅兰芳蓄须》讲的是艺术大师梅兰芳拒绝跟日本人合作的故事，教师可以紧扣单元主题设问：怎样看待艺术大师的这种行为？目的是让学生理解，一个艺术大师拒绝日本侵略者的行为是他出于爱国目的的选择，这是一个有良知的中国人的底线。

（八）梳理总结型

在课堂上，学生在教师的带领下对本节课所学知识（包括与之相关的之前的知识点）进行梳理和总结，可以帮助学生厘清思路，系统地掌握知识，为运用做准备。这种梳理可以是层次结构梳理，也可以是全文梳理，还可以是单元梳理和总结。

以语文五年级上册第一单元为例。这个单元的主题是"一花一鸟总关情"，围绕这个主题安排有写"一花"的《桂花雨》，有写"二鸟"的《白鹭》《珍珠鸟》，还有写植物种子的《落花生》。

（1）段落层次梳理，即针对一个段落。例如《珍珠鸟》第九自然段："渐渐它胆子大了，就落在我的书桌上。它先是离我较远，见我不去伤害它，便一点点挨近，然后蹦到我的杯子上，俯下头来喝茶，再偏过脸瞧瞧我的反应。我只是微微一笑，依旧写东西。它就放开胆子跑到稿纸上，绕着我的笔尖蹦来蹦去，跳动的小红爪子在纸上发出嚓嚓的响声。"这是作者和珍珠鸟互动最精彩的段落。学生可以先朗读，随文识字，之后分析段落的层次：作者跟珍珠鸟有几次互动（三次）？这三次互动之间有什么关系（时间推进）？抓住珍珠鸟什么特征来写（动作）？用了哪些动词（落、蹦、俯、偏、跑、绕等）？教师汇总式的梳理可以放到段落学习结束后："这个段落作者从哪几个方面来写'我'和珍珠鸟的关系？"教师也可以将其放到段落讲解前："这个段落从哪几个方面来写'我'和珍珠鸟的关系？请同学们阅读并梳理一下。"

（2）课文内容梳理，即针对一篇课文。例如《落花生》一课，教师提问："这篇课文按时间顺序写了种花生、收花生、品花生三个环节，重点写了哪一个环节？从哪里看出来的？为什么突出这个环节？"教师梳理课文层次后，接着提出新问题，引导学生学会看课文，提高其阅读能力。

（3）单元梳理，即针对整个单元的课文做一个汇总。教师提问："本单元以动植物为题材，或是围绕这些动植物叙述，或是描绘它们的外形，真实地展示了一幅幅美丽的画面。请同学们梳理汇总，作者是从什么角度写动植物的？表达了作者怎样的思想感情呢？"

第四节　语文课堂讨论技能

课堂讨论是指学生在教师的指导下，就教材中的重点和难点，在独立钻研的基础上共同进行讨论、辩论的教学组织形式。课堂讨论实现了有效的师生互动，拓宽了学生获得知识的途径，加深了学生对课文知识的理解，有助于启发学生独立思考，发展学生的创新思维，培养学生发现问题、分析问题、解决问题的能力，同时训练学生的口头表达能力。

课程标准强调语文教学应在师生平等对话的过程中进行，注重培养学生自主学习的意识和习惯，为学生创设良好的自主学习情境，尊重学生的个体差异，鼓励学生选择适合自己的学习方式。课堂讨论的设置使课堂成为师生平等对话的平台，迎合了现代型人才培养的需要；课堂讨论成为合作学习的主要环节，在课堂学习中发挥着重要作用。

一、课堂讨论作用

（一）激发兴趣，活跃课堂

语文课堂需要保持活跃性，以适应这个年龄段学生的特点。在教师的带领下，学生融入一种和睦活跃的气氛中，师生关系平等、融洽，学生和学生之间能自然互动、自由探索和吸收有用的信息，课堂讨论既能满足学生自由发表言论的心理需求，又能引导学生完成学习任务。在分组活动中，教师会选派主持人和记录员，主持人负责汇报，每次课堂讨论会的主持人和记录员的位置可以轮换，争取让每个学生学会组织活动的方法和技巧。因此，课堂讨论对于培养学生的创造力和解决实际问题的能力来说是一种有效手段。

（二）自主合作探究，提升能力

"倡导自主、合作、探究"是新课程改革的基本理念。合作学习于20世纪70年代初在美国兴起，在20世纪80年代中期取得了实质性进展，是一种富有创意和实效的教学理论与策略。它在改善课堂氛围、大幅度提升学生的成绩、促使学生形成良好的非认知品质等方面成效显著，引起了世界各国的广泛关注，并成为当代主流的教学理论与策略之一。以课堂讨论为载体完成合作学习，尊重了阅读的多种方式和解读的多元性，避免了教师的"一言堂"，学生获取信息的方式更加多样化。学生学会从多方面、多角度看待问题和解决问题，而不仅限于一种思路。这真正贯彻了"把课堂还给学生"的理念。

（三）促进分享与共享，培养团队精神

从教学的知识理论与实践两个层面来看，课堂活动的开展促成了师生之间传递信息、交流感想、融合观点、达成共识的良性互动。一方面，在讨论中，学生独立思考问题，发表自己独到的见解，提升认知力和辨别力，锻炼口头语言的表达能力；另一方面，在与其他同学和小组成员交流的过程中，学生不断地汲取别人的智慧，打开了解决问题的思路，提升了解决实际问题的能力，学会在合作中把自己所掌握的知识分享给他人，通过小组合作与大家共享知识。同时，课堂讨论以集体参与的形式进行，学生之间彼此交流与合作，相互尊重对方，形成良好的合作意识，培养了团队精神。好的课堂讨论能有效地培养学生的口头表达能力、归纳总结能力、思辨能力、合作探究能力、理论联系实际能力。

（四）教与学相长，兼顾个性发展

新课程改革突出了学生的主体地位，优化了课堂教学。课堂讨论作为一个教学环节，有效地贯彻了这一教学理念。课程标准强调阅读是学生的个性化行为，不应以教师的分析来代替学生的阅读实践。讨论使每一个学生都有机会参与到教学活动中来，将每个人潜在的竞争意识、好胜心理、尊重需要都充分调动起来，使全体学生都能得到有效的发展。在讨论的过程中，每一个学生都有表达自己观点的机会。

二、语文常用课堂讨论类型

从讨论的组织方式来看,语文课常用课堂讨论的类型有合作式和非合作式。

(一)同桌合作讨论

合作式是最方便操作的一种方式,在一个课时中会被多次使用。特别是识字课和拼音课,涉及的学习内容比较细碎,字词句、朗读背诵、查字典、写字等都可以与同桌合作,双方互相配合、互相评价、共同进步。阅读课一样可以运用查字典、朗读、完成讨论题等方式,你读我听,你查我记。例如,《传统节日》(二年级上册)这篇识字课文以儿歌的形式介绍了春节、元宵节、清明节、端午节、七夕节、中秋节、重阳节七个传统节日。诗歌重在朗读,所以在朗读中可以设计与同桌合作,互读、互听、互评。一是请学生借助拼音,自由读儿歌。(要求在拼音的帮助下把字音读准确,难读的词多读几遍);二是自读检查,相机正音(要求同桌对读、互评、正音)。

(二)小组合作讨论

在倡导合作学习的理念背景下,小组讨论在语文课堂上是比较受欢迎的一种形式,整个过程由分组、提出讨论题、展开讨论、组长汇报及教师总结构成。

(1)分组。分组时,既可以按照教师指定的方式分组,又可以按照学生意愿自由分组。小组成员不宜过多,一般不超过6人。每组需要选出一名主持人和一名记录员,一般由任课教师指定,学生也可以自荐,还可以轮流担任。主持人和记录员需要培训上岗。在合作学习的过程中,教师要培养学生"三会":一是学会倾听,不随便打断别人的发言,努力掌握别人发言的要点,对别人的发言做出评价;二是学会质疑,当自己听不懂时,请求对方做出进一步解释;三是学会组织,组织小组学习,并能根据他人的观点做总结性发言。

(2)提出讨论题。为了更好地推进课堂教学,完成教学目标,课堂讨论的问题都是由教师设定的,每次讨论最好围绕一个主题,突出一个中心,设置2~3个问题,且讨论的问题要具体明确、难度适中、便于讨论。教师需要预设好讨论过程中可能出现的问题,并顺利完成讨论。近年来,很多地方教育部门组织教师探讨高效课堂模式,对讨论的内容不做限定,由学生自由探究。这种形式比较松散,容易出现冷场或者不着边际的情况,给教师点评、总结带来困难。这种形式需要在教师教会方法,学生提前预习并做好充分准备的条件下进行。下面是识字课《"贝"的故事》的问题设计。

《"贝"的故事》(二年级下册)一课介绍了"贝"字的由来、演变和发展,共有两个自然段。第一自然段介绍了"贝"字的由来。课文中间的四幅插图呈现了"贝"字的演变过程,从左到右依次为实物贝壳图片、甲骨文"贝"字、小篆"贝"字、楷书"贝"

字。这四幅插图可以帮助学生直观感受"贝"字的形态变化过程。第二自然段介绍了贝壳的两个作用：一是人们觉得贝壳很漂亮、很珍贵，喜欢把它们当作饰品戴在身上；二是贝壳便于携带，不易损坏，于是古人把它当作钱币。正因为古人把贝壳当作钱币，所以带有贝字旁的字大多与钱财有关。按两个课时来安排，教师可以在第一课时解决基础知识问题的基础上，在第二课时设计课堂讨论：贝壳有什么作用？"贝"字是怎样成为偏旁部首的？哪个同学能说出用"贝"做偏旁的字？这三个问题可以分开讨论，可以同桌之间交流，也可以四人交流，还可以小组展开讨论。虽然问题比较简单，但是课文的重点和难点既考虑了小学二年级学生的特点，又联系了生活实际，提升了学生的阅读能力。

（3）展开讨论。课堂讨论时间的长短要看具体情况，一般控制在 6～8 分钟。时间太长会影响整个课程进度，使学生精力分散；时间太短则达不到教学目的。其间，教师巡视各组，观察课堂讨论的情形，提供必要的协助。

（4）组长汇报。每组指派一名代表介绍本组的主要观点，学生代表在发言时要吐字清晰、观点明确。

（5）教师总结。教师先综合归纳各组的主要论点并进行点评，再指出各组存在的问题，形成要点，最后回归课堂。

（三）班级讨论

班级讨论是在全班范围内进行讨论的一种形式，比小组讨论的范围要广。

（1）直接的班级讨论。这种讨论形式一般是与提问联系在一起的，教师设计问题让学生思考，之后学生进行回答，既可以自由回答，又可以教师选定回答。这种讨论形式需要注意问题的难度不宜过大，因为学生思考的时间较短，学生的回答跟教师的期待会有偏差，因此问题不能范围太宽，也不宜过多。教师不仅要引导全体学生围绕问题展开讨论，还要综合学生的各种意见，更要尽可能使每一个学生都有发言的机会。

（2）在小组讨论基础上的班级讨论。这种讨论形式是在小组讨论结束后，各小组先选派一名代表发言，小组其他成员再补充说明，然后各小组之间展开辩论，各小组成员可以为本小组辩护或向其他组提问。

三、语文课堂讨论应用策略

（一）现状分析

信息时代，学生学习的途径和方式趋向多元化，以学生为主体、以教师为主导的教学模式也一步步进入教学课堂，教师使用的教学手段更加多样化。课堂讨论作为教学当中最能激发学生的手段之一，依然发挥着它的作用。但是，将课堂讨论真正运用到课堂上还是会出现很多问题，不少学校也会组织教师探究如何创新课堂讨论，切实防止形式主义和走过场。课堂讨论中出现的问题主要集中在以下几个方面。

1. 论题方面

论题方面的问题表现为随意性大、深广度把握不准、缺乏探究性、与课文重难点匹配度低等问题。有些教师对于题目没有认真琢磨，没有从授课整体性上来设计，要么为了讨论而讨论，借此活跃一下课堂氛围，要么从课本上选现成的、明确的论题，从而使讨论失去价值。

2. 活动组织方面

活动组织方面的问题表现为缺乏预习、没有跟学生交代清楚活动程序、主要组员（主持和记录）没有进行系统培训等问题，致使有些学生在开展课堂讨论时没有进入学习状态；在讨论过程中，常常只有部分学生参与其中，讨论了一会儿就开始闲聊，讨论内容偏题、跑题；在讨论过程中，教师缺乏必要的跟进和引导，学生自由散漫，学习效果较差。

3. 时间安排方面

课堂讨论时间太短，小组讨论只是走走过场就草草结束。

4. 汇报总结方面

课堂讨论结束后，学生代表汇报的观点不集中，缺乏条理，教师的总结也很空泛，缺乏针对性。

（二）优化课堂讨论策略

优化课堂讨论需要教师精心准备，也需要学生的积极配合。

1. 精心设计问题

课堂讨论的质量来自讨论内容的选择和确定。高质量的课堂讨论取决于讨论话题的有效设置。

（1）题目内容应以教学目标、重难点为依据。教师应选择能促进思考、有思辨性、能激发探究精神的题目，特别是焦点问题。这里所说的焦点问题一是重点、难点、疑点，二是存在分歧的内容，三是容易混淆的知识。因为这些本身就是教学活动中需要着力解决的问题，也是最刺激学生思维、激发思维兴奋点之所在。例如《将相和》（五年级下册）一课，教师设问："读了这个故事，你觉得在渑池之会上赵王和秦王究竟谁战胜了谁？"这个问题激发了学生的兴趣，课堂一下子像炸开了锅似的，学生展开了激烈的争论。

教师可以从练习里选择合适的题目。教材围绕单元双线提示而设计的"思考与练习"是编者提供给教师和学生思考使用的，如果题目紧扣重难点且适用于讨论，就可以直接使用，也可以适当修改后再使用。

（2）题目要有针对性。课堂讨论的目的是加深理解，解决重难点，经过观点的碰撞后达成共识。一般，浅显的问题没有必要设计，过于深刻的问题可能只有个别学生参与，容易冷场。教师应根据文章的类型，设计不同角度、不同层次、难易适中的讨论题。一要针对学情，课堂讨论的问题内容贴近生活实际，符合学生的认知水平和认知能力；二要考虑讨论的时间，预留 6～8 分钟，安排讨论几道题，要预见可能会出现的情况；三要兼顾组员的安排，考虑组员能否合作完成这次讨论。

（3）在问题讨论的过程中，教师要有较强的洞察力，预见讨论的过程和结果。在信息时代，学生有更多的机会接触媒体，课外阅读量增加，课余参加各种补习班，信息的获取途径相对较多，教师要学会换位思考，站在学生的角度来思考问题。在讨论中，教师要适时进行有效的调控。因为小学生年龄小，在讨论中会出现偏离主题的情况，教师需要巡视、参与学生的讨论，做好调整及引导工作。

2. 精心策划安排讨论过程

课堂讨论整个过程的组织需要精心安排，让课堂讨论训练变成常规练习。

（1）讨论前，教师要分析学情。在组建学习小组时，教师应先根据学生的知识、基础、兴趣、爱好合理搭配组员，在各小组讨论的过程中做好指导和培训工作，最终形成固定的活动小组；同时，教师要考虑将讨论安排在第一课时还是第二课时。从课时推进的进程来看，语文课的教读课一般安排两个课时，自读课安排一个课时。第一课时的合作讨论属于基础知识认知阶段。在朗读环节，教师可以安排同桌之间互读互评；到了生字学习环节，同桌之间合作查字典、读写生字。第二课时安排的讨论主要针对教学重难点。对于讨论的时间安排，教师要结合整个教学进程来设计，如果时间太短，学生的讨论尚未展开就草草收场，不同的意见就不能得到充分的发表，学生对问题的认识就不能达到应有的深度和广度，交流和争论的热烈场面也不会出现了。

（2）讨论过程中，教师要巡堂，处理讨论中出现的问题。教师应积极地参与到小组活动之中，引导学生进行讨论。

（3）讨论结束后，教师既要组织全班学生认真听取各小组的汇报，又要及时准确地回收全部信息，给参与讨论者以正确的评价。这实质上是又一次反馈性讨论，可以是全班性总评，可以是自评、他评，可以是面评，也可以是书面评价。它既是对学生个人智慧、集体力量、合作能力的一次检验，也是教学中必不可少的一个环节。

（4）课程结束后，教师要反思本次活动的优劣。

3. 安排好预习，做好衔接工作

熟悉课文是课堂讨论的前提，课前预习是组织课堂讨论的一个必不可少的教学环节。学生只有课前在知识上、资料上做好充分的准备，才能在课堂中有话可说，更好地参与到讨论中。教师可以设计导学案，引导学生按要求自学，帮助学生在课前掌握事实性知识，培养学生自主学习的习惯，并为课堂讨论做好准备。

4.营造氛围，鼓励发言

在平时的课堂上，教师要注意培养学生的思维能力，使学生善于提出问题和解决问题，形成良好的学习习惯，注意发掘学生的创造性思维能力及创新能力。

第五节　语文课堂总结技能

总结是对过去一定时期的工作、学习或思想情况进行回顾、分析，并做出客观评价的书面材料。"编筐编篓，重在收口"，课堂总结是课堂教学中的重要一环，当教师完成课堂某一知识点的讲授，或者将学生的注意力引到一个特定的学习任务时，需要对所讲授内容做一个简短的系统性、概括性、延伸性的归纳，从而促进认知结构的形成、新知识模块的建立、解题技能的优化和思想方法的提炼。

课堂总结既可以理顺知识，培养学生的学习能力，又可以提高学生的思维能力，使教学环节更加完整、学生的学习思路更加清晰，从而使课堂教学有一个完美结果。

一、课堂总结作用

（一）巩固新知识

课堂的节奏应该张弛有度、有紧有松。当教学完成一个阶段进入下一个阶段时，教师有必要对前面所学的内容加以梳理，概括学习要点，提示学生关注并记忆。

（二）承前启后

在40分钟的课堂教学里，教学环节的设置有一个由浅入深、循序渐进的过程，环节与环节之间的内容需要衔接和过渡，承前启后。

（三）认识升华

在课堂推进过程中，教学的展开比较分散，有教师讲解、学生参与、课堂的各种活动，小学课程教授的多是直观、感性的知识，所以需要在一个阶段或整个课堂结束后由教师进行汇总，对重点知识进行归纳并联系生活进行升华，落实语文课工具性与人文性统一的特点。

（四）培养能力

在语文综合能力素质中，概括能力是一种基本的、重要的能力。概括能力是指把事物的共同特点归纳在一起的能力，用简明扼要的语言文字把所读、所听的内容准确地表达出来，从现象中揭示本质。其主要的形式有概括段落大意、概括中心思想和写作特点等。经过信息的分析、综合、比较、抽象、概括等环节，最后得出结论，这对培养学生的思维能力有很大的帮助。

（五）及时反馈

在学完一篇课文后，教师及时进行总结，在概括课文内容的同时梳理学生学习过程中好的表现及存在的问题，对学生的学习情况进行评价。这对学生来说也是一个自我反思、自我提升的过程。

二、语文教学设计中常用课堂总结类型

（一）课前总结

教师在授课前需要总结自己课堂的特点、优势及短板，及时学习课标、查阅资料，梳理自己课堂中存在的问题，思考解问题决的方案，确定教学设计的目标。在调整中，教师应多听课学习，对有参考价值的资料广采博纳、取其精华，从而优化自己的课堂教学。

（二）课中总结

在课堂教学过程中，教师不仅要在一堂课结束时进行课堂小结，而且要根据课堂内容的特点随时进行思想、方法的总结。课堂总结不仅发生在一节课的结束，也发生在每一个教学环节的结束。

1. 小结

小结是针对课堂的一个阶段或者一个课时做总结。教师依据课堂教学计划完成一个阶段的任务后，应及时小结，对前面的内容进行回顾、梳理，并衔接下一个阶段的新内容。小结是一节课或一次授课中必不可少的一部分。课堂教学既重视学生的知识巩固，也重视对学生进行反复训练，指导学生通过小结把书本"读薄"，并提炼出其中的精华。

（1）启发性小结。教师可以创设悬念，引出下节课的内容，唤起学生的关注，激发学生的学习兴趣。

（2）阶段性小结。例如《猴子下山》（三年级下册）一文，学生学完前三个自然段后，教师可做这样的小结：这节课我们学习了前三个自然段，知道猴子到了玉米地、桃树下，接下来它又会经过哪些地方，得到什么呢？下一节课，我们共同学习本课后半部分内容，自然就会明白了。

（3）归纳性小结。一是针对课堂推进中存在的问题进行小结，特别是知识上的问题，在学完新知识、解决一些问题之后，教师归纳并引导学生提出新问题，或对本课知识进行引申，或为以后的学习做好铺垫、埋下伏笔；二是针对学生学习过程中存在的问题进行梳理，提醒学生注意。

（4）梳理性小结。通过对一篇文章的阅读、品析、欣赏、理解，把握文章的思路和要点，梳理文章每部分的大意，进而能用简洁明了的语言把这一意思表达出来。

（三）课后总结

课后总结也称教学反思，是指教师自觉地把自己的课堂教学实践作为认识对象，进行全面而深入的冷静思考和总结。教师针对自己在教学实践中的表现，或给予肯定、支持、强化，或给予否定、思考、修正。它是一种用来提高自身的业务、改进教学实践的学习方式，教师不断对自己的教育实践进行深入反思，积极探索与解决教育实践中的一系列问题，从而进一步充实自己，提高教学水平。教学反思是一种有益的思维活动和再学习的方式，每一位优秀教师的成长都离不开教学反思。一般而言，这种反思可以通过评课、做教学案例、写教学手记等方式来进行。

1. 反思成功

反思成功主要包括：课改理念运用得好，突出"教师为主导、学生为主体"的地位；课堂上有一些精彩的师生对答、学生争论；教学思想方法和教学原则运用得较好；有临时应变的教学措施；对教材有创造性的处理；等等。反思成功能为以后的教学提供经验，为完善教学提供帮助。

2. 反思失误

反思失误侧重审视教师课堂教学的失误之处，思考解决问题的办法、对策，诸如问题情境的创设有没有给学生思考的空间、学习活动的组织是否有利于学生的自主学习、小组合作学习有没有流于形式、是否关注学生的情感态度与价值观的发展等。教师对它们进行回顾、梳理，并做出深刻反思、探究和剖析，使之成为以后教学的借鉴，同时找到解决问题的新办法和教学的新思路。

3. 反思学生表现

反思学生表现包括课堂上学生的独特见解、学生的精彩回答、学生的创新思维等，这些都源于学生对文本的独特理解，源于学生对世界的独特感受，是十分丰富、可贵的课程资源，也是教师可以利用的宝贵教学资料。

4. 反思学生的问题和建议

学生在学习中肯定会遇到很多困难，也必然会提出各种各样的问题，有些是个别的，有些是普遍的，有些是教师想不到的，也有些是富有创新性的。可能有的问题一时还难以解答，教师应及时记录下这些问题，并及时进行反思，以便在今后的教学中对症下药。

三、语文课堂常用总结方式

课堂总结加强了知识间的联系，充分体现出学生所学知识的系统性，对学生所学知识起到承上启下的作用，为学生后续学习新知识做铺垫。总结能帮助学生进一步理顺知识，突出重点、突破难点，因而有利于学生对知识的理解、掌握、记忆、运用，有利于培养学生良好的行为习惯和思维品质，提高学生的注意力。

（一）趣味式

小学生处在以形象思维为主的年龄阶段，思维活跃、爱热闹、好奇心重。教师可以设计新颖有趣、耐人寻味的课堂总结形式，使学生保持学习兴趣，也可以使用与本节课学习的内容有关的音乐、童话、故事，或让学生看录像、听儿歌等来为课堂收尾，帮助学生保持愉快的心情。

以识字课为例。"兴趣是最好的老师"，在教学中，教师要注重培养和激发学生的学习兴趣。语文教材的识字课安排在一年级和二年级，这个年龄段的学生活泼好动，注意力不集中，因此教师在教学中要利用游戏或比赛的形式调动学生学习的兴趣，如猜字谜、"找朋友"、"大风刮来了"等识字游戏。课堂总结也是一样，教师可以设计一些游戏活动，如"找朋友""开火车""摘苹果""拔萝卜"等。"找朋友"游戏，教师可以把一个合体字拆开，写在两张小卡片上，让学生组合成所学的字，巩固其所学的生字，寓教于乐。

（二）启发式

启发式一般用在讲读前。教师精心设计足以启发学生思考的问题，让学生在生疑、质疑、释疑的过程中接受知识，培养学生的思维能力，让学生充分发挥自身的主观意识，建立一个民主的课堂，让学生占据课堂的主体地位。其目的是让学生巩固所学知识，发展学生的探究能力。在课堂收尾时用启发式总结，是指在学生掌握了课堂讲授内容的基础上，教师通过精心设计的启发性问题结课，将学生的知识积累和运用提高到一个新的水平，有效激发学生的潜能，培养学生主动学习的能力。

小学生对新知识的接受特别需要以现有经验作为支柱，所以教学中教师应当重视指导学生联系自己的经验，让他们的思维从已知顺利地通向未知。例如寓言《守株待兔》（三年级下册）和《揠苗助长》（二年级下册）的教学，为了让学生了解其寓意，总结时应该启发学生思考：这两则寓言都给大家带来了什么思考？在生活中，我们犯过类似的错误吗？又如名人故事《朱德的扁担》（二年级上册），总结时应该引导学生思考：这是一根普通的扁担，但仅仅是一根普通的扁担吗？在这根扁担上我们看到了什么？又想到了什么？

（三）概括式

概括式总结是教师课堂中采用率高、较为常见的一种方式，主要由教师来完成。一节课结束时，教师为了让学生较为系统地掌握本节课的内容，要用准确、简练的语言，对该节课的学习内容进行提纲挈领的说明，并对教学重难点和关键问题加以概括、归纳和总结，给学生以系统、完整的印象。这样做在帮助学生加深理解、巩固新知识的同时，还能为学生以良好的精神状态投入下一阶段的学习提供动力。例如，《海上日出》（四年级下册）是巴金的一篇非常优秀的写景抒情散文。文章写"我"经常早起去看日出，按日出前、日出时、日出后的顺序重点描绘了天气晴好、白云飘浮、薄云蔽日三种不同自然条件下海上日出的不同景象，展现了日出这一奇观。文章紧扣"谁，在哪里，做什么，看见什么，按什么顺序写，表达了什么感情"来组织文字。

概括以原文的语言材料为基础，但不能照搬、照抄原文语句，也不能对原文内容进行机械的摘录，学生要通过自己的归纳、加工、提炼、整理，把文章的主要内容准确而精练地表达出来。目前，很多学生的概括能力并不尽如人意，他们在概括时存在以下问题：抓不住关键信息，只摘引原文语句不加以归纳；概括不够深入，不能抓住主要问题；无法整体驾驭文章，只能概括部分材料；综合分析能力不强，不能进一步分析并找出文段相互之间的有机联系。因此，在语文教学中，教师重视对学生进行概括能力的培养是很有意义的。这样有利于学生深入阅读，有利于学生准确表达，也有利于学生思维的发展。

（四）悬念式

在课堂结尾时，教师提出一些富有启发性、趣味性的问题，不做解答，留给学生在课余时间去思考、印证，以造成悬念，激发学生探求知识的欲望。这种悬念式的总结一般放在第一课时结束时，有"欲知后事如何，且听下回分解"之意，令学生情不自禁地去探求、寻找答案，激起学生的学习兴趣，调动他们的学习积极性。例如《去年的树》（三年级上册）的悬念总结：小鸟找它的好朋友，从冬天到春天，从山谷飞到村里，最后对着灯火唱着去年的歌，然后飞走了。同学们，它唱了什么歌，又飞向哪里了呢？又如《胡萝卜先生的长胡子》（三年级上册）的悬念总结：胡萝卜先生的长胡子长啊长，越来越长，鸟太太正在找绳子晒小鸟的尿布，它看中了胡萝卜先生的长胡子了吗？还有谁对胡萝卜先生的胡子感兴趣呢？再如《搭船的鸟》（三年级上册）的悬念总结：美丽可爱的小鸟站在船头一口把小鱼吞下了肚子，它饱了吗？还继续捕鱼吗？

（五）谈话式

这是师生共同总结的方式，教师让学生谈谈本节课的收获，通过学生的回答来检测学生学习的情况。这种方法突出了学生的地位，尤其是在强调素质教育的今天，对培养学生的能力大有裨益。每个学生自己做出小结，教师指定某个学生起立作答，要求学生说明本堂课学到了什么、重点是什么、对自己来说难点是什么、与旧知识有何联系等。教师给予更正、解释，并提出要求。这种总结法把教师单人做总结变成了课堂上人人做总结，有助于学生概括能力和抽象能力的提高，有助于学生语言表达能力的提升。例如，《纳米技术就在我们身边》（四年级下册）是著名科学家刘忠范写的一篇科普文章，作者以大胆的想象、通俗易懂的语言，从改善人们生活、医疗、制药等方面介绍了纳米技术在生产生活中的运用，介绍了纳米技术的神奇及其在应用上的美好前景。因为纳米技术已经在生活中广泛运用，所以总结时可以师生对话，共同梳理本节课的内容，让学生谈一谈学习这篇课文的意义。例如，教师可以提问："同学们，纳米技术给人类生活带来了深刻的变化，学习这篇科普课文，我们了解了哪些知识？作者用什么方法给我们做了说明介绍？"

（六）梳理式

这种结尾方式是多数教师喜欢采用的方式之一。当每节课结束时，为了让学生较为系统地掌握本节课的内容，教师要引导学生用准确、简练的语言，对该节课的学习内容进行提纲挈领的说明，并对教学重难点和关键问题加以概括、归纳、总结。教师可以借助板书，可以使用课件，也可以让学生在笔记本上列出主要内容。例如，《司马光》（三年级上册）是一篇文言文，讲述了一个孩子掉进一口装满水的大缸里，其他孩子都吓跑了，司马光用石头砸破大缸救了那个孩子的故事。课堂结束后教师可以做主题式归纳："这篇课文讲述了司马光砸缸救一位小朋友的事，读了这个故事，我们懂得了遇到紧急的事情不能慌张，要沉着、勇敢地想办法，这样才能处理好已经发生的事情。"教师通过提问、引导，让学生自己做出总结，把师生"双主"作用充分地发挥了出来。

（七）拓展延伸式

这种总结方式是在让学生熟练掌握已学过内容的基础上，对所讲授的内容进行延伸和拓展，进一步启发学生把问题想深想透，从而拓宽学生的视野，培养其举一反三的能力。例如，《匆匆》是朱自清先生早期的一篇散文，文章紧扣"匆匆"二字，将空灵而又抽象的时间化为具体的物象，细腻地刻画了时间流逝的踪迹，表达了作者对时光流逝的无奈和惋惜之情。在课堂结束时，教师选择拓展延伸式结尾："同学们，学了这篇课文，你们一定对时间、对生活有了很深的感受。你们能不能把自己的感受编成一句话，把它作为座右铭送给自己或者你的同学呢？"教师通过让学生写座右铭的形式把课文延伸到课外，使学生很好地理解了这篇课文的写作意图。

（八）习题训练式

这种总结方式是指采用一定数量的填空题、选择题、材料题、问答题，引导学生对当堂所学知识进行巩固性训练。课堂总结的方法多样，教师可根据不同的教学内容和课型采用不同的总结方法。例如，《观潮》一文是南宋文人周密的经典作品，节选自《武林旧事》第三卷。本文通过描写作者耳闻目睹钱塘江大潮潮来前、潮来时、潮头过后的景象，以及观潮的盛况，将自然美、人情美巧妙地交织在一起。

第五章　语文教学评价研究

第一节　基于学生评价的语文教学评价

学生评价指的是依据一定的标准，对学生的思想品德、学业成绩、身心素质、情感态度等方面的发展过程和状况进行价值判断的活动。学生评价是教学评价的重要组成部分，是实现育人目标的重要制约条件，也是影响教师评价标准的重要因素。

一、学生评价改革的主要特点

（一）传统学生评价存在的问题

传统教学评价存在的主要问题也包括了学生评价中存在的问题和弊端。

1. 评价功能单一

过分强调评价的甄别与选拔功能，忽视改进和激励，强调总结性评价，忽视形成性评价和诊断性评价。

2. 评价标准单一

评价内容过于注重学业成绩，忽视独立思考和批判思维能力、问题解决能力、社会责任感等多方面素质的培养和评价。与评价的甄别功能相应，评价的内容主要是知识、技能。

3. 评价方法单一

注重量化评价，忽视质性评价，注重相对评价，忽视绝对评价和个体内差异评价。把考试作为唯一的评价手段，过分注重分数、等级、量化。

4. 评价主体错位

注重他评，学生处于被动地位，自尊心及自信心得不到保护，主观能动性得不到发挥。

5. 评价游离于教学之外

把教学与评价看成是两种独立的活动，不能有意识地通过评价活动引导、促进学生学习，不能把过程和结果、教学与评价有机地结合起来，最终导致评价难以产生有效的教育效应。

（二）学生评价改革的主要特点

为了更好地发挥评价促进学生发展的积极作用，新课程学生评价的主要特点如下。

1.建立评价学生全面发展的指标体系

树立和贯彻育人为本的观念，营造和谐、宽松、平等的评价环境，最大限度地理解、宽容、善待学生。发现学生的优势和特长，诊断问题和不足，尊重学生的现有状态，同时用发展的眼光看待学生。通过评价找出学生存在不足的原因，提出合理的、有针对性的改进建议，保护学生的自尊心，激发学生的自信心，让学生体验成功。通过评价引导学生反思，培养其自我成长的能力。

评价指标包括学生的学业成绩评价指标和基础性发展目标。学业成绩的评价指标包括学习态度、学习方法、学习能力、学习效果等方面；基础性发展目标包括学生的道德品质、交流与合作、审美与表现、运动与健康、个性与情感、创新意识及实践能力等方面。

2.重视采用灵活多样、具有开放性的质性评价方法

常见的质性评价方法有以下几种。

（1）评语。用激励性的评语肯定学生的进步和努力，并提出成长期望，保护学生的自尊心，激发其自信心。

（2）在特定的任务和真实的情境中观察、收集和评价学生多方面的表现。关注学生学习和发展的过程，真实、有效地记录学生发展过程的资料，及时将这些资料呈现并反馈给学生，使学生了解自己的成长与发展。不断对学生的表现进行纵向比较，或与一定的评价标准相比较，使学生明确努力的方向并提出具体的改进建议。

（3）多主体评价。突出学生在评价中的主体地位，使评价成为多主体共同参与的活动。鼓励学生自评、同学互评、家长评价，促进各方沟通与交流。

（4）改进考试的内容和方法。各学科期中、期末考试，平时测验都应该增强与现实生活的联系，激励学生的独立思考，注重考查学生的能力，重视实践操作，尊重学生的个性和特长，增加试题的开放性和选择性。

（5）成长记录袋评价。《九年义务教育语文课程标准》指出，要加强教学的形成性评价："提倡采用成长记录袋的方式，收集能够反映学生语文学习过程和结果的资料。教师经过分析，拟定和调整改进方案，使教学成为一个不断提升的过程。"

成长记录袋评价兴于20世纪80年代，在国外得到广泛应用。这种评价方式指的是根据教育教学目标，有意识地将学生的相关作品及其他有关资料收集起来，通过合理的分析与解释，反映学生在学习与发展过程中的优势与不足，反映学生在达到目标过程中付出的努力与进步，学生通过反思与改进取得更高的成就。

特征一：作品的收集是有目标的，不是随意的。如果是为了展示某项特长或成就，就收集最满意、最重要的作品；如果是为了描述学生某时期学习与发展过程中发现学习的优势和不足，就收集最优作品和过程性草稿；如果是为了评估学习与发展水平，就设立收集标准，统一要求，以便对不同学生进行比较。

特征二：成长记录袋的基本成分是某一领域内学生的作品。成长记录袋评价主要是通过收集学生在某一学科领域内的一系列作品来展现学生的成就、进步与不足，描述学生学习的过程与方法，反映学生学习的态度、兴趣与情感。例如，习作是语文教学的一个重要内容，让学生把习作过程中的初稿、修改稿及最后的成稿和来自同伴与自己的评价放入成长记录袋中，这样可以通过对比让学生看到自己的进步与不足。因此，成长记录袋不是一个无所不装的容器，而是通过对作品的分析比较，明确学生在某一领域的进步与发展方向的工具。

特征三：成长记录袋应提供给学生发表意见和反省的空间。重视学生的自我评价和反思是评价改革的主要方向之一。让学生评价自己的作品，反省自己的学习过程，发现自己的优势与不足，可以有效激发学生进一步改进的愿望与信心。学生的反省和自我评定能力会由于年龄的不同而出现差异，教师要进行有针对性的指导，必要时可以提出具体标准。

特征四：教师要对成长记录的内容进行合理的分析和解释。把成长记录袋运用于教学是为了反映在特定领域内的学习与发展过程，教师在运用中不能"为了收集而收集"，要对收集作品进行合理分析，并向学生有针对性地做出积极的解释和反馈，促进学生在学习上进步，真正发挥其促进发展功能。

可见，成长记录袋评价关注的是学生的学习与发展过程，其评价内容与某时期的教学和学习目标保持一致，学生可以自己决定放入袋中的内容和项目，教师定期进行评价和反馈。评价的目的不是给予好与不好的结论，而是注重学生在学习过程中成长和改变学生的事件（技能、兴趣、学习方法、态度等），并提出相应的改进与发展建议。

成长记录袋评价的主要功能是描述进步、展示成就、评估状况。功能决定其基本构成和特点，并决定成长记录袋的类型。

类型一：过程型成长记录袋。过程型成长记录袋的目标是诊断学生在学习过程中所取得的成绩及存在的问题；记录学生在学习某一领域上的进步过程或轨迹；培养和提高学生的学习兴趣与积极性；帮助学生发展对自己的学习过程或经历进行思考和评估的能力。

过程型成长记录袋的特点是成长记录袋收集的内容与时间多由教师根据自己的教学目标与学生的学习现状来确定。学生负责选择和提交符合要求的作品或其他有关证据，同时要检查一定领域中取得的进步及需要改进的地方，对自己的成长进行基本的思考与评估。

类型二：目标型成长记录袋。目标型成长记录袋除了过程型成长记录袋中所涉及的目标，还应让学生学会制订计划与选择目标，培养学生自我监控学习的能力和自我反思的能力。

目标型成长记录袋的特点是更多地关注学生的自主性与创新性。教师按照教学计划与内容列出成长记录袋的主题，对收集的内容不做具体与严格的规定，学生自己计划和编制其中的内容（与过程型区别）。目标型成长记录袋的内容是学生在完成某一学习计划的过程中创作的各种类型的作品和学生的反省记录。在学期的不同时间里，教师要求学生充当批评家或传记作家的角色，让学生描述自己作品的特征、自己在成长过程中的进步、已经实现的目标、存在的不足、待努力的方向。

类型三：展示型成长记录袋。展示型成长记录袋也称最佳成果型成长记录袋，它的目标是展示学生在某一学期或学年在某一学科领域所取得的成果。教师通过展示成果关注学生的个体差异，让每个学生都有机会展示自我，由此增加自信与对学习的兴趣。

展示型成长记录袋的特点是收集学生自己选出的最好或最喜欢的作品，以及他们对作品的自我反省与选择标准的说明。在有家长和其他人参加的展示会上呈现学生作品的样本。

类型四：评估型成长记录袋。评估型成长记录袋是唯一一种通过评价学生所收集的作品来评定其在某学科领域（如习作、解决问题等）中的成就的方法，可用于水平性或选拔性评价，主要用于向家长、校方甚至教育行政部门提供学生在某一方面所取得的成绩的标准化报告。一般情况下用于期末或者终结性评价。

评估型成长记录袋的特点是评估的标准是预先决定的。但由于成长记录袋是形成性评价，因此在评估标准中必须有关于学生进步及改进（如作文的修改）情况的报告。主要是由教师、管理者、学区所建立的学生作品集。

将成长记录袋用于评估，就必须使收集内容结构化，以使不同成长记录袋之间具有可比性。如果设计不好，应用不当，评估型记录袋的信度与效度就很难保证，因此在大规模、高利害评价中要谨慎应用。

成长记录袋评价是一种形成性评价，它的优势特别明显：可以反映儿童学习与发展过程中的重要信息，能记录学生的成长历程；能够提供相对真实的信息和证据；能够提供丰富多样的评价材料；能开放地、多层面地、全面地评价学生；能够针对每一位学生进行评价，评价具有个性和针对性；能够使学生体验成功，感受成长与进步；有利于提高学生的自我反思能力；有利于学生对自己的学习负责；可以促进教学与评价的结合。

与此同时，这种评价方式的局限性也特别明显：工作量太大，教师负担过重；如果各科都建"学生成长记录袋"，学生也会觉得烦；不适用于大班评价；容易走形式、走过场；内容太多，不好选择，不好整理、分析；主观性太强，很难做到客观、真实；很难保持公平、公正，容易"走后门"。

因此，在选择评价方式时，应该根据评价对象和评价内容的特点综合考虑。

在创建成长记录袋时，可分五个步骤进行。

步骤一：明确目的与应用对象。首先，明确成长记录袋的用途，是监控学生的进步，还是展示学生的成就，或是用作水平性评估；其次，明确应用对象是几年级的学生，学生收集资料、自我反思的能力如何，需要教师在哪些方面加以指导。

步骤二：确定成长记录袋的主题。在确定成长记录袋的主题时，可以先思考以下问题——这段时间的教学目标是什么？学生要学习哪些内容与技能？要达到什么水平？怎样通过成长记录袋评价促进学生的学习和发展？

步骤三：确定要收集的作品与数量。将成长记录袋与教学相结合，明确创建成长记录袋时需要收集的资料、可能的项目及数量。

在内容上，如果目的是展示，那么收集学生最好的作品即可，学生进步过程中的作业、测验结果等不需要收集。比如艺术方面，除了素描、简笔画、小说等纸质形式作品，还可以收集录音带、录像带、手工制品或照片等，要充分展示学生的特长与个体差异，教师不宜统一标准。

如果是为了反映学生在学习上的进步与不足，所收集的学生作品就必须是在某一时间内的连续累积，作品类型可以是一系列作业，也可以是教师或同伴的观察记录、测验卷等，以反映学生在某学科上的发展情况。

在数量上，如果目的是展示，只要有满意的或喜欢的好作品就可以收集。如果目的是反映学生进步，收集的作品应该是一段时间累积的、能够反映学生变化的作品。如果目的是水平性评估，应该是同样情景下同一时间、按一定标准收集所有被评价学生的作品样本。

步骤四：成长记录袋的实施者。多主体参与是成长记录袋的特色，目的在于让不同的参与者在成长记录袋的实施过程中发挥不同的作用，调动一切可利用的资源帮助学生成长。一般情况下，学生是实施成长记录袋的主体，学生可以自己决定袋的外形与结构，按照自己的兴趣与想象设计并包装，更重要的是学生可以决定袋中收集什么样的作品，并进行自我反省和评价。教师、同伴、家长可以不同程度地参与实施。

教师可以通过给家长派送信件及家长会的形式解释成长记录袋的意义，提供一些评价方面的信息。还要详细告诉家长如何评价孩子所收集的作品、如何帮助孩子对作品进行反思，在家庭教育中有的放矢，以达到促进发展的目的。

同伴的参与主要体现在对作品的评价上，同伴作为评价者，通过对他人作品的评价，不仅能从他人作品中吸收好的东西，还可以提高自身的鉴赏能力和批判性思维能力；从被评价者角度讲，同伴的评价是自我改进的另一资源，因为同伴看待作品质量的角度与教师、家长不同，而且交流时间多，平等的交流能促进同伴关系及交往技能的发展——学会与人合作或合理竞争，如何看待他人进步与不足。

教师在成长记录袋的创建过程中全程参与。在制定袋的目的和对象、主题、作品和数据等方面，教师是主导，但在此后实施过程中，教师的作用转变成指导与激励。在日常教育教学过程中，教师不做一般性等级评价，但要有针对性地对学生作品或反思定期反馈，提出作品的长处与不足，以及改进建议。教师应使学生保持兴趣与积极性，并组织交流与展示活动，让每个学生都有机会展现自己的劳动成果，体会成功的喜悦，激发进一步收集的动机与积极性。

步骤五：成长记录袋的评定与结果报告。成长记录袋的评定指将成长记录袋中作品的评定（单独评定）及成长记录袋作为整体（整体评定）进行评定。评定结果及相应的结果报告将在很大程度上影响学生今后的发展。科学评定关系到成长记录袋能否发挥效用，能否真正促进学生按既定目标发展。

对于展示型的成长记录袋不必整体评价，单独评定依教学计划和安排而定，如果作品经评定后才收入记录袋，分数可以保留；如果没有评定的作品，则不必再专门评定。从发展的角度看，选入的作品都是学生最满意的。

对于描述过程型的成长记录袋也不必整体评定，但尽量要给每件作品单独评定，这样有助于学生寻找进步或退步的原因，反省自己的优势和不足，并在此基础上提出合适的发展目标与策略。

对评估型成长记录袋必须进行整体评定，以反映学生在某一领域的发展水平。但是否对作品进行单独评定取决于评价的领域、收集的内容与方式。

3.正确对待标准化考试

标准化考试具有公平、客观、容易操作、效率高的优点，但它并不是放之四海而皆准的。标准化考试只是学生评价的一种方式，而不是唯一方式，要与其他评价的方法如开放性的质性评价方法有机地结合起来使用。

二、即时评价

即时评价是指在教学过程中依据一定的评价标准对教学现象做出实时评估，通过调整、控制受评者的后续行为取得最佳教学效果，是一种有效促进教学目标实现的教学手段。所以，在课堂教学中，教师要善于发现和挖掘学生行为表现的闪光点，通过即时评价真诚地给予肯定和引导，让学生更多地看到自己的成长与进步。它往往与教育活动过程融为一体，能够在任何情境下及时给予评价，容易让学生接受，也最能拨动学生的心弦。

语文教学应在师生平等对话的过程中进行。师生间、生生间可以进行动态的对话，教师和学生通过这对话和交流来实现课堂中的师生间的互动。教师可以利用自己和学生的平等对话来进行引导评价。教师课堂评价语言往往是对学生课堂学习活动做出的即时反应，可帮助他们调整、控制后继学习行为。这种即时评价是最直接、最快捷、使用频率最高、对学生影响最大的一种过程性评价方式。在课堂上，它往往一闪而过，似流星划过夜空，虽然短暂却光彩夺目，叫人无法不去注意它、关注它。课堂中的即时评价对调控教学、激励学生起到调节与导向的作用，学生能够从教师的评价中受到启发，明确今后的努力方向。因此，在教学中实施有效的即时评价，可以让语文课堂绽放异彩。

（一）捕捉瞬时的评价时机

即时评价是一种生成性评价、质性评价。在实践中要把握好以下五个评价时机。

1.思维受阻时

当学生的思维受阻时，教师需要用语言去启发，去"清道"，帮学生理顺思路，搬开思维通道上的绊脚石。如《梳羊角辫的小姑娘》一课，几件事明明写的都是同一个小姑娘，可是女售货员对她的称呼却换了好几个，从"羊角辫""小家伙"到"小朋友""小妹妹"。当有学生对此提出质疑时，全班学生都没有找到答案，大部分学生表示"根本没注意到这点"。于是教师首先表扬了提出问题的学生："王洋同学真是好样的，发现了很多同学都没发现的问题。"接着启发大家："为什么小姑娘在女售货员眼里会有这么多不同的身份呢？请同学们把它们按顺序读一读，看看有什么发现？"学生很快发现几个称呼其实暗示了女售货员对小姑娘的态度：从反感到喜爱。

2.理解有偏差时

当学生的理解存在偏差时，教师需要用语言去纠偏，去"引路"，帮助学生调整思路，正确地理解文本。教师引导学生理解"兑换"一词，学生说："兑换就是调换的意思。"教师马上反问："我是老师，你是学生，咱俩的任务调换一下，能说兑换吗？"学生说："那么是交换的意思。"教师又问："我拿我的钢笔和你的铅笔交换一下作纪念，能说是兑换吗？"学生说："兑换就是用一种货币换另一种货币。"教师再问："现在我拿一角人民币换你的一美元，你换不换？"（学生摇摇头）教师最后问："你怎么不肯换了？你刚才不是说是用一种货币换另一种货币吗？想一想，这句话里少了些什么？"学生回答："兑换的意思是用一种货币换另一种货币，但它们的价值必须是相等的。"教师接连用了三个反问，消除了学生认识上的偏差，帮助学生得出"兑换是指一种货币换另一种货币，但它们的价值必须是相等的"这个正确结论。

3. 感情困惑时

当学生产生困惑时，教师需要用语言去点拨，去"导航"，帮助学生厘清思路，从而使学生豁然开朗。在教学《卖火柴的小女孩》时，一学生质疑说："我觉得安徒生太残忍了！大年夜本来是家家团圆、举国欢庆的节日，他却让这个可怜的小女孩惨死在大年夜，太没同情心了！"教师反问："如果你是安徒生，会怎样安排小女孩的命运呢？"学生纷纷议论起来，有的说"选一个平常的日子"，有的说"不能让小女孩死"，有的还为小女孩写好了结局："被一对好心的夫妇收养了。"教师评价说："你们都是很有同情心的孩子，小女孩如果能遇到你们就好了。可是，她不可能会遇到你们。为什么呢？安徒生让小女孩死在大年夜，有什么深刻的含义呢？"师生一起深入研究了当时的社会背景，学生明白了在当时的社会制度下，小女孩的悲惨命运是不可避免的。而安徒生让小女孩死在万家团圆的大年夜，就是想通过这样鲜明的反差来揭示社会的阴暗面，控诉社会制度的黑暗。这个过程就是学生的感情从混乱到顿悟的过程。

4. 迸发火花时

当学生的思维迸发耀眼的火花时，教师需要去肯定，去"点灯"，将学生的创新火花拨得更亮。在教"官"字时，教师提问："这个官字该怎么记？"一个学生回答："官字上面是宝盖头，下面那个东西，像我们家里的双门电冰箱。"学生的回答出乎教师的意料，实在是太精彩了。教师马上充分肯定学生："你观察得真仔细，还跟我们的生活联系起来，真不错。"教师的激发引导使学生在接下来的生字学习中兴趣盎然，一个学生说："这个珠字是黄玉珠老师的珠。我在学校门口的布告栏里看到过你的名字。"另一个学生说："我还知道招是招商银行的招。"学生的思维更活跃了，课堂焕发出勃勃生机。

5. 争议未决时

当学生的争议未决时，教师需要用语言去评判，去"裁判"，帮助学生判断是非。对于《落花生》一文中"做怎样的人"这个问题，学生在课堂上争论了很久，有的学生说："做人要像落花生一样，朴实又有真才实学，含而不露。"有的说："像苹果那样鲜艳可爱又香甜可口，有什么不好？现在的社会，外表平凡难以让人信任。"还有的说："既像落花生那样做个饱学之士，又像苹果那样外表体面，两全其美，有什么不好？"争议之后，教师评价道："落花生的可贵在于含而不露，这其实也是我们中华民族的美德。在内在充实的前提下讲究外在的体面，无可非议。但是光追求外表体面是绝不可取的。"教师清晰地阐明了做人的真理。

（二）运用适当的评价方式

课堂即时评价的方式多种多样，在教学中，教师要善于选用适当的评价方式，方能发挥即时评价的积极作用。

1. 赞赏式评价

这种评价方式在教学中运用最广，指的是教师使用赞赏性的语言对学生的学习行为做肯定式的评价。如"你真棒""你说得太好了！""老师都陶醉在你声情并茂的朗读中了！"等。

2. 包容式评价

这种评级方式指教师接纳学生提出的问题与看法，从而调整预设课程的行为。如引导学生研读诗歌《春风吹》中的第一节"春风吹，春风吹，吹绿了柳树，吹红了桃花"，教师顺势拿出一枝盛开的桃花问："小朋友，桃花为什么会开？"学生有的说因为柳树绿了，桃花想和柳树说说悄悄话；有的说桃花开了，那是因为她睁开了眼睛想看看春天有多么美丽；还有的说桃花睡了一个冬天，伸了个懒腰，把花骨朵顶开了……学生的回答多种多样，充满了诗意和想象。可在众多的答案中，就是没有教师预设、期待的"标准答案"。教师本想通过此环节的教学让一年级的小朋友明白季节转换的规律：春天到了，天气暖和了，所以桃花开了。此时，面对学生，教师从容、镇定，及时调整了教学目标，充分肯定地说："桃花觉得小朋友们太可爱了，都说得那么好，很开心，就朝我们笑了。于是，她就开了！"小朋友们听了老师的发言，露出了灿烂的笑脸。教师的肯定让学生知道花儿开了可以有那么多理由，世界多美好啊。

3. 推进式评价

推进式评价指学生的回答不尽完善、不尽完美时，教师在做出某些肯定之后，引导学生做深入探究的评价。比如在教《小壁虎借尾巴》一课时，教师要求学生用朗读的方式来表现对"没有尾巴多难看哪"这句话的理解。有位学生第一次读不好，教师说："你的声音很响亮，可我觉得小壁虎的尾巴好像还在，没有被蛇咬掉一样。你想一想，再读一遍好吗？"她又读了一遍，这次读出了点感情，可还是不够。教师进一步鼓励道："有进步，老师相信你会读得更好。"她想了想，再读了一遍，这回读得感情到位，教师称赞道："呀，原来小壁虎这么伤心呀！"

4. 挑战式评价

挑战式评价指对学生提出挑战式任务，让他们在竞争状态中学习，教师不断以评价鼓励竞争。例如："你读得真不错，读出了张飞的莽劲。谁能超过她？""你也不错，如果你放松点，一定更棒。"

5. 纠偏式评价

纠偏式评价指学生的学习过程或学习结果偏离了要求，教师用启发式方法引导学生纠正偏差的评价。例如："他说兑换就是一种货币与另一种货币的交换，你们有疑义吗？再好好读一读。"

6. 延缓式评价

延缓式评价指教师对学生正在讨论的问题不立即给予肯定或否定的评判，而是以鼓励的行为方式或语言提问或实验，让学生畅所欲言，然后选择一个恰当的时机说出自己的见解和主张。如在教学《三顾茅庐》中张飞叫嚷着要把诸葛亮"捆"来时，教师问学生："诸葛亮能'捆'来吗？"有的说能，有的说不能。教师未置可否，而是追问说"不能"的学生："是诸葛亮的本事很好，张飞捆不来他吗？"学生顿悟："捆"不来的不是诸葛亮这个人，而是他的心。

（三）即时评价的要求

教师的评价语言直接影响学生对知识技能的掌握和思想感情的发展。一堂课的成功与否，不只在于教师事先精心设计好的每一句教学语言是否精彩，更在于在师生双向交流过程中有没有教师充满智慧的课堂评价语。有效的教师评价语不是停留于表层的作秀，也不是可有可无的衔接，而是在整体深刻理解文本和学生实际后焕发的自然而然的创设和生成。

1. 能强化知识的落实

评价是一种价值判断的活动，是主体对客体满足需要的程度所做出的判断，在语文课堂上的直接表现就是教师常常用语言等对学生的学习行为、过程、结果等进行判断，再行褒奖、指导。

（1）评价语必须准确。准确性是评价语的灵魂，没有灵魂，教师的评价语就没有生命力。教师的评价语应该客观地指出学生的长处和存在的缺点，既不能一味地肯定，也不能一味地批评。要让学生知道哪些是好的，哪些是不好的；哪些是对的，哪些是错的，错在何处。比如，一位教师指导学生根据提供的画面（航天英雄杨利伟身着宇航服，微笑着向大家招手致意）练习用"无边无际"造句。教师问学生："他是谁呀？"学生兴奋地直呼杨利伟的名字，教师说："对呀。小朋友说话要有礼貌，他是谁？"这样先肯定，然后委婉指出小朋友说话要有礼貌。聪明的学生马上领悟，异口同声地说："杨利伟叔叔。"当有一位学生说"杨利伟叔叔在无边无际的太空中遨游"时，老师先是夸奖："讲得多好啊！遨游这个词都能用。"然后循循善诱，用商量的口吻提出更高的要求："哎，想想杨利伟叔叔是怎么上的太空呢？如果你能把这个意思也说进去，这句子就更漂亮了。试试看！"这样的评价语非常准确有效，针对性强，学生的思维方向明确了，而且还会自觉地向着教师预设的目标迈进，从而很快说出"杨利伟叔叔坐着神舟五号在无边无际的太空中遨游"等更好的句子。教师还须关注课堂中的细节，及时提醒学生，有效地帮助学生纠正错误。例如，张祖庆老师在想象作文课《亚马孙河探险记》中让学生谈对亚马孙河的印象，一学生说"亚马孙河是一个药材的大宝库，因为药材有99.9％"，张老师及时给予提醒："这句话好像没有表达清楚，想想能否表达得清楚一点，再说一遍，好吗？"当学生第二次还是没表达清楚时，张老师帮助纠正："你的意思是世上99.9％的药材出自亚马孙河，是吗？这是医生最想去的地方。"

（2）评价语要简洁。语言如果啰唆，拖泥带水，把该表达的思想感情淹没在莠草之中，就会大大降低表达的效果。新课程提倡尽可能多地把课堂留给学生，呈现学生的思维和语言学习过程，因此要避免啰唆，避免无意识地重复学生的语言，以免影响学生的思维逻辑；对于要强调的知识点则要讲得明白，不模糊，让学生听得清楚。

2. 能提升学习的能力

著名的教育评价家斯塔佛尔姆（Stavolm）强调："评价不在于证明，而在于改进。"因此，有效的评价语要求教师的评价不只是简单地判断或褒奖，而应注重具体引导，更多地从内容方面去点拨和启发。有位老师在教学《兰兰过桥》时启发学生："请同学们想想，你头脑中神奇的桥是怎样的？"话音刚落，一个小男孩站起来一口气说了四种神奇的桥，教师评价说："你真聪明。"那个学生一脸平静地坐了下去。显然，学生听多了这样泛化的评价，早已产生审美疲劳，不感兴趣了。在语文课堂上学生确实常会听到像这位老师说的"你真聪明""你读得真好"，或让学生合着拍子喊"棒棒，你真棒"之类的评价，这样泛泛而又单一的评价缺乏针对性，已经无法满足学生发展的需要。久而久之，以直觉形象思维为主的小学生对如此的评价会麻木不仁，心理效应为零，评价也就失去其应有的作用。"你真聪明"，聪明在哪里？"你真棒"，棒在何处？教师应大声给出具体参数，让学生感受到老师对自己的关注和重视，获得学习方法和习惯的正确导向，并在此基础上有所发展和提升。上述例子中老师的评价如再具体形象些，如"看来这位同学对桥特别感兴趣，等你学习掌握了更多的知识，长大后也会是一位会变魔术的桥梁专家"，这样具体的语言能有效地激发学生的想象，把自己和"会变魔术的桥梁专家"联系起来，幻想自己也是桥梁专家的美好未来，从而获得极大的心理满足，进入更加积极的思维状态，产生出奇思妙想，这也正是学习的最高境界。

请再看一位老师在口语交际课《春天的聚会》中的一个片段。

师：来参加聚会的朋友真多呀，都有谁呀？

（出示句子：来参加聚会的朋友真多，有_____，有_____，有_____，

还有_____。）（学生思考，陆续举手）

师：这只可爱的小蝌蚪来说吧。

生1：来参加聚会的朋友真多，有燕子，有蜜蜂，有小花，还有小蝌蚪。

师：说得很清楚，如果能再具体些就更好了。

生2：来参加聚会的朋友真多，有活泼可爱的小燕子，有美丽的蝴蝶，有勤劳的小蜜蜂，还有可爱的花儿。

师：你能用上"怎么样的什么"来说，真了不起。还有吗？

生3：来参加聚会的朋友真多，有弯着腰的柳树，有游来游去的小蝌蚪，还有可爱的小燕子，还有小乌龟。

师：能说"弯着腰的柳树，游来游去的小蝌蚪"，真了不起，用上这个句式把句子说得更有条理，行吗？

生4：来参加聚会的朋友真多，有金灿灿的迎春花，有呱呱叫的青蛙，有碧绿碧绿的小草，还有勤劳又可爱的小蜜蜂。

师：真喜欢听你说话，又清楚又生动。

可以看出，老师在表扬学生的同时也在进行有目的的引导："说得很清楚，如果能再具体些就更好了。""你能用上怎么样的什么来说，真了不起。还有吗？"这样导向明确，学生在老师的评价中获得启发，一次比一次有进步，这样具体的评价语能非常有效地引领学生提升。

另外，评价语也要力求丰富多样。在评价时，教师常常对学生的谈话给予直接的评价。其实就人和人的交流来看，评价应该是一种充满智慧的交流，如果不求变化，老是用相同的夸奖之词或赞扬句式就会让人感到单调乏味，直接影响学生学习的积极性。许多特级教师之所以能让学生积极主动地参与教学，丰富多样的课堂评价语起着相当重要的作用。

3. 能创设教学的氛围

苏联著名教育家斯维特洛夫（Svetlov）说过："教育家最主要的，也是第一位的助手，就是幽默。"在进行课堂评价时，机智幽默、生动优美的语言更是不可或缺的。幽默的和风细雨、诙谐轻松，既不伤害学生的自尊心，又能达到匡正纠谬、明辨是非的目的。在课堂上，教师机智幽默、生动的评价语言更是可以创造出一种轻松愉快、和谐融洽的教学氛围，让学生能以愉悦的心情去主动、生动地学习，从而使课堂生花，为教学增色。特级教师支玉恒老师在教学《第一场雪》时，以风趣的语言暗示学生通过有声的语言把"雪的大"读出来。当第一个学生读时，语气比较平直、轻短，老师风趣地问学生："这是什么雪呀？"大家笑着说："这是小雪。"再请一个学生读，读得稍好些，大家又笑道："这是中雪。"随后请第三、四位学生读，终于读出了"大雪"，教师又幽默地激励道："还有谁能读得比他下的雪还要大的吗？"课堂上笑声此起彼伏，学生在书声琅琅、语言交流、思想碰撞中获得求知的欢乐，真是"别有一番趣味在心头"！

4.能激发学习的热情

德国教育家第斯多惠说："教学的艺术不在于传授本领，而在于激励、唤醒和鼓舞。"学生需要教师的激励，激励能激发人的潜能，能使人心智开启、灵感涌动。学生在宽松、和谐、民主的自由空间里与教师、同学进行心灵的碰撞、生命的融合，不断获得成功的体验，并走向成功。课程标准指出："对学生的日常表现，应以鼓励、表扬等积极的评价为主，采取激励性的评价，尽量从正确加以引导。"教师不能吝啬赏识与赞许，要及时送上充满激励的评价语，让学生增强自信心，体验到成功的快乐。例如，在《找春天》一课的教学中，在一名学生朗读"树木吐出点点嫩芽，那是春天的音符吧"这一自然段时，教师夸奖道："你也是我们班里一个活跃的音符，请你再带领大家读读吧！"学生顿时变得更自信，从学生更为精彩的朗读中别人能够感觉到她油然而生的自豪感。同时，班里的学生也开始争做活跃的音符，可谓一举两得。教师充满激励的评价语言能让学生不断获得前进的动力，在自信中走向成功。又如："好哇，这种做法很好，你真会动脑筋！""你演得真好，只要用心，什么事都会做好的""这个句子你读得多好呀！请你再读一遍，大家仔细听听。""你念得比老师还要棒""来，你就是那可爱的小天使，一起读出来吧！""这个词语用得多好啊！"这些亲切、明朗、热情洋溢的语言，学生听后怎么能不被感染、不受鼓舞呢？

有效的教师课堂评价语言是将文本、学生和教师拉近，使三者浑然一体、自然天成的润滑剂，每一位教师都要充分认识课堂评价语的价值，不断锤炼教学用语，研究语言艺术，用语言弹奏出美妙动人的乐曲，这样才能使评价在学生头脑里回响激荡，激励学生积极主动地投入到学习活动中去，有效地实现教学目标。

（四）即时评价的几个误区

1.不予评价

（1）不予倾听，不加评价。教师对学生的回答充耳不闻，不做任何评价。

（2）错把重复当评价。以下为《东方明珠塔》（苏教版第一册）教学片段。

（教师出示"上海黄浦江边，有一座广播电视塔"）

师：这句话告诉我们什么？能用"在什么地方有什么"这样的句式说吗？

生：在黄浦江的边上，有一座广播电视塔。

师：在黄浦江的边上，有一座广播电视塔。你是这样想的，谁再来说说？

生：在黄浦江里，有一座广播电视塔。

师：在黄浦江里，有一座广播电视塔。谁还想说说？

（几位学生说了，都说得不到位，教师一遍遍重复学生的回答，最后自己说出正确答案）

师：黄浦江是上海的一条江的名字，上海广播电视塔就在它边上。

（3）错把过渡当评价。比如《虎门销烟》教学片段。

（课文第二段，描写销烟前的壮观场面。先让学生用心读，做批注，然后交流）

生：礼台是新的，周围"彩旗林立"显得壮观。

生：还很隆重呢。

师：嗯。我们继续交流，同学们一定有更多的感受和发现。

生：官员们"身着朝服"，显得很隆重，朝服是参加很隆重的活动时才穿的。

生：我收集到的资料上说，林则徐那天穿御赐黄马褂，他是钦差大臣。

师：哦，看来朝廷此次是痛下决心，要销毁害人的鸦片了。

生：文武官员都来了，是为了防止销烟时有人捣乱。林大人想得很周到。

师：同学们都发表了自己的看法，都说得挺有道理。午后二时许，销烟就开始了，我们一起去看一看吧。

（4）错把提问当评价。比如《田园诗情》教学片段。

师：读了好几遍课文，我们已经对课文内容很熟悉了。谁来告诉大家，你究竟喜欢这幅画面的什么？

生：我喜欢这幅画面中牛有许多姿态。

师：你从哪儿看出来的？读出有关句子。

（学生读相关句子）

师：还有同学喜欢这句话吗？也来说一说你的感受。

生：这句话用了拟人的手法，把牛当作人来写，把牛写活了。

师：从中大家还感受到了什么？

生：这儿的牛多，不愧为牧场之国。

师：还有什么感受？

生：牛在这儿想干吗就干吗，很自由。

师：还感受到什么？是否像大都市一样车水马龙？

生：这儿很宁静的。

师：还有描写奶牛的句子吗？

生：牛犊跑前跑后，活像顽皮的孩子。

师：这句话给了你什么感受？

生：这儿的牛犊很活泼。

（5）错套空话当评价。用空洞的、没有实际意义的语言对学生做出评价。

为了避免进入以上误区，一方面，教师要树立课堂教学中对学生进行评价的意识，将评价作为课堂教学不可或缺的一部分看待；另一方面，还要认识到课堂教学对学生发展的诊断功能、反馈调节功能、学习导向功能和激励功能，并在课堂上将这些功能落到实处。

2.盲目激励

（1）一味肯定。比如《四季》教学片段。

师：请小朋友自己读读第一段。

（一部分学生在读，一部分学生在东张西望）

师：好，请小朋友停下来。

（学生停止活动坐好）

师：刚才我发现大家读得可认真了，谁愿意一个人出来给大家读一读呢？

（生1结结巴巴地读完）

师：你读得真好！

（生2读得正确）

师：棒。你真棒！

（全体学生齐声高呼：你真棒！）

（生3声音低，但基本正确）

师：表扬。

（全体学生整齐地鼓掌）

（读完描述四季的内容后）

师：你们最喜欢哪个季节？

生：我最喜欢夏天，因为夏天我可以到河里游泳。

师：你真聪明，还会游泳呢！

（2）错解"多元"。比如《狐假虎威》教学片段。

师：故事读完了，你想对老虎说些什么？

生1：虎大王，狐狸是借了你的威风才吓跑百兽的。

生2：你上当了，百兽怕的是你。

生3：我想对狐狸说一句话。

师：哦，想说什么？

生3：狐狸，还是你了不起，用自己的智慧战胜了强大的老虎！

师（一愣，片刻后露出笑容）：真会动脑筋，认识与众不同！

生4（马上举手）：狐狸真聪明，会随机应变。

师：好极了。

生4：以后我们遇到紧急情况，也应该像狐狸那样机智、勇敢。

师：相信你也会像狐狸一样聪明。

（3）滥用物质奖励。比如《秋天的果园》教学片段。

课接近尾声，教师指导学生背诵。教师捧出一大把水果，你背出了就奖励吃一串葡萄，他背出了则奖励一个梨。顿时，教室里沸腾了，学生背得热火朝天，不亦乐乎。

又如口语交际《春天来了》教学片段。

课始，教师出示春姑娘的神秘礼物袋，告诉学生：对找到春天的小朋友，春姑娘都有神秘礼物送出。凡是说得有特点、想得独到、态度自信、善于倾听、积极补充的，都可获得一件春姑娘的礼物（都是用彩色纸剪的）——聪明伶俐的小燕子、粉红的海棠花、一片树叶、一朵月季、一只蝴蝶、一只蜜蜂……

为了避免这样的误区，教师激励性评价的语言要准确、具体、真诚、真情，还要注意全面性和全体性。

3.教师独霸评价权

比如《春天》教学片段。

师：桃花在春天为什么盛开？

生1：因为小草长出嫩叶，绿油油一片，十分美丽，桃花想和它们比美，所以桃花开了。

生2：因为桃花梦见我们换上新装了，它也要换上新装和我们比美，所以桃花开了。

生3：因为它听到蜜蜂的声音，知道蜜蜂来采蜜了，桃花要让蜜蜂来自己身上采蜜，所以桃花开了……

师：因为天气暖和了，春天到了，所以桃花开了。你们怎么会没有想到呢？

可见，在课堂教学中，教师需要为学生评价留出时间，让学生参与课堂学习评价。

第二节　基于教师评价的语文教学评价

自从教师这个职业出现以来，教师就在接受学生、家长及社会的评价。正式的教师评价制度产生于20世纪50年代西方发达国家。中国的教师评价制度始于20世纪60年代，20世纪80年代后期渐趋正式。目前，发展性教师评价更是因"以促进教师发展为目的"的鲜明特点引起了国内外广大教育工作者的关注。

一、教师评价改革主要特点

百年大计，教育为本，教育的根本在教师身上。教师队伍整体素质的高低决定了国家、民族教育事业的发展状况。教师评价既是教师管理的主要手段，也是促进教师专业成长，提高教师整体素质的有效途径。因此，教师评价也是中国课程改革关注的关键问题之一。教师评价改革的主要特点表现在以下两个方面。

（一）建立好教师评价体系

发展性教师评价就是指根据一定的发展目标，运用发展性的评价技术和方法，对教师素质发展的进程进行评价，使教师在这种评价活动中不断认识自我、发展自我、完善自我，不断积淀、发展、优化其自我素质结构，促进教师在专业理念、教学技能、专业服务精神等方面和谐自然的发展。它不是指某一种特定的教师评价方式，而是一系列能够促进教师素质发展与提高的评价方式的总称。

1. 重视对教师参与和共事能力的考察

在对教师进行评价时，评价内容除了传统教师评价中的职业道德、学科知识、教学能力、文化素养等内容，新课程教师评价还特别重视对教师参与和共事能力的考察。考察的内容包括：教师能否参与学校发展规划的设计，并能提出可行性意见；教师能否参与确定时间和其他资源在教学课程中的分配等教学规划；教师能否参与设计本学科、所在教学组的发展规划，并提出可行性建议；教师能否充分参与制订和实施同事的专业进修计划；教师能否与学生、家长、同事建立良好的关系，在同事中有好朋友。

相互合作、共同发展是现代社会的显著特征之一。因此，合作意识是当代人必须具备的一种素质，也是一种生存和发展的基本能力。学习方式改革特别提倡的合作学习，其目的就在于培养学生的合作意识和合作能力，而作为指导学生学习的教师首先得具备这种意识和能力。

2. 强调以"自评"的方式促进教师教育教学反思能力的提高

让评价对象作为评价的主体之一参与评价过程是新课程评价改革的一个显著特征。教师自我评价的方式可以鼓励其积极参与评价过程和进入角色，有助于弘扬民主气氛，增强教师的主人翁意识，提高教师评价结果的客观性、可信性和有效性。对绝大多数教师来说，自我评价法是一个连续不断的自我反思、自我教育、激发内在动因的过程。

在自我评价过程中，教师可以要求评价对象采取口头形式或书面形式，从工作的各个方面评价自己的工作表现，阐明自己存在的优点和缺点，供校方讨论、分析和评价，也可以要求评价对象填写调查表、多项选择表或问卷表。

为了帮助评价对象有效地总结自己的工作表现、扩大评价对象的思路、明确评价的范围、保证教师评价的系统性，可以事先向评价对象提供参考提纲，这样自我评价的效果会更好。

如果说经验是教师专业知识和能力的最重要的来源，那么反思则是教师专业知识和能力发展的最根本的机制。通过反思回顾教学，教师可以分析得失，查出原因，寻求对策，以利后行。美国学者波斯纳（Posner）提出了教师成长的公式：教师的成长＝经验＋反思。叶澜教授也说："一个教师写一辈子教案难以成为名师，但如果写三年反思则有可能成为名师。"可见反思对教师专业成长的积极作用。这就要求广大教师跳出经验性教学的藩篱，加入反思性教学的行列。

教师自我反思的内容包括对自身素质的反思和对教学过程和效果的反思。对自身素质的反思包括所掌握的学科知识的正确性、广度、深度；教育理念是否正确；学生观、价值观是否正确；等等。教师通过反思可以明确自己的优势与劣势，并明确努力的方向。对教学过程和效果的反思包括对教学策略、课堂生成情况、学生参与程度等方面的反思。如对教学策略的反思可以从以下问题入手：①教学内容是否贴近学生的经验，回归现实生活？②教学设计是否考虑学生的接受能力，遵循学生的身心发展规律？③内容呈现是否生动有趣？能否吸引学生的注意力？④教学过程是否重视学生的全员参与？⑤教学手段是否过于单一、枯燥？⑥教学方式是否重视学生的自主、探究或合作？

在反思自己的课堂驾驭效果、动态生成情况时，可以从以下问题入手：①有效地评价学生了吗？②收集到学生的哪些反馈信息？处理了吗？③面对突如其来的意外，应变措施得当吗？自己发挥作用了吗？④面对学生起伏不定的注意力状态，以及由此带来的课堂秩序问题，自己的调控措施生效了吗？⑤师生之间、生生之间交流时生成了哪些新问题？如何处理？有进一步研究探讨的必要吗？价值何在？

（二）建立"以学论教"的发展性课堂教学评价模式

1. 以学论教

新课程改革的核心理念是"以学生的发展为本"。"以学论教"也叫"以学评教"，强调以学生的发展状况评价教师的课堂教学水平。教师的教学效果最终体现在学生的发展状态上，将评价的关注点转向学生：以学生在课堂学习中呈现的状态（学生能否主动学、积极学，是否会学，学得如何）作为教师课堂教学活动是否成功的评价标准。这种评价方式区别于传统课堂评价的"以教评教"，充分体现了以学生为主体的理念。

2. 注重课堂观察

新课程教师评价主张在真实的课堂教学情境中对教师的教育教学行为进行评价，

因此非常注重课堂观察，观察的内容是学生及其在课堂上的表现。对学生的观察包括以下方面。

（1）注意状态：是否全神贯注倾听，能否针对所问进行回答。

（2）参与状态：绝大多数的学生是否参与到课堂活动中。

（3）交往状态：师生、生生合作交流是否民主和谐。

（4）思维状态：思维是否有条理，能否表达自己的见解。

（5）情绪状态：能否获得积极的情感体验。

（6）生成状态：这堂课有没有思维梯度，有没有思想深度。

对教师的观察包括如下方面。

（1）教育理念和人文素养是否开放、平等、探索、创新。

（2）教学目标和教学内容是否准确、专业。

（3）教学思路和学科功底是否清晰、全面。

（4）组织协调是否灵活、自如。

3. 培养学生的自主学习能力

新课程强调关注学生的主体地位，在越来越尊重和倡导学生主体地位的教育思想指导下，课堂教学也应该立足于促进学生发展的需要。在知识经济和终身学习的背景之下，培养学生的自主学习能力是教师教学工作的重要目标之一。在对教师的课堂教学水平进行评价的同时，人们也非常关注教师在培养学生自主学习能力方面所采取的教学行为和产生的教学效果。在课堂观察时，不仅要关注课堂气氛，还要关注学生的自主状态，例如：是否以学生活动为主，学生是否有自由选择的空间，能不能自己提出问题、寻求答案，教师是否尊重学生的需要，及时调整教学进度、活动安排等。以此提醒教师使学生具备自主学习的愿望和能力的重要性。

二、教师专业标准解读

教师是履行教育教学工作职责的专业人员，需要经过严格的培养与培训，必须具有良好的职业道德，掌握系统的专业知识和专业技能。《教师专业标准（试行）》是国家对合格教师专业素质的基本要求，是教师实施教育教学行为的基本规范，是引领教师专业发展的基本准则，是教师培养、准入、培训、考核等工作的重要依据。

小学教育阶段是人生发展的重要阶段。教师的质量关系到学生的成长，关系到亿万家庭的希望，更关系到国家的未来。20 世纪 80 年代以来，明确教师专业标准来突显教师职业的专业性、推进教师专业化进程，成为世界许多先进国家提高教师质量的共同战略，中国也不例外。而不断深入开展的基础教育课程改革更是从现实层面将中国教师队伍建设提上重要日程。

《教师专业标准》（以下简称《标准》）明确了一名合格教师的道德坐标、知识坐标与能力坐标，它是中国教师专业化进程中的重要里程碑。1994 年颁布的《中华人民共和国教师法》在法律上第一次确认了教师的专业地位。当下，《标准》进一步对教师的基本素养和要求进行了细致、专业的梳理和规范，这将有力保证中国教师的专业地位，有效提升教师的专业素质。

（一）《标准》制定的意义与价值

1. 规范教师专业行为，促进教师专业发展

尽管 20 世纪 90 年代初我国就开始致力于教师专业品质的确立和提升，然而在实际教育工作中，教师，尤其是教师的专业地位未能获得广泛的认同。教师专业地位的体现，一方面需要外在条件的支持与保障，另一方面更需要依赖教师队伍的自身建设。为此，《标准》对教师的"专业理念与师德""专业知识""专业能力"进行了细致梳理和规范，厘定了教师的从教规格。

2. 设立教师合格标准，促进教育公平

教育肩负着重要的社会使命，不但要启迪人的心智、锻炼人的品格、完善人的心性，还应在消除社会上的不平等、创造宽松和谐的社会中发挥重要作用。《标准》突出了"学生为本""师德为先"，这有利于引导立志成为教师者及小学在职教师自觉提升修养，倡导与践行公平公正。

3. 为教师职前培养、职后培训提供目标参照

随着教师教育体系的逐步开放，《标准》将成为教师培养的目标参照，有利于完善教师培养方案、科学设置教师教育的课程，降低教师职前培养的盲目性和随意性，提升教师的培养质量，同时也为各级各类教师的培训提供了基础性的要求，有利于切实促进教师教育的一体化，确保教师持续的专业发展。

4. 为教师的资格准入、考核与评价提供依据

《标准》的制定为教师的准入、考核及退出提供了相对统一、客观的依据，有利于有关部门严把教师入口关，确定教师管理制度，保证和维持教师的质量。

（二）《标准》遵从和倡导的基本理念

1. 强调以学生为本

小学生具有发展性、主动性等特点，在教育教学过程中处于主体和中心的位置。以学生为本，就是遵循教育教学的规律，坚持学生主体的教育理念，尊重、关注和爱护学生，引导学生积极、主动地参与学习，将促进小学生快乐学习、健康成长作为教育教学的最终目标。

2. 倡导以师德为先

师德是教师的第一要素，教师面对的是成长中的学生，特别要注重为人师表，重视榜样的作用。师德大到遵纪守法、献身教育事业，小到个人修养、言谈举止。特别是在对待小学生的态度方面，本着"教师爱是教师的灵魂"这一理念，着重要求教师要富有爱心、有耐心和责任心。

3. 重视教师能力提升

教师的专业能力是教师教育理念、专业知识的载体，它直接关系到学生的学习能力、实践能力和创新能力的形成。教师所面对的是生动活泼、日益成长的学生，其能力首先体现在认识学生、了解学生，把握学生的特点和需求方面，同时还体现在教育教学的方法等实践环节上。当代教师不仅要把握学科的基本理论，还要有能力驾驭课堂，通过有效的方法、智慧来指导学生的学习，以保证学生的学习效果。

4. 践行终身学习理念

终身学习是当代社会的重要特征，教师在形成全民学习、构建学习型社会的过程中应该起到领头羊的作用。教师的终身学习主要体现为主动发展的意识和不断反思、制订发展规划的能力，同时还要把握国内外教育发展的动向，跟上教育理论和知识学习的发展步伐，不断充实和完善自己，使学习成为自身生活中的一种习惯。

（三）《标准》的框架结构与内容

1.《标准》的框架结构

《标准》设置了三个维度，即"专业理念与师德""专业知识""专业能力"。每个维度下设若干领域，其中"专业理念与师德"维度有四个领域，"专业知识"维度有四个领域，"专业能力"维度有五个领域，共涉及十三个领域，每个领域又分设了若干"基本要求"，《标准》一共设有五十八项基本要求。

2. 对《标准》中"基本要求"内容的部分诠释

虽然是首次拟制《标准》，不过在此之前，也存在着一些与此相关或部分内容相近的法律或规范，如《中华人民共和国教师法》《教师职业道德规范》等。这些法律和规范为我们制定《标准》提供了一些框架和元素方面的参考，但与其相比，《标准》在"专业理念与师德""专业知识""专业能力"三大部分的具体内容要求上又与时俱进地进行了增删、改进和发展。

（1）"专业理念与师德"部分。《标准》从职业理解与认识、对学生的态度与行为、教育教学的态度与行为、个人修养与行为四个领域对教师的专业理念与师德提出具体要求，从四个方面体现出鲜明的时代精神及教育发展的特点。

第一，强调教师职业的专业性和独特性，要求教师注重自身专业发展。这是时代发展和教育进步对教师专业发展的诉求。

第二，突出小学生的生命教育。生命教育是这个时代的重音符，它体现出不断革新的教育观，因此生命教育自然也成为教师的一种最原初、最重要的姿态和使命。教师要"将保护小学生的生命安全放在首位""尊重小学生的人格""信任小学生，尊重个体差异"。这意味着教师要服务于小学生生命成长的需要，关心小学生的生命状态，同时关注小学生自身对生命的体验和态度。

第三，明确要求教师要积极创造条件，让小学生拥有快乐的学校生活。学校生活是教师和学生共同拥有的，以小学生为着眼点提出快乐学校生活的问题，意味着要依据素质教育的要求和新课程改革的精神深入，有效地转变教学观、学生观、师生观及学校管理思维等。外在环境的改善固然重要，但是在教师与学生交往的微观世界里，教师对教育和对学生的理解与行动将会更为直接地决定小学生是否能够拥有快乐的学校生活。

第四，要求教师要注重修身养性。《标准》提出了指向教师个人修养和行为方面的诸多要求，这些要求更多反映出教师作为平凡的人，哪些心性、品质、行为是适当的，然后才将教师作为"教育者"特有的心性、品质和行为要求融入进来。

（2）"专业知识"部分。《标准》从小学生发展知识、学科知识、教育教学知识、通识性知识四个领域对教师的专业知识提出具体要求。其中有四个方面体现出鲜明的时代精神和教育发展的特点。

第一，要求教师了解和掌握小学生发展的知识，目的在于保护小学生的身心健康、保障小学生的合法权益和促进他们的健康成长。教师只了解小学生的身心发展特点和规律、学习特点等是远远不够的，还需要加强政策和法律层面的学习，了解与小学生生存、发展和保护的有关法律法规及政策规定，了解小学安全防护的知识，掌握针对小学生可能出现的各种侵犯和伤害行为的预防与应对方法，了解幼小和小初衔接阶段小学生的心理特点。

第二，对教师学科知识的要求体现了一定的特殊性。小学教育的综合性特点要求教师了解多学科的知识，在此基础上掌握所教学科的知识体系、基本思想与方法。综合性特点特别要求教师关注所教学科与社会实践的联系，与其他学科的联系。

第三，要求教师掌握小学教育与教学理论。小学教育与教学因其基础性、养成性、启蒙性等特点而不同于幼儿园和中学的教育教学，教师应掌握小学教育教学的基本理论。

第四，关注通识性知识的重要价值。通识性教育要求所关注的是教师作为人的整体素质的提升，它是非功利、非职业性的，同时也是教师作为专业人员必须具备的素质。

（3）"专业能力"部分。《标准》从教育与教学设计、组织和实施、激励与评价、沟通与合作、反思与发展五个领域对教师的专业能力提出具体要求，体现出鲜明的时代精神和教育发展的特点。

第一，对教师能力的要求处处体现"以学生为本"的理念。比如，要求"制定学生个体教育教学方案""发现和赏识每一个学生""引导学生进行积极的自我评价"等；同时体现出了建构主义（要求"结合儿童已有经验"组织教育教学）、教育智慧（要求"妥善应对突发事件"）、多元智能（要求"灵活使用多元评价方式"）等教育新理念。

第二，对教师能力的要求尽可能跟上时代发展的新需要，如要求教师"帮助学生建立良好的同伴关系""现代教育技术手段渗透运用于教学中"等。

第三，关注教师专业能力建设过程中的独特性。比如，增加体现教师教育教学特殊性的一项新能力要求，即"涉及丰富多彩的班队（教育教学）活动"，教师不应该只是学科知识的传授者，每一个教师都应该能够做班主任，每一个教师都应能够结合学生身心特点和发展需要设计丰富的活动，进而促进学生全面发展。

第四，十分强调教师的沟通与合作能力。这是考虑到教师工作依托于多角色人际互动这一活动特征，因此对教师如何有效进行人际沟通合作提出了细致的要求。如在人际沟通方面，《标准》明确提出教师要做到"使用符合小学生特点的语言""善于倾听""与小学生进行有效沟通"等。在人际合作方面，《标准》提出教师要"与家长有效沟通，共同促进小学生发展""协助小学与社区建立合作互助的良好关系"等。

第五，重视培养教师的反思与发展能力。这一能力领域的提出，是对全球教师专业化发展背景下的教师专业发展内在要求的回应。教师专业化的本质就是发现教师自身，让教师意识到自身在专业成长中的力量和自主发展的角色，进而在各项专业发展活动中体现出积极的自我反思意识及专业发展规划意识和能力，能主动对教育教学进行探索和研究活动。

第三节　语文教学评价创新改革

一、评价和教学评价

什么是评价？顾名思义，评是评估、判断的意思，价指的是价值。评价就是价值判断的过程。价值指的是事物的积极作用或有用性，可以说，衡量事物价值，进行价值判断的一切活动，都是评价。

教学评价就是对教学进行价值判断，评估其积极作用的过程。教学评价是依据教学目标对教学过程及结果进行价值判断的活动，评价的目的是为教学决策提供依据，更好地促进教师和学生的发展。教学评价的内容包括对教师、学生、教学内容、教学方法手段、教学环境、教学管理等因素的评价，但主要是对教师和学生的评价。

二、教学评价分类

依据不同的标准，教学评价的分类结果也各不相同。

（一）按评价功能划分

按评价功能划分，教学评价可以分为诊断性评价、形成性评价和终结性评价。诊断性评价也称教学前评价或前置评价。一般是在单元、学期、学年开始时，在正常的教学活动尚未纳入轨道之前对学生的知识和技能、智力和体力及情感等状况进行"摸底"，为教学决策提供依据，使教学活动适合学生的需要和背景。新课程实施之前对学生进行的摸底考试就是诊断性评价。有时在学期中或学期末也会用诊断性评价，为今后的教学决策调整提供必要的依据。形成性评价是在教学进行过程中，为改进和完善教学活动而进行的对学生学习过程及结果的评价。终结性评价也称"总结性评价"，是在一定学习阶段，如一学期、一学年或一学段结束后对学生的学习状况所做的全面评价。

（二）按评价方法划分

按评价方法划分，教学评价可以分为定量评价、定性评价。定量评价指的是根据教学过程中存在的，能够直接数量化的评价指标进行量化的评价方式，如教师所任教班级的学生成绩、学生对教师教学效果的民主测评、教师个人教育教学成果等。定性评价指的是对不便量化的评价对象、内容、行为表现等，采用客观描述、事实呈现等方法所做的性质或价值判断，如教师对学生进行的思想教育、教师个人素质的高低、教师教育教学技能的熟练程度等。

（三）按参照标准划分

按参照标准划分，教学评价可以分为绝对性评价、相对性评价、个体内差异评价。绝对性评价指的是以已定的教学目标为标准，对教学质量做出评价。例如，期中、期末或升学考试大都以学科的考纲考点为标准，具体评价学生学习情况和教师教学情况。

相对性评价是把学生放到一个较大的群体当中，通过其所处的相对地位，根据学生间的差异情况对学生做出评价。班级和年级排名就是相对性评价的方式。

个体内差异评价是以评价对象自身的状况为基准，对评价对象进行价值判断的评价方法，包括评价对象现在的成绩同过去的成绩的比较及自身不同侧面的比较，如学业成绩和品德状况的比较，通过比较来判断学生的努力程度与进步状况。

三、新课程评价改革基本特点

为了达到全面实施素质教育的目标，必须建立符合素质教育的评价与考试制度，《基础教育课程改革纲要（试行）》明确将评价改革作为课程改革的目的之一，并提出了评价改革的方向。由此可见，评价不只是推进新课程的制度保障，其本身就是课程改革的一个重要方面。

《基础教育课程改革纲要（试行）》在阐述课程改革的目标时明确提出："改变课程评价过分强调甄别与选拔的功能，发挥评价促进学生发展、教师提高和改进教学实践的功能。"将评价改革作为课程改革的重要内容和目标。

在课程评价部分提出："建立促进学生全面发展的评价体系。评价不仅要关注学生的学业成绩，而且要发现和发展学生多方面的潜能，了解学生发展中的需求，帮助学生认识自我，建立信心。发挥评价的教育功能，建立促进教师不断提高的评价体系。强调教师对自己教学行为的分析与反思，建立以教师自评为主，校长、教师、学生、家长共同参与的评价制度，使教师从多种渠道获得信息，不断提高教学水平。建立促进课程不断发展的评价体系。周期性地对学校课程执行的情况、课程实施中的问题进行评估，调整课程内容、改进教学管理，形成课程不断革新的机制。"

明确指出，评价的目的不在于甄别和选拔，而在于改进，在于促进学生、教师和课程更好地发展。新课程评价改革的基本特点如下。

（一）实现评价功能的转化

评价不是为了甄别和选拔，而是为了促进发展；不是"选拔适合教育的儿童"，而是帮助"创造适合儿童的教育"。而能否实现评价功能的转化则取决于运用这一工具的人，也就是教师的教育理念。教师只有认识到了评价的本质功能，才能从根本上实现评价功能的转变。因此，教师的素质及其发展同样成为课程改革的重点。

（二）实现评价指标的多元化

传统的教学评价关注的重心是学生的学习成绩，并把它作为唯一的评价指标。事实证明，这一做法有失偏颇。学习成绩并不能代表学生的全部，更不是学生成才的唯一条件。评价不仅要关注学生的学业成绩，而且要发现和发展学生多方面的潜能，了解学生发展中的需求，帮助学生认识自我、建立信心。因此，教学评价不仅要关注学生的学习成绩，更要关注学生的民主法制精神和社会责任感，初步的创新精神、科学精神、人文素养、实践能力、合作精神和环境意识，适应终身学习的基础知识、基本技能和科学方法，良好的身体和心理素质，高尚的审美情趣和积极健康的生活方式，等等。学会做人、学会做事、学会合作、学会学习已成为对公民的基本要求。

（三）实现评价方法的多样化

从过分强调量化逐步转向关注质的分析与把握。对科学的顶礼膜拜，使人们盲目认为量化就是客观、科学、严谨的代名词，于是追求客观化、量化曾经是各国教学评价的发展趋势。但在今天，随着评价内容的综合化，以量化为唯一的方式描述、评定一个人的发展状况表现出僵化、简单和表面化的缺点，不足以反映学生发展的生动活泼和丰富性、学生的个性特点、学生的努力和进步程度。因此，关注质的分析与把握，将定性与定量评价相结合，质性评价与量化的评价结果整合应用有利于准确描述学生的发展状况。常用的质性评价的方法有评语、成长记录袋、学习日记、情景测验等。

（四）实现评价主体的多元化

被评者从被动接受评价逐步转向主动参与评价，一改以往以管理者为主的自上而下、单一评价主体的现象，由教师、学生、家长、管理者、研究人员共同参与评价交互过程，在平等、民主的互动中关注评价对象的发展需要。在相互沟通协商中形成积极、友好、平等和民主的评价关系，这也是教育过程逐步民主化、人性化发展进程的体现。

（五）注重过程，实现评价重心的转移

从过分关注结果逐步转向对过程的关注。关注结果的终结性评价，是面向"过去"的评价；关注过程的形成性评价，则是面向"未来"、重在发展的评价。传统的评价往往只要求学生提供问题的答案，对于学生是如何获得这些答案的却漠不关心。这些学生获得答案的思考与推理、假设的形成及如何应用证据等，都被抛弃在评价的视野之外。缺少对思维过程的评价，就会导致学生只重结论，忽视过程，不可能促使学生注重科学探究的过程，养成科学探究的习惯和严谨的科学态度与精神，反而易形成一些似是而非的认识和习惯，不利于其良好思维品质的形成，限制其解决问题的灵活性和创造性。而关注过程可以及时了解学生在发展中遇到的问题、所做出的努力及获得的进步，可以有效帮助学生形成积极的学习态度、科学的探究精神，注重学生在活动过程中的情感体验、价值观的形成。

四、新课程评价理论依据

（一）多元智能理论

多元智能理论是由美国哈佛大学教育研究院的心理发展学家霍华德·加德纳（Howard Gardner，以下简称"加德纳"）在 1983 年提出的。加德纳在研究脑部受创

伤的病人时察觉到他们在学习能力上的差异，从而提出多元智能理论。传统的学校一直只强调学生在逻辑即数学和语文（主要是读和写）两方面的发展，但这并不是人类智能的全部。不同的人会有不同的智能组合，如建筑师及雕塑家的空间感（空间智能）比较强、运动员和芭蕾舞演员的体力（肢体运作智能）较强、公关的人际智能较强、作家的内省智能较强等。加德纳认为过去对智力的定义过于狭窄，未能正确反映一个人的真实能力。他认为，人的智力应该是一个量度他的解题能力的指标。根据这个定义，他提出人类的智能至少可以分成九个范畴。

1. 语言智能

这种智能主要是指有效地运用口头语言及文字的能力，即听、说、读、写的能力，表现为个人能够顺利而高效地利用语言描述事件、表达思想、与人交流的能力。这种智能在作家、演说家、记者、编辑、节目主持人、播音员、律师等职业上有更加突出的表现。

2. 逻辑数学智能

从事与数字有关工作的人特别需要这种有效运用数字和推理的智能。他们学习时靠推理来进行思考，喜欢提出问题并执行实验以寻求答案，寻找事物的规律及逻辑顺序，对科学的新发展有兴趣。他人的言谈及行为也成了他们寻找逻辑缺陷的好地方，他们比较容易接受可被测量、归类、分析的事物。

3. 空间智能

空间智能强调人对色彩、线条、形状、形式、空间及它们之间关系的敏感性很高，感受、辨别、记忆、改变物体的空间关系并借此表达思想和情感的能力比较强，表现为对线条、形状、结构、色彩和空间关系敏感及通过平面图形和立体造型将感情表现出来的能力，能准确地感觉视觉空间，并把所知觉到的事物表现出来。这类人在学习时是用意象及图像来思考的。

空间智能可以划分为形象的空间智能和抽象的空间智能两种能力。形象的空间智能为画家的特长，抽象的空间智能为几何学家的特长，建筑学家同时拥有形象和抽象的空间智能。

4. 肢体运作智能

这种智能是指善于运用整个身体来表达想法和感觉，以及运用双手灵巧地生产或改造事物的能力。这类人很难长时间坐着不动，喜欢动手建造东西，喜欢户外活动，与人谈话时常用手势或其他肢体语言。他们学习时是透过身体感觉来思考的。

这种智能主要是指人调节身体运动及用巧妙的双手改变物体的技能，表现为能够较好地控制自己的身体，对事件能够做出恰当的身体反应，以及善于利用身体语言来表达自己的思想。运动员、舞蹈家、外科医生、手艺人都有这种智能优势。

5. 音乐智能

这种智能主要是指人敏感地感知音调、旋律、节奏和音色等的能力，表现为个人对音乐节奏、音调、音色和旋律的敏感，以及通过作曲、演奏和歌唱等表达音乐的能力。这种智能在作曲家、指挥家、歌唱家、乐师、乐器制作者、音乐评论家等人员那里都有出色的表现。

6. 人际智能

人际关系智能是指能够有效地理解别人及其关系和与人交往的能力，包括四大要素：①组织能力，指群体动员与协调能力；②协商能力，指仲裁与排解纷争能力；③分析能力，指能够敏锐察知他人的情感动向与想法，易与他人建立密切关系的能力；④人际联系，指对他人表现出关心，善体人意，适于团体合作的能力。

7. 内省智能

这种智能主要是指认识自己的能力，正确把握自己的长处和短处，把握自己的情绪、意向、动机、欲望，对自己的生活有规划，能自尊、自律，会吸收他人的长处。会从各种回馈管道中了解自己的优劣，常静思以规划自己的人生目标，爱独处，以深入自我的方式来思考。喜欢独立工作，有自我选择的空间。这种智能在优秀的政治家、哲学家、心理学家、教师等人员那里都有出色的表现。

内省智能可以划分为两个层次：事件层次和价值层次。事件层次的内省指向对事件成败的总结；价值层次的内省将事件的成败和价值观联系起来自省。

8. 自然探索智能

这是指能认识植物、动物和其他自然环境（如云和石头）的能力。自然智能强的人在打猎、耕作、生物科学上的表现较为突出。自然探索智能可进一步归结为探索智能，包括对于社会的探索和对于自然的探索。

9. 存在智能

这种智能是指人们对生命、死亡和终极现实提出问题并思考这些问题的倾向性。

多元智能理论为教师认识学生提供了全新的视野，它使教师形成积极乐观的"学生观"——学校没有所谓的"差生"。传统的评价在于帮助学生发现学习中的问题，弥补漏洞，更多的是发挥评价的诊断功能和选拔功能。这样对所谓成绩差的学生来说，评价带给他们的往往是负担和心理压力，使他们丧失向上的动力。因此，多元智能理论指导下的评价有利于发现学生在优势智能方面的作为，使每个人的潜能得到发挥。在实际操作中针对每种智能采取不同的评价方法，尽可能全方位地发现学生在认知方面的长处，同时鼓励他们自己发挥优势智能、转变劣势智能。教师评价学生再也不能以传统的文化课学习成绩与能力为唯一的标准与尺度。教学评价也应是多元的，评价的目的应该是为学生的各种智能发展提供契机，让人的各种智能都得以充分发展。

（二）建构主义理论

建构主义也译作结构主义，是认知心理学派中的一个分支。建构主义理论的主要代表人物有皮亚杰、科恩伯格（Kemberg）、斯滕伯格（Stemberg）、卡茨（Katz）、维果斯基（Vogotsgy）。建构主义思想认为学习是一个积极主动的建构过程，学习者不是被动地接受外在信息，而是根据先前的认知结构主动地、有选择性地知觉外在信息，建构当前事物的意义。新知识习得的过程是旧知和新知重新整合建构的过程，它强调人的主体能动性和参与性，要求学习者积极主动地参与教学。在与客观教学环境相互作用的过程中，学习者自己积极地建构知识框架。

建构主义理论带给人们的启示是：教学不是指教师给学生灌输知识、技能，而是指学生通过驱动自己学习的动力机制积极主动地建构知识的过程，课堂的重心应该是学生而不是教师，教师在课堂教学中应该是引导者、促进者和帮助者。教学评价应重视教师的引导、学生的参与、师生互动及学生的自我体验和反思。

（三）后现代主义

后现代主义是20世纪60年代以来在西方出现的具有反西方近现代体系哲学倾向的思潮。然而，在理论上具有反传统倾向的哲学家在现代西方的各个哲学流派中都能找到。在后现代主义者看来，这个世界是开放的、多元的。五彩缤纷的现实世界容忍每一个学生的奇思妙想。在这个以创新为时代精神的社会里，科学技术日新月异，各种新鲜事物层出不穷，创新已经成为社会、个人发展的动力源。承认开放性，也就为人充分展示生命的本真提供了舞台。后现代主义以其兼容并包的宽容态度和尊重个性主体性的宽广胸怀，给生活在这个世界上的每个人提供了生命的空间。后现代主义注重过程的思想、目的与手段统一的观点，认为个体是在活动的过程中不断发展的。

后现代主义带给人们的启示是：每个学习者都是独一无二的个体，教学不能以绝对统一的尺度去度量学生的学习水平和发展程度，要给学生的不同见解留一定的空间。教学不能把学习者视为单纯的知识接受者，而应将其看作知识的探索者和发现者。因此，课堂教学不仅要注重结果，更要注重过程。再从教学本体论的观点来看，活动是教学发生的基础。基于师生共同活动之上的课堂教学评价对学习者来说不仅是对现实状况的价值判断，其功能还在于促进学生充分发挥主体能动性，积极地参与教育教学活动，以促进下一步教学活动的有效开展。

第六章　学生阅读能力培养理论研究

第一节　阅读观念

一、阅读为丰富和扩展人生经验

阅读与"读书""学习"几乎同义，学习如何阅读，就是学习如何学习。阅读能力与认知能力在很大程度上是重合的。阅读与学习阅读关乎个人的发展，也维系着国家的未来。

国际上通常把青少年的阅读学习分为"学会阅读"和"从阅读中学习"这两个不断累积的连续阶段，小学三、四年级（9岁）被视为转换期。"学会阅读"是指学生具备一定的识字量，掌握了最基本的阅读技能，能对文字符号进行解码并从书面材料中获得意义；"从阅读中学习"是指为了获取某种信息、查询重要的细节、解答某个问题、评估所阅读的材料、应用阅读资料、享受阅读的乐趣等而进行的阅读。学生在"学会阅读"的基础上，通过阅读丰富和扩展自己的人生经验。

国际阅读素养进步研究（progress in international reading literacy study, PIRLS）和国际学生评估项目（program for international student assessment, PISA）这两项权威性的国际阅读测试均以"从阅读中学习"来界定"阅读"并制定测试框架。

PIRLS对"阅读"的描述是："一项既属于个人认知也涉及社会成规的活动，参与者（读者）被要求流畅、有效率地把以语言符号为载体的篇章转化为其他读者也会获得的意义，使其在社会上成为在个人性情发展抑或社会功利上均有成就的成员。"

PISA对"阅读素养"的界定是："为了实现个人发展目标，增长知识、发挥潜力并参与社会活动，而理解、使用、反思书面文本并参与阅读活动的能力。"阅读素养的发展不局限于知识和技能的发展，也涉及动机、态度和行为。

享受阅读并"从阅读中学习"，这不是宽泛地谈论阅读的重要性及其效用，而是对"阅读"与"学习阅读"，乃至对"学习"的观念和立场。即使是侧重在更高层次上的"学习阅读"的语文课程与教学，其出发点和落脚点也应该是丰富和扩展学生的人生经验。

换言之，语文课不是为了阅读而阅读，不是为了学习阅读而学习阅读，更不是为了语文考试的阅读成绩才去学习阅读。"学习阅读"之所以有必要、有价值，就是因为由此才能获得书面语篇所传达或显现的资讯、知识、先辈时贤对社会的认识和人生感悟。

二、读者自愿、自主地与文本对话

阅读行为贯穿阅读之前、阅读之中和阅读之后。阅读始终指读者自愿、自主地与文本对话。

（1）自愿、自主，首先表现为阅读的兴趣、趣味及读物的选择。书有好坏优劣之分，书面语篇所传递的信息有真假对错，因而需要读者辨别。即使是好书，也有选择的必要。

约翰·罗斯金（John Ruskin）把"好书"分为两类：一类是暂时性的好书，是"那些想告诉别人，而又无法与之面谈，因而印刷出来的有用或有趣的谈论"；另一类是永久性的好书，是"那些睿智之士怀着真诚和博爱来表现人生所创造出来的艺术珍品和（非文学）杰作"。

阿尔弗雷德·阿德勒（Alfred Adler）划分出两种"知识性读物的阅读"：一种是不超越理解力的阅读，"一页一页翻过去，能毫不费力地完全理解，书上的文字往往只是表达了你与作者相遇之前就具有的共同认识，或者是一些资讯"。另一种是能提高理解力的阅读，即需要思考和探索的阅读，书中的内容超越了读者的水平，只有通过自己的研究和钻研，才能逐步从茫然不解变为茅塞顿开。

喜欢阅读、享受阅读，在阅读中学会辨识优劣，愿意接触好书、好文章、好作品，愿意进行需要思考和探索的阅读，这可以说是学习阅读的第一要义。兴趣可以培养，趣味能够自主调节。

（2）自愿、自主地与文本对话，既是阅读的正确态度，也是对阅读活动规范性定义。

对话首先是倾听。求知的态度，理性对待不同观点、意见的态度，对陌生乃至异样经验的开放态度，以及在阅读初始阶段"容忍模糊"的心理准备等，这些都是学习阅读的题中之意。

与文本进行对话，需要主动投入。塞缪尔·泰勒·柯勒律治（Samuel Taylor Coleridge）睿智地区分出 4 种读者：一是海绵型，读什么吸收什么，随后又几乎原封不动地吐出来，只不过有点脏了；二是磨砂玻璃型，什么都留不下，只满足于把书翻完，为的是消磨时间；三是过滤袋型，只把阅读过程中的渣滓留下了；四是钻石型，不光自己受益，还使别人受益。"钻石型"读者就是会主动阅读的读者，他们善于与文本对话。

阅读不仅仅是知道并记忆作者说过的词句，在与文本的对话中，读者不断提升自己与书面文本的对话能力，不断提升自己对世界和人生的认识力和感受力。阅读不仅把读物从一系列符号变为一种充满意义的作品，而且改造了阅读者本身。

（3）在阅读之后，对话仍在持续。

阅读行为伴随着思考和评价。思考和评价在阅读中进行，有时也表现为连续性阅读活动的暂时中断，而且往往要延续到阅读活动之后。虽然眼睛离开所读的最后一个字，但对话并未终止。

有些读物读过即止，但也有些读物，尤其是那些"能提高理解力"的"永久性好书"，从此伴随读者，或成为认识世界的眼光，或成为解决问题的帮手，或积淀为人文素养。这样的好书、好作品、好文章值得反复阅读，也必定会常读常新，与它们的对话或将持续一生。

第二节　阅读取向与阅读方法

一、阅读与"看"

学习阅读需从理解的过程入手，实质是学习如何阅读。阅读是眼睛"看"连贯的文字。如何阅读，从阅读行为的角度来说，其实是眼睛怎么"看"的问题。眼睛怎么看，涉及以下两个方面的问题。

（一）涉及无意识的眼动技能

阅读过程中的眼动有四种模式：回扫、回视、眼跳和注视。回扫是指眼睛从上行之尾到下行之首。回视是指眼睛退回到刚才注视过的地方。眼跳是指眼睛一些字跳到另外一些字，跳的跨度即眼跳距离；在阅读的眼跳过程中读者不能获得视觉信息，因而也不发生理解。阅读时主要在注视期间获得信息，注视即较长时间（单位是毫秒）地看，被注视的字词语句叫"注视点"。

阅读中的眼动是无意识的，但也可以通过专门的训练加以调节，形成新的眼动习惯，调节的总方向是减少眼动中的"浪费"。具体的方法有加大视觉幅度、尽可能地增大眼跳距离、努力减少回视次数、坚持默读（避免发音干扰）等，其目的是快速阅读（速读）。

（二）涉及有意注意的理解能力

阅读中的"看"，与其说是眼睛在看，不如说是大脑在"看"，人通过大脑获得语篇的意义。"在阅读过程中始终存在着两条视线，一条是（眼睛）生理性的外部视线，另一条是（大脑）心理性的内部视线。"外部视线的"注视点"其实就是内部视线的"意识点"。

阅读中的"理解"问题，可以看成"注视点"与"意识点"的关系问题。也就是说，眼睛的"注视点"应该看到语句和语篇的关键点，"注视点"要与"意识点"同步。

通过视线扫描筛选关键性语言信息，结合读者头脑中储存的思想材料，引起连锁性思考，这就是阅读过程。对这个定义加以归纳，就可以找到语句和文本的关键点，并对此做深度的心理加工（精加工）。

因此，如何阅读大致可归结为以下两个要点。

（1）如何找到语句和文本的关键点，即看语句和语篇的什么地方。

（2）如何对这些关键点做深度加工，即从这些地方看出什么东西。

看语句和语篇的什么地方？从这些地方看出什么东西来？这取决于两个因素：一是阅读主体（读者），二是阅读对象（语篇）。只有在阅读主体（谁阅读）和阅读对象（阅读什么）的关联中，才能谈论阅读和学习阅读。

二、阅读主体决定阅读取向

阅读，意味着有一个特定的阅读者。读者的阅读目的、任务和阅读习惯等决定其阅读的取向。不同取向的读者会采取相应的阅读方式、阅读姿态，进而运用与取向相匹配的阅读方法。阅读取向是战略层面上的"如何阅读"。

阅读取向是阅读目的、任务的转换，但与目的、任务并不等同，它可以成为一种阅读态度、阅读习惯而相对独立，甚至成为一种阅读的观念。不顾具体的阅读目的和任务，而一概采用单一的阅读取向，这是不良阅读者的标志之一。

阅读取向有常态、异态和变态之分。

（一）常态

常态就是指在正常的情况下读者通常的阅读取向，或具有较高阅读能力的读者一致采取的阅读取向。

（二）异态

异态就是指基于合理的目的、任务而采取的与通常不一致的阅读取向。例如：编辑校对样稿是一种读法；语言学家统计某种句法的使用情况是一种读法；依据小说中的描写研究其中的服饰样貌，则是另一种读法。

中小学生因语文经验不足而采取的与通常有差异的阅读取向也应该看成异态的，需要在阅读能力发展过程中加以改变或改善。

（三）变态

变态就是扭曲的阅读取向。基于某种错误的观念而采取一种奇特的阅读取向，有意或习惯性地曲解文本。"为阅读而阅读""为学习阅读而学习阅读"，甚至"为语文考试（为答阅读测试题）而学习阅读"，往往导致变态的阅读取向。变态的阅读取向是学习阅读的最大陷阱。

三、阅读方法受制于文本体式

阅读方法是战术层面上的"如何阅读"。方法与目的相对，目的不同，方法就要变换。但方法也受制于对象，在诸多的制约中，文本体式最为重要。

首先是文类、体裁。例如文学作品和实用文章，两者的阅读方式以及具体的阅读方法就有本质的差异。概言之，实用文章阅读是"得其意可以忘其言"，而文学作品阅读则"品其言才能会其意"。

阅读的过程是通过书面语言的感知获得意义的思维加工过程。而语篇的理解是一种受文体制约的思维，或曰"文体思维"。

把小说当小说读，把诗歌当诗歌读，把散文当散文读，不仅是阅读取向，而且预示着各自不同的阅读方法。有能力的读者不知不觉地将这些（文本体式）惯例和准则吸收进他们的阅读经验，而对阅读具有制约作用，使得读者解释作品的半自觉活动成为可能。

古今中外讲述阅读方法时，无不把"辨体"放在首位。刘勰的"六观""体位"切中要害。心理学研究证明：阅读和理解说明文的过程完全不同于阅读记叙文的过程，因此必须经过专门的培训和练习，大多数学生才能在阅读说明文时愉快地获益。

不仅是文体思维，实用文章的阅读还必须运用学科思维。阿德勒在其著作《如何阅读一本书》中阐述"分析性阅读"时，第一条规则就是："依照书的种类和主题做分类。""你一定要知道自己在读的是哪一类书，而且越早知道越好。最好早在你开始阅读之前就知道。"

不仅是文类、体裁，同一文类、同一体裁之不同风格、流派看语句和语篇的什么地方和从这些地方看出什么东西来，也有实质性的差异。

四、阅读取向与阅读方法的关联

综上所述，如何阅读可以分为两个层面：一是特定的阅读取向，表现为特定的阅读姿态、阅读样式；二是具体的阅读方法。落实在阅读行为中，就是看某一特定语篇的紧要地方，并从这些地方看出作者要刻意表达的意思或意味来。

《古文关键》"总论看文字法"的第一句："学文须熟看韩、柳、欧、苏，先见文字体式，然后遍考古人用意下句处。"该句从战略层面确立了学习古文章法——模仿写作的阅读取向，并规划"遍考古人用意下句处"的阅读方略。接下来是具体的读法：第一看大概主张。第二看文势规模。第三看纲目关键。如何使主题首尾呼应，如何构成一篇铺叙次第，哪里属于抑扬开合处。第四看警策句法。如何称为一篇警策，哪里是下句下字有力处，哪里是起头换头处，哪里是檄结有力处，哪里是融化屈折剪截有力处，哪里是实体贴题目处。

具体到某家古文，则还要看其不同的紧要处。比如："看韩文法"要着眼于简古，"学韩简古，不可不学他法度，徒简古而乏法度，则朴而不文"。"看欧文法"则要着眼于平淡，"学欧平淡，不可不学他渊源，徒平淡而无渊源，则萎靡不振"。

从上述示例可以看出以下三个要点。

第一，阅读总是特定取向的阅读。通常所说的精读、略读、浏览等，以及古人读书法中的"熟读精思""虚心涵泳""出入法"等，与其说是阅读方法，不如说是阅读取向。它们要么本身就是阅读取向，要么以相应的阅读取向为前提，如果我们不从战略的高度去把握，往往难得这些"阅读法"的要领。

第二，阅读取向落实在具体的阅读方法之中。精读、略读、浏览等，其应用要依赖文本体式等一系列情境转化为依据具体文本而生成的具体的阅读方法。比如浏览、跳读是情报阅读的样式，主要适用于说明性的实用文章，具体的阅读方法分化为以下七项技能：阅读文章的标题；阅读内容概要；阅读小标题；注意图表的内容；阅读每一段的第一个句子；快速浏览段落的其余部分；阅读最后一个段落。

第三，阅读方法与阅读取向一致。良好的阅读，阅读方法与阅读取向有一致性。不良的阅读，方法与取向往往是分裂的，甚至是南辕北辙的。例如：以抽象概括的方法"体会"作者的情感，用朗读的方法"获取"新闻的信息，用扫读法（scanning）、跳读法（skimming）"品味"散文，以论点、论据的标签法"学习"古文，等等。

第三节　阅读理解与阅读规则

一、阅读理解

（一）阅读活动的核心是理解

阅读活动即阅读的过程，它包含以下两个方面：①阅读外显过程。从眼睛接触所读语篇的第一个字到对它的最后一瞥。②阅读心理过程。与外显过程同步发生的心路历程，涉及一系列认知过程，既依赖生活经验，也应用语法、修辞、逻辑、语篇等方面的语文经验。

心理学研究把阅读分为"解码"和"解释"这两个互为关联的领域。解码即认字识词，建立符号和语义的链接。

阅读活动的核心是理解，这几乎是所有教育家、心理学家的共识。正如阅读研究专家詹森所指出的："阅读和理解之间的区别仅仅是语义上的区别，因为没有理解，阅读就只是在追随书页上的记号。"

学习阅读，实质是学习如何理解语篇，即如何与文本对话。

（二）"理解"的不同含义

阅读活动中的"理解"不那么容易理解。阅读活动中的"理解"有种种面相，面相各异则"理解"的含义不同，具体来说有以下几种。

1."理解"有不同层级

"理解"至少有两个层级。

（1）语句层级。理解这个句子的语义，即句子所表达的命题有两个。

（2）语篇层级。理解语篇所表达的文意，即命题网络，包括作者的写作意图。

2."理解"有不同层面

以语句层级的理解为例，它至少有两个层面。

（1）表层信息，即语句的字面意思，语句已经明晰传达出来的内容。

（2）隐含信息，即隐含在字里行间的意思。阅读不仅仅是"看文字"，而且要借助"推论"发掘字里行间的隐含信息。

读者的理解事实上要进行一系列推论，这种对理解语篇所必需的隐含信息的推论叫"联系性推论"。"联系性推论"在"不超过理解力的阅读"中通常自发地进行，读者未必能意识到。然而一旦要求解释为什么这么理解，推论就会快速浮现出来。

阅读中还会产生"联想性推论"。读者或许会联想到由言词唤起的种种情境。借助联想和想象"再造"内含于字里行间的种种情境，这是文学作品阅读的关键之一。"联想性推论"一般伴随言词的字面理解而自然地产生。良好的阅读者在阅读中会伴有大量的"联想性推论"，因而他们所理解的文意比不良阅读者要丰富得多。

实用文章中的种种论断背后往往潜藏着作者的描述性预设和价值预设。"描述性预设"是作为论断前提的事实认定；"价值预设"是作为论断前提的价值信念。

例如："禁止吸烟"这一标语就潜藏着"吸烟损害身体、不吸烟者会被动吸烟、被动吸烟危害健康"等描述性预设；"公共场合禁止吸烟"这一标语的合理性，建立在"吸烟是恶习、伤害别人的健康是不道德行为、不顾禁令是违法行为"等一系列"价值预设"的基础上。

揭示潜藏在词句背后的预设是实用文章阅读，尤其是批判性阅读的关键之一。

3."理解"有不同表征

语篇的理解在头脑里一般可有三种表征。

（1）表层编码，即记住语篇中的文字和语句，知道"表层信息"。

（2）篇章格局，即对语篇文意的理解。稍长的语篇积句义成段义，联系段义归结为语篇意义。对同一语篇，不同的读者应该能够读出一致的"篇章格局"。

（3）情景模型。与读者原有的知识结构和生活经验相关联，是在语篇的命题表征与读者的背景知识相互作用下，经推论而形成的语篇内容的心理表征。不同的读者阅读同一篇文章，根据各自不同的知识结构和生活经验会建构出不尽相同的意义。

"情景模型"相当于"个人化的篇章格局"。读者对语句的种种理解、在语境未确定的情况下都能成立。

"表层编码""篇章格局"和"情景模型"，阅读理解结果的这三种表征，揭示出"为阅读而阅读"和"从阅读中学习"这两种阅读观的实质性差别。

"为阅读而阅读"只满足于"篇章格局"，甚至停留在"表层编码"上。有些学生能硬生生地强记资料，却对熟记的资料毫不理解；有些学生似乎理解了文意，能复述、转述、概括，或者能延伸课文的"思想教育意义"，如"高尚品德""奋发精神"等，却空有"篇章格局"，未能建立"情景模型"。

光有连贯的篇章格局不足以促进从阅读中学习，读者还必须尽可能把篇章表达与已有知识联系起来，建立情景模型，保证学习的发生。

"表层编码""篇章格局"和"情景模型"似乎也可以看成理解语篇的三个心理表征阶段。

良好的读者通过"表层编码"，建立"篇章格局"，在理解语篇命题网络的基础上，建构"情景模型"。不良的读者或者未能建立"篇章格局"，语篇似乎是散乱语句的堆积或"好词好句"的集锦；或者跳过"篇章格局"，把所读的东西强行拉入原有的知识和经验，以"疑邻窃斧"的心态，用"情景模型"解读"表层编码"；在阅读与自己的思想和文化观念相冲突的文章，更是"感情预先介入"，甚至连"表层编码"都置之度外。

4."理解"有不同语境

（1）脱离或不顾语境。有些节选的语篇被当作孤立文本，甚至脱离原作的上下文。比如《望洋兴叹》，脱离原作的上下文，被理解为"不要骄傲"；鲁迅的《藤野先生》，作为孤立的语篇，被理解为"赞扬藤野先生的高尚品德"。

（2）联系语篇的具体语境，其中包括语篇的外部语境（如语篇的出处等）和语篇的内部语境。联系语篇的具体语境并不是把"概念化"的时代背景与文本宏观地联系起来。具体语境在文本中有迹可循。比如《望洋兴叹》，联系原作的上下文，便知庄子所表达的意思是"事物（大小）的相对性"；又如《藤野先生》，联系文章的出处《朝花夕拾》，便明白鲁迅所表达的其实是"藤野先生给'我'唯一温暖的日本留学经历，以及'我'在这段时间里的思想变化"。

（3）文本互为语境，就是联系其他文本进行"理解"，其中包括联系作者的其他文本，联系同时代其他人的作品，联系不同国度、不同时代的相同主题的作品，等等。

（4）错位语境。阅读不同时代、不同国度、不同文化的作品，往往会出现语境的错位。这种错位大致可分为两种：一种是"自觉的"，基于读者的立场（读者所信奉的理论）有意而为之；另一种是"不自觉的"，往往出于无知。

5."理解"有不同指向

狭义的理解指向文本，是对语篇文意的理解。广义的理解指向语篇外的世界和人生，是对语篇所指的对象或所显现的生活的理解。狭义的理解与广义的理解当然不能等同。但是，也不能把狭义的理解与广义的理解割裂开来。阅读实用文章的目的是促进读者对所指对象的理解；阅读文学作品，有助于读者对人生的认识和体验。否则，阅读和学习阅读便会从根本上丧失其价值。

以上从不同侧面论述了阅读活动中"理解"的各种含义。阅读求理解，但究竟求哪个含义上的"理解"，则颇需思量。

概括地讲，中学阶段的"学习阅读"主要是语篇层级的理解，在"篇章格局"的基础上建构"情景模型"，不但要理解在具体语境中的文意，而且要指向对外部世界的认识、对人生的认识和体验。

（三）理解的过程、结果及其水平

1.理解的过程和理解的结果

阅读活动中的理解有两个维度：理解的过程和理解的结果。综合心理学的研究，理解的过程大致可以描述为以下几个方面：字词辨识、句子处理、读者把握语篇的字面讯息；读者根据语篇的字面讯息，推论字里行间没有明言的隐含讯息；连贯篇章和建立语篇结构，使语篇衔接并连贯成为一个可理解的整体；读者把所理解的内容与自己的生活经验对照与结合，扩展和丰富对世界的认识，进而对语篇进行评价。

上述心路历程在阅读活动中几乎是同步进行的，产生理解的结果。理解的结果，即读者掌握语篇的作者所要表达的或希望读者知道的意思，实质上是读者在头脑中建构关于文本内容、层次及主题的表征系统的过程，从而形成局部与整体都连贯的心理表征结构。

2. 理解过程与理解结果的关系

对一个特定语篇的理解结果，主要来源于以下三个方面：解码能力，也就是认字、识词、断句的基础能力；读者对语篇所涉主题（话题、内容）的生活经验和百科知识；理解过程的心智活动，可以表述为阅读方法的运用或阅读规则和策略的运用。

在基本具备解码能力、对语篇所涉主题不太陌生的前提下可以认为，语篇的理解结果主要来源于理解过程的心智活动，即阅读方法的运用。

理解的过程与理解的结果相辅相成，对语篇的理解结果与理解这一语篇的阅读方法互为因果。也就是说，适合的阅读方法或阅读规则和策略的适当运用，能产生较好的理解结果。不妥当的阅读方法或不能够运用相应的阅读规则和策略，将导致较差的理解结果。

阅读的目的是获得理解的结果，学习阅读需从理解的过程入手。

3. 理解的水平

理解的水平表现为结果，即对语篇理解的质量、正误、深浅；表现为过程，即运用阅读规则和策略的熟练程度及效果。

理解的不同水平可通过对专家读者、熟练读者与初学读者的比较，或对同一个人在不同阶段阅读同一篇或同类语篇的比较等途径得知。现有的可资利用的工具有以下两种。

（1）侧重于理解的结果

较常使用的是罗伯特·米尔斯·加涅（Robert Mills Gagne）的"学习结果分类"和布卢姆、安德森等研制的"教育目标分类"。分类意味着不同的项目，但也含有类别高下的意思。比如安德森等修订的目标分类，"评价"比"理解"的水准高；在"理解"项，"推论"比"解释"的水准高。

（2）侧重于理解的过程

较权威的工具有 PIRLS 和 PISA 等阅读测试的框架和标准。阅读测试依特定的语料设计特定的题目，通过学生的答案推测其理解过程及在理解过程中所运用的方法，从而测试特定的理解能力，并依答题结果推测这项能力的精熟度。尽可能达到理解的较高水平，是教师对每一位学生的期待和要求。

二、阅读规则

（一）阅读规则和策略的含义及构成

阅读规则和策略是已经归纳、揭示、提炼出来的，被证明行之有效的阅读方法。有证据表明，许多阅读规则和策略，尤其是较高层次的规则和策略，学生难以自行发现。

侧重理解的阅读规则和策略，其构成大致为以下三个方面。

1. 引导性的问题

阅读乃是对文本提出问题的过程，而阅读理解则是使提出的问题得到回答。主动阅读落实到阅读行为，就是主动地对文本提出问题。

学习阅读归根结底就是学习如何对文本提出问题、如何在文本中找出答案、如何评估这些答案。

几乎所有谈论阅读和阅读方法的书籍都强调"提出问题"的重要性。阅读最重要的规则，其实为以下这样两条：成为积极主动的阅读者（要带着问题进行阅读）；带着阅读目的去阅读（必须有需要解答的问题）。

引导性问题是一些框架式的一般性问题，它们的效用是指引眼睛去看合适的地方，并看出应该看到的东西。

2. 建议性的指令

建议性的指令是专家或有经验的读者基于研究或阅读经验而提出的有效阅读方法，建议学习阅读者予以采纳，并在阅读实践中转化为自己的阅读经验。阅读规则和策略是程序性知识，指明应该做什么、怎么做，本质上是一些操作步骤。因此，在总体的规则下，通常需要用一些细致规则加以进一步落实。比如"读取人物"，具体方法之一是借鉴"综合起来塑造人物"四原则：重复——各种信息对相关特点的重复提醒；积累——各种特征累积起来相互完善，或共同解释某种怪异行为；关系——关注人物与其他人物的关系；转变——人物在故事发展过程中变化的程度。再如"熟悉古人的行文习惯"，可进一步分解为六条细目：用词委婉、援用故实、引经据典、变文避复、词语割裂、避讳改字。

3. 认知和学习策略

如前所述，阅读与"学习"几乎同义，阅读能力与认知能力在很大程度上是重合的。有些适用面广的阅读策略与其说是阅读策略，不如说是学习或认知的策略。

大量不同的学习策略（认知策略）可分成三个一般类目：复述策略，它涉及重复朗读、自我回忆的词语或术语；精加工策略，包括各种记忆术和写概要、释义、选择课文中主要观点等技术；组织策略，包括多种形式，如列提纲、画认知结构图或概念关系图、做笔记、将一种材料转化成另一种材料等。

非语文学科专家推行的"阅读理解策略教学"，其"阅读理解策略"多数是跨学科领域的学习和认知策略，如预测策略、连结策略、摘要策略、摘大意找主旨策略、做笔记策略等。

教学这些策略是中小学各门学科共同的责任，也是语文学科作为其他学科的基础的主要表现。

（二）阅读规则和策略的学习及注意事项

如果撇开生活经验（尽管这是不可能的）来说，阅读能力大致可以被描述为掌握阅读方法，即在阅读中运用与阅读目的相适应的阅读规则和策略。从这个意义上说，学习阅读就是学习一系列规则，学习如何从基本语言的书面材料中提取信息的方法。

以下两个公式几乎是等值的：

$$阅读能力=生活经验 + 适宜的阅读取向和阅读方法$$
$$阅读能力=生活经验 + 适当地运用阅读规则和策略$$

阅读规则和策略关键要"适当地运用"，引导或指示眼睛看文本的紧要的地方，并从中看出相应的东西来。适当地运用，需要注意以下几点。

1. 侧重理解的阅读规则和策略，受意识控制

与侧重解码的基本技能不同，作为高级技能，侧重理解的阅读规则和策略不可能自动化，其运用要受意识的控制；而其理解的结果则是较为开放和不固定的，并不影响预先决定的单一解答和答案。因此，对阅读规则和策略的学习必须与对阅读过程和阅读结果的监控（反省认知）关联起来。

2. 阅读规则和策略，适用于特定的情境

特定的情境，包括特定的阅读取向，特定的文类、文体，有时甚至包括特定的语篇。对阅读规则和策略的学习，必须在具体语篇的阅读实践中进行。只有当与具体情境和问题相联系时，它们才获得意义。

阅读规则和策略的概括性与操作性是一对矛盾体。规则和策略的适用面越广，情境的变数就越大，其操作性就可能越弱（弱方法）。反之，对应特定文体或语篇有较强可操作性的方法（强方法），其可迁移的相似情境，会受到较严格的约束。对阅读规则和策略的学习，必须在语篇多样化的阅读实践中进行。只有阅读多样化的语篇，才能成为灵活通变的读者。

3. 阅读规则和策略的运用，要加入个人因素

这可以从以下三方面来看。第一，规则的通用性。规则总是同类型特殊状况中的通用规则，学习者一定要加上一点自己的想法，才能运用在实际的状况中。第二，语文学科的特性。语文学科中的大多数概念是难以精确定义的，由这样的概念构成的规则也有模糊性。这些规则有很大的灵活性，往往随人对有关概念的深入掌握而变化。第三，规则和策略的实施的复杂因素。阅读规则和策略的运用，在分类学修订版大致对应"运用"类别中的"实施"。实施经常与理解、创造等其他认知过程类目一起运用。在实施中，必须选择程序以适合新情境，程序必须有所修改以便实施，有时甚至必须借助理论、模型和结构的指导，从概念性知识中制造出某一程序。

第四节　阅读任务与阅读路径

一、阅读任务

阅读教学通常指语文教科书的课文教学。阅读教学就是建立学生与这一篇课文的连接。要理解这一点，首先要明白阅读教学中"课文"的特性。"课文"的特性内在地限定了语文教师的教学任务。

（一）课文不仅是学习材料，而且是学习对象

阅读教学所说的课文与其他科目中所说的课文有一个本质的差别。在其他科目中，课文即教科书的一章一节，仅是学习材料，而不是学习对象。地理课的学习对象是地理现象及自然规律；数学课的学习对象是数学的定理、定律；思想政治课的学习对象是对人生和社会问题的认识；体育课的学习对象是对健康的关怀和肢体运动的技能。在这些科目中，教材中的课文，即论述学习对象的文字，是学习的一种材料、一种途径、一种媒介，而不是学习对象本身。换言之，教学目标不是记忆、感受、解释、运用这些表述学习对象的文字，而是借助这些文字去记忆、感受、解释、运用它们所指称的学习对象，如地理现象及自然规律、对人生和社会问题的认识等。学生通过学习另一种教材，通过论述的另一些文字，通过"课文"以外的另一些媒介，通过"活动"等另一些途径，也能够学到他们需要学的东西，有时还可能学得更好。

阅读教学离不开课文。阅读教学的课文不仅是学习材料，而且是学习对象。《走一步，再走一步》《生命，生命》《心田里的百合花》《安塞腰鼓》这些课文都是独特的文本，是任何其他媒介如电影、图片、实物等不可替代的，是任何有关"谈论勇敢""珍爱生命""百合精神""安塞气概"的其他文章难以置换的。学生对这一文本的阅读、理解、感受，包括对特定文字所传递的人文精神的感悟，对表达独特思想情感的语句中所显现的语文知识的理解，是任何其他途径，如戏剧化表演、主题讨论会、各种资料展示等所不能拥有的。

概言之，学生今天所面对的学习对象就是"这一篇"特定的课文。学生今天所面临的学习任务是理解、感受这一特定文本所传递的作者的认知情感，是理解、感受这一特定文本中与独特认知情感融会一体的语句章法、语文知识。

（二）课文中包含可能高于学生现有语文经验的因素

学生是阅读的主体。学生在面对一篇课文时，比如《背影》，凭借他们的生活经验和语文经验，产生他们的理解和感受。然而，学生的理解可能不正确，学生的感受

可能不到位。因为阅读教学中的"这一篇"课文包含着可能高于学生现有语文经验的因素。或者这样说，学生因语文经验的局限，不足以理解、感受课文中作者所传递的生活经验。

对阅读来说，语文经验的不足在小学低段主要体现在文字方面，即所谓"生字生语"。在小学的中高段以上，尤其到了中学，随着阅读材料的复杂和阅读类型的扩展，涉及字词、语句、段落、篇章及文学、文章，乃至文化种种方面。一方面，对课文的理解、感受是学生的理解和感受；另一方面，对课文学生可能理解不了、感受不到、欣赏不着。这是阅读教学中存在的学生的基本矛盾。

理解不了、感受不到、欣赏不着，表现为阅读的结果。这可能受制于生活经验，比如知识的不足，但决定性的因素却是阅读过程中的阅读行为：之所以产生不对头的阅读结果，往往是因为阅读行为不合适、不得法。这样在阅读教学中，学生就需要完成以下两个相辅相成的学习任务：第一，丰富、扩展生活经验，获得与课文相符合的理解和感受；第二，丰富、扩展语文经验，学习与课文理解和感受相呼应的阅读行为，核心是阅读方法。对于与课文相符合的理解和感受，不同的阅读类型可有不同的解释，因而需要对具体课文进行具体分析。

然而有一点是明确的，对课文的理解和感受，有"可被接受"的准则：所理解的应该是文本中含有的；所感受的应该是文本直接引发的。或者这样说，"可被接受"的阅读结果源于"可被接受"的阅读方法。这种或那种理解和感受之所以合理，是因为它可以从"如何读出"这种或那种理解和感受，即从阅读的方法上做出合理的解释，并能与别人交流、分享。

（三）建立学生与"这一篇"课文的链接

在阅读教学中，"课文"的上述两个特性内在地限定了语文教师的教学任务。而语文教师的教学任务就是引导和帮助学生更好地阅读，具体落实在学生所面对的"这一篇"课文上。

学生的学习任务、引导和帮助学生更好地阅读也是相辅相成的两个方面：第一，使学生获得与课文相符合的理解和感受；第二，使学生学会与课文理解、感受相呼应的阅读方法。

引导和帮助表明语文教师在阅读教学中的指导作用。语文教师是学生与课文的中介，阅读教学要建立学生与"这一篇"课文的连接。在教学设计阶段，建立连接包括两个主要任务。

（1）找准连接的点，即确定教学内容，明了学习任务

要有效地建立链接，语文教师必须在相互关联中打量阅读主体和阅读对象。

第一，谁读。是初一的学生、初二的学生，还是初三的学生？是城市重点校的学生，还是农村偏远地区的学生？总之，要面对具体的学生，关注学生的学情。

第二，读什么。是一篇小说、一首诗歌，还是实用文章？是鲁迅的小说、沈从文的小说，还是欧·亨利的小说？总之，面对的是某一特定的文本，要研读这篇课文。

研读课文，也就是课文的教学解读，包括以下内容。

①这一特定文本，最要紧的是在什么地方？文本的关键点在哪里？或者说，这一特定文本的特质何在？

②理解、感受、欣赏这一特定文本的关键点有哪些？或者说，如果发现文本的关键点，用怎样的阅读方法才能获得与课文一致的理解、感受？

关注学情，在这里主要指分析学生在教学之前的阅读状况：课文的哪些地方他们自己能理解、能感受、能欣赏？哪些地方或许理解不了、感受不到、欣赏不着？

根据研究，学生理解不了、感受不到、欣赏不着的地方，往往就是课文中最要紧的地方，即某一特定文本的特质所在之处。这样，就能合理地建立学生与课文的连接点。连接点对教师来说是教学内容，对学生来说是学习任务。

（2）设计连接的通道，即教学的方式方法

在教学内容确定、学习任务明了的前提下，接下来便可以设计连接的通道。连接的通道对教师来说是教学环节和步骤，包括教学组织和教学方法；对学生来说是学习的进程，包括学习方式的运用。建立学生与"这一篇"课文相连接的主要事项，也就是阅读教学设计的主要事项：确定合宜的教学内容，组织有效的教学环节。

这至少透露出这样的信息：阅读教学，包括文言文的阅读教学，绝不是平铺直叙、字词句篇面面俱到地"讲课文"。阅读教学也不仅仅是让学生多读几遍课文。

（四）阅读教学的重要原则

建立学生与"这一篇"课文的连接，引导和帮助学生更好地阅读。这句话蕴含着阅读教学的重要原则。

（1）无论是在阅读教学之前、之中还是之后，对一篇课文的理解、感受，始终都是学生这一阅读主体的理解和感受。语文教师必须把握以下两个要点。

第一，学生在阅读。阅读教学不是语文教师讲述自己对课文的理解和感受。在阅读教学中，因教学的需要，语文教师有时要讲述自己对课文的理解和感受，或者转述教学参考书对课文的分析。这种讲述，目的是促使学生加深、丰富对课文的理解和感受，而不是要学生记住老师或教学参考书上对课文的几句结论性的话语。

第二，在阅读教学之前、之中或之后，学生对一篇课文的理解、感受应该有明显的变化。换言之，原来理解不了的，学生通过这堂课理解到了；原来感受不到的学生通过这堂课感受到了；原来欣赏不着的，学生通过这堂课欣赏到了。这种变化，在阅读教学的过程中学生应该能明确意识到，并表现出种种迹象；在阅读教学之中或之后，如果采用合适的手段和方法，应该能够进行检测。

（2）在阅读教学中，学生阅读的是"这一篇"课文，学生要获得的是与课文相符合的理解和感受。语文教师必须把握以下要点。

第一，阅读教学以课文的理解、感受为界。在阅读教学中，因教学的需要，语文教师有时会从课文延伸到社会生活中的种种现象。这种延伸的目的是促使学生加深、丰富对课文的理解和感受。在语文课堂，教师借助课文所引发的话题谈论个人对社会生活种种现象的认识，这或许有必要，但它与阅读教学无关。

第二，凡是作者要表达的，在文本中已经表达了。阅读教学一般不需要语文教师在文本之外再做延展，尤其是在思想感情方面。思想教育的价值是经过严格审定的语文教科书选文自身所具有的价值，获得与课文相符合的理解和感受，也就获得了思想教育。

文学作品，尤其是抒情性作品，其情感与作品的语言文字相粘连，体会情感就是理解、感受作品的语言文字，不需要语文教师额外加力，比如激情夸张的"讲课"、多媒体的渲染等。

第三，与课文相符合的理解和感受，来自与课文理解、感受相呼应的阅读方法。在阅读教学中尤其要强化阅读结果的"可被接受"，强化阅读结果和阅读方法的一致性，这两个方面相辅相成，尽管就具体的课文来说，不同功能的选文在教学中可能会有所侧重。比如，定篇类型的课文主要是文学经典作品，学生的主要学习任务是熟知经典，理解和感受经典作品的思想情感和艺术价值，因此对课文的理解结果就可能凸显出来；而例文类型的课文是让学生通过课文学习语文知识，重点当然要落到阅读方法上。

二、阅读路径

"路径"有两层含义：一指到达目的地的道路；二指做事的诀窍，找到解决问题的途径，与"门路""门道""门径""路数""线路"等同义。

"教学的路径"是比喻的用法，包含教学目标、教学内容及组织、教学方式和相应的教学法等。阅读教学的路径描述了学生与"这一篇"课文的连接点和连接通道。

阅读教学基于学生的"学"。从学生阅读能力的现状和发展看，在班级授课制的教学情境中，阅读教学基本路径有以下三条，殊途而同归。

（一）唤起、补充学生的生活经验

对一篇课文，学生之所以理解不了、感受不到、欣赏不着，原因之一是他们的生活经验及百科知识的不足。他们或者缺乏必要的生活经验及百科知识，或者因受制于自身的生活经验及百科知识而陷入"我向思维"，或者没能将生活经验及百科知识与阅读这一篇课文真切地联系起来。上述种种状况往往交织在一起。这里先看一个例子。

《童年的馒头》（聂作平）第二段是这样交代背景的：

> 如今的幸福生活使我欣慰，不过有时心底也会泛起一缕儿时的苦涩。
> 那时候，娘拉扯着我和妹妹，家里穷得叮当响。我在五里外的村上小学，六岁的妹妹在家烧火做饭，背着那个比她还高半截的竹篓打猪草，娘起早摸黑挣工分，日子清贫得像一串串干枯的空笼花。

这里有好几个词语，学生在理解时可能会有困难，尤其是城市里的学生：打猪草、空笼花、工分。

在某堂课中，就有学生举手提问："老师，工分是什么意思？"马上有学生自告奋勇："我知道，工分就是钱很少的意思。我爸爸妈妈挣工资，是元，10元、100元。他妈妈挣得很少，只是几分钱。"

不了解"工分"，学生也就不能明白"那时候"的具体所指，因而难以理解课文所记叙的事情。

又如，"六一"儿童节学校每人发三个馒头，"我"信誓旦旦："妹妹一个，娘一个，我一个。"但在放学回家的路上却自己独吞，吃得"连馒头屑也没一星了"。

"怎么看这件事？"老师提问。学生纷纷评价："这孩子贪吃！""不诚实！说话不算数！"

学生的发言告诉我们，他们不但不了解"那时候"这个大语境，也没明白"我在五里外的村上小学"这个小语境。或许有的学生算得很快：五里等于两公里半，不到出租车起步价，好近哦。

不知"那时候"，不知五里羊肠小道的漫长，就无从体认"我"在吃那两个馒头时激烈的思想斗争，对妈妈要在这一天用全家的白面蒸"五个白中带黄的大馒头"也会感到莫名其妙。

理解不了，也就感受不到，更别说欣赏。这篇散文的种种笔法，必被视而不见。"日子清贫得像一串串干枯的空笼花"，这个刻意的认知性比喻，注定完全失效。

《竹影》（丰子恺）的第二段主要是写景：

> 天空好像一盏乏了油的灯，红光渐渐地减弱，我把眼睛守定西天看了一会儿，看见那光一跳一跳地沉下去，非常微细，但又非常迅速而不可挽救。

正在看得出神，似觉眼梢头另有一种微光、渐渐地在那里强起来。回头一看，原来月亮已在东天的竹叶中间放出她的清光。院子里的光景已由暖色变成寒色，由长音阶（大音阶）变成短音阶（小音阶）了。门口一个黑影出现，好像一只立起的青蛙，向我们跳将过来。来的是弟弟的同学华明。

"由暖色变成寒色，由长音阶（大音价）变成短音阶（小音价）"，这个独具丰子恺特色的比喻显然是刻意而为之。它是这一段的点睛之笔：一处日常的景色，平添艺术的情调，又与后面的"画竹影"遥相呼应，成为使课文前后两部分关联的纽带。

然而，学生很可能对这个比喻视若无睹、听而不闻，于是需要教师的引导和帮助。

引导和帮助有好多种办法，寻常的办法是语文教师做"背景介绍"或"知识介绍"。比如"工分"，往往要借助实物、图片等其他媒介，尤其是多媒体。让学生看一看"暖色"，看一看"寒色"，想象"由暖色变成寒色"；给学生听一听"长音阶"，听一听"短音阶"，再听一听"由长音阶变成短音阶"，在想象中把音乐声转化为画面。有时还可插入体验性的活动，比如在回家的路上感受在"五里外的村上小学"。

阅读教学中的"背景介绍""实物展示""互动体验""多媒体课件"及一些"拓展性资源"的运用，主要目的之一就是唤起、补充学生的生活经验。学生的生活经验及对所学科目知识储备的不足，在中小学其他科目中也是常态，因此上述种种办法在其他科目的教学中也常用。阅读教学的特殊性在于语文教师的"语文意识"。

换言之，语文教师往往不满足就事论事地解决课文的这一处，而是将这一处的解决放置在阅读方法、阅读策略的背景中。借助于这一处的解决，或明或暗地让学生领略阅读方法、阅读策略。

比如上面的例子，仅仅介绍"工分"指什么恐怕不够。语文教师应该从这里看出学生的问题来，并有针对性地加以引导和帮助：让学生精读课文，遇到陌生的名词，查词典或请教别人。在阅读课文的时候，遇到名词不能望文生义，也不能用在语境中推测词义的办法。

或者还可往上延伸：用一个标志性的事物落实"那时候"的虚指是一种有意味的笔法，而标志性的名词构成文本的语境。

上面两例均涉及认知性比喻，学生对认知性比喻的喻体缺乏感知。因此，教师有必要指导学生，尤其在诗歌、散文阅读方面，越陌生的认知性比喻越需要关注，必要时可借助实物、图片等辅助学生理解及感受。

（二）指导学生学习新的阅读方法

对课文理解不了、感受不到、欣赏不着，主要是由于语文经验不足，即学生没能掌握与特定文本相呼应的阅读方法。用心理学的术语来讲，是缺乏相应的图式。正如语文教师常说的，"要教会学生如何阅读"，"授人以鱼，不如授人以渔"。培养学生的阅读能力，指导学生学习新的阅读方法，是阅读教学的主要路径。

（三）组织学生交流和分享语文经验

有一些课文离学生的语文经验较近，与学生已形成的或应该具有的阅读方法较为合拍。用心理学的术语来讲，学生具备可以利用的相应阅读图式，或只需要对图式精细化，或对图式做具体化的微调。

用这样的课文组织学生交流和分享语文经验，是一条较好的路径。在班级授课制中，学生是学习的共同体。学生既是学习者，也是重要的教学资源。在交流和分享中，学生相互启发，教师择机点拨，学生往往能获得新的语文经验，加深、丰富对课文的理解和感受。

第五节　实用文章阅读理论

一、实用文章

（一）"文章"概念的演变

"文章"这个词语，从古至今经历了一个"变性"的过程。

"文章"原意是"色彩错杂，花纹斑斓"，在先秦特指有文藻的文字写作。到西汉中后期，"文章"与"儒学""儒雅"对举，含义接近现代所谓的"文学"，指经、史、子著述之外的诗赋等文学作品。

东汉末年至南朝已明确区分"有韵之文"与"无韵之笔"。后者约等于中国古代文学史所讲的"散文"，与"诗"对举，包括"古文""时文"及科举文、官方使用的应用文等。

"无韵之笔"仍是文学，它有暗示性和装饰性的特点。

暗示性是指不把要表现的内容全部在文章表层展示出来，而是尽量克制，要依赖于读者想象的一种性质。这使汉语的文章表达往往追求言不尽意、书不尽言，富有言外之意的效果。

装饰性是指在文章表达中强烈地追求形式美，特别是音乐美。比如，古代独占文坛六七百年的"四六文"（骈体文）就具有极度的装饰性，对句式、字数、音节乃至用典等方面都有比较严格的要求。"四六文"以外的文章也或多或少有着句式、字数、音节等方面的装饰性追求。

延续到近代，"文章"一词一直有两层含义，或包含"有韵之文"，或只指"无韵之笔"，总之是中国传统意义上的"文学"。

在现代，随着西方文学观念的传入，诗歌、小说、戏剧及散文被归为"文学"。但直到20世纪前半叶，"文章"一词仍多与"文学"混用，夏丏尊《文章作法》中的不少例子取自《红楼梦》《水浒传》，夏丏尊、叶圣陶合著的《文章讲话》也不时出现李白、杜甫等的古典诗词。

文章"变性"为"非文学"，大概与叶圣陶提出的"普通文章"（普通文）有关。其实国文的范围很宽广，文学只是其中一个较小的范围，同样包在国文里还有非文学的文章，也就是普通文。但"普通文"不包括通知、借条等应用文。从叶圣陶"就普通文章的道理跟读者谈谈"的《文章例话》看，"普通文章"指诗歌、小说、戏剧之外的文章，主体是广义的散文。

1985年，张志公主编的《现代汉语》明确提出"实用性文体"（实用文）。实用性文体不是一般常说的那种应用文，它与"文艺性文体"对举，除文艺性文体外都是实用性文体。各行各业都有自己处理各种问题的实用文。

在1996年出版的《汉语辞章学论集》中，张志公进一步对"主要诉之于情"的文学作品与"主要诉之于理"的各种"应用性的文章"加以区别："政治的（宣传什么或反对什么）、科学的（介绍什么、说明什么、反驳什么）、社会交际的（公关）以及日常应用的（信、公文等），都属于应用性的体裁。"

"实用性文体""应用性的体裁"均指文章的实际用途。"实用"原本就是中国古代文章的传统，"文以载道""体用不二"。中国古代的文体命名主要靠"功能性命名法"，对应着不同的行为方式及功能，如策、表、序、论、墓志、祭文等。清代吴乔说："文为人事之实用，诗为人事之虚用。"如果把"诗"扩展为"文学作品"，"虚用"即文学的"无用之大用"，那么"文"即文章，突出其"实用"的功能。为强调文章的实用功能，也为了避免混淆古今，现在称其为"实用文章"，简称"文章"，即小说、诗歌、戏剧和散文之外的书面语篇。

（二）亚文类与体裁

1. 多种角度的亚文类

对既定的文章，从不同的角度可以划分出若干亚文类。

从实用的性质看，可分为普通文章和应用文。应用文指有特定应用场合、有具体应用目的的文章，常见的有书信、广告、宣传语、菜谱、使用手册、说明书等。

从读者对象看，可进行如下划分：私人性质的，如日记、书信、笔记、留言等；大众性质的，如报道、新闻、广告、宣传语等。越倾向私人性质，文章的表达越自由，所受的拘束就越少。而大众性、公共性的文章的表达则会受到相当大的制约，需要遵守约定俗成的文章规范。

从文章的媒介看，可分为文本与超文本。文本是语言的实际运用形态，是根据语言衔接和语义连贯的规则组成的书面语篇。超文本则可按不同顺序来阅读，尤其是那些相互链连接的文本与图像等，读者可在某一特定点中断，以便参考相关内容。超文本的构成不局限于文本的静态文字，而是可以涵盖文字、图像、声音、视频等动态内容。超文本具有非线性、能动选择、不确定性和互动性的特点，如网络日志、微博体、网络评论、跟帖等。

语文教学往往把所教的课文归入某个类，希望"转个为类"，即通过一篇文章的教学，教会学生读写一类文章，以培养学生可迁移的文章读写能力。原因在于这些亚文类并非基于同一个标准，如科普类文章、新闻和报刊言论文章、社科类文章等。

2. 文章体裁

亚文类中包含若干体裁。体裁指适合一定内容、对象和交际场合，对结构、语言和篇幅都有一定要求，比较稳定的文章样式，如学术论文、调查报告、科普文章、报刊言论，以及新闻、通讯、人物传记、书评与影评序言、访谈录、演说辞、图片说明、日记等。

体裁也是实际使用的文章样式，在读写实践中，往往还要进一步细分。比如学术论文，按学科分，有数学、化学、历史、文学等；按层级分，有学士论文、硕士论文、博士论文、专著等。实用文章的体裁繁多。当一种功能需求形成一定的言说方式时，就会约定俗成地确立相应的文章体裁。各种体裁多依实用功能命名，"因文立体"。

从读写的角度看，关键不在于实用文章的体裁如何归类，而在于在读写中如何把握体裁的特质，即"辨体"。

二、章法与脉络

（一）古代视野

一定要注意区分"古代文章学"和"现代文章学"。

古代文章学与古代文学大致重合，主要指文言散文，往往包括诗歌以及从文章角度评点的小说、戏剧等，如金圣叹评点的《水浒传》《西厢记》等。

古代文章所使用的单位一般分为字、句、章、篇四级，因字而生句，积句而成章，积章而成篇。"章"相当于文章的层次，集数句以显一意者，谓之一章。"法"即标准、模范、可以效仿的。"章法"是从优秀文章（模范文章，即范文）归纳出来的，可以供后学者效仿的谋篇布局的方法，即古人所说的开阖首尾经纬错综之法。以古代视野对待章法，要关注以下四点。

1. 章法是从古代优秀文章中归纳出来的谋篇布局的模范

优秀文章在古代指文章大家的诗文。就"文"而说，是以先秦文言为准则的"古文"，也包括应试成功的科举文，即"时文"。章法的归纳，具体体现为对范文的"评点"，包括"顶批""旁批""圈点""评解"等。"评点"可以切分出两个方面。

第一，范文所体现的谋篇布局的技巧，可归纳为"共通的法则"。由此形成一系列带有中国特色的章法知识，如起承转合、熊腰豹尾、伏笔铺垫等。"以笔法为序"的《古文笔法百篇》，就有对偶、题字生情、一字之骨、波澜纵横、曲折翻波、起笔不平、小中见大等二十卷。

第二，借助这些章法知识具体地理解文章内容和作者的行文思路。比如《古文笔法百篇》的第一篇《待漏院记》，首句旁批："天道、圣人对起，立论阔大。"顶批："法天是待漏源头，勤政是待漏本旨，有思是待漏光景。惟勤政始克法天，惟慎思方能勤政。首尾关照，一线穿成。"

《待漏院记》评解写道："以脉络用意言，前以勤字引出待漏院，又从侍字想出思字，从思字生出贤、奸两种，末以慎字束，意在为相者，当勤慎也。"

2. 章法知识兼顾表里两层

章法知识即文章的组织结构，分表里两层。

表层属于文章形式方面，如文章的标题、开头、结尾、过渡、照应等，也就是谋篇布局的"规格""技巧"。

里层即"脉络"，属于文章内容方面，指作者的行文思路。"脉络"以人体血流动脉来比喻文章作品结构组织的内部联系，有时也被称为"意脉""义脉""语脉""气脉"等。

作者的行文思路即内在思想、情感的逻辑性，它是章法的基础。文章的组织构造及技巧运用都不单纯是写作技能方面的问题，好的文章表里统一、体用一致。

古人学习章法，有"上等读法"和"次等读法"之说。

所谓上等读法，即先审题，然后"如我当境作文一般，要如何用意下笔遣词，再四沉思"，再将自己所沉思之文与范文加以比照，"得失自知矣"。这相当于范文的还原法，以脉络统领技巧。

所谓次等读法，即"揣摩谋篇"的细读法，依脉络领会技巧。"先考明题目来历"，"然后逐字逐句而细读之，看其措语遣辞如何锤炼；由逐节逐段而细思之，看其承接起落如何转变；又将通篇抑扬唱叹缓缓读之，审其音节；又将通篇一气紧读，审其脉络局势，再看其通篇结构照应章法 —— 完密与否，则于此首古文自有心得矣"。

由此可以推论有两种"劣等读法"：一种是不顾作者的行文思路和章法，以一己之见擅自阐释；另一种是脱离文章的具体内容，不顾脉络，而将章法当作"死法"，即"省闱作文之法"，应试作文的"造文"套路。

3.形成独特的"读写结合"

从范文中归纳的文章知识，在需写的文章与范文体式一致的情况下可以转化为写作知识，即谋篇布局的知识，甚至成为写作的"套路"。

从范文中提炼章法知识，原本就是为了便于后学者效仿范文，所谓取法乎上。章法知识服务于"学写古文"，落点是科举文，尤其是八股文。

在中国古代，尤其是宋、元以来，章法知识在文言文学习中既引导阅读范文，也用于指导写作。我国古代语文教育以"文章赏析"为教学的手段，以"揣摩谋篇"为教学的核心，以"仿效范文"为教学的目的，由此形成了一种"独步于世界教坛"的"读写结合"。而以"仿效范文"为目的的"读写结合"成功之关键是在技法和脉络的统一中把握章法。如果是这样，那么所学的章法便可能成为"活法"。流传至今的一些杰出的八股文作品就是"活法"的榜样。

反之，如果不顾文章的具体内容，脱离脉络，所学的笔法便会成为"死法"，成为"省闱作文之法"，成为应试作文的"造文"套路。大量不入流的应试八股文，便是"死法"的标本。

4.严防古今错乱

就"文"而言，章法或笔法是古代散文之法。现代散文与古代散文有传承关系，也有本质的差异。现代散文讲究"散"，率性而为，以"无法"为冕。而古代散文则讲究章法。

以古习古，以今对今，是语文教学务必遵循的准则。

章法是古代散文之章法。文言文阅读教学，宜用与文章行文思路原本一致的章法知识，而不能古今错乱，用现代人的一套办法（如"记叙文要素""说明方法""论证方法"等）去对付文言文。

现代散文"无规范"。现代散文阅读教学，重在把握每一篇散文的特质，不宜发明什么章法的名堂，尤其不能用古代散文中归纳的章法来对付现当代散文。

以"仿效范文"为目的"读写结合"，建立在言文脱离、科举制度等特定历史条件下。写作教学是指学习具体写作情景中语篇构造的写作知识，从静态文本归纳的章法知识只有放置到具体的写作情景中，针对特定的写作任务，才有意义。

文言文阅读教学，在如今已不大可能"读写结合"。现当代散文教学，则不允许出现以"仿效"为目的的"读写结合"。散文不讲究文体规范，要的是自由和开放。

（二）现代视野

现代文章学是正在形成的一门学科，其研究对象是现代"实用文章"，一般不包括作为文学文类的现代"散文"。文章学的研究目前主要有三股力量：一是陈满名教授领衔的"章法学"，发扬光大古代的章法之学，以脉络统领技巧，依脉络领会技巧，侧重文言文阅读和"限制式写作"；二是曾祥芹教授领衔的"文章学"，吸收现代文章的观念，研究"狭义文章"（含现代散文）的方方面面；三是各种具体文章体式的研究，以翻译为主，文章的静态知识往往掩埋于听说读写的动态知识中，如《商务写作》《（新闻）标题写作》《作为话语的新闻》《调研报告写作》《学术论文写作手册》《怎样撰写学位论文》《新媒体写作论》《简历》《广告原理》等。

从现代文章学来看，章法体现着作者的总体设计，是对层次、段落、句子等文章单位的有秩序的组织。秩序性和逻辑性是章法的主要内涵。章法是文章形式的范畴，它受文章内容的制约，是为达成写作目的、表现文章主题服务的。

从文章形态上来看，文章是一个首尾连贯的、有机的书面语言系统，它的有机系统是靠其内含的秩序来实现的。秩序既体现为字、词、句、段，部分之间的层次，结构的组织性，又体现为一种内在思想、情感的逻辑性。

文脉指文章单位之间的衔接关系，是作者行文思路在作品中的体现。日本学者市川孝提出了三种文脉展开的形态：前后两个句子意思有直接关系，用"接续短语"把它们连接起来；前后两个句子的意思并非一定具有直接关系，多使用"指示代词""同一词语""同义词或近义词"等把它们连接起来；前后句一个说明原因、理由，一个暗示内容、结果。

在文脉展开的过程中，"重复词语"起着关键作用，它们能指示前后句之间的承接、照应关系，在文章解读中，它们有时是重要的线索，是把握语篇及文章思想的关键信息。

三、关于"表达方式"

（一）表达方式的来历

表达方式是指表述特定内容所使用的特定的语言方法、手段。中国传统的表达方式即"赋、比、兴"，现在通常所说的表达方式来源于西方。20世纪初，我国开始移植西方文章分类思想。1914年，傅斯年在《怎样做白话文》中引进西方分类理念，把白话文分为形状文、记叙文、辨议文、解说文四类。此后，陈望道、黎锦熙、夏丏尊、刘薰宇、叶圣陶等人也都纷纷提出类似文章分类体系。

这些引介，来自英文的 description、narration、exposition、andargu-mentation 或 descriptive、narrative、expository、persuasive。在西方，它们其实是写作教学中的通用体式，不是单纯的写作形式，还包括决定写作形式的写作情境。四种文章分类是由"读者""写作目的""具体写作形式"等要素综合决定的四类交际任务。

在英文文献中基本上用写作任务（writing assignment）、写作样式（writing mode）或写作类型（writing style）来指称上述四种文章分类，而不用写作文体（writing stylistic）。

20 世纪中后期至今，西方作文文体知识基于写作的"交际性"，经典的"四类文章分类体系"中的"描写、叙述、说明"逐渐从"写作类型"下放为相对独立"表达手段"。

目前，把"记叙""说明""描述"等仅作为"表达手段"，并与其他"作文技能"并列使用的情况，在西方国家的语文课程标准中非常普遍。也就是说，一篇具体的文章以某种表达方式为主，往往会综合运用其他表达方式。

（二）记叙

记叙即叙述、叙事。记叙是动的，与时间相关，记叙人物、事件的变化和发展历程。在写实的文章中，记叙主要有顺叙（直叙）和倒叙。

顺序或直叙，就是照着自然发生的顺序写，这是最自然的写法，也是基本的写法。某一篇记叙文之所以生动，多半是因为那件事本身生动；之所以平板，多半是因为那件事本身平板。也就是说，有婀娜的身材，才能有曲线美好的旗袍。根据王鼎均的研究，直叙要生动，有三个条件、

（1）起落。起落是读者反应的强弱。记叙不宜平铺，事情本身有起落，写出来的记叙文也就有起落，如事情本身起落感不强，就要采用倒叙等办法补救。

（2）详略。详略指取材，重要的详写，不那么重要的略写，不重要的不写。取材有主从，所以文笔有繁简，不宜平均。

（3）表里。表里指作文材料显隐。大家都能看到的是表层，而偶尔露出事情真相，引起读者的想象和推论的是里层。

倒叙是在忠于事实原则下动一点小小的手脚。把发生在后面的事情先说，或许就能造成文章的"起落"。但倒叙毕竟不自然，所以经常伪装成直叙的样子，如全部倒叙的"侦探小说"。局部倒叙往往要回到主流，继续直叙下去。

叙述可分为详叙和概叙，这是比照实际发生的时间来说的。通俗地讲，用较多的文字来记叙较短时间里发生的事就是详叙，详叙经常要借助描述，尤其是白描。用较少的文字记叙较长时间里经历的事就是概叙，比如"八年里，他一直平静地生活着"。

（三）描述

描述，即 description、descriptive，有多种翻译，如"形状（文）""记述（文）""描写（文）"等。

描述是静的，与空间有关，介绍、呈现、刻画眼睛所能看到的或理论上可能看到的静态物象，就是描述。描述是写实，报告所看到的人物场景。文学性的描述称"描写"，包括在虚构作品中的描写和在非虚构文学作品（如散文）中的描写。

描述或描写基于观察。观察有三种类型。

（1）日常观察。日常观察即在正常情况下通过眼睛的观感就能看到。在正常的情况下，不同的眼睛所看到的事物大致趋同。

（2）科学观察。科学观察是指受过专业训练的人能看到（比如 X 光照片），或者是通过专门仪器（比如望远镜、显微镜等）可以看到。科学观察建立在客观的基础上，也就是说，同样受过专业训练或使用同样的仪器所看出来的东西应该是一样的。

（3）文学观察。文学观察与其说是用眼睛看，不如说是用心看。日常观察、科学观察都是通过调查可以得到证实的，因而是报告。而文学观察则是主观的，是这位作者在这一境遇中的独特观感，是由作者的想象、联想、情感、趣味等独特体验所创造出来的主观之镜像。换言之，是其他人的眼睛所看不到也不可能看到的。比如在《荷塘月色》中，"正如一粒粒的明珠，又如碧天里的星星，又如新出浴的美人"，这荷花便是寻常人所不得见的，朱自清在平日里所未尝见的荷花。散文中的写景往往是文学观察所产生的主观之景，散文中的写人往往是包含作者情感的独特的"这一个"。

描述或描写实际上把瞬间发生的事定格、延长，对综合的物体景观加以分解、特写。前者如动画中投篮的一瞬间，整整放了一集；后者如长城一览，在角落里细致地展示。学生学习描述或描写，实际上是学习如何把观察到的镜像定格、延长、分解并加以特写。

描述或描写，具体是关键，具体才会生动，才会营造身临其境之感。与语文教师的直觉相反，具体的描写主要靠名词和动词，而不是靠带有评价色彩的形容词，概念化的形容词往往导致不具体和虚假感。

白描是常用的技法，其特点是不用或少用色彩浓烈的修饰性形容词，不加渲染烘托，也不用修辞格，只用质朴而有"骨感"的文字刻画出事物的特征。例如《祝福》中对祥林嫂外貌的描写："头上扎着白头绳，乌裙，蓝夹袄，月白背心，年纪大约二十六七，脸色青黄，但两颊却还是红的。"

与白描相对的是现代形成的以大量使用比喻、拟人、夸张等修辞格为特征的"彩绘"。"彩绘"与其说是描写，不如说是通过描写来抒情，因而在诗歌及散文中较多使用。

（四）阐释

英文 exposition、expository，原义是暴露、显露、揭示，引申为说明、讲解、阐述等，通常的翻译有解说、说明、解释等。在《国文百八课》中，夏丏尊、叶圣陶是这样界定"说明文"的："说明文所表示的是作者的理解；换个说法，就是作者所懂得的一些道理、原因、方法、关系等。""所谓理解、乃是说天地间本来有这些道理，给作者悟出来了，明白地懂得了。"换句话说，"说明"是抽象的分析过程，它含有作者发现的意思。根据英文原义及先辈的权威解释，译为"阐释"可能更为准确。

阐释是指解释现象、揭示事理，或对一类事物的状态、性质、功能等加以解说，或对一个抽象概念、一种道理等加以阐明。在与描述和论辩（论证）的区别中，可以清晰地把握"阐释"的含义。

描述的对象是用眼睛可以看到的特定事物，比如所看到的一只鸟。阐释所面对的则是一类事物，比如"麻雀"，要通过科学的研究才能说明是什么样的动物，实际上是解释"麻雀"的概念。描述是针对外观的，比如描述赵州桥的形状；阐释则是解说何以如此的道理。

"为什么"要求给出阐释或论证。在用"为什么"寻问原因时，问题要求回答者解释造成某个事实的原因。例如：狗为什么会叫？光线为什么会弯曲？"阐释"为什么是文章学知识而不是写作知识？在用"为什么"询问根据或理由时，要求回答者给出坚持某一主张的论证。例如：你为什么说小华不守纪律？他凭什么要求索赔？为什么要对"阐释"做如此详尽的介绍？换言之，阐释回答的是事实性问题（是或不是），即事实之所以如此的道理；论辩（论证）回答的是评价性问题（对或不对，好或不好），即如此主张的理由。前者是研究得出的结论，可证实或证伪；后者是经过辩护而成立的观点，可说服别人或被辩驳。

阐释以往称为"说明""解释""解说"等。根据说明的对象，有人曾把说明分为"介绍实体事物"的介绍性说明和"阐述事物道理"的阐释性说明。根据所回答问题的类型，有人曾把解释分为"回答为什么"的因果性解释和"回答怎么做"的说明性解释。有人则把解说的对象细分为类型的事物、抽象的事理、事物的异同、事物之间的关系、事物的处理法、语义的诠释等。上述这些称呼和不同角度的分类，有助于正确而全面地把握"阐释"的含义。

阐释的核心是两个方面：一是对"是什么"这样的事实性问题进行妥帖的解答；二是将自己的解答向别人进行系统而明白的阐述。因此，阐释的方法也可以分为两个方面：一是如何获得妥帖的解答；二是如何向别人明白地阐述。上述两个方面是相互联系、相辅相成的。

需要用写作来阐释的问题一般都是需做进一步探究的，需要通过科学观察、实验、调查、资料的梳理和运用等途径才能解答。科学观察不仅仅是"仔细地看"，往往还要对观察的对象加以分类、分解、比较等。运用资料进行思考和写作是阐释的基本特点。资料的梳理和运用包括资料的提炼、分析、联系、比照、比较、综合等。

阐释性文章往往涉及一些知识术语，有时整篇文章就是围绕一个关键术语的阐释展开的。下定义、提供理解这一术语的背景材料、列举被定义术语的各种成分、用否定的方式辨析它不是什么、通过相关术语的比较、引用权威的说法并加以解说等，是常用方法。

说清楚，包括合理的顺序，列举、举例、图表、比喻、比较等方法的运用，以及适合读者对象的语言。

（五）论辩

"论辩"的英文为 argumentatio、persuasive，与此相关的词语有 arguable（可论证的；可辩驳的）、argue（争论，争吵：辩论，论证；争辩，说服）、argument（争论，争吵；理由，论据，论点；据理而定，说理）、persuade（说服，劝说；使相信，使确信）、persuasion（劝说，说服；说服力；教派，派别）、persuasive（有说服力的；善于游说的）。它们可翻译为议论文、论说文等。关于"议论文"，《国文百八课》是这样定位的："议论文是把作者所主张的某种判断加以论证，使敌论者信服的文章。""我们写作议论文，情形正和上法庭去诉讼，向敌方和法官讲话一样。"根据英文原义及先辈的权威解释，姑且采用"论辩"。

论辩的核心是所提出的观点能够成立，能够被原本持不同观点的人认同。而之所以成立、被认同，关键是证据和由证据支持观点的论证过程。

论证的过程即逻辑推理，包括演绎推理、归纳推理和辩证推理等。推理要符合逻辑的规则。从另一面来看，也就是说，论证要避免思维的陷阱，如"草率概括""倒因为果""错误类比""以权威为据""以无知为据""黑白思维""源于愤怒的论证""众所周知""相对主义""以错制错""转移注意力""夸张""嘲讽"等。

理由＋结论＝论证。首先是理由，然后才是结论，这是论辩的首要规则。不能先选择观点，然后再考虑理由，否则就是"颠倒的逻辑"或"倒逆的逻辑"。

理由包括信念、证据、比喻、类比及其他用来支持或证明观点的陈述。但信念、比喻和类比只能作为辅助的理由，理由归根结底依赖证据。因此，论辩的关键是收集足以确立观点的优势证据。或者说，要收集在质量上明显优于相反及相对观点的证据。

四、实用文章阅读类型举隅

（一）理解性阅读

文章的理解性阅读也称"分析性阅读"，它是文章阅读的主要类型。理解性阅读的目的是读懂文章说了些什么。理解文章的关键是抓住要点，抓住要点则要把握重要的语句。

什么是重要语句？哪些是重要语句？这没有具体的答案。语文教学向来有抓住文章要点、理解文章重要语句的说法，记叙文、说明文、议论文的知识框架导致"要点"和"重要语句"的抽象化。因此，试图用一种方法去抓住所有文章的要点、识别和理解所有文章的重要语句，其结果是造就了无所适用的"阅读方法"。

然而这也不是毫无规律可循的。文章总是特定体式的文章，不同体式的文章有不同的特性，比如学术随笔、文艺随笔、杂文和学术演讲词等。不同体式的文章要求有不同的读法。

把握重要语句的前提是认识文章体式的特性。按照体式的特性去阅读，往往就能比较合适地判断重要语句的所在，把握语句的方式也会比较准确。

（二）操作性阅读

操作性阅读的对象是讲述做事方法和行为方式的文章，其重点在于"怎么做"，或直接说明操作方法、行为规则，或通过做事原理。行为机制的阐述指导人们合理地进行实践活动。

从阅读主体来看，操作性阅读有两种情形：第一种情形是阅读中有操作，人们边阅读边操作，并努力把自己的阅读理解转化为具体操作，比如阅读电器使用说明书；第二种情形是阅读后有行动，人们抱着实践的目的去阅读，并努力把自己的阅读理解、落实到实践的行为中，比如阅读"如何欣赏中国文学"这类文章。

总而言之，操作性阅读不仅要求"知"，而且要去"做"；不仅要知道别人说了什么，而且要把别人的所说与自己的实践相关联。

（三）批判性阅读

批判性阅读是批判性思维的运用。批判性思维是一种成熟的思考过程，它包括对观点的相关证据进行评估，并最终从这些证据中得出合理的结论。批判性阅读涉及互为关联的两个方面：一是阅读对象，二是阅读主体。着眼于前者，批判性阅读的重点是对文章内容进行客观公正的评估，不妨将其称为"评估性阅读"。着眼于后者，批判性阅读的重点是对自己的观念和思想进行理性的反思，亦可将其称为"反思性阅读"。

欧美学者认为："有证据表明，在批判性阅读中存在一些专门的技巧。"他们提出，发展下列技能将有助于人们依据逻辑推理来评估书面材料：区别因果关系和相关关系；找出错误的比喻，这种错误是由比较项目之间缺乏可比较性造成的；找出因没有考虑各种可能性而导致的错误的两分法；找出没有充分证据的结论；判断前提的准确性，并确定是否应做出该结论；识别自相矛盾的地方；识别不相干的问题；识别过分强调事物的共性，而忽视个性的做法。

（四）研究性阅读

研究性阅读指以研究问题为目的的资料阅读，简称"研读"。研读大致包括以下两个方面：一是综合运用"理解性阅读"和"批判性阅读"，理解和评估别人的研究成果。二是在"接受"的基础上谋求"创造"，或在别人研究的基础上对问题做进一步研究，或应用别人的研究成果研究相关问题，或受别人研究的启发提出新问题并进行研究。

研究性阅读关注所讨论的主题，读者是为了研究"自己的问题"而读书。比如，为了弄清"中学文学鉴赏的含义是什么"而对论述"文学鉴赏"的相关书籍、论文进行研读。

研究性阅读是"双线"并进的阅读：一条是读者对"作者的问题"的理解线路，另一条是读者对"自己的问题"的思考线路。

研究性阅读往往涉及大量的材料，梳理这些材料就是进入了"同主题阅读"，即相同主题材料的比较阅读，有形的成果是"文献综述"。

（五）侧重在阅读对象的阅读类型

理解性阅读、操作性阅读、批判性阅读、研究性阅读等均是侧重阅读主体的分类，强调阅读的目的，凸显阅读的取向。

对实用文章的阅读类型也有必要进行侧重阅读对象的分类，以凸显某种亚文类或体裁的阅读特性。侧重阅读对象方面较重要的阅读类型有新闻报道和报刊言论文章的阅读、科学普及（科普）文章的阅读、社科类文章阅读等。

第七章　基于个性化阅读的学生阅读能力培养研究

第一节　个性化阅读的提出

一、当前语文阅读中存在的问题

（一）语文教育带来的思索

随着社会的发展，语文教学一直没有停下自己改革的步伐，取得的成绩是显著的，但是，摆在人们面前的严酷现实是语文教学效率仍然不高，语文教学质量仍然不好。如果说语文教学还是不能令人满意的话，那么阅读教学尤其不能让人感到满意，现在这种状况仍然没有得到根本的改善。在这种情形下，新课程标准提出了要进行"个性化阅读"的概念，希望改变旧的阅读教学观念，这是可喜的；但人们也应该看到，个性化阅读教学的现状是不容乐观的。

语文是人文性很强的学科，阅读更是语文学习的中心环节。文本原本是多义的，学生的反映也应是多元的，阅读本应最能体现学生的个性，然而目前对内容"理性的解释"却使知识的"碎片"充斥于学生的头脑中，他们无法再对原本优美、感人的文章进行感悟。同时，封闭的评价使学生不断地陷入思维的误区，这种单向封闭的思维使学生丧失了个性。传统的阅读教学存在着一个不易察觉又根深蒂固的弊端，那就是"相信课文是外在于读者（教师与学生）的阅读客体，其中的意义是作者早已赋予的，是客观的、永恒的和不变的。"例如："评优课上出现的思维趋同、认识雷同现象，令人惊讶。三十六堂课，学生达数千人次，思维的焦点都集中在动物体现的精神上，大家的认识如出一辙，一律是完美的人格的赞誉，很少有独特见解，对一些完全可能产生疑问的地方，却很少呈疑问难；对出乎常理的溢美之词，各个安之若素，不觉过分，相反在对斑羚羊等的赞美上，大家争先恐后地不断升级、拔高，把自然界的动物演变成人人为之倾倒的偶像，而浑然不知其悖情逆理。难得有一位学生对《斑羚飞渡》的真实性提出质疑，却被老师简单地以'托物言心、不必追究是否真实'为由而扼杀了。很少出现的对小战士枪杀老鹰所持的不同见解，也被众口一词的谴责所淹没。课堂像一泻千里的河水，顺利推进，没有波澜和漩涡，也没有冲突和争论，平淡无奇，众人一面，使得评课老师难以定夺。"这个例子所反映的问题令人困惑和不解：为什么中国语言如此之丰富、词汇如此之多，却偏偏只有唯一的答案？为什么如此多的学生却有着如此雷同的想法？现如今，"追求共性、谋杀个性"的做法普遍存在于教育领域之中，这种指令性的课程范式使教育陷入窘境。有研究者将其表现主要归结为三点：①预设的非生成性的设计；②理性的非体悟性的阐释；③闭锁的非开放性的评价。中国的教育从来未像今天一样受到如此重视，而今天的中国教育却面临着从未有过的危机。教育能否使学生得到全面和谐的发展？能否使他们的个人特征获得最充分的重视？他们如何设计并完成自我人格的塑造？他们将如何扮演未来社会的角色？他们将如何担负起传递历史和人类文明的责任？这些已经成为人们为之焦虑的问题。因此，教育界开始思考学生个性丢失的原因，试图改变学生对语文"淡漠"的现状。

（二）对阅读中个性化不足的分析

个性化教育的思想源远流长，而在语文文本的阅读中，其不足的现象却是经常可见的。阅读教学个性化缺乏的原因是多种多样的，但大体上可以归结为两类。我国历来就有"代圣贤立言"的传统，"四书""五经"之后，组织文人"寻求圣贤本意"的权威注疏解释工作，并以科举应试为手段来保证解释的正统地位，这样个性化的自由解释就遭到了破坏，个体解读的创造权利遭到了扼杀。现实的原因更为复杂，其影响力更为直接，因此这里重点分析现实原因这一方面。

1.知识本位

当今的中小学教育仍是以高考为目标，学生学业的评定当然是以考试作为准则，教师为考试而教，学生为考试而学，一次考试的失误往往就可能否认学生以往所有的努力。而在高考试题中阅读成绩占语文试卷的三分之一，所以许多教师不得不偏重知识的传授、技能的训练，模拟考试题，咬文嚼字，挖空心思地追求知识的精确性、客观性，忽视语文的综合性、模糊性，置学生的个性发展于不顾。在"知识中心说"的指导下，语文阅读教学被"知识化""标准化"了，学生在学习的过程中也不断地"程序化""机械化"。在语文教学中，文本的意义是事先存在的、确定的，许多教师在指导学生阅读时，唯一的目的就是追寻文本所赋予的"唯一答案"，在教学过程中，教师也形成了教学上的模式化。对一篇感人至深的文章，教师在讲授时往往会在内容上大做文章，如划出文章动作描写、心理描写的句子，找出过渡句等。而教学中的所谓的阅读创新，也都是围绕着标准答案的"创新"而提出的。上海师范大学中文系副教授张家平指出："语文应该是有灵气的，但现在的语文却是支离破碎的，从整体上把握一篇名家名作会有美感，但这样的文章常常被肢解。在教学中抽出一段话，甚至几个词，翻来覆去地分析其所谓深刻含义，使学生的思维越来越僵化。学生内心丰富的情感、对文章独有的体验在语文的训练中消失了。以学科为体系，以知识为中心，必然会追求知识的全面性和系统性，并导致对知识烦琐的分析和机械的训练。"以传授知识为中心的传统的教育，只能让那些不能掌握知识的学生感到失败。

2. 思维定式

思维定式是指先前的思维活动造成的一种对后继思维活动的特殊的心理准备或反应倾向，它使人的思维循着某种近乎自动的思路行进。阅读过程中的思维定式表现为两种形式：对主题解读的思维定式及学习方法上的思维定式。学生在阅读文本时，对其所处的时代、背景都无须与之结合起来考虑，学生的个性和批判能力基本上丧失了。一方面，思维定式使学生能够迎合现今的考试，能够用已有的知识经验去对文本进行"公式化"的理解，迅速得到所谓的"答案"；另一方面，思维定式又给人们带来思想上的禁锢，学生早已将心中对文本的独特的理解深深地藏了起来，不再会去想象、创造。在他们并未真正理解文本所要表达的含义时，他们用已有的经验迅速地得出对文本的理解。这正是目前许多中学生不喜欢鲁迅作品的原因。试想一下，究竟有多少学生能真正发现、理解和把握好鲁迅作品中的内在底蕴呢？这样的做法培养不了实事求是地分析问题的胆略和习惯，使学生对作品缺乏文化层面价值观的观照、鉴别和认同。我国教师在语文教学上不断研究，从"三段六步法"到"五步读书法"，再到"三段六步训练法"，形成了各种各样的教学模式。可以说，这些模式是老师在教学中不断总结创造出来的成果，都发挥着一定的积极作用。但是，这些模式在现实的社会中却被教师套用，形成了"模式"。学生在阅读时会不由自主地运用这种思维方式对作品进行分析，长此以往，思维被局限，变得单起来，学生不敢也不会离开所谓的正轨去阅读，他们的创造力被点一点地吞噬了。

3. 教师权威

我国是一个尊师重教的国家，"道之所存，师之所存"，教师负责"传道、受业、解惑"。在课堂教学中，教师是不容置疑的主宰者，学生对教师绝对服从，二者的地位从来就不是平等的。教师是教学活动的组织者，是学生成绩的评价者。长期以来，教师"或以自己的心得强加于学生；或用教参的答案固定教学方向，限制学生的自由"。教师在教学中通常控制着课堂，拼命地向学生灌输知识，学生的想法得不到表达，个性也无法体现。学生早已适应了听众的角色，而忘记了读者的身份。正像邹静之《女儿的作业》中的小女孩一样，许多学生都把教师的话当作圣旨，不顾正确的理解。家长也不得不发出"我的曾写过'圆珠笔在纸上快乐地蹭痒'这样句子的女儿，开始为作文编造她的故事"的感慨了。在完全灌输式的教学已经不存在的今天，语文教师又致力于问答式的教学法，精心设计的课堂提问使语文课呈现师生互动的教学场面，然而这种追问式的"伪阅读"又从另一方面剥夺了学生主动探索的机会，"满堂灌"变成了"满堂问"。整个课堂仍以教师为中心，学生在教师设计好的问题中前进，这种读的结果，只是教师对文本的理解，学生通过"努力"所获得的只是教师已经预备好的答案，学生不过是对教师的思想进行复述而已，学生个性化的思想都在教师的"启发"下丢失了。

二、语文新课程标准的颁布

教育中教学方法单一、学生被动学习、学生个性受到压抑等现象已经成了不可忽视的问题。教育部制定了《全日制义务教育语文课程标准（实验稿）》，指出学生是学习和发展的主体，语文课程必须根据学生身心发展和语文学习的特点，关注学生的个体差异和不同的学习需求。要求提高学生的语文素养，注重语文应用、审美与探究能力的培养，促使学生均衡而有个性地发展。新课程标准将学生看作发展的人、独特的人、具有独立意义的人，认为语文学习是学生自我成长、自我学习的过程，同时也是激发学生"生命力和创造力"的过程。这充分体现了以人为本的教育理念。新课程标准的制定，为学生的个性化阅读提供了前提和基础。在阅读理念上，新的课程标准体现了以下几方面的特点。

（一）弘扬了阅读教学的人文精神

自语文独立设科以来，我国语文的教育观念一直在不断发生变化。先是更多关注语文知识和技能方面，将语文课上成工具训练课，也曾一度上成政治思想课。在语文教育中对学科的过分关注，势必造成对其他方面的漠视，出现如对学科与学科之间的共同教育功能和价值的漠视，语文教育中文化的体会，以及学生情感的体验与发展被忽视等问题。学生在阅读时失去了自己的真实情感，套用大话、假话已成了常见的现象。学生不仅不会阅读，而且心灵冷漠。《语文课程标准》对语文性质的定义是人文性与工具性的统一，在目标上增加了情感、态度与价值观这三个维度，从目标、内容、实施到评价无不体现人文的特点。重视人文精神，需要重视学生个性的发展。阅读中强调认知和情感相结合的教学，所追求的结果主要是价值的实现、学生个性发展的需要和兴趣的满足、情感的宣泄等，而不仅仅是学生掌握了多少知识技能。

（二）注重了阅读过程与实践

语文教学质量低下，有研究者将原因归结为三个方面：一是教师很少创设生动活泼的交际情境让学生参与言语实践；二是教师很少让学生承担有意义的言语交际任务；三是教师很少提供在具体的言语环境中进行言语实践的机会。面对学生缺乏言语实践这一现状，新课程标准在实施建议中提出的一系列具体要求："尊重学生的个体差异，鼓励学生选择适合自己的学习方式。""阅读是学生的个性化行为，不应以教师的分析来代替学生的阅读实践。""要珍视学生独特的感受、体验和理解。""阅读的重点是培养学生具有感受、理解、欣赏和评价的能力。"高中语文课程标准更加明确地指出："阅读文学作品的过程，是发现和建构作品意义的过程。作品的文学价值，是由读者在阅读鉴赏过程中得以实现的。文学作品的阅读鉴赏，往往带有更多的主观性和个人色彩。引导学生设身处地去感受体验，重视对作品中形象和情感的整体感知与把握，注意作品内涵的多义性和模糊性，鼓励学生积极地、富有创意地建构文本意义。"新课程标准从学生的个体身心发展出发，重视阅读过程中的言语实践，最终实现学生个性化的阅读。

由上述内容可知，无论是阅读教学的改革还是新课程改革，都将学生的个性化阅读能力提到空前的高度。因此，在语文阅读教学中实施个性化阅读教学，既符合阅读教学的本质特性，也符合新课程改革发展要求，而如何在教学中很好地实施个性化阅读教学是研究的重点，也是难点。

第二节　个性化阅读原理

一、个性化阅读的概念

"阅读是一种从印的或写的语言符号中取得意义的心理过程。阅读也是一种基本的智力技能，它是由一系列的行为和过程构成的总和。"认知心理学家雷斯尼克（Resnick）认为："阅读是一种构造过程，在这个过程中，读者的推断能力与他原来的知识起关键性作用。"也就是说，阅读不是一个被动、机械地吸收文章信息的过程，而是积极主动地获取各类信息的过程。不管是"心理过程"还是"构造过程"，不管是"获取信息"还是"理解""评价"，都取决于读者的前认知，是极具个性化的行为。

那么，什么是个性化呢？

个性是一种非常复杂的社会心理现象，由于研究的角度不同，对于个性的定义也不相同。据统计，到目前为止个性的定义有百余种。《辞海》（1989年版）有过以下定义："个性在心理学上亦称人格。指个人稳定的心理品质。包括两方面：个性倾向性和个性心理特征。"前者包括人的需要、动机、兴趣和信念等，决定着人对现实的态度、取向和选择；个性心理特征包括人的能力、气质和性格，决定着人行为方式上的个人特征。这两方面的有机结合，使个性成为一个整体结构。"个性"这一名词是从外语中翻译过来的。中华人民共和国成立前，我国心理学、教育学界最早把personality译成"人格"；中华人民共和国成立后，我国心理学界把它译成"个性"。美国则把人的个性称为个性化，个性化成了个性的普遍含义。通俗地讲，个性化就是只有"我"一个，"我"的特殊，"我"的行为，"我"的手段，"我"的目标。真正有效的阅读，必须依靠阅读者全部的心智和情感意向活动，才能通过对书面符号的感知和理解，把握其所反映的客观事物及其意义，达到阅读的目的。这种具有很强的个性化的活动决定了阅读只能是学生自己的事，任何人都无法越俎代庖。在此基础上可以认为，个性化阅读就是阅读主体根据自己已有的认知框架，自主地对书面符号进行感知、理解、探究，最终获得带有强烈主观色彩的感悟和体验的心理过程。

二、个性化阅读的目标

近年来，在教学过程中实现学生的个性化，要求将学生的个性发展作为教育的基本目标。学生个性发展的尺度成为衡量教育学校乃至整个教育系统的尺度。钟启泉认为个性教育的目标最大的特征就是儿童"自我概念"的形成。日本教育家将之分为六个范畴："①自己的现状与认识之界定；②对自己的情感与评价；③他人眼中的自己的形象；④自己以往的形象；⑤自己的潜能与未来形象；⑥自己的责任与理想。"可以说，自我概念是针对现今教育学生人格压抑、只会悲观看世界的现状提出的。教育心理学研究指出，学生的学习过程不仅是一个积累知识的过程，而且也是一个发现问题、分析问题、解决问题的过程。这些研究都强调了在学习过程中学生自我发展、学会学习的重要性。在此基础上，个性化阅读的最终目标也就是在阅读过程中实现学生对自我的认识，并能通过学习为学生的终身发展打下基础，促进学生个性的发展和人格的完善，培养学生的独立精神、自由精神，使学生学得主动，在阅读过程中获得知识，感受到快乐，有兴趣去进行阅读，养成主动求知的习惯，提高个人的素养。阅读是无处不在的，学生的发展离不开阅读，在语文课上能够阅读，在日常生活中，对信件、报纸、杂志、网络等都需要进行个人的解读，这是总体上在大语文观下，从学生终身发展这一角度对个性化阅读所提出的目标。

具体来讲，个性化阅读在具体的阅读中要把握两个主要目标：一是学生对文本要有个性化的理解；二是学生个性化阅读能力的提高。其中，对文本要有个性化阅读这一角度的提出是对过去认为阅读是为了弄清作品主旨的一种反驳。过去有许多教师为了课堂教学的顺利进行，在教学时把教学目标首先告诉学生，这样的做法其实剥夺了学生对文本的自我感悟的权利。学生在阅读文本之前就已经受到限制，在阅读过程中必然会沿着教师的思路走下来。在新课程标准中，阅读目标被重新定义，学生的自我感悟和体验已被提到了重要的地位。具体的目标为："欣赏文学作品，能设身处地的体验和理解作品；能联系作品的文化背景感情倾向作出自己的评价；能说出自己对作品中感人的情境和形象的体验；品味作品中富于表现力的语言。""鼓励学生有独到的体验和理解。"这些都充分说明了对学生个性化阅读的重视。新制定的高中语文课程标准对阅读目标也提出相应的要求："注重个性化的阅读，充分调动自己的生活经验和知识积累，在主动积极的思维和情感活动中，获得独特的感受和体验。""能用普通话流畅地朗读，恰当地表达出文本的思想感情和自己的阅读感受。"对个性化阅读能力的要求反映了对学生阅读要求的"战略转移"。语文单独设科后曾一度被上成语言工具训练课和政治课，可以说对学生的个性是很少考虑的。强调学生阅读能力的提高，是从学生的发展考虑的。知识是重要的，如何理解和把握知识，如何对知识进行新的建构则是更重要的。学生在课堂中对语文的学习，就是在掌握知识的基础上进行的。高中新课标中所提到的"善于发现问题提出问题，对文本能作出自己的分析判断，努力从不同的角度和层面进行阐发、评价和质疑"等，就是对阅读能力的一种要求。个性化阅读的能力是在长期的阅读中逐渐培养起来的，学生在平时的阅读中就要通过不断的阅读实践来完成对作品的解读，形成个性化的阅读思维和能力。

三、个性化阅读的原则

（一）主体性

学生是活生生的、有着不同个性的个体，他们在阅读中有着不同的喜好。实现学生个性化的阅读，首先要实现学生的阅读主体性。那么，什么是学生的主体性呢？王富仁认为学生的主体性包括两个方面："其一是全部的语文教学活动，从教学的指定到语文教材的编定，从语文教学参考书的编写到语文教师的课堂教学，都必须落实到学生的'学'上，都是为了尽快提高学生的人文素质和语文素质。其二是在整个语文教学活动中，学生都是一个积极主动的参与者，而不是一个被动的服从者。"对于第一点，王富仁认为说起来容易，但做起来是相当困难的。因为语文成绩的评估者都是成人，而非学生本身。这样的评估不是从学生的成长和期待出发的，也就忽视了他们的主体性。学生的学习不是一个被动吸收知识、记忆、反复训练的过程。

个性化阅读强调的自主就是在阅读活动中要以学生自己的研读为主，相信学生具有巨大的潜能，相信他们都能够成功。一个真正有意义的阅读活动也正是学生积极思考、把握和分析文章、对文本进行再创作、根据不同的体验得出不同的意义的过程。

学生的自主性是个性化阅读所倡导的，也体现了语文新课程标准的精神，但要正确把握才行。对自主性的强调只是针对以往阅读过程中这一方面的不足而提出的，并不能因为这点而否认教师的作用，将其异化为完全的自主。阅读中的主体性强调的是在教师指导下的自主。

（二）创造性

发展学生个性的主要方面就是培养他们的创造力，创造性已经成为这个时代所必需的品质。在学习中注重学生的创造性，原因是多方面的。首先，学生是具有创造性的人，不是只会接受知识的"容器"，学生具有创造的要求，他们的想象是丰富的，他们在对文本的阅读中不仅创造性地阅读文本，同时也创造着自己，人的自我不是被发现出来的，而是被发明出来的。其次，也是重要的一点，阅读过程就是一个创造性的活动。朱立元指出，阅读是"从原有的期待视界出发，在与作品召唤的结构的接触、碰撞中，通过语符—意向思维的作用，调动读者感性经验积累和想象力，对作品的空白与不确定性进行'具体化'与重建，达到意向、意境、意义的初步感性总合；并在此基础上介入主体反思，设定具体的'问答'逻辑，通过辩证的'对话'深入作品的内层，理性地把握并阐释作品的底蕴，最终达到读者视界与作品视界的沟通与交融"，"文学作品的生命不是孤立地存在于作品之中的，而是体现于生产（作家创作）—文本（作品）—接受（读者阅读）这样三个环节的动态过程之中"。在作家、文本、读者的关系中，读者并不是被动的部分，任何作品的意义都不是客观不变的，读者在阅读的过程中参与文学作品，对作品进行创作，进而使其不断地丰富和充实，呈现新的意义。语言能力的一个最重要的特征就是创造，它是在不断地感知言语形式、品味言语形式的过程中逐渐生长并提高的。对作品创造性地阅读，读出文中别有的内涵，读出自我的理解，这是对阅读更高层次的要求。

（三）实践性

新课程标准指出，语文是实践性很强的课程，应着重培养学生的语文实践能力，而培养这种能力的主要途径就是语文实践。长期以来，对语文知识的片面追求导致对知识烦琐的分析和机械的训练，使知识发生异化。而这些语法知识、修辞知识、文学知识并不是需要掌握的重点。一个外国人是怎么也弄不明白"我差一点跌倒"和"我差一点没跌倒"这两句话为什么会有同样的意思的，而日常生活中常用的"打扫卫生"从语法上也是说不通的。"我们应该从言语技能培养的角度，或者说从语用学的角度重新审视语文课程的基础知识。对于实践性和人文性都很强的语文课程来说，实践和体验无疑是更重要的。"对于一部作品，知道它很感人，知道这样的写作手法很好是远远不够的。重要的是从内心感受到感人，认识到好在哪里。要个性化地阅读，就要强调学生通过"阅读"这一行为，通过主客体双方的相互作用来实现对文本的理解。学生在阅读过程中将自己的潜能、天赋、创造力等赋予文本，达到个人的理解；同时，又通过阅读丰富发展着自己的个性。比如李白的《静夜思》，读者都很熟悉，一般都会以五言诗相对应的节律来阅读：低头 / 思 / 故乡。但是，有的读者却以另一种方式来阅读：低头 / 思 / 故 / 乡。这不仅读出了对家乡的思念，更读出了一种无人述说的无奈之情。学生不但理解了作者赋予作品的情感，同时也能够对作者和作品有新的认识。个性化阅读所要培养的是实际运用语文的能力、鉴赏语文的能力和研究语文的能力。语文教育是母语教育，在生活中无处不在，强调实践性就是要求学生更多地接触语文材料。学生的阅读过程就是语言材料积累的过程，积累得越多，阅读实践经验就越丰富，对文本的理解和运用也就越有帮助。

第三节　个性化阅读下的学生阅读能力培养策略

教学生读书的阅读教学占了语文教学的绝大部分。如果说过去语文教学效率不高，其症结就在阅读教学上。要改变阅读教学的现状，一定要以科学的阅读理论为指导，以明确阅读教学的本质，分析阅读教学过程的相关因素，提高学生个性化阅读能力，实现阅读教学的目标。

一、个性化阅读教学本质上是对话的过程

《语文课程标准（实验稿）》指出："阅读教学是学生、教师、教科书编者、文本之间的多重对话，是思想碰撞和心灵交流的动态过程。"这一表述以对话理论为主要基础，将阅读教学看作教师引导学生，与学生一起和文本对话的一个过程，体现了现代阅读观念。这个对话过程包含两方面的内容。

（一）读者与文本的对话

阅读中最基本的关系是作者与读者的关系。作者创作出作品以满足读者的阅读需要，也就是在人与人之间确立了对话和交流的关系。换言之，作者创作作品需要有人阅读，有人与之对话和交流；读者阅读作品，也是为了从中有所发现、有所满足、有所思考，其实也是对话和交流的心理需要。在个性化阅读教学过程中，其体现为作为读者的师生阅读文本，理解、阐释文本所提供的信息。为了更好地表述这个读者与文本的对话交流过程，这里暂且分为文本角度的对话和读者角度的对话。

首先，任何文本都是作者处于某历史背景下，站在某个立足点，以他所见到的一切向读者诉说，表现他的思想观念、道德情操和审美趣味的作品。其次，文本的语言意象都具有模糊性、多义性，而修辞的运用又具有转指他意的特征，这都给文本造成了不确定性，它会使理解产生偏离，这种偏离无论在内容解读、形象重塑上还是从意识理解上都会给读者留下丰富的想象。也就是说，同一文本与读者对话的实质内容和意义可能不同。最后，作者在创作文本时出于对艺术形式的考虑，也总会有意无意地留出一块未实写出来或明确写出来的部分，这就是艺术上所说的"留白"。文本用这种"留白"向读者不断发出"召唤"，邀请读者积极参与文本意义的共建。所以，当读者开始阅读文本时，文本也正以自己独有的内容和形式开始与读者的交流。

读者是一种有限性和历史性的存在，总是带着已有的知识和生活经验进入作品，与作品发生交流。一方面在文本内容的指引下重构文本意义，另一方面又以自己的思想、情感和想象对文本进行创造性的阐述，最后形成关于文本的极富个性的认识。学生在阅读列子的《愚公移山》后，对"愚公移山"这件事有不同于他人的看法。有的学生认为作品赞扬了愚公的精神；有的学生认为愚公太笨，没有想到搬家；有的学生说愚公不太民主，"其妻献疑"，智叟问难，未必没有可取之处；还有的学生结合自己的现代意识，认为愚公别移山，也别搬家，而应搞开发、发展旅游。可见，不同的读者在阅读同一文本时，都在不断与文本对话交流，提出愚公笨不笨？""愚公民主吗？""他为什么要移山呢？"等问题，然后根据文本的内容、形式，领悟到文本的意义。

当然，这里读者与文本的对话不是一般意义上的对话，不是双方同处一个情境下面对面地你问我答。文本不能针对每个读者做自我调整，读者也不能从文本中证实自己的感受和理解正确与否。文本与读者之间不存在通常对话中所具有的特定意向和外部规定情境，其对话语境须靠读者从文本的暗示中获得启发而建立。这一过程的具体表现形式是一种内形式的自问自答，如读者会问"该作品有关历史方面的陈述是否与自己了解的历史知识相一致？""历史人物的形象与自己建立在历史基础上的想象存在多大差距？""语言表述与自己已有的欣赏水平的吻合程度如何？"等一系列问题。然后读者以他的原有知识和生活经验一次次扫视作品，从中探取、获得问题的答案，从而完成对作品的理解。而此时，作品作为对话的另一方，也在不断向读者发问，只是它的发问并不像读者向作品发问那么简单、直观，而是暗藏于它的陈述当中。它不会直接向读者发问，也不要求读者直面回答，它要读者做的是从答案（作品陈述）中发现隐性提问，其一般表现为"为什么是这个样子？"的形式。

因此，阅读不是一个传统理论所认为的知识传递的简单过程，而是"一个对话与交流事件的过程"。

（二）读者与读者的对话

完成了读者与文本的对话交流，并不代表最终完成了个性化阅读教学。因为阅读教学离不开师生、生生对话，只有教学主体（师生、生生）之间的对话、交往，才能完成学生对阅读文本具有个性化和创生性的占有。作为一名成熟的阅读者，一名课程标准、教学内容和要求的具体执行者，教师理所当然地要成为学生阅读的指导者，要正确地引导学生阅读文本，因此要将自己与文本对话的内容在教学过程中表现出来。学生受年龄、阅历、知识积累等方面的因素影响，他们的生活经验有较大的局限性，认知水平和审美体验也较为有限，在阅读文本时，学生从自己的知识和生活经验出发，会对文本产生层次不同、深浅各异的理解。所以，学生也要把自己在阅读文本时发生的对话在课堂上表达出来，这样才能得到教师的指导。

学生在阅读文本时进行的内省式的问答，在课堂上所呈现的直观形式就是通常所说的质疑。在阅读中，凡涉及文中的概念辨识、意象生成、内容理解、情感感受和意义重构等诸多方面，学生都会有自己的意见和不解。质疑是教学对话的重要组成部分，是教师引导学生向较高层次理解文本意义的路标。把握好质疑既是使学生正确进行阅读对话的关键，也是使教学对话取得成效的重要保证。

可见，读者与文本对话的过程就是个性化阅读的过程，师生对话是师生分别与文本对话后发生的课堂学习过程，是师生将自己在阅读文本时发生的问题逻辑公之于众、共同交流的过程，内容上是阅读对话的延续。只有完成了师生、生生对话，才完成了个性化阅读教学的全过程。

二、个性化阅读教学中的相关因素

任何教学活动都是教师、学生和教材这三个方面因素共同作用的结果，个性化阅读教学当然也不例外。为了更有效地进行个性化阅读教学，这里很有必要对这些基本因素做一些分析，以说明这些因素在个性化阅读教学中的特点。在具体的语文阅读教学中，这些因素是相互影响、相辅相成的，是一个充满矛盾的、运动着的综合体。为了便于进行分析，暂且将其分作三个方面分别加以论述。

（一）教师因素

在个性化阅读教学中，语文教师的特点是有限制的个性自由，表现在教师的读和教两方面：语文教师作为一名读者，在个性化阅读时要受到课程标准的限制；作为一名教师，在遵循课程标准、保证满足课程标准基本要求的前提下，在教材内容、教学方法选择取舍等方面可有所侧重、有所突破、有所创新，充分发挥自己的个性特长。

这里借用法国哲学家雅克•德里达（Jacques Derrida）"重复性阅读"和"批判性阅读"的概念。他说："重复性阅读寻求的是译解，梦想寻找到真理或源泉，批判性阅读不再关注真理，不再寻找源泉，它只肯定阅读的游戏。"如果仅仅作为一名读者，语文教师完全可以根据自己的人生经历、生活经验和知识积累对文本做出个性化的评价、价值判断，甚至可以进行批判性阅读，找出其不足。但语文教师不是一名普通的阅读者，所以他的阅读更多地要追求文本意义的确定性、单一性，反对歧义、多义，要承认文本的大众所公认的、普遍的意义，即使有不同的见解，也应该在学生理解掌握普遍意义之后表达。这是因为教学必须顾及课程标准，应尽量将文本的理解限定在一定范围之内，并按规定的教学目标考虑落实具体的教学内容的要求。所以教师在阅读文本时一方面是自由的、个性化的，另一方面又是不完全自由的，从内容阐释到意义理解都要将教学要求贯彻落实到课堂教学中去，选择适当的方法引导学生进行阅读反馈，以期符合课程标准。教师在达到课程标准基本要求的前提下，在教材内容、教学方法选择取舍等方面可有自己的个性化色彩。

在教材内容方面，教材在进入教学过程运转之前只是各种经验体系的静态集合，只有经过教师的加工，成为具体的教学内容时，它才能对学生产生影响。而同一教材经不同教师的加工所形成的教学内容是不同的，存在着知识数量和质量上的差异，带有教师的个性化特征。比如有的教师文学功底深厚，对作家的作品如数家珍，颇有自己的研读心得，那么他就可能更多更好地推荐书目，介绍背景轶事，创设学习的氛围，引起学生的兴趣，指导学生更准确地理解作品，更好地进行个性化阅读。

在教学方法方面，每个教师都有自己的优势和特长。擅长朗诵的教师可以凭借出色的朗诵带给学生美的享受；擅长多媒体制作的教师可制作声形并茂的课件来激发学生的学习兴趣。每个教师所面对的学生都是不一样的，如何根据学生的特点、需要、兴趣、能力，采取不同的教学方法来影响学生的学习行为、学习方式和学习兴趣，每个教师都会根据自己的理论水平、情感态度，兴趣爱好来有个性地选择安排。

（二）学生因素

在英文中，"教学"一词源于拉丁语"instruere"，原意指"引导学习者自己积累和整理知识"。在古希腊语中，"教学"即"自己教育自己"。实践证明，教师"教"给学生的任何知识对学生的发展都只有微弱的影响，或根本不产生有效的影响；唯一能对行为产生意味深长的影响的学习，是由学生自己发现并内化的东西，而这种内化为个人所有并同化到经验中的自我发现的知识和真理不能直接传授给他人。俄罗斯著名心理学家鲁宾斯坦（Rubenstein）也曾说："人在自己智慧活动的进程中，在交往和学习过程中，掌握着人类在社会历史发展过程中所形成的知识、真理、行动的原则和方式，按其内部的、心理的而不是结果上的描述而言，其本身就是对一定知识的分析、综合和概括。知识如果不包含有自己本身的分析、综合和概括的思想工作，那就是表面的知识。"也就是说，在学习过程中，学生是一个积极的探究者。教学的成效归根结底还是要通过受教育者积极地把外在的信息内化到自身的心智结构中，并进一步塑造成稳定的身心品质才能实现。因此，个性化阅读教学中的对话和交流应指向每一个学生的个体阅读。

实践证明，学生经过义务教育阶段的学习，已具备一定的语文素养，语文学习中的个性倾向渐渐明显，每个人均有其不同于其他人的思想、情感、需要、能力倾向性及兴趣爱好等。他们有自己的孤独、痛苦和思考，但往往被认为是"为赋新词强说愁"。

实际上，学生在某方面的灵敏性、真挚性、感悟性、纯朴性，以及对世界的好奇和热爱等，甚至是成人所不能超越的。他们会对文本中自己特别喜爱的部分做出反应，对自己认为特别重要的问题做出富有想象的反应，甚至突发奇想，对自己的阅读感受与作者的意图进行比较，为文本的内容和表达做设计等。

萨特（Sartre）说："阅读是一种被引导的创造。"学生因为自身身心发展的特点及阅历知识的有限，他们的原有知识和生活经验一般不会太丰富，对文本的理解会处于不同的层次甚至会出现误读。而一般来说，教师作为课堂阅读活动的组织者，学生阅读的促进者、对话者，文本与学生的中介，他的思想深度、文化水平、人生经验、审美水平要高于学生。因此，在个性化阅读教学中，学生的阅读需要教师的指导。当然，这种指导不是意志的强加，卢梭说，教师的责任不是"教给孩子们以行为准绳"，而是帮助他们去"发现这些准绳"。这一点体现在个性化阅读教学中就是要尽量创设学生学习活动的情境，包括组织学习活动、分析学习者的心态、创设课堂文化、组织可供学生选择的知识框架、营造心理氛围等去引导学生自我重构文本意义，鼓励学生批判、质疑，发表不同意见，最终实现学生的自我生成、自我回归、自我反思、自我认同。

（三）教材因素

教材质量的高低，师生对教材的处理，也是影响学生阅读能力的重要因素。传统的阅读教学观多年来将教材与课程目标等同起来，教材即代表着课程目标，它由专家、学者和优秀教师编写，得到权威部门认定，是教师实施教学的主要依据，教师必须接受教材的观念、思想、结构安排，服从编者的意图和思路，进而组织教学。将教材看作教学过程的中介，教师与学生在整个教学过程中不断地"破译"着作为范本的这个中介，理解编者的意图和思想接受教材所规定的知识和能力，从而完成课程目标。这种理解当然具有一定的合理性与正确性，但不免偏颇。因为这些观点过多地强调了教材的规定性原则，而且这个原则实际上也已经作用于教师的教和学生的学，但由于这"教材权威"过于刚性，因而在某种程度上抑制了教师与学生的主体精神与创造意识，从而极大地影响了语文教学的效度与信度，抑制了师生的主动性、积极性和兴趣。在个性化阅读教学中，教材应注意以下三方面的问题。

1. 一纲多本

作为课程目标的体现者，教材必然以它的规定性作用于教师和学生，并在一定程度上引导并规范着教师的教与学生的学。然而，当今社会的飞速发展与素质教育的不断深化，必然不断对课程目标提出新的要求，从而促进课程改革。语文教学将不仅是知识传递的过程，更是能力培养与生命张扬的过程。课程的改革必然要求教材与之适应，当前语文教材建设的多向探索趋势正是这种改革要求的体现。

2. 多层次性

在个性化阅读教学中，每个学生的知识结构、才能、兴趣、爱好不同，决定了每个人的阅读对象、习惯和方法的不同，满足学生的不同需要才能使学生的个性化阅读更健康的发展。因此，现在的教材从内容上看是较为广泛的。但从语言的角度看，阅读教学的内容究竟应该选择哪些？是以传统名篇佳作为主，还是以时文为主？对于这个问题，可以根据阅读教学的目的，从语言学中汲取有用的养分。学生的阅读能力层次不同，所以教材内容在语言上应具有多层次性。在此引入以下几个概念：目标语言、伙伴语言、中介语言。"目标语言"指作为学习蓝本的语言素材，是学生要努力达到的目标。既然是一种学习，那么这种语言素材必定要高于学习者的语言水准。作为对照，学习者当时的语言水准就称为"伙伴语言"，指学习者与水平相近的伙伴交际时所经常运用的语言。二者之间存在着差距，学习者向"目标语言"攀登时必然有个过渡阶段，这个阶段的语言水平称为"中介语言"。从"伙伴语言"出发，经历"中介语言"阶段，向"目标语言"靠拢，这是学习语言的客观过程和规律。

如果跳出纯语言学的范畴，而把上述理论作为阅读教材内容选择的根据，就会得到有益的启示，"目标语言"必定要高于"伙伴语言"，而且要有相当的提高量。二者之间如果没有足够的反差，便难以对学生心理产生刺激。经验证明，即使是阅读能力较低的学生，也往往喜欢文质兼美的课文，而不喜欢那种味同嚼蜡的文字。经验还告诉人们，阅读教材的内容真正对学生的阅读能力发生作用，往往并不在当时，而通常要在教学后的一段时间。尤其是作为范本的语言素材，其对学生阅读能力形成的作用，需要一个相当长的时间才能显示出来，而且语言水平层次越高，"潜伏期"也就越长，人们应该对这种"存储"作用给以充分重视。不懂得"目标语言"和"伙伴语言"的差别，使阅读教材内容的编选过于迁就学生现有的语言水平，是目前教材内容选择指导思想的一个误区。

"中介语言"既然是一种客观存在，就应该在教材内容中占有一定的位置。"中介语言"实际上就是通常所说的"例文"，实践已经把它引入了阅读教材，但它始终没有在阅读教材中取得名正言顺的"正统"地位，这是因为旧的观念在作祟。

从学生习作中精选出来的例文好像是一个活泼、健壮、可爱的孩子，他们来源于学生熟悉的生活，接近于学生的期待视野，唯有如此，才使学生感到亲切，并且使他们的思维活跃起来。"伙伴语言"的自然状态往往综合性较强，早在20世纪20年代，著名的语文教育家王森然先生在《中学国文教学概要》一书中就明确指出，编制国文教材应当采用填表法测验青年学生的现有语言水平，"像这样的测验之以后，假如所选之教材，于学生了解义之理解力与领悟领会文味之情感均能适合，自属可用之教材。"借助于科学方法，对这种语言状态做定量分析、典型化，使之成为阅读教材的一个组成部分，有助于学生阅读能力的提高。

"伙伴语言""中介语言""目标语言"的引入，不仅是名称的改变，更意味着观念的更新。名称可以随着世界潮流而变化，但观念却可能会滞后。观念更新了，视野就会拓展，就会产生新的思路。

3.教材处理

作为课程目标的体现者，为更好地实现课程目标和体现语文学科本身的特点，语文教材也必须是个开放的系统。因为当教材作为一种超越教学过程的"权威"而横亘在教师和学生中间时，这两者的主体地位必然受到削弱。阅读教学过程往往会变成师生共同破译教材思路、编者意图的过程，而无法真正实现阅读的个性化。因此，教材除由专家、学者等基于他们对课程目标的理解而确定的内容外，应提供教师与学生参与的空间。教师与学生可基于自身对课程目标的理解对其进行取舍，如某个单元或某篇课文调整为学生课外自学，另选择合适的材料作为相应的补充。

教师不仅是课程理念的解释者和落实课程目标的责任者，更是课程实施的直接操作者，他们对教学实践具有大量的丰富的感性认识，他们清楚"学生需要学些什么"和"学生能够学些什么"，通过主动地选用乃至编写教材可形成自己对课程目标的理解，确立自身的教学目的和过程，改"教教科书"为"用教科书教"，使阅读教学更具个性特点。而学生知识、能力、精神建构中的主体意识也使之有参与教材建设的强烈要求，在与教材的互动中，能更好地理解学科特点，把握课程目标，激发阅读兴趣，形成自己的独特感受。

每个人都是具有多种能力组合的个体，是具有多元智力的个体。人与生俱来就不同，他们有着不同的心理倾向，有自己的智力强项和自我的学习风格；而语文教材内涵的丰富性特征使它能够运用不同的材料启发相近的智慧，或者用同一材料启发不同的智慧。个性化阅读教学的最佳状态正是在教师、学生和教材这种连续不断的互动与探索过程中形成个性化学习成果，从而最大限度地实现语文课程目标。

三、个性化阅读教学策略

（一）树立学生个性化阅读的信心

要培养个性化阅读能力，首先就要帮助学生树立独立阅读的信心。长久以来，在阅读教学的课堂上，教师是阅读的权威，对于文本如何理解、如何鉴赏评价，学生没有或者有也不敢说出自己的想法，只能一味"记住"教师提供的结论或推理过程。在没有引发认知冲突、点燃智慧火花、激发学习热情的情况下，学生的学习是被动的，正如巴班斯基所说："如果没有学生积极的、自觉的学习，任何教学都不会产生预期的效果。"因此，在个性化阅读教学中，教师首先要做的就是帮助学生树立独立阅读的信心。

1.建立和谐的师生关系

在个性化阅读教学中，要有效提高学生的阅读能力，帮助学生树立独立阅读的信心，就要建立和谐的师生关系。因为阅读是带有鲜明个性色彩的，一个学生对内容的理解，对情感的感受，对文本的评价，很可能和其他人（包括老师）都不相同。所以，教师要改变自己的角色定位，主动把自己从师道尊严的位置上换到朋友、帮助者、指导者的位置上。只有当教师和学生的交往不至于使学生感到紧张，而是具有平等和谐的关系时，教师对学生的影响才真正有用。通过与学生的平等交往，教师能了解学生的阅读需求和阅读心理，教师的阅读指导才会更具有针对性；只有建立起民主平等的师生关系，学生才能乐意主动参与教学，敢于在课堂上发表意见，敢于质疑、向权威挑战，课堂的讨论才能真正起作用；只有在民主和谐的师生关系中，学生才会有安全感和愉悦感，才敢于表现自己，充分展示自己的个性，自由深入地思考问题，创造性发挥自己的潜能。总之，只有形成民主平等、积极合作的师生关系，学生才能树立起独立阅读的信心，个性化阅读才能顺利进行。

2.创造民主氛围

在教学中如果没有好的课堂氛围，学生处于一种压抑的紧张状态中是难以发现问题和提出问题的。"教师要为学生的阅读实践创设良好环境，提供有利条件，充分关注学生阅读态度的主动性、阅读需求的多样性、阅读心理的独特性，尊重学生个人的见解，应鼓励学生批判质疑，发表不同意见。教师的点拨是必要的，但不能以自己的分析讲解代替学生的独立阅读。"教师应善于控制自己的情绪，与学生建立一种平等、民主、亲切、和谐的关系，使学生身心处于最佳活跃状态，愉快而舒畅地投入课堂。如果教师本身情绪失控，往往会导致师生关系冷漠和教学气氛紧张。老师如果缺乏教学智慧，面对学生的怪问、刁问就会束手无策、无言以对、万般无奈，只好挖苦讽刺。这样既挫伤了学生的积极性，扼杀了学生的创造性思维，又使课堂原本活跃的气氛变得抑郁和沉闷。因此，个性化阅读教学要求教师把学生视作与自己在人格上平等的、有生命的人，尊重与关怀学生的个性、情感、创造，用积极乐观的眼光欣赏和预见学生的天性，为学生的学习营造一个欢乐、自由、融洽的支持性环境，为学生的个性阅读提供开放且安全的民主氛围。

（二）个性化阅读教学总体实施策略

要进行个性化阅读教学，就有必要让学生掌握一些阅读策略。研究和实践证明，正确的策略能有效地促进学生个性化的解读。有专家针对阅读教学提出了一系列策略，这对发展学生的个性化也同样是适用的。在实施过程中如何运用这些策略，成为个性化阅读的关键环节。

什么是重要的信息，什么不是重要的信息，这在个性化阅读中相当重要。文章是信息的载体。阅读文章，常常以筛选、提取有价值的信息为目的。读者对阅读内容重要性把握的不同，使他们确定不同的阅读目标，确定不同的方向，对文本的理解也就不同。好的读者是运用三种方法完成对文章主要内容的确认的：一是运用他们丰富知识来理解和评价文章的内容；二是运用他们对于作者的看法、意图、目的等知识确定和组织信息；三是运用他们关于文章结构的知识帮助确定和组织信息。

1. 运用文章结构的知识

把握文章的结构，厘清它们是如何形成和发展的，才能深入地揭示出作品的内在意蕴。对同一篇文章，从结构上考虑和不从结构上考虑，读出的结果是不同的。

2. 运用作者的写作目的、看法

每个作者在写作时都有着各自的写作目的和看法，不注意到这一点，可能会对作品产生非正确性的个性化理解。

3. 用丰富知识来理解和评价文章的内容

有经验的读者在阅读一篇文章前，对文章的作者、背景、文化等都是有一定了解的，这有助于在阅读的过程中正确地把握文章的内容。了解作者的写作目的，能够更好地抓住文中的重要信息。

（三）个性化阅读教学具体实施步骤

1. 课前自主预习

充分的课前预习是保证课堂阅读教学顺利进行的重要一步，也是个性化阅读教学得以深入和拓展的基础。我校一直很重视学生的预习指导工作，根据新课标精神结合人教版选修教材特点和课堂阅读教学实际，设置了"预习表"和"反思表"，实施效果不错，笔者认为有推广价值。

2. 课堂教学基本形式

学无定式，教无定法。个性化阅读是阅读机智的灵动闪现，是个性化体验的自由释放。教师在个性化阅读中起导向、点拨、铺垫、组织等作用，在具体的课堂操做过程中，可以采用"通览全文—初步感知—互动感悟—局部突破—训练语言"的策略。其基本形式如下。

通览全文，初步感知：以学生的习惯、情趣和对课文的熟悉程度，选择朗读、默读、全文阅读或重点阅读，边读、边想、边记，获取初步印象，即题材、内容、思想情感、艺术手法。

互动感悟：把阅读所得及产生的联想和想象在课前或课始向大家宣示，生生、师生之间相互补充、相互提高，形成对文章内容、结构等的比较全面深刻的认识；同时要能通过复读印证别人的见解，完善自己的认识，或提出更新、更深的感悟。

局部突破：教师总结学生的感受后，针对学生的异议或教学重难点，对解决问题的关键和突破口进行引导分析，可以抓住时机，灵活采用多种方法。这既是阅读技巧的指导，也是阅读能力的练兵。

训练语言：教师可以在学生谈感受时随时抓住机会或集中在局部引导学生欣赏文中的词句、精美的细节，进行联想和想象，并用文中的技巧当堂作文或说话，以提高欣赏和创造美的能力。

（四）个性化阅读教学评价

长期以来，我国的课程评价中存在着很多问题：过分强调甄别与选拔的功能，忽视改进与激励的功能；过分关注对结果的评价，忽视对过程的评价；过分关注评价的结果，忽视评价过程本身的意义；评价内容过于注重学业成绩，忽视综合素质的评价和全面发展；评价方法单一，过于注重量化和传统的试卷测验法，缺少体现新的评价思想和观念的方法；评价主题多为单一源，忽视评价主体多源、多向的价值；等等。许多人心目中的评价就是考试，学生对所学知识的把握都体现在试卷中。人们经常看到评卷标准上少了哪一点扣多少分，少了什么又扣多少分。考试是对学习成果的一种评价，但是将考试与评价完全等同起来则是片面的。对于语文这样一门人文性极强的学科来说，这种"平面单调的常识性体系标准、线性思维、唯一的结论（在表现形式上为客观化、量化）"极大地限制了它的教育功能。钟启泉教授认为，评价方式的转换是个性教育的关键。"彻底地转换筛选式、等级化的传统评价方式是'个性教育'的关键所在。"评价在阅读中起"导向和质量监控的重要作用"，新一轮的教学改革明确提出要建立不断发展的课程评价体系。课程改革纲要中从三个方面对发展性课程评价理念进行分析：①评价与教学过程是同等重要的；②评价提供的是强有力的信息、洞察力和指导，旨在促进发展；③评价应体现"以人为本"的思想，建构个体的发展。针对个性化阅读的特点，应抓住以下三个方面来评价。

1. 是否是学生自身的感受、体验

过分追求科学性、统一性，就会造成评价的片面性，所以在评价中应尊重个体差异，注重对个体发展独特性的认可，给予积极评价，发挥学生多方面潜能，帮助学生悦纳自己、拥有自信。尊重学生的不同感受体验的评价要做到以下方面。

（1）尊重阅读内容上的多元

"在评价中要综合考查学生阅读过程中的感受、体验、理解和价值取向，考查学生的阅读态度、兴趣、方法、习惯及对阅读材料的选择。"新课程标准提出要从知识与能力、过程与方法、情感态度与价值观方面进行评价，以全面考查学生的语文素养。个性化阅读的评价尊重学生的发展，从他们的综合素质进行考查。

（2）尊重学生的自我评价

学生的自我评价是指学生对学习过程中的学习态度、计划方法、习惯、技能等进行自我评价。这种评价观改变了以往评价只由教师参与的倾向，进一步确立学生的主体地位。重视学生的自我评价就要强调学生"元认知"的能力。元认知就是学习者对自己认知过程的认知，即学习者对自己认知活动的自我觉醒和自我调控能力。在学习活动进行期间，学生应该把自己正在进行的认知活动作为对象，并能够及时地、不断地对这个过程进行监察、反省和调节。在实践中，因为学生知识经验的局限性，教育者可以进行一些引导：一是要让学生学会焦虑中的自我调节；二是引导学生培养学习的兴趣；三是教会学生善于激发自己的学习动机，变"要我学习"为"我要学习"。学生的自我评价还可引申为学生之间的互相评价。例如，在阅读过程中，教师让某个学生朗读文章，其他学生可以评价这个学生哪儿读的好，哪儿读的不好，并说明理由。通过相互评价，不同的思想在碰撞中相互影响，不断反思与融合。

2. 是否能自圆其说

个性化阅读强调对所提出的观点要言之有理，言之有据。

（1）关注解读过程

个性化阅读体现的是在发展实践中建构可能的世界，学生不只是对设计好的题目进行解答，还投入阅读的研究中，并关注自己认知的动态发展，意识到自己也被列入监督自身发展的行列。为什么会有这种观点，怎么样让这种观点立住脚，这其中的解读过程是个性化阅读评价所要关注的。阅读理解的动态特征决定了阅读评价的过程性特点。对阅读过程的评价是个性化阅读评价所关注的，其中包括问题是怎样展开的、读者的思路正不正确、运用的方法好不好等。

（2）要言之有理

对个性关注和重视容易走向个性的泛化，甚至违背应有的人生观、价值观。这一点强调在评价中尤其要把握好尺度，既要有新意，又要言之有理。人们不能把"晓风残月"读作"金戈铁马"，也不能把"林冲"读成"杨志"。对一种观点，支持要有支持的理由，反对要有反对的道理。

3. 是否有创意

个性化阅读评价关注的不仅是学业成绩，更是学生创新能力和实践能力的发展。评价阅读主体创造性要抓住以下两点。一是要具有新意。历史留存的文本之所以生命不老，就在于一代代不断地读出新意。此外，时代的变迁、地点的转换等也往往会赋予作品新的内容，评价往往要结合一定的背景给予学生一定的肯定。但是，也有很多文本的意义是大家所公认的，如果得出的理解是不同的，就需要比较两者之间的差别，看看哪一种更适合。二是要有一定的深度。个性化阅读要有一定的深度，新课程标准对学生的阅读鉴赏提出了一系列要求。如果从鉴赏的角度看一篇文章，就是较高的要求了。阅读不能仅停留在表面上，这一点在评价上有一定的难度。深度究竟是一个什么的范围，学生不同的经历使他们能对文本有多深的理解，都还是未明确的。但可以肯定的是，学生毕竟不是文学大家，生活、工作等各方面的经验都是少的。所以，对此点的评价不必过于苛刻，只要能根据已有的结论提出合理的观点，都是提倡的。

第八章　基于探究式阅读的学生阅读能力培养研究

第一节　探究性阅读的提出

阅读教学一直是中学语文教学的主体内容，却因"少、慢差、费"而备受批评。尽管近二十年来改进的见解与实践不少，也取得了一些成效，但整体效果难如人意。长期的阅读教学是教师教、学生学，教师讲、学生听。课堂表面上的活跃掩盖了学生事实上的被动状态。作为阅读主体的学生从小学到中学学了那么多课文，背了那么多经典，做了那么多笔记，最终却很少有人能养成良好的阅读习惯并具备独立阅读、分析文章的能力。除了一点点地完成对课文篇目、人物名称和故事情节的记忆，在个性阅读深层把握与思维开发几乎是一无所获，这不能不说是当前语文阅读教学的失败。目前，伴随着新教材的推广和新课程标准的实施，如何尽快革除教学中的弊端，如何突破传统的阅读理论与思维框架，从根本上解决阅读教学长期以来"少、慢、差、费"的低层次阅读状况，是摆在语文教育工作者面前的首要难题。

一、语文阅读教学的反思

（一）僵化的阅读教学模式，削弱了学生学习语文的兴趣

无论什么教材，无论什么样的教学对象，语文阅读教学的内容都必然按课题讲解、时代背景、作者介绍、正音解词、厘清结构、分析句段、领会主旨、分析写作手法及语言特色的模式进行教学。这种模式由于程式分明、易于操作，即使在大力提倡素质教育的今天，仍有不少教师在阅读教学中使用。但这种近似机械式的教学模式极大地抑制了学生的主动性，教师的"满堂灌""满堂问"无形之中减少了学生实践活动的时间，学生变相成了被动的知识容器；对课文程式化的处理使得范文教学支离破碎，名篇名作的美感魅力在烦琐的知识讲解中消失殆尽，本来愉悦的阅读教学活动成了学生沉重的精神负担。长此以往，学生慢慢地失去了学习语文的兴趣，语文能力的培养也流于空谈。

（二）阅读教学忽视学生的个性自由

语文阅读教学在不同的层面上存在着以教师的串讲分析或者以串讲串问的形式替

代学生的思考，替代学生的自主阅读、自主探究的现象。老师在讲台上口若悬河，学生在台下昏昏欲睡；或是老师问、学生答，课堂上热热闹闹，但学生却很少有真正的语言实践。教师或将自己的心得强加于学生，或用教参的答案固定教学的方向、限制学生的自由，或强调阅读技法而忽视个体的情感体验，或以群体阅读代替个性阅读，或以作者的个人感受来提升学生的领悟。读者是阅读的主体，学生是阅读教学的主体。然而在课堂上，学生双重主体的身份被剥夺了。

（三）应试教育和课业负担偏重

在各种形式的统一考试造成的氛围里，许多地方的语文教育以试卷和教学参考书为准绳，用单一的目标来衡量千差万别的学生。简单的评判标准抑制了多角度的思考和个性化的体验、理解与表达。片面强调实用功能，偏重显性的、"立竿见影"的目标，忽视人文精神的培养和个人感受的独特性。不少地方在阅读教学中一味偏重技术分析，放弃文学作品对学生的熏陶感染作用，导致语文课程本来具有的文化功能流失。另外，现在的学生学习压力过大、课业负担偏重，自由支配的时间很少，阅读量也就很少，围绕考试的教辅书籍泛滥，学生很难有机会主动阅读。

（四）学生无语文问题意识

所谓语文问题意识，是指学生在语文学习过程中自主发现问题，从而产生困惑、不解、焦虑、怀疑，然后去探究、解决的心理状态。在中国传统的师生关系中，教师一直占主体地位，学生是教师的附庸，成为教学活动的客体，整个教学活动都围绕着教师的"教"进行。对这一观念做出最好的阐释的当属韩愈的名言："师者，所以传道受业解惑也。"教师是向学生传授道理、讲解学业、解答疑难的。按照韩愈的这一观点，教师是传授的一方，学生是接受的一方；教师与学生关系的特点是：教师教学而学生被教导；教师无所不知而学生一无所知；教师思考一切而学生被（训练）思考；教师侃侃而谈，学生静心聆听；教师决策并实施他的选择，而学生只是服从；教师习惯把现成的答案教给学生，强调学生的识记能力，忽视学生的主动思考。同时，学生在学习中也形成了依赖心理，认为反正老师都会提供标准答案，考试时只需把笔记背熟了就可以了。于是，在面对考题的时候，所有学生的答案都如出一辙。

二、语文教学改革形势

20 世纪 50 年代以来，探究性教学已越来越受到人们的关注和青睐，在许多学校如火如荼地开展，并运用于语文阅读教学。1999 年，第三次全国教育二次会议所颁布的《中共中央、国务院关于深化教育改革全面推进素质教育的决定》进一步强调了学生创新精神和实践能力的培养离不开探究教学。

教育部颁布的《基础教育课程改革纲要（试行）》明确指出，要"改变课程实施过于强调接受学习、死记硬背、机械训练的现状，倡导学生的主动参与、乐于探究、勤于动手，培养学生收集和处理信息的能力、获取新知识的能力、分析和解决问题的能力，以及交流与合作的能力"，并在各科的课程标准里大力提倡探究性教学。因此，改变学生学习方式，提倡自主、合作、探究的学习方式成了新一轮课程改革的核心内容。探究教学作为一个独立的研究课题在我国正式形成，成为一个急需解决的问题。

《语文课程标准（实验）》在课程性质中指出："语文课程应进一步提高学生的语文素养，使学生具有较强的语文应用能力和一定的语文审美能力、探究能力，形成良好的思想道德素质和科学文化素质，为终身学习和有个性的发展奠定基础。"在阐释课程的基本理念时指出："学生身心发展渐趋成熟，已具有一定的阅读表达能力和知识文化积累，促进他们探究能力的发展应成为语文课程的重要任务。"还强调："应在继续提高学生观察、感受、分析、判断能力的同时，重点关注学生思考问题的深度和广度，使学生增强探究意识和兴趣，学习探究的方法，使语文学习的过程成为积极主动探究未知领域重要过程。"

《语文课程标准（实验）》还呼唤学生学习方式的变革，强调培养学生的探究意识和发现问题的敏感性，重视探究的学习方式，发展学生独立阅读的能力，善于发现问题、提出问题，对文本做出自己的分析判断，努力从不同的角度和层面进行阐发、评价和质疑，学习探究性阅读和创造性阅读，发展想象能力、思辨能力和批判能力。这为语文阅读教学提供了全新的教学理念，为探索更为生动、富有活力的阅读教学模式，促进学生审美能力、探究能力、创新意识的形成指明了方向。由上述内容可知，新课程理念已把探究意识、探究兴趣、探究方法和探究能力提到了新的高度，而阅读教学作为语文教学的一个重要组成部分，直接关系着对学生语文素养的培养。因此，在阅读教学中运用探究性教学这种方法，既符合阅读教学的本质特性，又符合课程改革的趋势，而如何在阅读教学中很好地实施探究性教学是研究的重点，同时也是难点。

第二节 探究性阅读教学概述

一、探究性教学思想的起源和发展

探究性教学作为一种与知识授受教学相对应的教学方式，其思想渊源可追溯到我国古代以孔子为代表的教育思想。孔子曾以启发式教学的思想探求学生主动的、自主的学习方式，"博学而笃志，切问而近思"，在博学的基础上产生问题，在问题的引导下开展探究，自主思考。"博学之，审问之，慎思之，明辨之，笃行之"的学习方式也在当时代表了以培养自觉性为中心的因材施教的观点，"学而不思则罔，思而不学则殆"则揭示了勤于思考在学习中的重要性。同时，孔子还提出要使学生认真思考，教师就要善于启发诱导，做到"不愤不启，不悱不发"。这些理论概括得很简明、精辟，强调了学生个人能动的学习、思考、实践，蕴含了探究性教学的思想。18世纪，法国哲学家卢梭提出了儿童中心论，倡导教育要适应儿童的自然本性，主张学生学习要主动体验，凡是能从经验中学习的事物，都不要让他们从书本中去学。他认为，在人认识客观事物的过程中，感觉是被动的，判断才是由自己做主的。

从上述的两种教育主张中可以看出，孔子和卢梭各自从不同角度已经发现探究教育思想的闪光点。前者突出了学生学习必须善于思考，后者强调了亲身体验更有助于思考。长期以来，人们对探究性教学进行了不懈的探索，对探究性教学的系统研究则始于20世纪初。19世纪末20世纪初，美国"进步教育运动"的首席代言人、实用主义哲学家教育家杜威认为教学的任务不是教给学生科学的结论，而是促进并激发学生的思维，使他们掌握发现真理、解决问题的科学方法。引导学生发现真理的方法包含两个因素：一个是智慧，另一个是探究。探究与传统学校"静听"的方法相对立，它是一种主动、积极的活动，它的价值在于可以使学生在思维活动中获得"有意识的经验"，将得到的模糊、疑难、矛盾的情境转化为清晰、确定、和谐的情境。杜威主张开展探究教学，以培养和提高学生解决实际问题的能力。根据对科学思维过程的分析，杜威提出了众所周知的相应五步教学——"困难、问题、假设、验证、结论"。

随后，威廉·赫德·克伯屈（William Hurd Cobbler）在杜威教育观点的基础上进一步创立了"设计教学法"，在美国乃至世界都引起了极大的反响，先后被许多国家采用，对传统的"接受式教育"提出了挑战，为培养学生解决问题能力和探究能力提供了很有价值的途径。

与探究性教学思想的形成有关联的理论还有问题教学法，它因注重问题研究、联系实际、调动学生的学习主动性而于20世纪初在欧美风靡一时，并传入俄罗斯和中国，但后来由于未能给学生以科学知识，在20世纪30年代遭到尖锐批评而衰落。然而，当代各国对培养具有创造性和进取精神的人才的迫切要求，又使人们重新考虑问题教学的合理性。布鲁纳倡导的发现法就代表了这种趋势。20世纪50年代，著名的认知心理学家布鲁纳从结构主义教育思想出发，主张让学生举一反三和亲身参与，从而进行"以发现为重点的学习"。他在《发现的行为》一书中指出："发现不限于那种寻求人类尚未知晓之事物的行为，正确地说，发现包括用自己的头脑亲自获得知识的一切形式。"

在20世纪50年代末、60年代初的以理科教育改革为中心的世界性课程改革运动中，振兴科学技术、培养科学技术工作者，成了各国共同关注的课题。美国生物学家、课程专家、芝加哥大学教授施瓦布（Schwab）在 1961 年哈佛大学举行的纪念演讲会上做了题为《作为探究的科学教学》的报告，明确表示赞成科学教学的方法——探究性教学。同时，施瓦布认为教育的基本途径——教学，也应看作一种探究过程。至此，探究性教学被明确提出，探究性教学的理念也日益深入人心。从此，世界范围掀起了一股探究性教学的热潮。美国国家科学教育标准（1996）更是明确提出科学学习以科学探究为核心，强调给学生提供感受科学探究过程和方法的机会，强调科学探究能力的培养。"探究性教学"以学生的主体探究贯穿始终，是对长期教育探索成果的继承和升华，为整个教育的发展指明了方向。

近五十年来，探究性教学在国外特别在欧美得到蓬勃发展，但主要在自然科学教育领域。"如果非要用某个词语来描述近 30 年来美国科学教育工作者所努力追求的目标，这个词一定是探究"，一些美国学者如是说。

在我国，有关探究性教学的教育思想酝酿已久，但对探究性教学的自觉认识始于20 世纪后期。《中共中央、国务院关于深化教育改革全面推进素质教育的决定》明确提出要转变教育观念，改革人才培养模式，提倡启发式教学和讨论教学，使学生主动学习、独立思考、勇于创新，其内涵与探究性教学的内涵已十分接近。接着，2001 年7 月出版的《全日制义务教育语文课程标准（实验稿）》明确提出"利用图书馆、网络等信息渠道尝试进行探究性阅读"；《语文课程标准（实验）》再次提出要"注重个性化的阅读，充分调动自己的生活经验和知识积累，在主动积极的思维和情感活动中，获得独特的感受和体验"。学习探究性阅读和创造性阅读有助于发展想象能力、思辨能力和批判能力。

二、探究性教学的内涵

（一）探究

按照词典的解释，探究是指"探索研究"和"探寻追究"。有学者认为探究大体上可以分为两大类：一是把探究描述为科学家所做的工作，即科学探究；二是把它看作教或学的过程。本文所说的探究属于后者，即把探究的理念和方法引入阅读教学的过程中，使学生用类似或模拟科学研究的方式进行阅读。其目的是希望学生能通过探究学习过程掌握一些探究的方法，并运用这些方法进行探究性阅读，理解文本，进而对文本有独特的感受和理解，从而学会阅读、发展能力。

（二）探究性教学

目前国内学者对探究性教学的内涵所做的研究有很多，但看法多有不一。如李森和于泽元认为："探究性教学是指在教师指导下，学生以类似科学探究的方式获取知识、应用知识、发展能力的学习活动。"徐学福则认为："探究性教学是指在教师指导下，为获得科学素养而以类似科学探索的方式所开展的学习活动。"而靳玉乐认为："探究性教学在实质上是一种模拟性的科学探究活动。"柴西琴认为："探究性教学实质上是将科学领域的探究引入课堂，使学生通过类似科学家的探究过程理解科学概念和科学探究的本质，并培养科学探究能力的一种特殊的教学方法。"

笔者认为，探究性教学是指在教师指导下，学生以类似科学探究的方式进行阅读，从而获取知识、应用知识、发展能力的过程。

这个表述包含以下几点含义。"在教师指导下"表明了学习活动中的师生关系。探究学习有别于个人在自学过程中自发的、个体的探究活动。教师与学生之间不存在灌输与接受的关系。在探究过程中教师要提供充分的帮助和指导，而不仅仅是"传授"或"教导"，要使学生在探究中明确方向，以确保学生经过探究后成功地获得知识。教师的主要职责是创设一种有利于探究学习的情境和氛围。

"以类似科学探究的方式"表明了学习的基本形式。科学探究的本质是人类对未知世界的探究，在这种探究活动中，人们通过假设、想象、实证、逻辑等方法来认识世界、追求真理。在探究性教学中，教师让学生所做的探究与科学家所做的探究是不同的，因为学生的知识面和经验还不足以让他们像科学家那样做相当专业的探究，因此只能模拟科学家的探究方法和探究过程，提出问题并解决问题。教师可以通过专题讨论、课题研究、方案设计、模拟体验、实验操作、社会调查等各种形式进行一系列探究活动，包括观察、提出问题、实验比较、推理、概括、表达、运用；让学生通过浏览书籍和其他信息资源发现什么是已经知道的结论，制订调查研究计划，根据实验证据对已有的结论做出评价；用工具收集、分析、解释数据；提出解答、解释和逻辑的思考，探究与社会生活密切相关的各种现象和问题。中小学生的"探究"从探究过程说，大多并不具备严格意义上科学研究的严谨性和规范性；从探究结果看，一般是已有成果和结论的"再发现"或整合。因此，探究性教学的实质是学习者对科学探究的思维方式和探究方法的学习运用，通过这样一种基本形式和手段培养创新意识和实践能力。

"获取知识、应用知识、发展能力"表明了学习的目的和意义。这包括学习如何收集、处理和提取信息，如何运用有关的知识来解决实际问题，如何在探究过程中与人交流和合作，如何表述或展示探究的结果。这既包括间接知识，也包括直接知识，进而发展学生的能力。探究的重要意义在于提高了学生主动获取知识的能力，变"学会"为"会学"，学生灵活地运用知识去解决阅读中的问题，更突现了探究教学的实践性意义，更加注重学生主体地位。

因此，探究性教学的本质特征是不直接把构成教学目标的有关概念和认知策略直接告诉学生，而是教师创造一种和谐的探究学习氛围，让学生通过探索发现有利于开展这种探索的学科内容要素和认知策略。具体包含以下两层意思：一是以学生主体性和积极性的发挥为条件，有一个以"学"为中心、有利于学生进行探究学习的环境，这种环境要使学生真正有独立探究的机会和愿望，而不是被教师直接引向问题的答案；二是教师提供充分的帮助和指导，使学生在探究中能明确方向，确保学生经过探究后成功地发现科学概念或原理。总而言之，探究性教学是在教师有效、恰当的指导下，以学生积极主动的参与和独立自主的学习与讨论为前提，以现行教材为基本探究内容，以学生周围世界和生活实际为参照对象，培养学生探究问题、解决问题的能力及积极、严谨的科学态度的一种教学模式。

三、探究性阅读教学的特征

从探究性教学的内涵来看，在阅读教学中运用探究性教学的方法是一种体现阅读本质的全新的教学理念和方式。较之其他阅读教学理论，它具有明显的特征，即自主性、创造性、过程性和意义性。

（一）自主性

传统阅读教学注重对知识的接受、吸收、积累，强调学生知识结构的建立而非完美人格、整体精神的建构，使得阅读变体验为认知、变探究为输入，学生总是处于阅读的被动状态，这显然违背了阅读的本质，长此以往，易使主体精神因缺乏锻炼而渐趋弱化。与之相反，探究性教学着眼于培养学生的个性和创造精神，立足于学生自主性的发挥，使阅读成为学生自主探究、自主体验的活动。自主性意味着学生成为阅读的主人，用自己的生命、情感去拥抱文本，用自己的经验、思想去解读作品，对其意义进行创造性的理解和探索，不以现成的结论套住思维、扼杀灵性的智慧。它打破了以往学生消极被动接受的常规，重建一种阅读主体与文本之间的关系，把学生真正置于主体地位，从主体方面寻找动力，让学生凭着自己的阅读敏感去体会，自主地带着自己的思想去探索。整个过程坚持以学生的发展为本位的新理念，充分体现人自由自觉的本质特性。

具体来说，探究性阅读教学的自主性特征有三个层面的体现。其一是学生参与阅读教学的主动性。阅读在本质上不是被动地接受，也不是对作品内容的简单复述和重现，而是积极主动地参与和建构。探究性教学充分体现了阅读的本质，注意创设一定的情境，或问题激发，或情感点燃，在教学内容和学生求知心理之间有意制造一种"不协调"，形成一种张力结构，让学生通过阅读感受到悬念、困惑和挑战，从而最大限度地激发探究的兴趣和潜在的学习动机，并把文本意义的建构权完全交给学生，尊重和鼓励学生的阅读体验和理解，这保证了学生参与阅读教学的高涨的热情和强烈的探究欲，是一种主体始终"在场"和积极参与的教学过程。其二是学生参与阅读教学的独立性。在探究性教学中，学生的自主阅读、个性感悟、独立思考正是这种自由自觉的活动，书写出了人的主体性特质，可以说独立性是自主学习的核心品质，也是阅读教学培养学生的个性品质、创新精神的依托。按照接受理论，学生的阅读是对文本这一"图式化框架"进行填充、确定的具体过程，要受其原有视界的影响，正如一位外国教育家指出的："儿童每天来到学校，并不是以纯粹的学生 —— 致力于学习的人的面貌出现的。不，他们是以形形色色的个性展现在我们面前的。每一个儿童来到学校的时候，除了怀有获得知识的愿望，还带来了自己的情感和感受的世界。"面对同一文本，学生自然会产生各自不同的阅读期待视野和成效，其对作品的选择注意、评判标准及体验感悟都是异于别人的独特的"这个"。可见，阅读是极富个性化的行为，传统教学以共性取代个性、以统一掩盖差异的做法只能导致创新思维和个性品质的磨蚀。探究性教学强调用学生动情的文本感受取代冷漠的知性分析，用学生多样的探究心得取代既定的教案框架，整个过程因学生主体性的独立而得到充分的发挥，流动着生命的激情和灵性的智慧。

自主性还体现为学生对阅读的元认知监控。所谓元认知，指的是一个人对于他自己的思维或学习活动的知识和控制。爱德华·李·桑代克（Edward Lee Thorndike）较早提出阅读是一种元认知活动，他说："理解一段文章近似于解一道数学题。它是由一系列的活动组成的：选择情境当中的恰当的元素；按照这些元素的分量、影响和作用，把它们置于恰当的关系之中。大脑在接受每个单词的信息时，都要在恰当的程序、意图及要求之下进行选择、抑制、削弱、强调、结合、组织等活动。"探究性教学是感性的，洋溢着灵性、生气、情韵，需要学生的生命化和情感体验；它又是理性的，充满哲理、智慧和形而上的思辨色彩，要求学生的理智深悟和方法监控。因此，学生在进行探究学习时会自觉地将自己的阅读过程作为意识对象，明确阅读的目的、识别重要信息、监控探究活动，决定理解是否发生、自我提升并监测目标是否达成、发现理解失败并采取补救等，并根据自己的能力水平、知识掌握程度和认知风格等有针对性地采取相应的阅读策略和方法，不断进行积极的反馈和调节，从而更有效地达成对文本意义的建构，提高自己的阅读能力。可见，探究性教学既重体验又重认知，既重过程又重方法，是体现新课程改革精神的新的学习方式，为阅读教学提供了新的视野和思路。

（二）创造性

阅读是一个充满创造的动态建构过程。文本意义的无限开放性和学生期待视野的差异性，决定了学生依据自身选择文本中最能体现他对象化的、自由创造的对象进行的再创造行为，对文本的理解和意义建构不可避免地打上个人的烙印，因而是独特的非他性的行为。保尔·利科尔（Paul Lycole）认为："阅读就像读乐谱，它标志着文本的语义可能性的实现、制定。最后这个特征是最重要的，因为它是其他两个特征——克服文化间距、文本解释和自我解释融合的条件。"歌德直接指出阅读是一种建构性的行为，他说："我们都不应把画家的笔墨或诗人的语言看得太死、太狭隘。一件艺术作品是由自由大胆的精神创造出来的，我们也就应尽可能地用自由大胆的精神去审视和欣赏。"探究性教学体现了对阅读本质的深切把握，给予学生充分而自由的阅读空间，使学生把自己的整个灵魂安置到文本世界中，用全部的生命激情去点燃文本、同化文本，在与文本的开放性张力结构相互溶浸、相互作用中，达成文本意义的建构，生成无限延伸的意义世界。

探究性教学关注学生对文本意义的创造性建构，但目的并不终结于此，它更根本的目的在于使学生通过对文本的创造性占有达成对自身的改造和转换。这既是探究性教学的本质追求，也是它超出于传统阅读教学的价值和意义所在。探究性教学对人的整体精神的建构，包含着唤醒与生成两个层面的意思。探究性教学的功能体现为通过理解他者达到自我理解，学生通过体验、探究，理解和内化人类的文化营养、传统精华，在主体间的对话中获得人生经验，充实生命内容，提升灵魂境界，达到生命与人性的全面唤醒。

唤醒是将潜在的引发出来，探究性教学的功能还在于促进人整体精神的建构，这是一个生成和提升的过程。现代解释学认为："理解不是将自己投射到文本中，而是将自己暴露给文本。自我因为占有解释所揭示的叙述世界而得到扩大。一句话，正是文本的内容，给予了读者以主体性的维度……在阅读中，我'非现实化了我自己'。"为阅读活动赋予新的含义，提给人们供观察问题的新的角度。文本承载的历史、文化、传统在一定层面上成就了改造与引领人类精神的特殊价值。探究性教学使学生超越了单纯的知识接受，主体精神与潜隐在语言符号中的文化、历史和传统等客观精神产生意义交流，达成对客观精神的同化，让主体精神为此感到兴奋、愉悦，获得精神培育的动力。但探究性教学更重要的是使文本在新的历史情境下，在学生主体生活世界和精神领域中，全面完成意义的创造。这是一个创新的过程，是每一代人在新的历史境遇中理解传统、理解他者世界，并建构自身存在意义的过程，同时于这一建构中达成对个体生命方式、自我人生意义的深刻认识。学生通过探究性教学，在审美化的语言世界中获得无往而不在束缚之中的人生精神的解放，在想象中参与改造了这个散文化的世界，并保持了自己独立的精神和完满自由的个性成长，这也恰好体现了探究行为的主体性和能动性。

（三）关注过程性

叶圣陶先生在《略谈学习国文》中写道："阅读是吸收的事情，从阅读，咱们可以领受人家的经验，接触人家的心情。"这是切中要害之言，表明阅读是一种特殊的认知过程，吸收概括了阅读的功能；吸收的内容是"人家的经验"和"人家的心情"，吸收的方式是"探究"和"感悟"。因此，这种"探究"和"感悟"绝不是"授""受"这么简单的事情，这不仅是一个过程，而且是一种"设身处地"跟作者沟通对话的过程，因此省去这个过程或者简化这个过程，都会破坏这种"探究"和"感悟"。

正因为这样，阅读课要求学生在中学阶段阅读几百篇文章，在"多读"中得到多方面的收获，还要通过考试对学生的阅读能力做测试，促使他们注意阅读过程的展开。考试不再以学过的课文为主，而是以未读过的文章为阅读试题的载体，这能够说明考试对阅读规律的尊重，更能说明在阅读过程中自得结论的重要性，验证了在"已知"与"未知"之间能起桥梁作用的只能是在过程中反复养成为习惯的阅读思维和方法，而不能是现成的结论。因此，"过程"的展开是阅读教学成功的关键。

探究性教学关注阅读的过程，把其看作阅读主体对阅读对象的干预过程，强调让学生亲身体验和理解知识形成和发展的过程，强调让学生通过探究和发现过程达到预期的阅读教学目标，侧重于"立体文本阅读思路"，即以作品的某一局部为起点，超越文章气脉，拓宽思维，从作品外部找参照物，从而寻求到新的文本意义。探究性教学认为学生的阅读能力在阅读过程中会逐渐发展起来。也许学生最终得出的结论没有多少价值，是稚嫩的、不成熟的，甚至不完全正确，但这都不重要，重要的是学生在这个过程中增强了探究意识、问题意识，学会了如何学习、如何解决问题。探究性教学关注过程性的特点体现在教学中，不以对所阅读的文本的理解为主要目的，而是培养学生把握信息、筛选信息的能力、对信息重新组合及发现信息的能力、对信息的重新认识和再评价的能力，以及培养学生的问题意识和探索精神的能力。学生在语文学习中要做到：变情感的疏离为怀古的亲近，变情感的喜欢为理性的参与，变浅近的理解为深入的研究，变雷同式的分析为独立的思考，变大众化的统一为富有创造性的发展。

（四）有意义的探究

在探究性教学过程中，不仅学生自行探究和发展，同时这种探究和发现也应该是有意义的学习，即有意义的探究学习。这是探究性教学容易忽视的一点，所以应特别强调。事实上，并不是所有的探究形式的学习都是有意义的学习。只有满足有意义学习条件的探究学习才是有意义的。本书强调并主张进行有意义的探究学习，同时把有意义看作探究性教学必备的基本特征。具体来说，有意义的探究教学表现在以下几个方面。

探究的问题具有潜在意义。探究性教学常以解决问题的形式进行，这就要求学生原有的知识和经验对于解决眼前的问题必须是充分的。先前的知识和经验是学生在头脑里形成问题意识的基础。

学生具有意义学习的心向。在探究性教学中，有意义学习表现为学生具有强烈的问题意识和探究欲望。问题意识既是思维的起点，也是思维的动力。学生一旦形成了强烈的问题意识，就会集中全部精力，使自己的思维活跃起来，这是学生有效解决问题的心理力量。

解决问题的过程是有意义的。首先必须加以强调的是，并非一切解决问题的过程都有意义。学生可以盲目猜测或毫无目的地尝试错误，也可借助某种模式。如在许多情况下，学生对解决问题过程中所涉及的要领和法则、定理没有理解，但只要记住问题的类型就可以完成这一过程。要使解决问题的过程性成为有意义的，学生必须真正理解结构（条件与问题、现象与实质的关系）及课题所涉及的有关经验，只有这样，学生才有可能在有意义的思维上进行创造性探究。

内化过程是有意义的。一般认为内化就是新旧学习材料的有机结合。内化意味着在学生新习得的知识与原有认知结构的有关知识建立起非人为和实质性的联系。在探究性教学中，有意义是指学生将经过自己探索而自行发现的新知识有机地纳入原有的认知结构，获得心理意义，将其真正内化为学生自己的知识、自己的"血肉"、自己的心理品质，而原有认知结构经过吸收新知识也得到改造和更新。正是从这意义上，布鲁纳也把发现学习看成是认知结构的转换和重新组织。

第三节　探究性阅读下的学生阅读能力培养策略

一、探究性阅读教学的目标

语文课程坚持《全日制义务教育语文课程标准（实验）》提出的基本理念，根据语文的任务和学生的需求，从"知识和能力""过程和方法""情感态度和价值观"三个方面出发设计课程目标。在具体的教学过程中，三个维度是需要有机地整合在一起共同发展、提高的。

（一）知识技能维度

阅读教学的首要任务就是提高学生的阅读能力，将探究性教学的方法运用到阅读教学中同样以提高学生的阅读能力为主要目标。

1.学会全面阅读、精读、略读、速读

精读和略读是两种不同的阅读方式。"凡读文贪多者，必不能深造；能深造者，必不贪多。"这强调精读必须在文章的精微之处细加审玩，熟读精思，学而时习之，这样才能吸其精髓，使之成为自身所需要的养料，收到以一当十的效果。这种阅读法较适合于优美的散文、短小精悍的议论片段及诗歌。精读需要反复阅读，反复阅读不仅要求按照顺序，仔细地看清每一个字词、每一句话，还要求对文章的语句、篇章和主旨做深入思考。这样在反复阅读中积累语汇，逐步掌握用词造句的一些特点和规律，在潜移默化中培养语感，形成阅读的经验和习惯，自然终身受用。略读就是大略地读，也就是博览群书，浏览涉猎。它与精读很不相同，它不是从头至尾一字不漏地阅读，而是着眼于通观大意或专门寻找自己所需要的材料。只有这样读，才能做到多读，知识才博。略读不是心不在焉、无目的地读，而是聚精会神，在通读全篇的基础上，根据不同文体的阅读要求采用不同的方法，有重点地读。例如：记叙文要注意记叙的人和事，然后再去注意词藻的华美；散文要注意领会线索；说明文应了解说明的对象和顺序；议论文要抓住结构和逻辑。当然，略读主要用于长篇小说、长篇通讯，以及复习以前看过的材料。具体的做法是用眼睛扫过每行字，注意每行的关键词。尽管每个人所选的关键词不尽相同，但每个人领会的原文意思都非常相似。对于精读和略读之间的关系，叶圣陶先生曾做过精辟的阐述："对教学而言，精读是主体，略读是补充；对于效果而言，精读是准备，略读才是应用。"因此，学生应在学习的过程中正确处理这两者的关系：一方面要围绕着主题的提出和解决进行阅读，提高阅读的深度，学会阅读的方法；另一方面则要在精读训练的基础上采取多种方式，从多渠道进行阅读，扩大自身阅读的广度，培养独立探究的能力。阅读速度是思维灵敏性品质的重要标志。阅读能力包括阅读速度，阅读速度快是一个人终身受用的技能。语文教师应该有意识地帮助学生提高阅读速度。现在学生读得少，有一个原因就是读得慢。人们往往在少量里面求精髓，而不是在大量里面求提高。阅读速度不快，怎么会有足量的课外阅读呢？

2.学会收集、使用资料

从认知心理学、信息加工理论的角度看，学生开展学习的过程，实质上就是信息处理的过程。与以记忆、理解为目标的一般学习方式相比，探究的阅读过程围绕着一个需要探究解决的问题展开，以解决问题和表达、交流为结果。在这个过程中，需要培养学生多方面的能力。在一个开放的环境中，学生自主、主动地收集、加工和处理信息的能力是培养的关键。

（1）收集信息

探究的方法把阅读材料看成一个信息集，通过识码、解码、编码达到对它的有效理解与把握。因此，要求学生围绕阅读目的提出问题，独立自主地对相关信息进行收集、筛选、分析、综合、提炼和重组，也就是过滤次要信息，筛选主要信息，压缩有用信息，使无序信息条理化、隐性信息显性化，对信息原码重新组合加工，衍生出新的信息。学生所收集的信息多而杂，这就要求教师一方面要善于激发学生的学习兴趣，调动学生的探究积极性，另一方面要教给学生收集的方法，指导探究的途径，提供解决问题的思路，使学生能够针对自己的探究对象进行阅读。

阅读是读者获取信息的一种手段。要让学生关注语言表达了什么信息，什么是重点信息，如何阐述、扩充关键信息等。通过宽泛收集信息与初步的加工，学生明确进一步的学习视角与主题，这个主题的选择源于学生的特定兴趣与感受。

（2）整理筛选

资料有了，信息也有了，但面对堆积如山的资料，有的同学怎么也理不清。这时，教师对学生的信息整理进行指导就显得十分必要和重要。那么，如何指导学生整理筛选信息呢？笔者认为应从以下方面入手：引导学生对信息的价值大小做出果断判断，培养学生的信息价值感。在探究性教学过程中，教师不仅要设法让学生尽可能多地学习、收集与课题有关的各种信息，更要指导学生对信息分步进行价值判断：①拆散整篇、完整的信息，根据"差异性"将其分成一个个"信息点"，再把具有相同信息的内容归为一类；②根据课题要解决的核心问题，区分各种信息对探究的价值的大小，把每个信息点按解决某一探究问题的作用大小进行分类排列，把重复的、作用很小的信息删除；③找出探究目标和已拥有信息的差距，确定下一步寻找信息的方向和重点。教师要十分重视引导、督促学生经常对照探究方案，独立整理探究资料，养成随时整理信息的习惯，这将使学生受益终身。

（二）过程、方法维度

与掌握知识相比较，掌握方法具有更为积极而深远的意义。让学生改变以往的被动接受式的学习，转而学会在实践与探索的过程中掌握受益终身的方法，对使学生学会终身学习，实现我国学习化社会的理想有重要作用。掌握方法与掌握过程是相辅相成的两个目标，新课程理念认为，让学生经历知识产生、形成、创造和发展的过程，能够使学生获得对知识本质的准确理解，使学生感受到知识不断被质疑、修改、否定、拓展或超越的发展过程，从而培养学生自主学习的能力。

（1）阅读鉴赏，指在全面、深刻理解的基础上，对作品内容形式的是非、优劣和美丑进行鉴别和欣赏的能力，它是较高层次的阅读能力。阅读鉴赏力按读物的文体差异可分解为文章鉴赏力和文学鉴赏力两种；按读者的能力差异可分解为阅读欣赏力和阅读评价力两种。阅读欣赏是读者沉入作品的一种情感体验，一种审美活动，要求驱遣想象，反复吟咏，与作者产生共鸣，获得美的享受；阅读评价是读者跳出文本后的一种理智判断，一种科学活动，要求与作者保持一定的距离，依靠作品内在的证据和外在的准则，客观公正地做出价值评判。显然，评价比欣赏更高一个层次。若对一定鉴赏的复杂操作技能再做分解，至少可列四项：①对作品思想观点的正确性和社会意义的评价；②对作品具体材料的真实性和典型意义的评价；③对作品章法、语言艺术和创作意义的评价；④对作品气质、风格独特性和审美意义的评价。

（2）阅读迁移，指运用阅读所得的知识、技能来解决新问题的"及物"能力，它是比鉴赏层次更高的阅读能力。"披文得意"只是阅读活动的前半程，"运思及物"才是阅读活动的后半程。读者通过鉴赏，从理智上洞察、从情感上体味了作品的意蕴和美之后，还要联系主客观实际，完成文本向实践的迁移，实现作者写作的社会价值，达到阅读的最终目的。这个阅读迁移的过程就是阅读应用的过程。以往的阅读能力结构观出现严重残缺，主要指阅读应用阶段的阅读迁移能力尚未得到应有的重视和足够的阐发。阅读迁移力从根本上说，就是要求读者由"意化"转向"物化"，由"输入"转向"输出"，由"认识世界"转向"改造世界"。据此，阅读迁移能力可按其过程分解为三项：①阅读借鉴力，即抽象、归纳、概括阅读心得，或借鉴文事、文意、文情，或借鉴文序、文技、文辞，汲取作品内容和形式两方面的营养，这种阅读心得的概括水平（汲取能力）决定了阅读迁移的准备条件是否充分。②阅读表述力，即运用口语、书面语外化内潜的阅读心得，或复述、摘述，或阐述、评述，甚至写出作品评论，这些由低到高的表述形式，反映阅读表述能力的发展层级，它使阅读向写作转化，成为文本向实践迁移的必然过渡阶段。③阅读类化力，即运用联想、演绎、升华，寻找旧知识和新问题的相似点及相关处，将外化的阅读心得应用到同类或异类的事物中去，实现同化迁移或顺应迁移，以解决认识上和实践上的问题。

（3）阅读创造，指读者在消费精神产品时超越作者进行再生产的创新能力，它要求综合阅读感知、理解、鉴赏、迁移各种技能，运用创造性思维，产生超越读物原有内容的新颖、独特的见解或思路，因而是最高层次的阅读能力。简要剖析，至少包含四项：①置换要素，补充加深作品内涵的能力；②重新组合，改变作品结构意蕴的能力；③发散思维，批评匡正，熔铸作品新意的能力；④双向迁移，独立发挥读者创见的能力。

（三）情感态度价值观维度

"情感态度与价值观"在新课程理念下被赋予了更为丰富的内涵和意义，其中"情感"不仅指学习热情和学习兴趣，还包括爱、快乐、审美情趣等丰富的内心体验。"态度"不仅指学习态度，还包括乐观的生活态度、求实的科学态度、宽容的人生态度等。

"价值观"作为一个比较宽泛和抽象的概念，强调个人价值与社会价值的统一。

1. 获得亲身参与探究探索的体验

"让学生体验到亲身参与掌握知识的情感，乃是唤起少年特有的对知识的兴趣的重要条件。"（苏霍姆林斯基《给教师的一百条建议》）实践活动是儿童发展成长的重要途径，而良好的情感体验可以提高学生参与学习和活动的积极性。探究性教学的关键在"探究"二字上，探究本身就是一种躬身实践、亲历探究的体验过程。从学习目标上看，探究性教学特别注重让学生在宽松的学习环境中，以真正意义上的学习主人的姿态，放开手脚，独立地从事探究学习活动，全程参与，亲力亲为，加强和促进实践活动的内化，扩大和加深学生的认知结构，激发和巩固学生的探索热情和情感体验。从学习内容上看，无论是教材上的篇目还是课外的文章，作者都将艺术创作的体验置于一个十分重要的位置。正如现代阐释大师汉斯 - 格奥尔格·伽达默尔（Hans-Georg Gadamer，以下简称"伽达默尔"）所说的那样："体验概念对确定艺术的立足点来说，就是决定性的东西，由此，艺术创作就被理解为生命之完美的象征性再现，每一种体验似乎正走向这种再现，艺术作品本身就是审美经历的对象，这便说明了一个美学结论：所谓的体验艺术是真正的艺术。"而探究性教学要求学生身处文本之中，从体验入手，通过类似科学家探究的学习活动，从认识、情感和意志三维心理去分析和反思，理解和感悟生活的乐趣和生命的价值，从而与作品产生思想的撞击和情感的共鸣。从学习方式上看，探究性教学将"质疑—直觉—领悟"作为体验过程的三个环节，引导学生以质疑为思之始、学之端，刺激学习情绪，振奋学习精神，诱发学生积极探究新知的欲望；接着由疑而问，借助显意识和潜意识的相互作用，促成知情合一、身心合一、理解和关照合一，得出信息沟通后产生的那种瞬间的直觉判断或选择；最后让学生在探读中感知，在探读中领悟，当然这种"悟"不仅仅是理解，更重要的是"长期耐心的探究之后突然诞生的概括，使我茅塞顿开"的大彻大悟。

2. 学会与人分享与合作

（1）主体参与的意识。学生真正意识到学习是自己的事情，从而把握老师给予的机会或自己创造机会，全身心投入学习活动中；学生尽力展示自己的才能，表达个人的观点，抒发个人的情感，阐明个人的态度，主动唤起老师与同伴对自己的注意，吸引他们与自己交流与切磋。主体参与是学生合作的起点与基础。

（2）亲和他人的意识。学生之间及师生之间相互接纳与交融，在完成探究目标的过程中彼此联合。学生主动获得教师在学习策略、方法、资料等方面的指导帮助，教师与学生平等交流，师生之间相互亲和；学生毫无保留地把自己的见解和主张传达出来，虚心接受同伴的看法，在合作中加强学生间的信任与亲和，形成一种其乐融融、富有活力的课堂气氛。亲和他人的意识是合作的起点与必然归宿。

（3）扬长补短的意识。学生在合作过程中扬长补短，把自己所有的本领都拿出来，展示给同伴，同时充分吸收同伴传达的信息中有价值的部分，充实自己、完善自己。

二、探究性阅读教学的实施原则

（一）以学生的发展为本位

探究性教学坚持以学生发展为本位，它把学生当作有鲜活生命的、丰富明敏内心的、无限发展潜力的完整的人看待，以促进学生的发展，高扬阅读的人文精神，实现阅读教学固有本质的回归。这里的"发展"包含两层含义：一是掌握语文知识、获得阅读技能，即人的生存层面的发展；二是生存基础上人的完满精神的建构。用钱理群的话讲，语文教育是为人"打底子"的，"打好'终身学习'的底子与'终身精神发展'的底子"。突出阅读的人文精神和文化特质，并不与语文教育注重基本知识、基本技能的目标相矛盾，相反，二者共同构成了基础教育阶段语文教育的不同层级目标及其丰富内涵。探究性阅读要以知识掌握和技能训练为前提，只是把它们置于更为广阔的文学、文化的视野之内罢了。学生通过自主的阅读体验习得语感，在生活化的语文实践中历练能力，在这种自觉自愿、情趣盎然的教学语境中，获得了较物化的灌输教育更为丰富的语文知识、更为敏锐的语感能力和更为练达的交际本领。

此时，学习已化为学生内在的生活修养和自觉的生命需求，有了这种回旋喷涌的不竭动力，学生的语文知识、语文能力和语文素养的获取与提升自然不言而喻，从而为自身的生存和可持续发展夯实了基底。探究性教学强调阅读教学须承诺知识的授受和智慧的开启，也须承诺身心的训育和人生境界的润泽与点化，关注生存基础上人的精神、个性、人格的育化和提升，这是"发展"的本质含义与最高境界。

学生不仅是主体性的人，还是个性的人。因此，在探究性教学中必须尊重学生的个性发展。这是由探究性教学的特点决定的。首先，探究性教学是学生独立探究教材的学习行为，在这个过程中生成的感悟必然会有所不同，带有浓厚的个性化的倾向，正所谓"有一千个读者，就有一千个哈姆雷特"。学生是探究性活动的主体，探究性教学的整个过程都应该是学生主动参与的学习过程，而每一个学生的理解，都与原有的知识水平、认识能力、家庭环境、生活经验、社会大环境和阅读习惯等有着密切的关系。即使对同一篇课文、同一段文字，不同的学生在同一个教师的指导下，也会产生不同的感悟；甚至同一学生在不同的时间和环境里，对同一课文的感悟也会有差异。在阅读过程中要允许、尊重、珍视并鼓励学生出现独立自主的感悟。因此，在探究性教学中应该给学生以个性化选择专题的自由，这样才能使学生在探究活动的整个过程中都充满热情、富有自信，也才能使之积极思考，在阅读中与读物作者的思想观点产生碰撞、产生思维的火花。其次，探究性活动需要学生独立思考、分析和判断，因此必须鼓励学生的个性思维，使其勇于提出己见，敢于坚持己见，不为教师的权威所左右，不为名家的观点所桎梏，不为他人的言论所影响。

（二）拓展思维空间

拓展思维空间是由探究性教学的目的决定的。因为，要提出新观点，建立新思想，就必须大量占有材料，要对众多材料加以分析探究。在探究活动过程中，大量占有材料正是通过不断地拓展思维空间来完成的。所谓拓展思维空间，就是指教师应根据学生探究的内容来诱导其发散思维，指导学生抓住需要深入分析探究的问题，借助联想，由此及彼，联系与之相关的解释性、证明性、比较性、否定性等方面的材料，多角度创设分析探究的背景，使分析探究的信息渠道由单一型变为多向型，使分析探究的思考层次由平面式变为立体式。在各种材料的相互联系、相互贯通中，将学生的探究能力向高层次推进。

（三）鼓励怀疑否定

孟子说："尽信书不如无书。"在探究性教学中必须有一种敢于怀疑、敢于否定的精神。德国唯物主义哲学家费尔巴哈说："新知识从怀疑中产生。"这就是说，怀疑否定是思维创新的前提。思维不能创新，主要是因为思维受到某种定式的束缚而不能充分活跃起来，不能有所突破。怀疑否定正是为了打破这种定式，打破这种定式，关键在于培养学生的逆向思维的能力。逆向思维是思维创新的一种最直接的表现形式，它挑战权威旨在求异，它打破陈规旨在求新。但是，必须注意，培养学生的逆向思维不是鼓励学生怀疑一切、否定一切。随意、盲目地使用怀疑否定，这不是探究性教学应该有的科学态度。在探究活动中，学生滥用怀疑否定，主要是由于其思维的浅表性、片面性、偏激性，因此在培养逆向思维能力的时候，要注意引导他们的思维向深刻性、全面性、科学性方向发展。换句话说，教师既要鼓励学生敢于怀疑、敢于否定，又要注重培养他们严谨求实的科学态度，交给他们一分为二的科学方法，帮助他们做到言之有理、持之有据，这样才真正有利于学生思维的创新。

（四）选题具有价值性和可行性

对文学作品进行探究性阅读，在确定探究主题时，要充分考虑所选课题是否具有探究价值，对于学生是否适宜。首先，所选课题要有科学性。虽然是对文学作品进行探究性阅读，但是选题同样要注意科学性。选题的科学性是探究方向正确的保证，课题可以是某个领域中的新发现，也可以是对前人成果的完善与发展，还可以是对错误结论的修正，但都要符合科学原理或事物的发展规律。同时，探究性阅读不仅要满足社会的发展需要，还要满足全面提高学生语文素养和能力的需要，学生选题时要适应社会的长远发展，要落实语文学习的总体目标，使探究更有实效。其次，所选课题实践性要强。一个人的能力总是在实践中得到培养和发展的，也总是在实践中才得以体现的。探究文学作品，学生同样可以选择实践性强的课题，通过查阅与文本及作者有关的资料、分析讨论资料等多种途径，亲自动手，主动探索，深入思考，体验知识的运用，体验成功与失败，这样从实践活动中提高听说读写的能力，从实践活动中提高自身的语文素养。最后，所选课题要适宜可行。学生的知识面、精力和财力、研究方法和技巧等方面的特点，限制了探究的方向和范围。如果选题范围过大，就容易导致泛泛而谈，流于形式，起不了什么作用；如果选题范围较小但过于专业，就需要较高的专业理论和人员的指导，自然会给探究增加一定的难度。所以选题时，学生要从自己的实际情况出发，既不太大、太高、太难，也不过于悲观保守，范围和难度适宜，内容具体可行，能使自己的阅读能力得到较大的提高和发展。

（五）指导科学求证

学生在探究活动中提出了一个新的思想观点并不代表思维创新活动完成，因为这个观点还需要进一步论证，还需要围绕这个观点来构建自己的思想，完善自己思维创新的结果，最终形成专题阅读的探究性论文，使思维的创新以文本的方式定格。这就需要教师指导学生科学地求证。这时，探究活动就进入了一个新的阶段——完善理论、充实求证。虽然这不是以创新为目的的阅读活动，但是它却在促使思维创新成果——新的思想的构建更科学、更缜密、更有说服力，显然，这实际上是思维创新的一种深化。因此，教师必须高度重视，采用切实有效的方法去指导学生进行科学求证。

三、探究性阅读教学的内容

（一）把教材直接作为探究对象

探究式阅读教学从消除传统教学的弊端出发，让学生从被动地接受灌输到自主地探索研究，从知识的记忆、文章内容的再现到问题的发现与解决；从迷信教材、把教材看作完美的不可逾越的规范，到平等地审视教材，把教材当作学习研究，同时也是分析甚至批判的对象。

1. 对于关键词句的探究

作家都善于锤炼语言，所谓"语不惊人死不休"，而作家锤炼语言时多在形容词、动词、副词上下功夫。这三类词是语言中最富表现力的。比如古典诗歌中的佳句，如"春风又绿江南岸"的"绿"字，"红杏枝头春意闹"的"闹"字，"云破月来花弄影"的"破""弄"二字，皆是不着一字而境界全出。

2. 对主题的多元思考和深化延伸

对文章的主题，往往仁者见仁，智者见智。在探究文章的主题时，不但要引导学生从多角度、多方面去思考，而且可以引导学生对一些文章做深化延伸的探究。每个人对文学作品的解读是不同的。探究性阅读教学的目的之一就是开发学生的阅读潜能，培养学生的阅读个性，使学生养成独立思考的习惯。

（二）由教材引申出研究课题

在研究教材的同时，可以尝试由课内向课外扩展，由课文理解向课题研究延伸。一篇文章中可以引申出的研究课题的方向是丰富多样的，要根据具体情况选择，有的可以在课堂上三言两语带过，有的可以略加讨论，有的可以写成小论文，进行交流展示。其目的是引起学生兴趣，激发学生思维，使学生学会探究和发现，并培养学生多角度综合看问题和深入分析的思维习惯，不一定每篇都要写成论文。

（三）在比较阅读中探究

语文教材的每一篇课文都有其独特的价值，学习课文有时只是停留在一个层面上，有时又面面俱到，但对课文潜藏的独特价值难以深入探究。教师可引导学生把课文放到一个更大的参照系中，比较分析其异同，探究各自的独特价值，探讨普遍规律。

比较的方式方法是多种多样的。比较学习是科学研究中经常运用的方法，它既需要比较开阔的视野、良好的大局观，又需要有细致、辩证的分析能力。但不是每篇文章都需要比较，而要根据具体情况抓住重点，突出特点，举一反三。重点在于让学生学会比较研究的方法，提高学生的思辨能力。

（四）拓宽视野 —— 处处都有研究对象

从课堂教学中发现可探究的课题，是教学的一个有效途径。但是在当今信息化社会条件下，影视、广播、刊物普及，语文学习早就超出了课堂范围。美国教育家华特·科威涅斯（Walter Kovernes）也说过：学习语文的外延与生活外延相等。因此，探究对象不能局限于课堂和教材，还可以拓展到课外。课外探究是课堂探究的自然延伸，是探究方法的具体运用和强化巩固。教师可以引导学生从课外阅读中发现课题。

四、探究性阅读的步骤

探究性阅读可分为个体探究、小组探究、全班探究和拓展延伸四个阶段。

（一）个体探究

1. 课前准备，收集材料

教师根据课文内容让学生收集相关资料，或是了解人物相关事迹（作者或作品中人物），或是了解作品背景、环境，或是收集与作品紧密联系的相关资料等，目的是为阅读理解课文服务。

2. 整体感知，厘清思路

整体感知是起点，是接近直觉的认知体验，它包括整体感知课文的大概内容、感受课文的语言所表现的思想内容、从课文中找出感受最深的句子或段落、从课文的内容中体会作者的态度或观点整体感知，可分三步进行：①学生自由朗读课文，借助工具书学习字词；②学生默读课文，画出能表明作者思路的重点词句或让自己感受深刻的语句；③学生厘清作者思路，梳理作品脉络。思路即作者构思文章、布局谋篇的线索，厘清了文章的思路，也就把握住了文章的概貌，不仅能够准确理解文章的内容，还可以形成独特的阅读感受。

3. 发现问题，自主探究

学生个体自主探究是小组合作交流的基础。这一环节，学生整体感知后，再细读课文，提出自己认为有价值的、值得探讨的问题，并尝试自己解决。要求每个学生都必须准备向其他同学表达自己的观点，阐述自己的看法，准备好小组内的发言。

（二）小组探究

小组内部合作交流是探究性阅读教学的核心部分，也是探究性阅读教学成功实施的关键。在小组内合作交流时，每个成员要充分发表自己对文章的独特感受，并提出无法解决的问题。只有这样，才能认识更全面、解答更彻底。

小组内部的合作交流应确保组内成员的全员参与，一般由小组长主持，其基本步骤如下：①交流，个人发表自己独立思考的结果；②讨论，意见不同的学生互相质疑、应答；③归纳，评出小组内最有见解的感受，将个人的成果转化为全体成员的共识，谋求全体的统一意见或主导意见，或者将几种不同的意见归纳出来，作为小组的学习成果，并归纳出在小组内不能解决的问题，准备在课堂提问。

在这个环节中，教师的主要任务是观察指导：观察是否有不参与交流者，了解情况，及时解决；检查各小组讨论的中心是否围绕着问题，组织中心（主持人）是否真正发挥作用；指导解决某些小组在讨论过程中出现组员无法解决的问题或障碍，或者作为普通组员参与交流。

（三）全班探究

在小组内合作交流的基础上，组内成员已对文本有较全面的了解，组际交流已成为可能。在组际交流与集体讲解这一环节中，各组代表阐述本组合作交流的成果，在交流中相互补充，共同提高。每一位学生也能从中综合他人的意见，得出适合自己思维习惯的、较为理想的结论。这一过程的基本步骤是：①汇报，向全班汇报本小组认为最有价值的阅读收获。②求答，提出本组探究不能解决的问题，介绍几种不同的观点，寻求全班帮助。③补充，补充修正其他小组的观点。在这一环节中，教师注意筛选问题并进行适当的讲解，这可以起"画龙点睛"的作用，这时的讲解是简明扼要的，有较强的启发探究价值，可以为进步交流、探索提供建设性的指导，还应注意为小组评价留有足够的时间。④评价，评价反馈各组的讨论情况。对自己和他人能进行客观评价是学生元认知的体现，这也是小组评价这一环节的价值所在，因而必须给予学生足够的时间进行小组评价。

小组评价的对象以小组为单位，以不足方面针对个人、优秀方面提及个人为基本原则。评价的主要内容是合作小组的学习态度、学习方法、学习能力、学习效果等。应该注意的是，这种小组评价并不等同于传统的评价，它是以使每个人能在原有的基础上有所发展为评价的最终目标和标准，把个人之间的竞争转变为小组之间的竞争，增强了小组成员之间的合作动力，使小组成员之间更加注意互相取长补短。更重要的是，小组评价可以使一些原来得不到或极少得到表扬的学生，在小组内经常得到同组同学的鼓励，这对提高他们的学习积极性是大有裨益的。

在这一环节中，教师可以针对以上各环节中存在的问题进行必要的反馈补救，形式可以是多样的。如是个别问题，可在教师巡视小组活动时解决；如是共性问题，可进行集体讨论。

（四）拓展延伸

这一阶段教师指导总结探究过程和学习方法，实现知识内化，并要求学生以书面的形式展示探究成果，完成专题作业，可以写读后感、读书笔记、调研报告等，实现在阅读基础上的写作，并有意识地安排若干问题让学生带出课堂，实现由课内向课外的拓展延伸。在以课文内容的延伸为探究点进行课外探究性阅读时，可以以课文主要内容、知识点的延伸为探究点，也可以作者、时代背景的探究为探究点来开展。这时教师的主要任务是指导学生查找阅读相关资料，把自己的见解形成书面材料。教师可以将这些材料进行展示和交流。

以上反映的是探究性阅读教学的一般过程，具体操作时，应注意根据实际情况进行必要的调整。

五、探究性阅读教学的实施方法

探究性阅读教学的实施是以探究性教学的理论基础和内涵特征为指导，在特定的阅读教学情景中为实现探究性教学的目标而采取的系统的决策活动。

（一）创设民主氛围

探究性教学的关键是培养学生发现问题并解决问题的能力。因为问题是学生进行认识活动的启动器和动力源，是从未知到已知的桥梁和中介。但在教学中如果没有好的课堂氛围，学生处于一种压抑的紧张状态中是难以发现问题和提出问题的。教师应善于控制自己的情绪，与学生建立一种平等、民主、亲切、和谐的关系，使学生身心处于最佳的活跃状态，愉快而舒畅地投入课堂。若教师本身情绪失控，往往会导致师生关系冷漠和教学气氛紧张。探究性教学要求教师把学生视作与自己在人格上平等的、有生命的人，尊重与关怀学生的个性、情感、创造，用积极乐观的眼光欣赏和预见学生的天性，为学生的学习营造一个欢乐、自由、融洽的支持性环境。在这种氛围中学生能做出自己的选择，能平等地同他人共同安排活动，能更多地意识到人的力量，能作为自己生活的设计师，变得日益民主和创造性。探究性教学对和谐师生关系的强调，为学生的个性读解提供了开放而安全的民主氛围。

（二）创设学习情境

探究性阅读教学注重创设能保障有效阅读的良好情境，或设疑指引，或披情入文，或精彩演示，或语言点染，以整个课堂气氛作为一个广阔的心理场，作用于学生的心理，充分调动学生的阅读注意与探究热情，使其保持最佳阅读心理状态，积极主动甚至迫不及待地去体验、探究、品味文本。具体看，有以下几种创设情境的方法。

1. 直观展现情境

夸美纽斯指出："一切知识都是从感官开始的……在可能的范围内，一切事物应尽量地放到感官的眼前。"心理学研究也表明，较之单纯的文字描述，学习者对直观提供的教学形象能更迅速地感知。在探究性阅读教学中，恰当地采用投影、配乐、录像、实物等手段，能在文章与学生之间架起沟通的桥梁，缩短课文与学生之间的距离，让学生的思维兴奋起来，迅速进入探究思维的轨道。

2. 语言渲染情境

教师针对所教授课文的特点，采用富有感染力与形象性的"美读"教学，增强课堂教学的艺术魅力，使学生从声音的流动中真正感觉和知觉到语言与表达内容的和谐统一，产生心灵的震撼和共鸣，激发探究思维的生成。

3. 问题激发情境

学起于思，思源于疑，问题是学习和思维的起点。朱熹讲："读书无疑者须教有疑，有疑者却要无疑，这里方是长进。"良好的问题情境犹如石子投向静寂的湖面，能激起学生思维的浪花，荡开学生创造的涟漪。如教学《祝福》，如果从背景介绍、人物分析到主题思想、写作特色，领着学生细嚼慢咽，必然索然寡味；若教师提一个问题：

"为什么说祥林嫂是一个没有春天的女人？"那么情况将截然不同，它富含创意性，串起了课文的语句、结构、内容、思想，能引导学生对文本进行深刻的审美把握和批判。紧扣教材设置悬念，让学生处于一种"口欲言而不能""心求通而未得"的"愤悱"状态，激发他们的问题意识。

（三）激发学生想象力

在接受美学看来，任何一部作品都具有空白点与未定性，都是一个多层面的未完成的图式化结构。对作品中作者有意留下的空白和未定性因素进行探究，加以补充、完善乃至升华，需要借助学生的想象力。可以说，想象力是阅读心理中最重要的因素之一。一是因为语言描述的显像结构本身没有直接可感性，必须借助想象来完成；二是因为作者通过想象刻画出比较鲜活的人物形象，因此读者在阅读时也必须借助想象的中介作用才能准确、全面地把握作品所传达的复杂感情，探究到作者的旨趣所在。正是未定性和意义空白，给读者提供了能动反思与想象的宽广余地。在保证一定理解信息的前提下，作品中包含的未定性与空白越多，给读者的天地越广阔，越能激发读者深入探究作品的意义。因此，评价一部作品不应当看它说了什么，而要看它没说什么。在一部作品意味深长的沉默中，隐藏着作品效果的效能；而如果一部作品的未定性与空白太少，或干脆没有，该作品就不能称为好的艺术作品，甚至不能称为艺术作品。

在探究阅读中，教师若能引导学生大胆想象，对深入理解作品所表现的人性人情美有深刻的体会。"花一世界，一叶一菩提"，正是因为人具有想象的本领，才绽放了无数智慧之花，结出了无数文明之果。因此，教师要给学生足够的时间，让他们自己去思想、去品味、去想象、去探究。

（四）开发课程资源

探究性阅读教学的顺利实施，除了要求教师、学生具有相应的态度、兴趣、能力，还需要获得一定的探究条件，那么开发及利用课程资源就很有必要了。

按《语文课程标准》确定的语文课程资源，应包括课堂教学资源和课外学习资源，例如：教科书、教学挂图、工具书、其他图书、报刊、电影、电视、广播、网络、报告会、演讲会、讨论会、研讨会、戏剧表演、图书馆、博物馆、纪念馆、展览馆、布告栏、报廊、各种标牌广告等。着重谈谈开发利用以下四方面的课程资源，为自主探究创造条件。

第一，教科书、工具书等课程内容资源的开发利用。教科书、工具书及其他图书、报刊等课程资源，就利用的经常性和便捷性来讲，在课程资源的开发利用中应该占据主要地位。要打破教科书统天下的神话，教师应创造性地选择和利用各类教材资源，根据本校学生的实际需要对教科书做出适当的"裁剪"，从学生的兴趣、爱好和个性等角度去发掘、拓展语文课程的内涵和外延。应编写或选择贴近学生生活，适合学生心智水平的文本，要能体现时代发展的多样化需求，充分发挥工具书和其他图书报刊等课程资源的优势，改善和优化教学流程，让教材和各种课程资源融为一体，更好地为语文教学服务。

第二，戏剧表演、朗诵会等实践活动资源的开发利用。戏剧表演、朗诵会、故事会、读书报告会、诗歌赏析会等都是可以直接运用于教学活动的课程资源。学校应因势利导，积极开展各种形式的教学实践活动，用以激发学生的探究兴趣，引导学生深入学习，培养学生的实践能力和参与能力，发掘学生的个性与创新精神。

第三，电影、电视、网络等信息化课程资源的开发利用。电影、电视、网络等信息化课程资源，集声音、图像、色彩、文字于一体，可以为学生的自主学习和探究发现提供丰富多彩的教育环境和有力的学习工具，是最具现代意义的教学手段。教师应充分利用影视、网络等信息化课程资源，与学生共同收集资料、筛选信息、制作课件，创设模拟各种与教学内容相适应的情境，给学生多方面的信息刺激，调动学生多种感官参与活动。利用它来改变传统的教学模式，以使学习任务更能切合每一位学生的实际水平，更能激发每一位学生的创造潜能，以至于尝试把学习活动与探究、发现、创造活动较好地结合起来。此外，可选择一些经典电影组织学生观看，看后开展影评交流会，让学生展示自主合作的探究成果。寒暑假可要求学生深入思考探究自己喜欢的电影或电视连续剧，并写成论文，开学后拿到班上交流。

第四，图书馆、博物馆等课外学习资源的开发利用。图书馆、博物馆、阅报栏等是一座具有巨大开发潜力的课程资源库，应给予充分的关注，发挥其潜在的资源价值。教师应有目的、有计划地组织学生到校外图书馆借阅图书，参观博物馆、纪念馆、名胜古迹，了解古今中外的人类文化遗产，开阔视野、丰富内涵。学校图书馆应根据新课程的要求适时调整图书结构，满足不同层次的学生需要，为学生提供良好的服务。

（五）开设探究性教学讲座

在很多学生眼里，探究是理科常用的手段，对语文学科究竟探究什么内容，如何开展探究活动，有哪些方法可以利用，应遵循怎样的原则和要求，他们则感到迷茫和困惑。教学初始，其行为非常盲目。因此，以班为单位或面向全校师生，开设探究讲座或报告就显得极为必要。讲座主要涉及以下内容。

（1）心理辅导讲座。针对探究性阅读教学的实际展开情况，采取定期或不定期相结合的方式，由教师或专家开设讲座，使学生了解一些相关的心理学知识，如多元智能理论、创造力的培养、认知结构的特点、如何高效记忆、如何调控自己的阅读情绪、如何更好地表达和交流等，使学生了解探究的特点和价值，引导学生对自己的阅读能力进行正确归因，认识到自身的潜能，从而破除对"探究"的畏难心理，增强教学参与的积极性和自信心，为探究性阅读教学的顺利进行扫清心理障碍。

（2）拓展阅读图式的讲座。学生的探究性阅读行为能否顺利、高效展开，很大程度上取决于他自身阅读心理图式的丰富程度及其在何种程度上能被激活，因此教学不仅应关注学生的阅读积累，拓展阅读视界，还要引导学生对阅读所得加以优化，以保证在探究阅读过程中各知识点被有效激活。这就要求结合教学实际，由教师或专家开设讲座，联系作家作品向学生就中国古代文学、现当代文学、外国文学等的发展线索做简介，以使学生能从宏观上把握整个文学发展脉络，有利于他们以更阔大的视角审视教材文本。

（3）研讨探究方法的讲座。其中包括对学生进行阅读方法与技巧的指导和训练，向学生介绍文献检索信息、积累和收集资料，以及撰写论文的方法。指导学生掌握基本的阅读方法，如朗读、精读、默读、泛读、速读、比较读等，根据阅读目的采取相应的阅读策略，重点是教给学生科学的思维方法，包括基本的思维原则，例如：重视基础，注重应用；思维发散，类比联想；知识迁移，触类旁通；形象直觉，逻辑辩证；等等。注重培养学生思维的广阔性、深刻性、独创性、灵活性等良好的思维品质。主要的思维方法有联想和想象、求同思维和求异思维、形象思维和抽象思维、收敛思维和发散思维、综合思维和辩证思维等，尤其是让学生掌握在语文学习中综合运用形象思维和逻辑思维，以培养学生的问题意识、创造能力。

指导学生掌握文献检索信息、积累和收集资料的方法。指导学生认识图书馆的基本属性及其作用，学会选择那些与自己水平相当、学习风格相宜、个人需要相适应的文字资料；介绍文献及文献检索的基本知识，以提高学生查阅期刊资料的能力；介绍数据库、因特网的知识及其功能和特点，使学生掌握检索数据库及在因特网上查阅信息的方法；介绍常用工具书的内容、作用、价值及使用方法，逐步加强学生对各种字典、词典及其他学科工具书的了解、认识和使用，使他们养成查阅工具书的良好习惯，并向学生介绍常用的阅读资料积累方法，如标记法、批注法、笔记法、卡片法、记法等，使其做到既能围绕目的快速摄取信息，又能高效积累资料。指导学生掌握撰写论文的方法。学生探究阅读的结果表达方法有多种，可以是口头陈述，也可以是一篇论文、一份调查报告、一段多媒体演示、一篇读书笔记或随笔等。其中论文是较常用的专题探究的呈现方式，对初涉论文撰写的中学生来讲，讲授这方面知识的讲座是极为必要的。教师应结合实例指导学生掌握论文撰写的一般格式：①题目，要求画龙点睛地反映出作者的探究方向、成果、内容及全文的格调，注意范围要小，内容要专，立意要新，角度要佳；②摘要，阐明探究的问题或现象、所用方法、结果或看法，要求短、精、完整，即行文要简短扼要，内容要精炼准确，能把主要观点和看法概括出来；③正文，这是探究论文的主体，也是表达阅读理解和现象感悟的部分，要指导学生综运用记叙、议论、说明、抒情等各种表达方式；④参考文献，论文最后应注明参考文献，引用别人的原话或原文还需注明出处。

六、探究性阅读教学实施效果及反思

（一）探究性阅读教学实施效果

探究性阅读教学实施的成效主要表现在以下方面。

1. 探究性教学充分体现了培养学生语文素质的教育理念

新课程标准指出："语文课程应致力于学生语文素养的形成与发展。语文素养是学生学好其他课程的基础，也是学生全面发展和终身发展的基础。""工具性与人文性的统一，是语文课程的基本特点。""应该重视语文的熏陶感染作用。"应该让学生更多地直接接触语文阅读材料，在大量的语文实践中掌握运用语文的规律。探究性教学是如何培养学生语文素养的呢？为了使学生对探究性能持续地保持兴趣，笔者在实验班级开展"精读一本书"的活动。在学期初，每个学生根据自己的喜好，明确各自探究性阅读的对象，可以是一本名著，也可以是某一位自己喜欢的作家的作品，还可以是其他类别的作品。在半个学期的时间里，学生除要认真阅读原著外，还要收集、整理与原著相关的资料，并根据相关资料，按照不同栏目完成读书笔记。具体栏目如下：①作家介绍；②作品背景；③作品内容；④名家点评；⑤精彩语段摘评；⑥我之所见；⑦总结报告。还可以根据情况增设栏目，学生每两周完成一个栏目的内容。这样的阅读活动不仅教会学生精读的方法，提高阅读行为的层次，还在阅读原著的基础上继续扩大阅读范围，使学生的阅读行为向广度和深度两个方向发展。这样的阅读成果是以读书笔记的形式表现出来的，毋庸置疑，学生的写作能力得到了培养。与读书剪报活动一样，学生收集、整理、归纳信息的能力，对文章的感受、理解、欣赏、评价的能力，交流活动所必需的口头表达能力，持之以恒的学习精神都得到了培养。可以说做到了新课标提倡的"自主选择阅读的材料""多角度、有创新的阅读"，扎扎实实地培养了学生的语文综合素养。

2. 激发了学生们的创作欲望

"阅读是收集处理信息、认识世界、发展思维、获得审美体验的重要途径。阅读教学是学生、教师、文本之间对话的过程"，而"写作是运用语言文字进行表达和交流的重要方式，是认识世界认识自我、进行创造性表述的过程"。"写作能力是语文素养的综合体现。"（《语文课程标准》）"问渠哪得清如许，为有源头活水来"，阅读行为本身可以大大丰富人们对整个世界的认识感知，可以说阅读就是写作"源头"的一种形式。阅读不能仅仅停留在感知、理解和一般意义上的口头交流上，应当利用好"源头"所提供的丰富材料，融合自己的情感体验和真知灼见，最终形成自己独到的见解和表述。甚至由此及彼，激发自我的写作激情，开展文学创作。

（二）探究性教学实践反思

在探究性教学的实施过程中必须处理好以下几种关系。

1. 教师与学生的关系

联合国教科文组织编写的《学会生存 —— 教育世界的今天和明天》一书中对教师的角色做了了精辟的论述："教师的职责现在已经越来越少地传递知识，而是越来越多地激励思考；除了他的正式职能以外，他将越来越成为一名顾问，一位交换意见的参与者，一位帮助发现矛盾论点而不是拿出现成真理的人。"

师生在人格上应该是平等的关系。新的课程模式要求教师放下"师道尊严"的架子，从居高临下的权威走向平等中的首席，师生之间更多的是一种互助合作的朋友关系。具体来讲，学生作为平等人格的个体，是自己学习的积极主动的建构者、参与者，教师是学生知识建构和探究学习的设计者、组织者、促进者。教师要尊重学生的人格，平等地对待学生、热爱学生，特别是要关心、爱护、帮助学困生。教师要尊重学生的选择，不横加干涉，发展学生的个性，保护学生的创造性，决不能挫伤学生的积极性。要宽容对待学生的见解，精心保留学生的自尊心和自我发展意识；同时又要看到学生是半成熟、发展中的个体，对他们加以引导。

在教学的具体过程中要处理好"双主体"之间的关系。教学过程中不仅要体现学生学习主体地位上，更要体现教师在教学中的主导性主体地位上。从"笼中喂鸟"到"打开鸟笼"无疑是一次解放，探究学习打开了学科栅栏、教室之门。但是，如果没有教师参与下的科学设计和严格指导，其效果是可以预见的："新鲜劲"一过，学生又纷纷回到"鸟笼"之中。人们既反对过去"三中心"下以全面落实知识和技能为目标去实施教学，也反对教师一味追求表面形式，或实际安排好的所谓的"讨论式""研究式""探究式""网络学习式"的教学方式。平时听课经常看到学生似乎"非常投入、非常有组织、非常热烈"，或者教师一味退缩到旁观者的地位，完全放弃教学中教师应有的主导性主体地位，盲目地跟着学生走。其实，无论是过度突显教师的主导地位，还是完全放弃教师的教学应有的主体性，都无法实现教学的最好效果。任何教学活动都必须体现"两个主体"，教师要非常贴切地处理好"两个主体"的位置，教师的主体性要体现在"导"学生学习知识和能力发展训练上，要"导"学生的学习态度、组织纪律、注意力、兴趣、意志、情绪情感、智力活动、创新思维、实践能力等提升上。学生的主体性则体现在教师的引领下，通过讨论质疑、体验和表达、实践和操作合作与交流的学习活动中。只有充分发挥教师主导和学生自主这两个主体的积极性，才能实现学生最大的发展。

2. 教材与教学内容的关系

古人云："师者，所以传道受业解惑也。"在传统教学中，师生往往把教材看得过于重要，教师的工作就是按照教材向学生传授知识。不少教师把教完一本书作为自己教学的全部任务，所教所讲均是固定的知识，少有自己的独到见解，几年甚至几十年总在重复那些老的内容，精神全被束缚，没有任何创造。这不仅限制了教材功能的发挥，也将语文课教学引入了一条死胡同。探究性教学要求教师变"教教材"为"用教材"，由"分析教材"到"研究教材"，通过自己独立的思考探索把教材知识激活，然后根据学生身心发展的特点和自身的认知风格，对教材进行重新整合。在教学的过程中应该自始至终贯穿学法的指导，从而达到"授之以渔"的教学目的。作为学生学习活动有力的促进者和合作者，教师应该明白，在探究性教学中，自己面对的不仅仅是依靠本门学科知识就能解决的问题，知识的整合性要求教师应该具备多学科的丰富而渊博的知识，教师不再是"一桶水"，而是"一条流动的河"。探究活动涉及广泛的内容和方法，教师必须对科学知识的本质有清楚的了解，对探究的方法有明了的系统把握。作为信息源的提供者，教师应该学会 IT 技术，利用网络资源，发挥信息技术的优势。学生的探究活动需要丰富的信息，向学生提供这些信息并保障信息渠道的畅通是教师义不容辞的责任和义务。

3. 探究性教学与其他教学模式之间的关系

教无定法，教学方法没有固定的模式，因为教学的对象千变万化，课堂教学是由一系列环节构成的，教学环节与环节之间的联系应该在不同的课型中有不同的体现，表现为不同的样式，因此教师应根据不同的教学内容采用不同的教学模式，既不能用"唯一"代替"多样"，也不能用"刻板"代替"灵活"。教学是一门艺术，教师只有通过创造性的工作，不断地组合各种有效的教学方法，才能使学生在课堂教学中获得最大的发展。实践证明，在阅读教学中开展探究性教学，可以引导学生参与到课堂教学中，培养学生的创新思维和实践能力，充分体现"学生为主体、教师为主导"的教学原则，获得了良好的教学效果。但是，主张阅读教学进行探究性教学，并不等于完全排斥和完全否定传授式教学方式，也不意味着只用探究性一种模式。因为传授式教学在教学中仍具有它的价值，而且，探究式教学也要从教学实际和学生的实际出发，在不适合探究性教学的情况下，仍可进行传授式教学，并将探究性教学配合在其中，还可以兼用其他模式。这样，教学的效果才会更好。

第九章　基于 App 应用的学生阅读能力培养研究

第一节　App 应用理论

一、情境认知理论

"情境认知"，又称"情境学习"，最早于 1989 年在一篇题为《情境认知与学习的文化》的论文中提出。情境观认为，知识应该是个体与环境交互作用过程中构建的一种交互状态，强调学习的设计要以学习者为主体，重视学习者的社会参与，关注学习者的知识储备，重视存在现实生活中的问题和实践。该理论强调学习要具有一定的情境性、探究性、真实性、主动性，当学习者在真实的情境中需要解决一定的问题时，学习就成了学习者需要主动完成的事情，就会将被动转化为主动。情境认知理论对本研究的启示：在语文阅读活动中，需要教师根据教学需求，为学生提供相对应的情境，全方位刺激学生的感官认识，激发学生的好奇心；利用 App，通过创新阅读活动、巩固练习等方式，增加学生的阅读兴趣，促使学生完成学习内容，更好地理解阅读材料的意义，以达到提高学习者阅读能力的目的。

二、建构主义学习理论

建构主义最早是由皮亚杰提出的，他认为儿童与环境的相互作用由"同化"和"顺应"两个过程组成。建构主义学习理论认为学习时儿童自身进行探索、发现和建构的过程，是学习者总结个人经验而不断重构个人的理解和知识的过程。建构主义强调以学习者为中心，教师和学生的地位、作用都发生了变化，改变了原有的教学模式，在教学过程中更加强调学生的主体地位，认为教师是学生知识建构的指导者、促进者。

建构主义学习理论对本研究的启示：在语文阅读教学活动中，要遵循情境性原则，创设有助于有意义建构的学习环境，激发学习者的兴趣，充分发挥学习者的主体地位，鼓励学习者主动建构自己的知识；重视学习者之间、师生之间及学习者与阅读内容之间的交互，鼓励学习者积极表达自己对问题的理解，为学习者提供一个宽松、民主的阅读教学环境。

三、多元智能理论

多元智能理论是由霍华德·加德纳（Howard Gardner，以下简称"加德纳"）提出的，他对人类认知的发展进行了多年的研究，认为人的智能是多元的，1983 年，《智能的结构：多元智能理论》一书最初定义七种智能，后来的研究又不断发展和完善智能。该理论的基本思想符合当前教育改革的主导思想，为教育实践者进一步充分认识和发挥每个学生的潜在能力提供了有力的理论依据。而现代信息技术在教学中的应用，也为学生多元智能的发展提供了有力支持。语文阅读教学在新课程改革下的教学形式也逐渐走向多元化和创新化。

多元智能理论对本研究的启示：在语文阅读教学中，应该创设更加多元智能的课堂教学环境，发挥 App 的优势，为学生提供更加多元的阅读材料、多元的巩固练习、多元的评价方式，使学生充分发挥自己的优势智能；教师也要考虑改变以往的教学方式，借助信息化手段，为学生搭建多元化的交互平台，使学习者之间可以通过多种方式交流讨论，以完成语文阅读能力的培养。

四、对话理论

对话理论是由俄罗斯文化文学家米哈伊尔·巴赫金（Михаил МихаЙлович）提出的。各种新媒体的出现，使人们进入双向传播的、互动参与的、平等对话的交往沟通方式，这种方式正是巴赫金所主张的"对话理论"，对话理论强调平等交流、参与互动、差异与多元的理念，对话就是希望被听到，希望被人理解，得到其他立场的应答。巴赫金提出的对话理论，构成对话的应有对话者、对话内容、对话方式几个因素，正好契合了教育活动的几个成分——教师、学生、教学内容、教学方式。对话理论对本研究的启示：在语文教学过程中，要注重学生之间的合作，同时不能忽略个体的自主阅读，使学生能够平等对话、平等合作，鼓励每一位学生发言，表达自己的学习体验，让众多的学习体验相互碰撞，培养学生的批判性思维。在语文阅读教学过程中，还要注重培养学生的反思能力，使学习者在对话和交流中，不断汇聚、融合他人的观点。

第二节　尊重学生阅读主体地位

教师可以根据单元主题，借助 App 向学生推荐相关的阅读内容，这样学生更加容易理解课文主题内容。同时，App 中的阅读材料有难易之分，学生在选择阅读材料时可以根据自己的阅读水平选择符合自己水平的阅读内容，让学生有针对性地阅读，增加阅读量，并组织学生讨论阅读内容，培养学生的认读感知能力、理解能力和评价能力。

教师在进行教学设计时应以学生的学情为主，在分析学生学情的基础上设置较为准确的教学目标，使学生能够完成教学目标。教师在布置任务时要考虑学生的差异。此时，教师可以利用 App 的智能功能，布置个性化任务，并要符合学生的发展特征。教师要将阅读的主体地位还给学生，让学生自己在阅读中寻找答案。阅读教学不仅是教师领着学生通读学习课文，将自己对课文的理解讲述给学生，而且应该让学生提前预习课文，并利用 App 提供课文阅读的相关练习题，让学生在预习课文之后完成相关练习题，增加对课文的理解。教师也可以在 App 中看到学生预习的情况，实时了解学习状态，掌握学生的情况，根据学生前期预习的情况，进行有针对性的讲解，学生也可以积极参与课文的学习，不再是仅仅听教师的讲解，而是可以根据前期预习的情况与教师、同学进行讨论。

比如在学习《圆明园的毁灭》一文时，教师可以布置课后预习任务，要求学生通读课文，并利用 App 布置针对本节课的阅读任务，帮助学生阅读，解决以往学生不知道该如何预习、预习的重点是什么的问题。教师利用 App 布置练习题可以节省大量的时间，而且可以实时查看学生的填答情况。在课中，教师根据学生预习情况，对于学生已经掌握的内容不再进行详细讲解，而是针对错误率较高的地方进行详细讲解。教师在讲解过程中不断抛出问题，引导学生思考，最后针对前期练习，让学生进行讨论作答，促进学生对课文内容的理解，并且随着学生的参与，可以凸显学生主体地位。

第三节　丰富学生阅读资源

App 中含有丰富的阅读资源，教师可以通过 App 教师端向学生推荐阅读资源，根据阅读主题向学生推荐短文和书籍，增加学生的阅读量，培养学生的理解能力和认读感知能力，组织学生讨论阅读内容，培养学生评价阅读内容的能力。

学生阅读能力的提高，需要以阅读大量的阅读资料为支撑，教师可以以课文延伸的方式向学生推荐阅读读物，增加学生的阅读量，通过 App 向学生推荐丰富的数字阅读资源。学生比较喜欢课外阅读，但是由于兴趣爱好不同，每个人的阅读侧重点有所不同，这就造成一些学生只针对某方面的阅读资料进行阅读，忽视其他方面的阅读资源。教师可以利用 App 中丰富的阅读资源定期向学生推荐不同类型的读物，在保证学生阅读兴趣的同时让学生阅读多个类型的阅读资源，全面发展。面对自己不感兴趣的读物，学生会有排斥心理，这就需要教师多加引导，确保学生多方面的阅读。同时，教师也可以组织阅读活动，让每一个学生都交流一下自己的阅读内容，谈谈自己的感受，侧面鼓励学生多多阅读。教师也可以利用 App 的排名功能，定期公布班内学生的阅读排名，学生具有一定的争强好胜心理，可利用学生的心理特征让学生主动阅读。教师也要进行一定的引导，使这种竞争变成良性竞争，而不应只增加数量而忽视质量。

比如课文《落花生》是一篇记叙散文，阐述了做人的道理。教师也可以利用 App 中丰富的阅读资源向学生推荐相似的读物，如《箭袋树的舍弃》《大与小》，这些课文也阐述了做人的道理，不仅有助于学生对课文的理解，而且拓展了学生的阅读范围。又如，在学习《鲸》时，可以向学生推荐《章鱼》《海底世界》等读物，或者推荐《海底两万里》等书籍，以此拓展学生的阅读面，加深对课文的理解。在学习《七律长征》时，可以组织学生自主查阅有关诗集，并进行阅读。

第四节　培养学生自主阅读能力

在 App 中，有各种短文、书籍及有声电台，学生可以自由选择读物。App 中还包含一些阅读闯关游戏，可以很好地激发学生的阅读兴趣，并且 App 会根据学生的阅读量评出阅读之星，激励学生自主阅读。让学生自主阅读，从多个方面增加阅读内容，可以较好地培养学生的认读感知能力、理解能力和评价能力。

要爱护学生的好奇心、求知欲，鼓励学生自主阅读、自由表达。阅读能力的高低不仅会影响个体的学习，而且会影响个体的生活和工作等各个方面。因此，在基础教育阶段，语文教育的重要任务之一便是培养学生的阅读能力，这同时也是学生个体发展过程中最基本、最重要的素质，学生自主阅读能力的提高，可以很好地增长学生的见识，使他们了解多姿多彩的世界，而且在阅读过程中还能让学生交到志同道合的朋友。在学生阅读能力的培养过程中，教师要鼓励学生自主阅读，阅读是一个长期学习的过程，仅靠教师的督促完成阅读是不能很好地提高阅读能力的，需要培养学生的自主阅读能力，让学生不再需要教师或家长的督促，自发地去阅读。因此，在阅读教学中，教师应从多个方面引导学生阅读，发现学生的阅读兴趣，及时给学生推送一些阅读材料，鼓励学生针对阅读内容提出问题并独立思考，组织学生之间讨论、交流，分享阅读的内容，从而体味阅读带来的乐趣，养成主动阅读的习惯。

比如在学习《慈母情深》一文时，教师可以通过 App 向学生推荐《为母爱打开心窗》《吝啬的富妈妈》《奇迹的名字叫父亲》《邻里亲情》等相关拓展阅读材料，也可以让学生自由阅读，让学生自己查找相关资源和类似的阅读读物进行阅读，帮助学生更好地理解本主题，通过阅读相同题材的阅读内容，帮助学生更好地理解不同类型的爱。

第五节　强调学生课堂参与

课前预习时，教师可以让学生通过 App 查找与单元主题相近的短文或书籍，课中可以组织学生积极参与课堂讨论，或者通过互联网让学生查找一些需要的信息，培养学生的评价能力、运用和获取信息的能力。教师要改变以往一言堂的课堂情况，保证课堂的民主性。在课堂中，总是那几个学生在回答问题，其他学生大多数时候都是保持沉默的，面对这种情况，除了要表扬爱发言的学生，还要多鼓励那些"沉默是金"的学生，因为语文阅读的讨论本身没有标准的答案。另外，现在的班级人数较多，有时无法保证让每一个学生都参与讨论，教师可以采用小组讨论的方式，根据课程内容的要求，利用 App 向学生推荐阅读内容，教师利用 App 可以实时看到每个学生的阅读情况，并针对阅读内容组织学生进行小组讨论，每个小组的学生可以将自己的阅读感受与组内同学进行交流，教师在整个过程中可以听取每个小组的讨论并进行适当指导，开阔学生讨论的思路，也可以暗示学生要朝着某个方向进行讨论，最后由小组代表在班级内发言。小组代表每次都要进行更换，保证小组内每个成员都有机会成为小组代表。班级内每个学生的阅读水平会有一定的差异，教师也可以组织自由阅读活动，利用 App 智能推荐功能，实现个性化推荐，让每个学生都有合适的阅读读物，教师利用 App 可以看到每个学生的阅读情况。教师可以在组织学生在课堂或课下针对学生的阅读进行交流讨论，让每个学生对自己的阅读进行一个简短的介绍，并说说此阅读内容对自己的启发及阅读之后自己的感受。

例如，"与同学交流自己的座右铭，并说说自己的理解及其对自己的启发和帮助"，像这样的讨论，每个学生的答案都会有所不同，教师可以提前布置任务，让学生利用网络或者书籍搜索座右铭，在上课的时候组织学生进行讨论。有些学生的座右铭可能是一样的，但是座右铭对学生的启发和帮助会有所不同，这时，教师应该尽量鼓励那些不爱发言的学生说说自己的座右铭和其对自己的帮助，让他们勇敢地迈出第一步。对于他们的发言，教师也应该做出点评，并鼓励他们要多多参与这样的讨论，在参与的过程中他们会收获更多。

第六节　实现多样化阅读评价

多样化的评价可以让学生参与到评价中，同时在讨论中学生的思想也会发生碰撞。App 具有即时评价功能，学生阅读完一篇文章会有巩固练习，App 会对学生的练习及时反馈，学生也可以根据阅读的内容写读书感想，其他学生或者教师可以通过App 看到感想并做出评价，培养学生的理解能力和评价能力。评价语要具体，不能空泛，而且评价的方式要多样化，不是教师一个人进行评价，要让每个学生参与评价。此外，评价要及时，使学生能够及时得到教师的反馈。利用 App 的多元评价和即时功能，教师可以随时查看学生的阅读情况，App 也会针对学生的阅读情况进行即时评价，学生可以第一时间看到自己的阅读情况，教师也可以看到班级内学生的阅读情况，即时反馈指导。而评价语和评价方式的多样化就需要教师设计丰富的教学活动。

在学生进行交流讨论时，教师要做出详细而具体的评价，像"好""很好""很棒"这样的评价语较为空泛，适用于任何场合的评价，对学生今后的学习不具有针对性的价值和意义。因此，教师的评价要具体，让学生知道自己阅读的优势及在阅读中存在的不足，今后该如何努力。教师的评价要对学生的阅读学习有一定的影响。在开展阅读活动时，要鼓励学生之间进行互评，当这个学生在对另一个学生的说法进行详细点评时，也是在表达自己的理解，同时也说明该学生进行了深入的思考，在进行点评的过程中，也要允许学生对教师的评价进行提问，这样可以更好地促进学生对内容的思考。针对学生的阅读练习，教师可以利用 App 实时查看学生的学习情况，详细的了解学生的阅读状况，并且在整个评价中，每个学生都会参与评价。

比如在学习《猫》一文时，教师通过 App 向学生推荐短文和阅读，学生在阅读短文时会有即时反馈，供学生了解自己的情况。同时，学生在完成阅读书籍后可以进行评价，教师及其他学生都可以看到评价内容并进行回复。在课堂上教师可以组织相关的讨论交流，也可以利用微信群或 QQ 群进行交流，让每个学生说说自己阅读了什么内容，与该文有哪些相似之处，对自己的学习有哪些帮助，这样可以帮助学生更好地理解该主题的内容和所要表达的思想感情。

第十章　基于全息阅读的学生阅读能力培养研究

第一节　全息阅读的理论基础

一、互文性理论

互文性理论是在西方结构主义与后结构主义思潮中产生的文本理论。该理论的研究者认为："任何文本的构成都仿佛是一些引文的拼接，任何文本都是对另一个文本的吸收和转换。"文本从何而来？原有的片段、个人的组合、参考资料、突发事件、留存的记忆和有意识的借用。正如一个人要和他人建立广泛的联系一样，一篇文本也并不是单独存在的，它总是包含着取之于人的语词和思想。因此，人们能受到文本潜移默化的影响，且总能从中发掘出一篇文下之文。总之，传统文本研究以作品、作者为中心，互文性理论则更注重读者、批评家的作用；传统文本研究一般力图找到正确的意义，而互文性理论则主张语义的流动性；互文性理论突出强调文本内容之间与形式之间的相互作用，非常注重将文本置于广阔的文化背景中加以审视。所以，互文性理论对于拓宽文学研究思路是有着里程碑意义的，对于改进阅读教学也必然有重大的指导价值。

在学术界，互文性已被当作一切文本的基本特征和普遍原则。因此，阅读教学必然可以以该理论为依据指导教改。互文性的特点在于，它引导人们了解一种新的阅读方式，使得人们不再线形地阅读文本。人们可以将互文的每一处相关参考进行替换：要么把此类地方只看成并无特别之处的片段，认为它仅仅是构成文本的一个部分而已，把阅读继续下去；要么去找原文。从互文性理论来考察，过于注重承接与连贯的阅读方式应该有所改进。也就是说，阅读不应该过分拘泥于主文本，而应依据文本间的相互指涉性，联系其他文本（互文本）进行深层次阅读。其他文本可以是前人的文学作品、文学范畴或整个文学遗产，也可以是后人的文学作品，还可以泛指社会历史文本。总之，阅读应该是开放性的阅读 —— 内容开放、思维开放、手段开放、结果开放。对于学生来说，这样的阅读方式可以培养深层次的挖掘能力，有效地促进学生大量阅读，使学生得到更多的文化熏陶。

全息阅读教学提出的教育理想"让大语文更大，让小班更小"就有互文性理论的支撑。它坚持的全息阅读观缘于文本的互文性，若文本间不存在互文性，全息阅读相关文本的假设也就不再成立，让学生在有序的阅读中实现大语文的理想也就成为空想。互文性理论认为，一个文本只有被读者阅读才真正被赋予意义。而读者在阅读时会运用阅历、智力和审美情趣来完成对文本的理解，因此任何读者在阅读时都会受到自己的时代、社会、文化或家庭背景的影响，并将其带入阅读中，形成自己独特的阅读理解，甚至可能改变和扭曲文本的原义。"让小班更小"意即尊重学生的独特个性，尊重阅读中的独特体验，在遵循一定的教学规律的前提下，实现个性化的教学。

二、语境理论

语境是语用学和语言交际理论中的一个基本概念和核心概念。近年来，随着认知科学的兴起和语用学的发展，以及对语言交际研究的不断深入，人们对语境又有了新的认识：语境是言语活动的环境及言语活动所创造的，能够引发语言滋生复义的"语义场"。在生产篇章时，篇章生产者将篇章置于一定的社会环境的制约之中，这种与篇章相互作用的社会环境被称为语境。一方面，在话语交际和篇章生产的过程中，与言语行为有关的各种因素起了制约作用；另一方面，在言语交际与阅读过程中，语境能够引发语言滋生复义，即启迪听者或读者调动生活积累、情趣积累、思想积累和知识积累，对说者或作者所提供的话语进行多方面的感悟和理解。因此，语境是一个动态的建构过程。从语境的研究历史及现状来看，不同学科及不同学派就语境的定义和要素持不同的观点。有学者把语境分为三类，即语言语境、情景语境、文化语境。

语言语境指篇章内部的环境，即词、短语、语段、篇章的前后关系或上下文。它有助于理解词、短语、句子等语言成分的特定意义。情景语境是指篇章产生的时间、地点、方式、周围情况、事件的性质、参与者的关系等。从严格的意义上说，情景语境指语篇中某些仅靠上下文无法弄清的意思，需要参考使用语言时所发生的事件、具体的时空等因素才能贯通理解。比如，人教版课标实验教科书六年级上册《我的伯父鲁迅先生》一文中，对于伯父说的"你想，四周黑洞洞的，还不容易碰壁吗"这句幽默话，当时的小周晔产生了误解，以为伯父真的碰了墙壁，这就是因为她不懂鲁迅当时所处的环境，也就是没有真正了解当时的情景语境。文化语境指说话人所在的言语社团的历史文化和风俗人情。任何一个语言使用者都属于某个特定的言语社团，每个言语社团都有长期形成的历史、文化、风俗、人情、习惯和价值标准。这些必然反映到该言语社团的共同语中。因此，在某些情况下，对语篇的真正理解还得联系最高层次的语境，即历史文化语境。比如，人们常觉得其他国家的电视剧很难理解，演员在剧中的对话往往引起所在国家观众的一片笑声，而其他国家观众虽然每句话都听得清清楚楚，却无法领悟其中的幽默，往往一脸木然。其原因就在于文化差异，在于不熟悉对话中体现的社会文化因素。总之，各种语境有大小之分、远近之别，它们构成了一张网。正如巴赫金所说："不可能有存在孤立的表述。它总是要求有先于它的和后于它的表述。没有一个表述能成为第一个或最后一个表述。它只是链条中的一个环节，脱离这一链条便无法研究。"

从语境理论来审视阅读教学，至少应有这样的启示：由于各个层面的语境总是存在着千丝万缕的联系，研究文本首先要用联系的观点，"知人论世，顾及全篇"。为了与文本进行深层次的对话，不光要注意语言语境，还不能脱离情景语境，并且要关注文化语境，即研究字词不能脱离句段，研究句段不能脱离篇章，研究篇章不能脱离生活、社会与文化，这样才能体现阅读教学的整体性和综合性。这样的阅读教学一方面，可以提高阅读的效率，因为语境具有丰富的蕴含性，所折射的语境即诸多的背景，可以打开学生的视野，使他们准确读解文本的意义，在语境中实践也可以学到鲜活的语言；另一方面，可以"洞明世事，练达人情"，因为关注语境的阅读可以扩大语文的内涵，使阅读教学的底蕴更加丰厚，使文本的人文内涵和价值内涵得到充分开发。比如教学人教版课标实验教科书三年级下册的《燕子》一文，文中第一段的描写是："一身乌黑光亮的羽毛，一对俊俏轻快的翅膀，加上剪刀似的尾巴，凑成了活泼机灵的小燕子。"如果就是在教学中局限于这个句子，即使用精心制作的教具拼凑燕子的美丽身影，也不能准确把握课文的神韵。只有让燕子置身于光彩夺目的春光中，在完整的语境中，才能显示燕子的灵性与春天的勃勃生机。此外，语境又具有强烈的感染性，它凭借一种文化氛围、典型环境及特殊效果，能够冻结或融化人的思想感情，使人自觉不自觉地钻入言语创造的特殊"房间"，与作品中的人物同呼吸、共命运。注重语境的阅读教学在很大程度上表现为注重教学的情境性，注重情的感染，在不断叩问中注重情的升华，给学生以心灵的震撼。全息阅读教学就是在上述思想的指导下努力探讨理想中的教学模式。

三、现代全息理论

全息是指整体上的任何一部分或母系统中的任何一个子系统都包含着整体或母系统的全部信息。中医学上讲的"喜则伤心，怒则伤肝，恐则伤肾，忧则伤肺"也是一种人的身心全息思想的体现。在西方思想史上，第一个提出人与宇宙全息思想的是阿尔可梅翁（Alcomeon）。他认为，人和整个宇宙是在同一设计上建立起来的，人是整个宏观世界的微观缩影。懂得了雷霆、暴雨和暴风的起源，人便懂得腹痛和动脉阻塞是怎样来的。这是一种天人运动相应关系。

到了近代，全息思想又扩展到自然科学和社会科学领域，达尔文在《物种起源》中就曾指出：对于白色的兔和牛，暗色的斑在耳和脚上常同时存在；绵羊毛越卷曲，角越螺旋。类似的全息现象在自然界普遍存在。自然界有大江奔腾、小溪潺潺，人体内有主动脉涌动、微血管渗流；大自然有草木繁茂，人体上有毛发葱茏；大自然有高山，人体有乳峰；大自然中的水、矿物质都能在人体中找到。的确，人重演了宇宙，人与宇宙全息。但"全息"这一概念的提出却并不早。1848年，德国物理学家发现波前再现的两步无透镜成像现象，据此发明光学全息术，从而提出了全息的概念。全息照相成形的全息图记录的物体信息完整、密集而丰富，即使将全息图破成碎片，每个小片也都能再现原物的整体形象。这是因为全息图上的每一个点位都浓缩了原物的全部信息，存储了原物的全部特征，是原物形象以某种特殊形式的成比例的缩小形态。随着全息概念的诞生、延伸、发展与完善，全息理论应运而生。1973年，学术界将这一物理学上的概念移植于生物学的研究，逐步形成了全息生物学这一分支学科。此后，全息理论被广泛应用于科技、文化、工业、农业、医药等领域的研究，形成了国际全息理论研究组织。从1985年开始，我国学者着手将全息理论应用于教学领域的研究，逐步形成了全息教学论的雏形。

国内关于全息教学论的研究主要有以下几方面的进展。

一是从宇宙全息的角度来认识教育的目的。"宇宙全息"是指宇宙是一个统一体，统一体内的任一部分与部分、部分与整体、整体与整体、整体与宇宙间所包含的信息总量是相等的，亦即全息。有学者认为，教学活动是随着历史的发展变化而变化的，每一个时期的教学过程都包含了当时社会各个方面的信息，是当时社会的整体缩影。社会的每一变化和发展都对教学提出了新的要求，教学的目的、内容和要求都应随着社会的要求适时地调整。

二是从宇宙全息的角度来认识教育的本质。有学者认为，教育是沟通社会与原始个体的桥梁，是使个体全息化即与当代社会全息的过程。这样的全息教学首先肯定了教师与学生的全息关系，即肯定了教师与学生大脑中所存在的信息总量相等（信息总量＝信息显态量＋信息潜态量。教师知识渊博的实质是信息显态量较大，而潜态量较小；学生知识贫乏的实质是显态量较小，而潜态量较大；二者总和相等）。它是实施教育时维护学生人格和尊严，做到师生平等的理论依据。全息教学肯定教学内容之间的全息关系，认为学生应全面地掌握各门功课，做到融会贯通，真正实现全面发展，同时也提到要增加信息量，培养学生的全息式思维方式，但具体的做法仍在探索之中。

三是在教学实践方面做了一些探索。从已有的资料显示，运用全息理论进行教学探索涉及的学科主要有语文、数学、英语，在语文教学中主要应用于识字教学和阅读教学，但能自成体系的不多。张伟老师的"球形"阅读教学法比较典型，也很有创意。但是，这一研究显然也存在一些局限：过于关注文本内的阅读，过于注重教师的掌控，追求相对单一的文本意义。它较多地关注对文本内全息元的利用，而忽视了教材文本与其他文本的全息关系，忽略了文本与社会的全息关系，没有以文本是语言学习的全息元、是探索社会的全息元这样的大视野来审视阅读教学，开发教学资源，对教学组织中的师生关系也没有从全息互动的高度加以研究。

钱冠连先生将现代全息理论运用于语言本质的研究，创立了语言全息论，深刻地论证了语言内全息状态和语言外全息状态。他指出："如果将天比作世界、宇宙或现实，那么，语言全息论就是地道的天语合一论。"

全息阅读教学就是在"天语合一"论基础上建构起来的阅读教学新模式，这一研究颇具现实意义，既体现了时代对教育的要求，也丰富了阅读教学理论，是站在前人肩膀上的有价值的探索。

四、复杂科学理论

课堂情景是极为复杂的，从不同的角度透视课堂，其实际上展示的是不同的场景。从社会学的角度看，课堂展示的是师生交往、生生交往的人际交往画面；从心理学角度看，课堂呈现的又是学生与教师心理不断冲突、不断调适的过程；从文化学的角度看，课堂还是以学生文化为代表的儿童文化与以教师为代表的成人文化的沟通、交流、整合的场景。课堂情景不是静态的，而是变动不居的，尤其在新课程倡导的动态生成型的课堂中体现出了更多的复杂性。新课堂的审视与构建，离不开复杂科学的理论分析与指导。应用复杂科学的理论分析和研究教学系统，又离不开管理熵和耗散结构理论。

管理是指任何一种管理的组织、制度、政策、方法等，在相对封闭的组织运行过程中总呈现有效能量逐渐减少，而无效能量不断增加的一个不可逆的过程。在教学系统中影响管理熵的因素很多，如组织结构、信息渠道、环境变化、人的因素、组织文化等。在相对封闭的组织运行中，组织结构演化有一个裂变、复制、成长、放大、膨胀、老化的过程。在这个过程中，管理熵会逐渐增加，管理效率则相应递减。同理，信息在传递过程中耗损、扭曲，人的素质发展与环境的发展不能同步等因素，都将使组织内的熵增大，而效率降低。耗散结构是指一个远离平衡态的开放系统通过不断地与外界交换物质和能量，在一定条件下产生自组织现象，从而由无序变为有序，由较低有序到较高有序，并形成新的稳定结构。由此可见，基于复杂科学的关于系统的熵和耗散结构起着调节系统效率的作用。前者使效率降低，后者使效率提高。总之，一个优良的系统必须是开放的、不断修正的、充满活力的。"问渠那得清如许，为有源头活水来"，其中蕴含的哲理大概是一致的。

从上述分析可以看出，以复杂科学理论为基础来构建新课堂是很有指导意义的，全息阅读教学也以此作为模式构建的基础之一。首先，全息阅读教学模式构建的是一个前延后伸、全息拓展的开放系统，这个系统重视从系统外汲取新的营养，不断充实系统内的信息源，从而使系统内保持足够的活力和动力，努力克服管理熵效应的出现。其次，全息阅读教学非常注重激励学生的探究欲望，从全息元出发的全方位辐射式的探究，一方面增加了阅读量，促进了学生对文本的深入理解，另一方面也促进了学生探究能力的发展。因为这种不断探究的系统运行机制可以使系统远离平衡态，只有在远离平衡态时，系统处在力和流的非线性区，才有可能演化为有序结构。否则，即使系统是开放的，也不一定能形成耗散结构。再次，全息阅读教学注重课堂组织形式的全息互动，这种学生—教师—文本间的全方位的对话、交流、合作，会不断促进新的资源的生成，使系统内各子系统产生非线性的相互作用。非线性相互作用是形成有序结构的内在原因，这种作用的有效性直接影响最后的学习成效。最后，全息阅读教学研究也关注教师意识、学生素养、文本特征，这三者都是阅读教学的子系统，这三个子系统的运行质量都会影响耗散结构的形成，即影响阅读教学的整体效益。

第二节　全息阅读的目的与内容

《语文课程标准》指出："语文课程应致力于学生语文素养的形成与发展。语文素养是学生学好其他课程的基础，也是学生全面发展和终身发展的基础。"致力于学生的发展是任何教学改革都不能脱离的根本。语文教育界一直在努力，希望切实有效地改变语文教学少、慢、差、费的现状。全息阅读教学研究的根本追求就是促进学生以阅读能力与探究品质为主要表现形式的语文素养的整体提高；同时开发课程资源，完善教材建设，为学生的学与教师的教创造更好的条件。为了实现上述目标，全息阅读教学研究在探寻高效的阅读策略、培育灵性的生命课堂、开发丰富的课程资源这三方面进行深入研究。本部分将对上述目的和内容进行阐述。

一、全息阅读教学的目的定位

（一）提高阅读能力

全息阅读教学研究的根本目的是提高学生的阅读能力，阅读能力是在语文学科中学生要发展的核心素养之一。这一方面取决于教学中科学的方法指导与实践，另一方面也取决于学生阅读的量。人们常说聚沙成塔、集腋成裘，量变才能有质变，阅读能力的提高毫无疑问需要一定的量的累积。文章再好，文学形象再生动，如果学生不去读、不愿读，不能潜心去感悟，就无法与作者进行思想、情感的交流，无法与文本展开深层次的对话，也就无法感悟到语言文字的独特魅力，无法完成课标规定的小学阶段450万字的阅读量，更谈不上语文素养的提高了。正如吕叔湘先生所说，问少数语文水平较好的学生如何提高语文素养，他们会异口同声说得益于课外阅读。崔峦在谈到"对语文新课改中一些问题的思考"时指出，教师要正确处理教科书和引进的相关课程资源的关系，用好教科书，落实《语文课程标准》的基本目标，做到"下要保底"、雪中送炭；在此基础上，适当引进必要的课程资源，让学生多学一点，学得更好一点，做到"上不封顶"、锦上添花。据调查，目前我国国民的阅读状况是非常令人担忧的，仅从数量一项来看，就不容乐观。我国人均年阅读量是 5 本，这其中还包括学生所学的教材，我国有较好的阅读兴趣和习惯的人只占总人口的 5 ％。从这一现状来看，要保证学生一定的阅读量，提高其阅读能力，首要的是培养阅读兴趣。全息阅读教学对阅读的定位是大量、有效地阅读，能从根本上解决阅读的量与质的问题。

那么，如何解决学生阅读的质与量的问题呢？全息阅读教学的整体构想是：课内全息读书法培养阅读能力，保证阅读的"质"，课外全息辐射法拓宽阅读视野，保证学生阅读的"量"，即课内、课外相结合，精读、博览相协调。正如叶圣陶先生所说的，得法于课内，得益于课外。

全息读书法是全息阅读教学倡导的以抓全息元为标志的读书方法。就阅读效率来说，该读书法也有独特的优势。古语说，提挈而顿，百毛皆顺。阅读何尝不是这样呢？能在最短的时间内抓住文章的关键词、语段的重点句，就相当于对文本的轮廓有了整体的把握，对文章的主旨有了准确的感知。以这些关键词、重点句为钥匙，能够开启与文本深层次对话的大门，进入文本的全息意义世界。这种阅读习惯可以培养学生对读物信息的敏感性，这种敏感性有利于学生从读物中迅速筛选出关键信息，准确判断读物的价值，并且及时进入研读过程，提高阅读效率，同时也能培养学生思维的广度和深度，培养一种创造性阅读的能力。

全息阅读教学通过课外拓展来保证阅读量也是基于一定的阅读心理的。因为保证学生有一定的阅读量需要引导，且取决于学生的阅读动机。阅读动机是读者从事阅读活动的动因，是为了满足读者的某种需要而产生的。从动机的持久程度看，阅读动机可分长远的间接动机和短近的直接动机。所谓长远的间接阅读动机指的是由读者的世界观、人生理想、学习目的等决定的读书动机，这种动机促使读者主动地、持久地读书，这是强烈的、浓厚的阅读兴趣的表现。所谓短近的直接阅读动机是指为直接实现近期某种特定的阅读目的而产生的阅读动机，这种动机较为表浅且短暂。此外，还有一种由阅读行为本身派生出来的"连锁性阅读动机"。比如读了一部名家的作品，觉得非常感人，萌生了对这位作家的经历的兴趣，于是去阅读关于这位作家的传记；读了这本书，想读另几本同类的书；等等。由此连锁推进，顺藤摸瓜，能取得意想不到的效果。全息阅读教学的全息拓展就是期望能激发学生的这种连锁性阅读动机，在不断的阅读活动中促进由短近的直接阅读动机向长远的间接阅读动机的转变。因此，在学完一课后，教师还会将整个文本作为一个研究主题，引导学生延续相应的语文探究活动，通过全息辐射来拓宽学生的阅读视野。比如，教师在教学课文《三顾茅庐》时就可以借助学生喜欢古典名著《三国演义》这一契机，以探究性教学方式为依托，让他们把课文与原著相互结合、相互渗透起来学习。课堂中，当学生通过课外阅读获得的知识得到运用、课外阅读能力得到老师和同学的肯定时，他们就获得了一种成功的喜悦，这必然会增加他们阅读原著的兴趣。同时，教师也可借此机会了解班级学生课外阅读的情况，对他们的课外阅读做出及时、有力的指导。

阅读全息辐射的内容不仅包括印刷文本，也包括电子文本，甚至可拓展到音乐语言、美术语言、影视语言等。"两耳不闻窗外事，一心只读圣贤书"这种"死读书"的方法，对学生语文素养的真正提高是非常不利的。只有让学生在丰富多彩的生活中有更多的体验和理解，才能使学生获得学习语文的持久动力。语文学习材料都是从生活中提炼出来的，它来源于生活而高于生活，让学生通过文字的解读"还原"生活，需要学生有生活的体验，需要学生有生活的积累，更需要学生在对日常生活的观察中提高自身理解文字的能力。所以，全息阅读教学密切关注由课内向课外的拓展，指导学生把语文放到生活中去学习，这是提高学生阅读能力、提升学生语文素养的一条有效途径。

（二）培养探究品质

全息阅读教学倡导的全息阅读的基本方式是叩问。在抓住全息元不断叩问的阅读过程中，探究性思维是其主要的表现，这种阅读方式带有明显的以问题为导向的特征。以问题为导向，大而言之，为选择读物确立了目标，根据一定的导向去选择适合自己需求的读物，选择最有价值的读物，就可以使自己在浩如烟海的书籍中不会迷失方向。这一点对于阅历不甚丰富、鉴别能力有限的学生来说尤有价值。以问题为导向，小而言之，可以激发明确而强烈的期待心理，这种期待心理让读者带着浓厚的阅读兴趣开始读书；在阅读中，读者全神贯注、如饥似渴，怀着强烈的探究欲望寻找答案，搜寻有用的信息；阅读后，读者又将信息条分缕析、综合概括，形成一个井井有条的知识结构，完成一个很好的知识建构的过程。这样一来，就可以避免"如钱之散积于地，不可绳贯也"这一学生阅读常犯的毛病。

《基础教育课程改革纲要（试行）》指出，要"改变课程实施过于强调接受学习、死记硬背、机械训练的现状，倡导学生主动参与、乐于探究、勤于动手，培养学生收集和处理信息的能力、获得新知识的能力、分析和解决问题的能力以及交流与合作的能力"。全息阅读教学的指导思想与新课改的精神是一致的。全息阅读的意义不仅在于优化阅读过程，使学生在有序的阅读中博约结合，取精摄魂，更重要的是期望他们能在叩问中学会叩问，在探究中学会探究。布鲁纳曾说，一个人学习一门学科的知识，不是要建立有关这门学科的小型图书馆，而是要掌握其知识结构和方法原理，只有这样，人们才能从知识的成品仓库进入知识的生产车间。拥有知识并不意味着一个人知道些什么、了解了什么，而是表示一个人有了独立思考的力量和自由。所以，学习的过程必须同研究和应用的过程结合起来。人们努力在做的就是在全息阅读中培养学生自主探究的能力和习惯，有了这种能力与习惯，就好比帮助他们找到了源远流长的寻求知识的泉眼，必将让他们终身受益。教学时，无论是课前的小组学习，还是课堂中的小组讨论与全班分小组汇报，都可以围绕一个中心问题来共同探究学习。这样就让学生成为语文学习的主人，让语文教学过程成为学生主动探究的过程。教学过程中学生的主动性得到充分发挥，学生分析处理信息的能力和交流合作的能力也得到了培养。

　　阅读过程中的探究往往以丰富文化内涵为增值目标。这一层意思该如何理解呢？比如，学生读到有历史背景的课文，突然对文中"陛下"这一称呼的由来发生了兴趣，一查，原来古时皇上非常注重威仪，皇帝的龙椅要放在高高的台上，那上台的阶梯就叫"陛"，群臣面见皇帝时不能直视，只能将视线停留于陛下，久而久之，便称皇上为"陛下"。这样的典故不就是一种文化内涵吗？语文教学要注重文化背景，要传承优秀的中华文化，全息阅读教学以特有的方式演绎了这一精神。比如教师在教学《三顾茅庐》时，可以根据学生在语文学习过程中的探究兴趣，把唐诗、《三国演义》原著和电视剧片段引入语文课堂，而且可以"上不封顶"。这样的语文课堂就具有了开放性，有效地拓宽了学生的学习内容、体验渠道，使他们在广阔的空间里学语文、用语文，丰富知识，砥砺能力。从这一层面来看，全息阅读教学是有着深厚的积极意义的。

（三）完善教材建设

　　教材是重要的课程资源，对教材的认识、研究、开发和利用是语文课程资源开发的主渠道。而教师与学生不仅是教材资源的使用者，更是能动的开发者和建设者。

　　何为语文教材？就其外延而论，主要有以下三种定义：一是专指语文教科书；二是特指学校语文教学所需的教材系列；三是泛指社会的大语文教材，即凡对人的语言文字修养产生影响的书面的、非书面的材料。第一种定义被人们广泛地接受，但它是静态的，语文教育界也普遍认为将教科书当作圣经，作为语文学习的全部，显然是不合时宜的。对于第二种定义，就目前的状况来看，一套教材往往附带一些教参、教案设计、同步练习、词语手册等，此外还会有一本配套读物。这些材料对于一般的教学是很有帮助的，但是从一线教师的实际工作来看，教材系列依然不能满足学生与教师的需求，主要表现为教学参考资料匮乏、课外阅读内容单薄。于是有人提议选取第三种教材观的做法，大量吸纳课本之外的信息，促进语文学习的生活化、个性化，但变动的生活实践不能代替相对稳定的教材和规范、系统的学校教育。大语文过于宽泛，一线教师容易雾里看花，难以把握。于是，教师面临着重新审视教材观、不断完善教材建设的问题，尤其是在新课改背景下，在新的实验教材纷纷亮相、基本的配套资料相对更不完善之时，这一问题就显得尤为突出，因为教育是一项无法等待的工程。教材的本质是在特定目标下，为特定的教师和学生编制的，所以教材归根结底必须由教师自主编制或对现成的教材进行再加工，这是一线教师必须拥有的权利。综上所述，对于教师来说，完善教材建设既是一项权利，也有现实的意义，所以全息阅读教学研究承担起了对现行教材不断开发、完善的任务。

三种教材观的融合与推进应当是新课改背景下教材建设的最好选择。教材资源需要开发，这是新课改中教育者的共识。统编的教材有它的经典性和权威性，但"同时这也是它的缺点：一是它不可能适应所有地域的所有孩子；二是它对现实不可能敏感地表现"，因而进行教材开发是必要的。

如何开发教材？如何实现三种教材观的融合与推进？这是全息阅读教学要探讨的问题之一。全息阅读教学的基本观点是以教科书为基点，系统地进行动态生成。所谓"以教科书为基点"指的是充分尊重教材的规定性和稳定性，尽量遵循教材编写者的教学规划进行教学，不舍本逐末、另起炉灶。这里的"系统"指的就是遵循文本的全息性，将教材中的原文本看作一个例子、一个话题或一条线索，在"场"中开掘。这个"场"可以是学生语文学习的"学习场"，它基于文本但高于文本，服务课堂又超越课堂。这个"场"中有语文知识，有文化内涵，有审美情趣，是学生提高语文素养的营养车间。为何说开发的过程既要有系统，又要"动态生成"呢？这取决于学生与教师解读文本的丰富性及教师把握教材的自主性和教材的互动性。经过开发的一系列教材资源呈现太阳系般的结构：在核心资源（教科书）的周围有与其息息相关的亲近资源在运转，学生、教师可以凭实际需要进行动态调控和利用，这就使教师对教材的二度开发更加便捷高效。实践证明，完善教材建设的使命是有现实意义的，也是可操作的。

二、全息阅读教学的内容选择

（一）探寻高效的阅读策略

一直以来，语文教学都非常注重阅读技能训练，如今，其更意识到应该向注重阅读策略教学转变。由技能训练向策略教学转变有着深远的意义，因为"技能训练观认为阅读是掌握一套技能。换言之，阅读能力是由一系列技能组成的，每一项技能都是高度定型的，几乎是自动化的行为，经过反复操练就可以掌握"。而策略教学观则认为阅读能力是整体的，阅读是读者的原有知识和文章的信息相互作用而建构文章的意义模式。熟练的读者运用他们的原有知识和灵活的策略去建构文章的意义模式，他们监控正在进行的理解，并在理解出现困难时改变策略。他们根据自己的知识水平选择、调整策略。由此可见，在策略教学观指导下的阅读是积极的，学生阅读能力的发展就是他们形成阅读策略来理解文章的过程。

阅读策略教学是提高学生阅读能力的重要途径，因此根据语言全息论，可提出文内叩问与文外辐射两大阅读策略。

所谓文内叩问指的是在阅读文本的过程中不断地推想、质疑，以实现与文本的深层次对话，从而建构丰富的文本意义。接受美学将阅读过程分为三个级别：以感觉经验为主的直接理解阶段为初级阅读；由感性向理性提升的反思性阐释阶段为二级阅读；第三阶段阅读最接近历史—阐释学了，它涉及从作品的时间和生成的前提上对一部作品的阐释。对于小学阅读教学来说，最具指导意义的是初级阅读和二级阅读，尤其是二级阅读中的"对话"—"问答"逻辑。理解活动中的问答逻辑，是由伽达默尔提出来的。他认为，理解活动好比解释者与被理解对象（文本）之间的一次对话，理解的任务就是发现文本提出的有待解答的问题，文本正是通过向解释者发问才成为其理解对象的，而理解者也按自己的偏见（视界）向文本发问。两者互相开放，互相提问，而问题的提出本身就已隐藏着答案。就在文本与解释者之间这种不断的互相问答中，文本意义的可能性逐渐得到实现，同时，解释者的视界也逐渐得到拓展。在实际的阅读中，二级阅读表现为两种形态：瞬间的问答与深层次的问答。关于瞬间的问答，每一个读者在自觉与不自觉中都会进行。比如读到"传来敲门声"，自然会问"是谁来了"；读到"红杏枝头春意"也会期待、猜测下一字该是什么，甚至会在心中代笔。当然，更具现实意义的是深层次的问答，对于学生来说，要培养的也是这种深层次问答的能力。这里探讨的文内叩问就是这种深层次问答，追求的也是学生自身的主动叩问。叩问的思路很多，例如：①文章要表达的重要意思是什么？②我想得到的重要信息又是什么？③文中的全息元是什么？④由此我还能推想到什么？⑤为什么我读着这段话会觉得特别舒服呢？⑥下文会说些什么呢？

比如阅读《穷人》的这一片段：

渔夫皱起眉，他的脸变得严肃、忧虑。"嗯，是个问题！"他搔搔后脑勺说，"嗯，你看怎么办？得把他们抱来，同死人待在一起怎么行！哦，我们，我们总能熬过去的！快去！别等他们醒来。"

在教学这段文字时，为引导学生用不断叩问的方式学习，教师做了一个很形象的比喻：叩问好比开采金矿，叩问的过程就好比找矿源，是要由非常专业的工程师来完成的，解答好比挖金矿，仅由操作工完成即可，所以学会在读书中不断地问自己是非常重要的。于是，学生满怀兴致地静静读书，品读每一个重要的词句，提出了一连串有价值的问题：渔夫为什么会变得严肃、忧虑？两个"嗯"能看出他怎样的性格特点？他为什么一连说了两个"我们"？"总能"说明了什么？为什么用上"熬"这个字？这些感叹号又表达了渔夫怎样的心情？他为什么要说"别等他们醒来"？就是在这样不断的叩问中，渔夫的形象渐渐展现在学生眼前：他淳朴、憨厚，粗中有细，极其善良。总之，文内叩问有三个特点：一是叩问不脱离语言环境，并且始终关注整个文本，注重文本的整体性；二是叩问的过程实质是与文本进行对话的过程，这种对话会不断调动学生的已有经验，使对话更为丰富；三是这样叩问的结果将创造出新的、丰富的语义信息，完成新的视界融合。

文外辐射是在文内叩问的基础上，为满足探究的欲望、证实自己的推想而进行的后续阅读或实践活动。根据语言外全息现象，一个文本可以折射出更多文本外的信息，可以打通更多的阅读渠道，从而使语文天地更宽、更广。文外辐射基本的内容有背景材料、相关知识、相关文本、相关体验。这里的"相关"首先要体现与原文本的一种合理联系，其次必须与学生的语文学习程度相关，不然再近的"相关"也没有教学的价值。请看对人教版课标实验教科书三年级下册《燕子专列》一文的教学片段：

（出示句子：当地气温骤降，风雪不止，几乎所有昆虫都被冻死了。燕子经过长途跋涉，已经非常疲劳，再加上找不到食物，饥寒交迫，濒临死亡。）

师：请同学们反复地读读这句话，想想有什么不明白的词语吗？

（生读后自由发问。）

生1：什么是"长途跋涉"？

生2："长途跋涉"就是走了很多地方。

生3："长途"指的是走的路很长，从"跋涉"两个字的偏旁看应该是……（生不知该如何表达）

师：能借助偏旁来理解词语的意思，真是个好办法！同学们，你们知道吗？燕子从南方飞回北方时，大约要飞行6000千米，需要飞行一个多月的时间才能到达目的地。（生哗然）在这一个多月的时间里，它们要穿越村庄、湖泊、城市，飞过绵绵的高山，特别艰难的是它们要飞过无边无际的大海。在大海上飞行的燕子甚至没有地方可以休息，它们只能不停地飞呀飞呀，它们就是这样历经艰辛，经过这样的长途跋涉才回来的。

生1：老师，什么叫"濒临死亡"？

生2：我知道，"濒临死亡"就是快要死了。

生3："濒临死亡"就是面临死亡。

师：说得真准确！那么燕子怎么会濒临死亡呢？

生1：因为当地天气很冷。

生2：而且燕子找不到吃的，它们是又冷又饿啊！

师：又冷又饿，课文中用了一个什么词？

生：（齐说）饥寒交迫！

师：同学们，你们能想象燕子饥寒交迫的样子吗？

（创设情境：在风雪不止的呼啸声中，教师富有感情地描述，学生闭上眼睛，边听边想象当时的情景。）

师：同学们，你们看到的这只燕子怎么样了？

生1：燕子的身上覆盖着厚厚的雪，甚至被冻僵了。

生2：燕子实在没力气飞了，扑啦一声落在了雪地上。

生3：我好像看到一只瘦骨嶙峋的燕子，它已经好几天没吃东西了。

生4：燕子在寒风里瑟瑟发抖，仿佛在说："快救救我们吧！"

师：是呀，现在燕子的处境是多么危险啊，它们正面临着死亡的威胁啊！谁能来描述一下这时候燕子危险的处境？

（生朗读）

师：也许再迟一天，大批的燕子将被冻死或饿死！幸亏瑞士政府及时知道了这个情况，他们做出了一个不同寻常的决定，就是用火车将燕子送到温暖的地方。从瑞士政府的这个决定中，你感受到了什么？

本课中学生对"长途跋涉"这个词语有一定的理解，但并不是很到位。这时，通过教师及时的说明，通过相关信息的补充，学生的脑海里能浮现燕子长途跋涉的情形，加深了对该词语的理解。"饥寒交迫"的字面意思并不难懂，但怎样才能让学生真正感受到燕子那"濒临死亡"的处境呢？教师利用多媒体创设情境，引导学生想象画面，并用自己的语言再现情境，让学生真正体会燕子饥寒交迫的样子，感受燕子危险的处境。这样的教学辐射过程中既让学生感受到瑞士政府为燕子所做的一切有多么了不起，又在想象与体验、说话的过程中进行了有效的言语训练，这样的辐射是有较高的教学价值的。

文外辐射的基本策略有三。一是以释疑作为辐射的凭借，如人教版课标实验教科书六年级上册《唯一的听众》中有这么一句话："沙沙的足音，听起来像一曲悠悠的小令。"学生读后都对其中的"小令"一词不解，带着疑惑查了资料，才知道这是词的一种：根据篇幅的长短，58个字以内的词称作"小令"，59至90字的叫"中调"，91字以上的叫"长调"。二是以兴趣为辐射的动力，如学生学了林海音的《冬阳·童年·骆驼队》，觉得非常有趣，这篇文章是《城南旧事》的序，学生找来《城南旧事》进行阅读，果然不错，就会想再读林海音的其他作品。三是以明确动机为导向的辐射，即在阅读文本后有一种自觉的行动。就文本学文本是较为有限的，应该问问自己：由这一文本还能想到什么呢？还能做点什么呢？比如，阅读相同作家的其他作品、不同作家的同题作品等，主动去寻求更多的学习资源，长此以往，就掌握了阅读策略，提高了阅读能力。心理学研究表明，"仅通过一两节课的教学是不能充分学习思维技能的，只有经过过度的学习才会真正掌握一种思维技能"。因此，上述阅读策略都应提倡在一定的时间内反复教学，直到学生形成一种自觉的行动，尤其应强调的是，教师在阅读教学中每课、每时都应有全息意识。

综上所述，全息阅读教学研究的根本任务之一是探寻高效的阅读策略，即文内叩问与文外辐射，这样的策略选择能够完成第一节中所确立的目标——提高阅读能力、培养探究品质，使阅读教学获得理想的效果。

（二）培育灵性的生命课堂

教学界曾经用"只听见一片沙沙的写字声"来形容课堂的安静与整肃，用"同学们异口同声地回答"来赞美课堂教学的热烈与到位。那样的情形在闭塞的小学校依然让某些"传统"的老师怀恋。传统的教学，课堂里坐着的只是些读书的机器，而绝非有血有肉、有棱有角的学子。全息阅读教学研究的目标之一就在于改变这样的状况。

全息阅读教学追求的是一种动态的、灵性的课堂。华东师范大学教授叶澜指出："教学作为人与人之间的特殊共同体内的交往，要求在交往中富有人文气息，每个参与教学活动的人应能获得多方面的满足，特别是精神上的满足。"师生在课堂上不仅要有知识方面的信息传递，更应有情感方面的互动，而且这种互动应该是全方位的。课堂形态是动态生成的，即教师与学生、学生与学生、师生与文本、师生与环境等因素之间呈现碰撞、对话、合作的课堂形态。教师在教学中把握课堂及时生成的教学资源，调整自己预先的教学设计，使教学在动态演变中更贴近学生的实际需求，并与学生展开个性化的对话与交流，形成一个互相协调、统一、和谐的生态环境。这是一个动态交往的过程，是师生共同发展，以实现教学双赢为目标的课堂教学形态。

动态生成教学与以往的教学形态相比，有其特殊性。归结起来，有以下几个特征。

1. 动态性

动态性就是指在教师与学生、学生与学生碰撞、对话、合作的课堂中即时生成的，超出教师预设方案的新问题、新情况。它随着教学环境、学习主体、学习方式的变化而变化，根据教师的不同处理而呈现不同的价值，使课堂呈现动态变化、生机勃勃的新特点。动态生成的学习氛围是一种平等对话的氛围，学生感到宽松、坦然、自由、愉悦，没有任何形式的压抑和强制。在动态生成的课堂中，学习者不断汲取新鲜信息，并对其进行改造、重构，形成稳定的素质结构，为进一步学习和发展做好准备。教师在主观上努力穷尽各种预设可能，在具体的教学过程中游刃有余地引导课堂的创生，敏锐地捕捉各种生成契机，冷静地分析其教育的价值和意义，灵活调控教学环节，重组教学信息，使课堂真正"动"起来，在"动"的过程中产生新思想、新创意、新观念、新问题，使课堂成为学生张扬个性的天空，成为教师教育智慧成长、教育能力发展的舞台。

2. 生成性

叶澜教授曾提出，教师只要在思想上真正顾及了学生的多方面成长，顾及了生命活动的多面性和师生共同活动中多种组合和发展方式的可能性，就能发现课堂教学具有生成性特征。动态生成课堂打破了传统课堂教师主宰一切的局面，形成了可变的师生多向互动关系，形成了开放的课堂教学。在动态生成教学中，通过单向互动、多维互动生成新的资源，再选取有价值的资源作为新的"学习主题"，进行下一轮的互动研究，然后又会产生新的"生成性资源"，再"互动"、再"生成"。这样周而复始，积极地将所发生的一切转化为对课堂有效的教学资源，推动课堂的进程。在这种开放的教学环境中生成的意义是多元的、丰富的。

3. 偶发性

叶澜教授在《重建课堂教学过程观》中提到："学生在课堂活动中的状态，包括他们的学习兴趣、积极性与注意力，学习方法与思维方式，合作能力与质量，发表的意见、建议、观点，提出的问题与争论，乃至错误的回答等，无论是以言语还是以行为情绪方式表达，都是教学过程中的生成性资源。"而这些生成性的资源是转瞬即逝的，稍不留神就容易被忽视。想要及时地捕捉它，教师就必须学会仔细地倾听，敏锐地把握新生成的教学资源，使有效的信息不成为"漏网之鱼"。教师要善于利用教学中的偶然和突发事件，将之视为一次难得的激发学生智慧、师生共同探讨的机会。一般来说，偶发性事件分为两种情况：一种是由教师、学生的行为或是外界环境引发的事件；另一种是学生由于对知识迷惑不解而提出的出乎教师意料、无法回答的问题。面对第一种情况，教师应该运用智慧，巧妙处理或捕捉利用，而不能简单、粗暴地责骂、批评。对于第二种情况，教师应该尊重学生的个性，为其提供表现的空间，这样才能使课堂变成学生自我表现的舞台。

4. 复杂性

复杂性理论认为系统内的各因素是相互作用的，而且在每种情况下，这些无穷无尽的相互作用使每个系统作为一个整体产生自发性的自组织。在动态生成的教学活动中，各种关系错综复杂。进一步说，这些复杂的、具有自组织性的系统是可以自我调整的，在这种自我调整中，它们并不像地震中的滚石那样只是被动地对发生的事件做出反应，它们积极地试图将发生的一切都转化为对自己有利的因素。在动态生成教学的过程中，学生原本就有的主体性和创造性得以恢复，因此学生的学习空间更宽广了，学习思维更活跃了，生成的信息更丰富了，他们成了教学资源的重要构成和生成者；而教师不仅是知识的"呈现者"、学习的"指导者"、学业的"评价者"、纪律的"管理者"，更是课堂教学过程中信息重组的"引导者"。教师所要选择和处理的信息有些是隐性的，有些是显性的，有些是预设的，有些是非预设的，有些是与课堂教学有关的，有些是与课堂教学无关的……显然，在这样的课堂上，教师所面对的任务相对以往的课堂要复杂得多、烦琐得多。学生"动"起来了，意味着教师的工作更复杂了，教师不能仅仅停留在原先设计好的教学方案上，还应该在收集处理这些信息的基础上完成更高水平的"动"。如何有效地重组信息，尤其是巧妙地引导学生自己重组信息，对教师教学来说显得至关重要。教师这一层面的"动"形成新的具有连续性的兴奋点和教学步骤，使教学过程真正呈现动态生成的创生性质。总之，教师所面对的课堂上出现的信息是林林总总、错综复杂的，教师面临着前所未有的挑战。

5. 选择性

动态生成教学以全息的观点看待学习资源，但并不意味着一切资源全部需要并能够被充分利用，而是指应从中精选最有效的语文学习内容作为载体。不同的学习主题和学习目标，学生不同的学习经历和生活背景，教师自身的学习爱好和阅读视界，都应成为影响筛选学习资源的重要因素，否则课堂中将出现"泛语文"和"非语文"的现象。比如学习《跨越海峡的生命桥》一文，教师挂出中国地图，详细地讲解台湾海峡的有关知识、台湾的历史，这样的全息取向是相当危险的，必然会导致语文学习低效甚至无效。从语文学科的基本特点"工具性与人文性的统一"这一指导思想来审视，全息阅读教学的课堂的选择性应从语言学习的价值与人文熏陶的价值两方面着力。只要坚持这两个基准，全息阅读就能找到"真语文"与"泛语文""非语文"的确切分界线。

（三）开发丰富的课程资源

目前的语文教材都以选文形式编排，选文仅是教材内容，而非教学内容。许多专家都说语文教学的内容无非是八个字：字、词、句、篇，听、说、读、写。虽然生字表、词语表可以明确告诉教师字词学习的内容，但是句与篇几乎只能凭教师的个人理解与喜好自由处理，听、说、读、写如何巧妙地融合就更考验教师的个人素养。总之，就目前的教材现状来看，将教材内容转变为教学内容，还必须有一个开发的过程。这种对教材的二度开发是否科学合理，将直接影响教学的质量。在新课程理念的影响下，语文教材的二度开发主要应体现以下方面："一是由固定知识技能的'载体'转变为学生获取知识、训练能力和养成情感态度的阶梯；二是由描述静态知识内容的材料转变为静态内容与动态过程相统一的材料；三是由呈现有限的教学内容转变为能够延与扩充的教学资源。"那么，究竟该如何开发教材，体现上述精神？全息阅读教学如何发挥它独特的优势，使一篇篇选文成为动态的、学生成长的阶梯，并发挥教材的延伸与教学资源的扩充的作用呢？除了基本的字词教学，从提高学生的语文素养这一因素考虑，依据文本的全息性，通常可从以下几个方面来挖掘教材中文本的潜在价值。

1. 挖掘文章的音韵美

中国的文章历来讲究声调铿锵动听，节奏舒缓有致，抑扬顿挫，给人以荡气回肠的美感，这充分体现了汉语的特质。语言大师老舍先生的文章深受师生的喜爱，原因之一就是琅琅上口，正如先生自己所说："我写文章，不仅要考虑每一个字的意义，还要考虑每个字的读音。"文章的音韵美是要用心去感受的，开发这一资源最好的方法是多诵读。诵读讲究语调变化，易于发现语言的音韵美。在教学中，教师应引导学生用诵读感受语言美，用诵读积累美的语言。同时也应该在实践中引导学生悟得一些诵读的规律，尤其是语调变化的规律，如"爱"则气徐声柔，"悲"则气沉声缓，"喜"则气满声高，"惧"则气提声凝，"急"则气短声促。当教师在教学中注重诵读，并让学生感受到言语材料的音韵美时，在激发学生的情感反应后，在这种语调和情感之间就会建立起一种心理联结，当学生再次遇到具有类似的音韵特点的言语材料时，凭音韵感就可以直觉到同样的感情内涵，这就是语感。音韵美在许多作品中都存在，在学生能感受到音韵美之前，教师自己首先应该感受到，这样音韵美才能作为文本的潜在价值被有效地开发。下面《燕子专列》的教学案例较好地呈现了诵读的指导过程及教学作用：

（出示句子：听到消息后，居民们纷纷走出家门，冒着料峭的春寒，顶着满天飞舞的大雪，踏着冻得坚硬的山路，四处寻找冻僵的燕子。）

（在学生体会到人们不畏严寒、不辞辛苦地拯救燕子的爱心后，有个学生站起来说："老师，我还知道人们这时候的心情是很着急的。"）

师：你是从哪里看出来的？

生1：纷纷。

生2：对，他们迫不及待地寻找燕子！

师："迫不及待"这个词用得真好！你能读出人们急切的心情吗？（指名读）

师：同学们，从"纷纷"这个词中你还能读出什么？

生：我知道去寻找燕子的人很多。

师：你真会读书。是啊，听到消息后，许许多多的人走出了家门。你们看，警察叔叔义无反顾地走出家门。

生：（齐接读后面部分：冒着料峭的春寒，顶着满天飞舞的大雪，踏着冻得坚硬的山路，四处寻找冻僵的燕子。）

师：听到消息后，难得在家休息的老师走出家门。

生：（齐接读后面部分：冒着料峭的春寒，顶着满天飞舞的大雪，踏着冻得坚硬的山路，四处寻找冻僵的燕子。）

师：听到消息后，就连年迈的、白发苍苍的老人也拄着拐杖走出家门。

生：（齐接读后面部分：冒着料峭的春寒，顶着满天飞舞的大雪，踏着冻得坚硬的山路，四处寻找冻僵的燕子。）

师：同学们，你们能想象吗？听到消息后，那些比你们还小的孩子们也和爸爸妈妈一起走出家门。

生：（齐接读后面部分：冒着料峭的春寒，顶着满天飞舞的大雪，踏着冻得坚硬的山路，四处寻找冻僵的燕子。）

师：孩子们，我多想拿起相机拍下这一幕幕感人的画面啊！

"好茶不品不知其味，好文不读不知其妙。"琅琅的读书声是语文学习不可或缺的绿色通道，也是语文课堂中最美妙的声音。实在的语文课就应该要抓住读书这个根本，舍得花时间让学生反复地去诵读，从读中品味语言的音韵，从读中积累典范的语言，从读中领悟语文的真谛，从读中汲取人文的养料。积累语言的方式有很多种，或是利用填空，或是引导背诵，或是教师引读。本节课中，师生合作读书既对这段概括性的话做了描述，同时在不露痕迹的积累中深化了对瑞士人爱护动物、保护燕子的行为的认识，升华了感情，更为后面"如果你是一只列车上的燕子，你会对谁说点什么"的写话训练做了很好的铺垫。在课堂上，教师诵读课文时饱满热烈的情感很快传递给学生，进而影响学生的情绪和朗读，然后师生共同入情诵读，使课堂出现一个情感的高潮。在这样的情感氛围中，在浓浓的语文味中，学生以情感为媒，积淀了深厚的文化素养。

2. 捕捉文句的表达方式

现代语言学将语言研究区域区别为语法、语义、语用三个层面。"如果在一个研究中明白地涉及了说话者，或者换一个更普遍的说法，涉及了语言的使用者，那么我们就把这种研究归入语用学的领域中；如果我们不考虑语言的使用者，而只分析表达式和它们的所指谓，我们就从事语义学领域的工作；最后，如果我们也不考虑所指谓而只分析表达式之间的关系，我们就从事语形学的工作。"语用学实际上是研究语言的表达功用的一门学科。语用学给予人们的启示在于：语文教学应当从静态的语形、语义分析发展到动态的语用教学。也就是说，教师在阅读教学中不光要读解文本的意义，还要引导学生研究语言在一定语境中的表达方式及妙处。

对于全息阅读教学来说，一个文本的语用价值丰富，意味着教师可以充分利用这一价值开展言语实践，在言语实践中提高学生的语文能力。重视语文能力的培养，等于教给学生语文学习的一些程序性知识，这是非常有益的。不同文本的语用价值是不同的，对于语言形式特别典型的文本来说，在语言的学习方面可以大做文章，全息阅读的拓展就可以从语言迁移的角度入手。比如学习老舍先生的《猫》一文，教学中要引导学生充分感受这一美文的语言风格、语言魅力：大量运用拟人的手法表现对猫的喜爱之情，即使是一个"小"字的运用，也同样巧妙地表达了作者的真情；一串串关联词"说它……吧，可是……；说它……吧，可是……"又将猫的古怪脾气生动地表现了出来。怎样让老舍先生这位语言大师的作品发挥最大的作用呢？教师依据全息阅读教学的理念，在引导学生积累这一文本中的精彩语段的同时，补充老舍先生的另一作品《小动物们》，以及周而复、夏丏尊等其他名家写猫的作品，供学生比较阅读，要求学生仿写一个片段，由此在语言的迁移方面取得了很好的效果，语用教学取得了成效。

　　语言的表达方式有时候也常常表现为句子的样式。因为句子在文中占有重要的地位，文章的文采、深刻性都是靠句子来表现的。在阅读中理解字词不能脱离句子，理解篇章也必须讲求句与句的整体效应。好的文句对学生的语言学习来说是非常有价值的资源，既能激发他们的阅读兴趣，又便于模仿训练，在实践迁移中形成语感图式。如果留心观察，会发现每一个句子都有一定的样式。句式作为文章的表现形式之一，随着内容、情感的需要而变化，如长句和短句、倒装句和一般语序句、肯定句和否定句、判断句和描写句、起始句和结束句、对称句和排比句、警句和秀句等。上述句式在语文课文中都是常见的。比如，人教版课标实验教科书六年级上册《山雨》一文的开头一节："来得突然——跟着一阵阵湿润的山风，跟着一缕缕轻盈的云雾，雨，悄悄地来了。"这里对称句、长短句错落有致，读着清爽怡人，犹如春雨拂面。好的语句的表达方式也往往非常符合语境，讲求灵活运用。在日常教学中，任何表达方式的品析都要注重"入文"。"缀文者情动而辞发，观文者披文以入情"，只有在一定的语言环境中，学生才能领略语言的精妙所在。为了提高语言学习的实效，可以加强积累及仿写的练习，提高学生组句造句的能力，为写作奠定基础。比如学了《穷人》一课，体验了文中的语言特色后，教师安排学生续写，并要求尽可能仿照文中刻画人物语言、心理活动与环境描写的表达方式，展开合理想象，进行大胆的推想，结果取得了很好的效果。有位学生是这样写的：

　　　　"哦，他们已经在这里啦，嘿嘿……"

　　　　"轻点，不要惊动他们。"

　　　　"嗯，我知道。"渔夫憨厚地笑了笑。

　　　　帐子里，两个小脑袋紧紧地挨在一起，那相依为命的样子更激起渔夫坚定的决心："放心，不管多艰难，我们总能熬过去的。"桑娜点点头，小心翼翼地合拢了帐子。

屋内沉寂了许久，渔夫沉思着，不时喃喃自语，这位粗野的渔夫此刻显得异常冷静，他不断地说："我们总能熬过去的……"

这一夜，桑娜一直没合眼，无止尽的忧虑始终在她的脑海中回旋。看着身旁的五个孩子，桑娜的眼中闪现出无限的慈爱和愧疚。夜静悄悄的，屋外寒风嗖嗖的，这间小屋里依然是那么的温暖而舒适，却并不如以前那么平静，那两个孤儿使渔夫的脑海思绪万千，凝视着自己五个孩子光秃秃的小脚，他沉重地思考着："五个孩子的重担已经够我们苦恼的了……不，虽然生活很艰苦，但总不能没有良心，对！……可如果再加两个，真怕自己的孩子会挺不住，哎！……算了，就算舍弃一切，也一定要收留这两个孩子，嗯！"

天才蒙蒙亮，渔夫又准备出海捕鱼，桑娜连忙拦住："你一夜没好好歇了，再休息一会儿吧！"

"咳，我不累，你照顾好孩子，我走了。"说完，他回头望了望七个孩子，又背起一张渔网，迈着坚实的脚步，大踏步地走出大门。不一会儿，他驾的小船就消失在茫茫大海中。

从上面的这段话可以看出，小作者对人物的内心及性格特征的把握是相当准确的，渔夫的粗犷与善良被刻画得入木三分，语言的表达方式更是深得课文精髓，人物神态的描写、语言的刻画栩栩如生，省略号的运用、环境的烘托恰到好处……几乎秉承了托尔斯泰的创作风格，并且故事的发展很好地延续了原文的逻辑。这样的续写充分体现了全息相关性：故事情节、人物性格、表现手法无不在合理、完整地延续。这才是真正续写。

3.感受标点的独特魅力

对于标点，郭沫若有一个精辟的比喻："言文而无标点，在现今是等于人而无眉目。"标点符号是书面语言中不可缺少的部分，可用来表示停顿、语气及词语的性质和作用，因此标点也属于要研究的文章的表达方式之一。比如《穷人》一课中描写桑娜抱回孩子后忐忑不安的心情这一片段，标点符号就起了很大的作用：

桑娜脸色苍白，神情激动。她忐忑不安地想："他会说什么呢？这是闹着玩的吗？自己的五个孩子已经够他受的了……是他来啦？……不，还没来！……为什么把他们抱过来啊？……他会揍我的！那也活该，我自作自受……嗯，揍我一顿也好！"

一连串的省略号说明她当时的思想斗争的激烈。她抱回两个孤儿后，面对自己的五个孩子，想想生死未卜的丈夫，她紧张、担忧，不知如何面对。省略号的连续运用表明当时桑娜的心理活动时断时续，逼真地刻画了她心乱如麻的状态。"他会说什么呢？这是闹着玩的吗？""为什么把他们抱过来啊？"这连续三个问号是对自己的质问，是又给丈夫添加重压的深深内疚；"他会揍我的！那也活该，我自作自受……嗯，揍我一顿也好！"两个感叹号又充分表现了桑娜宁可自己受苦也要领养孩子的决心，没有豪言壮语，只有出于本能的地地道道的善良。在这里感受人物形象不能不体会标点的内涵，标点的确就像人的眉目。

4. 揣摩文章的布局谋篇

在文章写作中，有了明确的主题、丰富的材料，还需要安排一个尽可能完美的结构形式，才能使表达的内容鲜明、突出，这关乎文章的布局谋篇，如标题的锤炼、层次的调整、开头与结尾、过渡与照应等，都是阅读中可以研究的内容。对于学生来说，揣摩这些可以使他们对文章形成一种整体感，强化结构意识，这对于逻辑思维的发展是很有好处的。比如，人教版课标实验教科书五年级下册的《桥》一课，构思新颖别致，既设置了悬念，又前后照应。课文先写面对狂奔而来的洪水，一个老汉将一个小伙子从队伍里揪出来，让他排到正在通过木桥逃离险区的队伍的最后；接着写洪水越来越急，小伙子又让老汉先走，而老汉把小伙子推上了桥，但就在这时木桥塌了，他们俩被洪水吞没了；最后写洪水退了以后，一个老太太来祭奠两个人，一个是她的丈夫，一个是她的儿子。故事到这里戛然而止，直到这时人们才恍然大悟，知道了"老汉"和"小伙子"的关系。这虽让人觉得在意料之外，但仔细想想，一切又都在情理之中。这样安排结构，获得了震撼人心的艺术效果。一般来说，文章为了表现某一个中心，往往分而写之，但好的文章如行云流水，段落变而气脉连，始终浑然一体。如果教师在教学中有意识地引导学生观气脉、识结构，就能使他们逐渐学会登高望远，悟得读书之道，其还能在学生习作中发挥指导作用。比如《桂林山水》一文总—分—总的结构非常清晰，开头以"桂林山水甲天下"引出，最后以"舟行碧波上，人在画中游"作结，简洁明了，富有诗意。教师在教学中要强化这一特征，让学生熟读成诵，并组织游览风景如画的西山公园，进行仿写训练。

5. 鉴别文章的语体风格

语体是根据不同的交际领域、交际目的、传递媒介、交际方式，反复使用不同的语言材料而形成的语言特点的有机统一体。在阅读中分辨不同的语体，能较好地把握文章的特征，引导学生有效地根据目的、对象、场合来理解文章，还能促使学生说话、写作得体。例如，人教版课标实验教科书五年级上册选了布封的科学小品文《松鼠》，该文用严谨准确的语言向学生介绍了松鼠的外形及生活习性，使学生对这一小动物有清晰的了解；六年级上册则选了一篇很有趣的记叙文《跑进家来的松鼠》，该文写了松鼠与人交往的故事，表现动物也有自己的爱憎、自己的智慧、自己的情怀。显然同样的题材，文体不同、表达方式不同，在语体风格上就会有很大的差异。

6. 关注文中蕴含的科学信息

按认知心理学家所说的知识表征的类型，可以将知识做一个基本的区分：陈述性知识和程序性知识。这里所指的文本的科学信息就是从陈述性知识的角度来审视的，它是指在文本中蕴含的自然科学知识、历史知识、文学知识等能被陈述和描述的知识。这些知识对丰富学生的积累和学生的发展都是不可或缺的。没有量的累积就不可能有质的飞跃，学生智力的发展、能力的形成，都离不开坚实的基础知识。加强基础知识的教学一直是我国语文教学的优良传统。对于全息阅读教学来说，如果一个文本的科学信息含量丰富，就意味着其开发的潜能巨大，这对于学生知识面的拓宽是非常有价值的。比如历史题材的课文《万里长城》，仅阅读课文这三百来个字总嫌不够丰满，长城的由来、长城的用途、修筑长城的故事等都可以很自然地加入教学。这比起单纯要求学生学习历史要有效得多。

7. 挖掘文本的人文内涵

人文内涵指的是文本中蕴含的人文意识、人文理念、人文意蕴。构成文本的语言不仅仅是工具，而且是人的一种生命活动，一种心灵的颤动。新课改后推出的语文教材，有一个明显的特点是人文内涵越来越丰富。人文内涵也是全息阅读教学要拓展的因素之一。

有的文章语言浅显但故事性强，人文内涵比较直露，教学中教师就要侧重于人文意识的拓展与培育。比如，《跨越海峡的生命桥》讲的是中国台湾青年为大陆同胞捐献骨髓的感人故事。从"人间真情"这一内涵出发，将《论语》中的"仁者爱人""爱人者，人恒爱之；敬人者，人恒敬之"等都融进去，让学生在诵读经典的同时感受中华民族的传统美德，感受生命桥的人文价值。

有的文章人文底蕴丰厚，而且蕴含在字里行间，教师就要引导学生用心感悟，领会语言背后的人文意蕴。比如《草船借箭》《赤壁之战》《惊弓之鸟》《矛和盾的集合》等文章，蕴含着许多的人生智慧，应引导学生在深入阅读中充分感悟、体会其中的深意。

总之，文本特征是在全息拓展的过程中必须关注的问题，若能抓住精彩，巧妙生发，就能达到事半功倍的效果，从而发挥语文教材的最大作用。正如叶圣陶所说，语文教本只是些例子，从青年现在或将来需要读的同类的书中举出来的例子。其意是说如果能够了解语文课本里的这些篇章，也就大概能阅读同类的书，不至于摸不着头脑。所以语文教本不是终点，从语文教本入手，目的在于阅读种种的书。尽管全息阅读教学注重延伸与扩充教学资源，尽管教学要求体现三维目标的整合，但也并非说每一篇课文都要从上述七个方面进行开发，而应依据各文本的特色有机延伸，尽可能从最佳的角度开发它的潜在教育价值。因此，各文本的教育价值的开发是有所侧重的。比如有的偏重于语文知识的落实，有的侧重于语言的积累，有的关注思维的训练，有的重视人文素养的熏陶，这全视文本的特色而定。

第三节　全息阅读下的学生阅读能力培养策略

一、引导学生全息阅读的策略

（一）旁征博引，块砖建高楼

阅读过程中的全息拓宽对提升期待视界有着重要的作用。以文本为一个研究主题，收集相关的材料，或阅读，或观赏，或亲身体验，多种信息交织在一起，形成了一个跟文本相关的更大的"信息场"。在这样的"信息场"中阅读文本，旁征博引、触类旁通，以块砖建高楼是很自然的事情，因为阅读者的期待视界提升了，与文本对话的视窗打开了，理解与交流的渠道畅通了，感悟必然就深刻而丰富了。

全息拓宽的内容有四个方面：相关体验、相关知识、背景材料、相关文本。其中大多数可以由学生自行完成，相关知识的提炼有一定难度，可以放到课内进行。不过这么多的内容在课文的学习前都要了解，既不可能，也无必要，有效学习的关键在于教师对此项工作的准确定位和对学生的恰当引导。虚实结合、有心与无意之间的恰当平衡，是处理这一问题的基本原则。何谓虚？就是不带任何目的性的阅读或体验，仅仅为了享受而已。有人说，当学生意识到教师在教育他们的时候，教育往往是失败的，这话不无道理。任何阅读若都带有极明确的目的性，学生就会在无形中将其视为一种负担，目的性即演变为功利性，反而平添厌恶，影响学习效果。因此，让学生有充分的自主权、关注他们当下的生活质量，让他们凭自身的爱好选择阅读的内容、选择游戏与活动的方式显得十分重要，这同样是在有意与无意之间增长知识、增加阅历，在务虚中提升期待视界。从这个角度来说，全息阅读教学的倡导者首要的责任在于鼓励，鼓励学生自主阅读，鼓励他们积极参与活动。当然，在很多时候，学习总该带有目的性，全息拓宽同样需要有明确的目的，以避免盲目与低效。若能将学习的目的转化为学生自身的目标，就能消解被动的弊端，变为学生主动的追求。观念决定意识，意识指导行为，在日常的教学中培养一种全息拓宽的意识就是我们首要之举。如何培养？可以从以下几方面入手。

第一，统览全书，自在"撒网"。学期初始教师要求学生读的第一本课外书就是新发的语文书。统览全书后，让学生对自己感兴趣的相关内容做一点研究，非常自由地收集一些感兴趣的素材，并且将每人自在"撒网"捕得的"鱼"放进班里的"信息鱼篓"，供大家随时分享。"鱼"可以是家里的音像影视资料，也可以是各种文字图片，甚至可以是实物。若有必要，全班有计划地组织观看、阅读、实践。比如，在学习《圆明园的毁灭》以前，教师可先组织大家观看学生提供的碟片《火烧圆明园》，这对了解故事的背景和深入体验文本是大有益处的。

第二，依据主题，有意"采蚌"。在每一组课文学习前，为了培养学生系统阅读的习惯，教师总先要求学生对整组课文进行预习，预习的任务之一就是依据主题，有意识地收集跟本组课文相关的信息，并在课前、课中或课后与同学交流，特别有价值的信息将在信息展示台展示，并入编全息阅读教学资源库。此举同时也是一种鼓励学生收集信息的激励机制。

第三，根据需要，用心"垂钓"。某一篇课文若的确离学生生活实际较远，或有一些相关的背景，可以要求学生有针对性地收集或体验，这种目标明确的任务能让学生用心用力，收效显著。比如，在教学《五月端阳》这类课文前，可以让学生先收集关于传统节日的风俗习惯，诵读相关的古诗，感受传统文化，相信这会让学生对课文的感受、理解更加深刻。

（二）追根溯源拨雾见青山

如果说前面关注的是大视野的观照，是站在山外的鸟瞰，那么接下去要做的是入得深山，进行追根溯源式的探究。这也是引导学生全息拓宽的重要途径之一。追根溯源即在阅读时不断叩问，抓住文中的全息元或抓住某一个词、句进行深入的探究，联系上下文进行深层次的解读，或查阅相关资料弄清它的来龙去脉，看清迷雾后的青山。比如《少年闰土》一课的教学，教师可以引导学生先读书，找到最能表现"我"的感受的语段：

> 啊！闰土的心里有无穷无尽的希奇的事，都是我往常的朋友所不知道的。他们不知道一些事，闰土在海边时，他们都和我一样，只看见院子里高墙上的四角的天空。

学生读着这个语段，觉得有些深奥。他们反复读了后提出了一些极有价值的问题：
①哪些"希奇的事"？
②"我往常的朋友"是哪些朋友？
③"他们都和我一样，只看见院子里高墙上的四角的天空"是什么意思？

④ "啊!"这一字及感叹号包含了怎样的情感?

循着这些问题探究,就如找到了迷雾中的航标,可以探寻到青山的深处。这种做法对于全息读解文本显然是大有益处的。当然,读解文本并非语文学习的全部,更重要的是在探究的过程中开阔视野,学会探究,培养全息拓宽的意识,培植乐于创新的种子。

(三)鼓励实践做中长真知

全息拓宽的渠道很多,不能局限于从文本到文本,从信息到信息,应引导学生大胆实践,在实践中长真知恐怕是更有意义的拓宽。杜威认为,思维起源于疑难,人在生活中遭遇难题并需要解决,才进行思维,而不是为思维而思维和为真理而真理的。真理和生活需要分不开,探求真理不能脱离实践经验。他比喻说,战争为避免消耗军力,最好是放弃正面攻击而采取迂回战术;与此相似,教学也不应直截了当地注入知识,而应诱导儿童在活动中得到经验和知识。他将其运用在教学上,提出了"从做中学"的主张。《语文课程标准》也提出:"语文是实践性很强的课程,应着重培养学生的语文实践能力,而培养这种能力的主要途径也应是语文实践。"全息拓宽绝不只是知识的拓宽,它更是思维方式与实践能力的拓宽。只有这样,才能真正促进学生语文素养的全面提高。

当然,这种拓宽除了要具有活动或游戏的特性,更强调确保其语文味不变,避免游离语文课程的根本目标。比如,在学了《人物描写一组》后,教师组织主题为"我喜欢的人物形象"与"我笔下的人物形象"展示活动,以文配图的方式呈现,全班开展评比竞赛,并在展示区开辟专栏,让学生自主选择喜爱的形象发表评论。这种交互式活动受到了学生的欢迎,因为围绕语文主题开展,在课内学习的基础上有了更进一步的拓展——从课内到课外,从一组描写到几十组描写,从书面的积累到生活的运用,使得全息拓宽卓有成效。

二、激发课中全息互动的策略

课堂始终是教学改革的主阵地,全息阅读教学也不例外。上文对课前的全息拓宽进行了讨论,全息拓宽很多时候是在课前进行的,其目的是为课堂教学服务,即促进课堂的全息互动,促进课中丰富而有效的生成,从而切实提高学生的语文素养。这里将着重讨论课中的全息互动。动态生成观是全息阅读教学的核心理念之一。在具体的课堂教学中如何体现这一理念?如何创建理想的课堂文化?在这里期望通过的讨论,给各位读者带来一些思考。

（一）弹性设计开放课堂

传统的教学较多地采用"刚性设计"，即把教学设计成"火车行驶的固定路线和时刻表"。这种状态由于应试教育的扭曲而愈演愈烈，导致课堂教学设计走向僵化，课堂教学只留下了冗繁的情节分析、烦琐的提问设计和呆板的章法讲解。学生失去了思维的自由，失去了学习的个性，学习变得枯燥乏味，课堂气氛异常沉闷。新课程背景下的教学提倡"弹性设计"，即教师的"教"应当为学生的"学"服务，教学设计要充分体现学生的主体地位，尽可能增大学生的"自由度"，并为其留出最大的"弹性区间"，做好课堂现场生成的应变预测。课堂呈现的状态是变化的、动态的、生成的，而非静止的、僵化的，它不可能近乎完美、滴水不漏，但它能开放课堂、激活课堂。那么，如何体现教学的弹性设计呢？

1.开放的教路、学路

传统的教路、学路是线形的、单一的、不可跳跃的；动态生成的课堂强调的教路、学路是灵活的、开放的，教学的预设不是唯一的。如教学人教版课标实验教科书六年级上册中《最后一头战象》时，教师进行了这样的设计。

（1）快速阅读，整体感知

①最后一头战象在临终前做了哪几件事？（重披战甲、绕村三圈、凭吊战场、庄严归去。）

②最后一头战象给你留下了怎样的印象？（它不单单是一头战象，分明是一个有情有义的人，是一个有灵性、有情怀的英雄。）

（2）研读课文，深层对话

①快速阅读，画出你觉得嘎羧很有灵性的句子。

②交流所画的几处语句。

③反复推敲这几处描写，选择自己最有感触的两处，将自己当作嘎羧，写出当时的内心独白。

④全班交流，教师随机指点深刻体会战象的情怀。

这样的设计引领学生一步步走进了战象的心灵深处，并且这样的过程始终是开放的。这主要表现在引导学生写内心独白的一个环节。

学生有自主选择的空间，有自由抒发的权利，因而学生在课堂中的表现是灵动的。有个学生在写嘎羧见到象鞍时是这样写的："啊，这就是我日思夜想的老朋友啊。是你，陪着我南征北战，浴血疆场！26年了，我没有一刻不牵挂着你呀。来吧，朋友，来吧！让我们重回那魂牵梦绕的战场吧！"还有的学生在凭吊战场的片段中这样描写嘎羧的内心世界："龟形礁石，你还记得我吗？江中的鱼儿，你们还记得当年的嘎羧吗？倒下的战友们啊，定不会忘记血染沙场的悲壮吧？我来了，来了，来了！"总之，开放的教路、学路最根本的就是能让学生的思维如骏马般自由驰骋。

开放的教路、学路还体现在课堂的随机调控中。当发现学生真正感兴趣而且有价值的问题时，教师应大胆打破原来的计划，调整教育活动的内容和进程。当发现原定的活动时间、进度不符合实际情况时，教师不要拘泥于原定计划，要顺应事情的自然发展，因势利导。这也是在接受式课堂里所没有的一种全新教学行为。

在《燕子》一课的教学中，一个学生提出："课文中的燕子加入这百花争艳的盛会，我觉得百花争艳这个词用得不妥当。"教师大吃一惊，原有的思路突然断裂，但她马上意识到这是学生特别想知道的问题，于是改变了原先的预设："有什么不恰当呢？"学生说："这个春天的盛会，不应该只有百花，还有小草、绿树等。再说，百花争艳没有把春天花的颜色写出来，这也是不足之处。"学生说得振振有词，的确有理。听他这么一说，教室里顿时炸开了锅。"对对对，颜色没写。""我们把它改一改吧！"此时此刻，如果教师继续原先的计划，把学生的思路硬拉回来，学生肯定也是心不在焉，不如来个顺水推舟，于是她说："那你们说说可用什么词呢？"学生说了很多，如五彩缤纷、五颜六色、万紫千红、五光十色……教师说："请你们把这些词带入文本仔细读读看，并跟原来的句子比一比，会有什么感觉呢？"学生起劲地读了起来，可是读着读着，很多学生又认为原来的词更好。有的学生说："其他词读起来都没有百花争艳这个词来得顺口。"有的学生说："'百花争艳'，这个争字让我们感觉到各种各样的花在比美，有一种动态美。"这个学生说得真好，其他学生不禁鼓起掌来。在这个过程中，学生真正学会了琢磨语言文字。

可见，顺水推舟推出的是充满活力的课堂，平等对话生成的是充满灵性的课堂。当然，在解读文本时，学生的阅读体验也可能会出现偏差，这在学习过程中是正常的。需要注意的是，教师不能一味地尊重学生的独特体验，而忽视教学内容的价值取向。教师应该及时调整预设，使之成为下一个教学过程的基础资源，在阅读活动中进行价值引导，调整学生的体验，让学生在对话、交流、碰撞中提高认识，形成正确的价值观。

2. 多样的教法、学法

针对不同的学习主体，有不同的教法、学法；针对不同的教学内容，有不同的处理、设计。上一堂课如奏一支曲，讲究一波三折，疏密有致，富有变化。这种变化对于追求新奇的学生来说是最好的催化剂，可以持久地保持其学习的热情，使其接受各种新的挑战。若有多种方法同时供学生选择，更能够满足各种个性的需求，充分调动每一个学习个体的积极性，让课堂实现最大程度的开放。

3. 多元的体悟、追求

文本的召唤性结构决定着其内含的思想、意义，总有某种不确定性和空白，有待读者去发现、填补，这样的过程不可能不带上读者个性的色彩，且读者又是从自己独特的审美需求和期待视界出发去发现意义、建构意义的，所以学生的阅读过程必然是高度个性化的行为。对同一篇课文，每个学生都可能因生活经历、认识水平的不同和个性差异而产生不同的感悟。教师应当尊重学生精神生命的自由展示，不以统一的答案压抑学生的个性和灵气，在尊重学生的独特感悟的同时，关注正确的价值取向。当然，这种感悟的个性化也必然为教学过程带来许多不确定因素，教师需要灵活应对新的生成。

下面是一名教师上《万里长城》一课的片段：

出示句子："成千上万的参观者登上长城，目睹了长城坚强、刚毅、庄重的形象，无不赞叹：啊，确实了不起！"

师：这"成千上万的参观者"中会有哪些人？

生：男女老少，什么人都有。

师：不同的人登上长城的感受也肯定是不一样的，请想象一下这些参观者登上长城，目睹了长城坚强、刚毅、庄重的形象时，他们都会说些什么。

生1：一名小伙子登上长城，目睹了长城坚强、刚毅、庄重的形象，不禁竖起大拇指："啊，确实了不起！"

师：真是发自内心的赞叹呀！

生2：一名胸前飘着红领巾的少先队员跟着爸爸妈妈登上了长城，自豪地说："啊，长城太伟大了！"

生3：一名蓝眼睛、黄头发的外国小姐登上长城，点着头，耸着肩，伸出双手："Oh! Very good!"

师：外国人也对这举世无双的建筑佩服得五体投地呀！

生4：一名外国游客登上了长城，望着这蜿蜒曲折、连绵不断的万里长城，连声说："The Great Wall, China! China, The Great Wall!"

师：好个"长城，中国！中国，长城！"

生5：一名白发苍苍的老人，拄着拐杖登上了长城。他踩着长城平整的方砖，举目远眺："这可是我多年的心愿啊，今天我终于登上了万里长城！"

师：是啊，让我们也赶快加入其中，去抒发一下对长城的崇敬之情。

（学生满怀激情地高声朗读……）

这一段的教学设计没有框定一个僵化的线路，没有预设唯一的答案，而是依据学生的学习进程推进。课堂显得自由、自如、自在，丝毫没有牵着学生鼻子走的痕迹。多元理解不离文本，个性飞扬不随心所欲，思维驰骋不胡思乱想，这正是体现个体感悟的弹性化教学极力追求的全息境界。

（二）搭建平台激活课堂

激活课堂、让课堂焕发生命的活力是全息阅读教学追求的目标。激活课堂意味着要关注及改进课堂的教学组织形式，使学习者的主动性得到充分发挥，参与的积极性得到充分激发。所谓教学组织形式指的是教学活动中师生相互作用的结构形式，或者说是师生的共同活动在人员、程序、时空关系上的组合形式。目前，在教学实践中都以班级授课为基本组织形式。班级授课的优越性很强，学生可与教师、同学进行多向交流，互相影响、互相促进，从而增加信息来源或教育影响源，这是明显优于个别教学的地方。如何才能使这样的优势得到最大限度的发挥？全息阅读教学提出了教学组织结构全息互动的构想。实现这样的构想需要搭建有利于全息互动的平台。

1. 构建合作组织

"没有沟通就不可能有教学"，这是教育界的基本公理。在杜威看来，"一切沟通都具有教育性"。可以说，教学是语言文化和沟通文化的创造过程，也是奠定每一个学生学力成长与人格成长基础的过程。在新课程改革的背景下，有学者认为，学校应当是由教师和学生这两类主体"交互作用"形成的"学习共同体"。学习共同体的创建并不仅仅是让学生同坐一室、同读一书，其根本标志在于有共同的目的，并能因着共同的目的调节学生的特殊活动。所以，学习共同体强调的是合作文化，每一个成员都应有更多的合作与关怀。为激活课堂搭建的第一个平台——构建合作组织，其意义就在于构建学习共同体。

在合作中培植合作文化是构建合作组织的前提。合作文化的内涵包括心中有他人，尊重别人的特长，也发挥自己的作用，"每一个学生学习都以他人的学习存在为存在的前提，进而每一个学生的学习存在也就成为他人学习存在的存在前提"。深刻认识合作的意义将有助于培植合作文化。多元智能理论表明，人的智能结构是多元的，每个人都有自己独特的智能结构，这是人的差异性产生的最本质的原因。可以说，每个人都可以成功，关键在于是否能恰当地发挥自己的智能强项，尽可能地综合运用各项智能。人的差异性的存在是合作的基础，合作能使人通过扬长避短来发挥合力，生成最大的效益。为了让学生感受这种合作的必要性，可让其以完成专题作业的方式来加强体验。比如，在阅读一篇写景或叙事的文章后，各小组合作完成一件作品，如制作一本连环画，语言智能强的负责改编文本，空间智能好的负责插图。又如，在学完一首诗或一个感人的故事之后，各小组排练一个节目，如诗朗诵或课本剧，聪明的做法必然是各取所长，真诚合作。为了强化这种合作意识，还可以经常进行"接龙作文"的游戏，即在规定的单位时间内，合作小组共同完成一篇习作，每一位成员以接龙的方式写一段作文，这段作文必须围绕主题，在前面同学创作的基础上续接，直至最后一位，从而形成一篇完整的习作。活动结束，以习作的总体水平为评价对象，引导学生关注段与段之间的衔接是否自然，主题是否关联，以此让学生感悟合作的内涵，培植合作的文化。

在独立学习基础上的沟通与重组是有效合作的保证。从学习的职能来说，独立学习解决现有发展区的问题，合作学习解决最近发展区的问题。由此可见，独立学习是合作学习的内在要求，没有独立学习作为基础，合作学习必然成为空中楼阁，阅读教学的课堂中出现的热热闹闹的合作场面之所以没有实效，原因就在这里。因为离开了学生个体进行独立学习，学生在合作中不可能真正发现或修正同伴的观点，也不可能发表自己独到的见解，这种互动是无法"全息"的，互动后的生成甚至是无效的。所以在阅读教学中，先读再议、先练后排似乎应该成为合作的原则。

解决具有挑战性的问题是合作学习的价值所在。对合作学习的认知功能需要一个明确的定位，旨在解决个人难以解答的问题或达到个人难以达到的境界，期望通过合作中的同伴互助，让小组成员汲取丰富的营养，优势互补、共同解疑、共同发展。

2. 运用竞争机制

在今天的社会，竞争与合作并存。竞争可以搞活机制，激发动力；合作可以形成合力，共同提升。在教学组织形式中，教师在鼓励学生合作的同时，适度引进竞争也是非常必要的。竞争能充分利用学生的好胜心，激发学生学习的主动性；竞争能促进交流，促进更广范围的互动；竞争也能磨炼学生的意志，培养其适应现代社会挑战的生存能力。

全息阅读教学中的竞争有个体的竞争，也有小组的竞争。对于课文朗读、资料收集等内容，采用个体竞争是非常有效的。有时教师组织组际竞争，也能获得意想不到的效果。以"组际互动"为主要教学组织形式的全息阅读教学在运用时应视具体的教材而定，一般来说它适用于按事物的几个方面来写，便于分组研究的教材。当然运用竞争机制可以是非常灵活的，不能仅限于组际竞争。

3. 营造对话氛围

对话是语言和思想的交流，这种深层次的思想交流是需要氛围的，对话双方需要打开思想的阀门，尤其是在师生之间。从表面看，在经验、学识、个性等方面存在较大差异的两个对象之间必须有适宜的氛围，比如共同的主题、相类似的话语系统、坦诚友好的气氛等，对话的窗口才能敞开。只有基于思想交流进行对话，全息阅读教学追求的全息互动才能达到理想的境界。营造对话的氛围主要从以下几方面入手。

（1）营造心灵互动场。营造心灵互动场是跨越师生鸿沟的理想选择。互动必须是民主的、平等的。教师作为促进者，在教学过程中首先要给学生心理上的支持，可采用各种适当的方式，给学生心理上的安全感和精神上的鼓舞，使学生的思维更加活跃，探索热情更加高涨。

（2）营造体验互动场。营造体验互动场是学生与文本充分互动的凭借。在这里，互动必须是积极的、自主的。教师要善于创造丰富的教学情境，良好的学习氛围，激发学生的动机，培养学生的学习兴趣，充分调动学生的学习积极性。比如，《盘古开天地》一课有这样一段话："天地分开以后，盘古怕它们还会合在一起，就头顶着天，用脚使劲蹬着地。天每天升高一丈，地每天下沉一丈，盘古也随着越长越高。这样不知过了多少年，天和地逐渐成形了，盘古也累得倒了下去。"有位教师营造了这样体验互动场，教学效果很好：

师：天地分开后，盘古的任务完成了吗？

生：没有，他还用自己的身躯顶着天和地。

师：仅仅是"顶着"这么简单吗？（引导学生看插图，进行视觉体验）仔细看看，图中的盘古是怎么样顶着天的？

生1：他是很用力地顶着的，因为他手臂上的肌肉都很结实，也很明显了。

生2：他使出了浑身的劲，紧紧咬着牙，就怕一不小心天和地又合到一起了。

生3：他抬着头，全身的肌肉都很紧张，手和脚也绷得笔直。

师：是啊，让我们也来做做盘古的动作，体会一下"顶天立地"的感受。

（师生一起做动作，并维持着这个动作，引导学生体验。）

师：现在感觉怎么样？注意要把动作做标准，一放松天就要塌下来啦！你的手要笔直地伸着，脚要用力地蹬着，不能有一点放松。天每天升高一丈，地每天下沉一丈，我们跟着越长越高，就这样，一年过去了，两年、三年、十年、二十年、一百年过去了，几百年过去了，几千年甚至上万年过去了……就这样不知过了多少年……现在你有什么感受？

生1：好累啊，手臂都像断了一样。

生2：太累了，我们才站了这么一会儿，盘古他站了这么久，那怎么受得了？

师：可是盘古真的忍受下来了，为了我们人类，为了整个宇宙！

生3：这样的经历是我们以前没有感受过的，我觉得盘古真的是太伟大了。

师：是啊，让我们来深情地赞美盘古，赞美这个为了全宇宙奉献了他部的人吧！

学生原本对这段文本中盘古"顶天立地"的感受是模糊的、片面的，教师采用视觉体验和动作体验相结合的方式，让学生在体验中感受到盘古顶天立地的行为和巨大的毅力，以及为全宇宙奉献一切的精神。在充分的体验中，增加了学生和文本间的互动，促进了课堂中的多元互动，促进了各种教学资源的生成，这些互动所生成的巨大效应是很难在平淡讲述的过程中形成的。

（3）构筑思辨互动场。构筑思辨互动场是促进生生互动的良策。思辨互动场的构筑取决于多种因素：一个值得辩论的主题，一群乐辩的学生，一位宽容而善于调控的老师……从教学设计的角度来说，要尽可能给课堂留出思辨的空间和时间，预想各种可辩的角度。比如，有老师上浙教版第六册《五彩池》一课，利用课文的插图让学生辩论：真的五彩池是像书上画得那么美，还是没有那么美？有的说："书中写了湖水是有各种色彩的，书上也画出来了，看上去很美，应该真的那么美吧。"有的说："不！课文中有句话，'漫山遍野的水池，在阳光下闪耀着红、黄、绿、白、紫、蓝等各种光彩'，从闪耀一词可以知道真的五彩池是非常亮丽的，但课文的插图没有这样的感觉，所以说插图没有真的五彩池来得美。"教师顺势利用电脑课件展示真正的画面，让学生真切感受光彩"闪耀"的美景，并告诉学生："你们能勇敢地展开辩论，深刻地领悟文本，真的很了不起！"心理学研究表明，勇敢自信是创新的必备品质，构筑思辨互动场的目的也正在于此。

构筑思辨互动场离不开教师的随机调控，教师要舍得抛球、善于抛球。从韦媛老师的教学案例中可以看到课堂精彩的缘由所在。

人教版课标实验教科书四年级下册《触摸春天》写了一个双目失明的小女孩安静流连于花园里时，竟然凭着神奇的灵性抓住了一只蝴蝶，然后她又将蝴蝶放飞这样一件事。课文旨在让学生体会小女孩对生活、对生命的热爱。韦老师课前的预设紧扣课题，以"安静是用什么触摸春天的"这一问题为全息元，引领学生步步深入地理解内容，领会内涵。韦老师预计在初读课文后，学生应该能说出"安静是用鼻子、用双手来触摸春天的"。至于"安静更是在用心灵触摸、感受春天"，则需在精读课文的过程中细细品味、探究了。但在具体的教学过程中，学生初读课文后，不但说出了韦老师预计中的浅层次、深层次的答案，而且还有高手对此做了既全面又深入的概括："安静是用她的全身心触摸、感受春天的！"至此，这篇情节单纯的课文对学生似乎已无多大的吸引力了，因为他们的"阅读期待"已得到了满足。但是，难道课文就没有必要再学下去了吗？不是的，学生对课文的内涵并没有真正领会。那么，教师该如何调整预设，寻找新的"期待视野"，激发学生的求知兴奋点呢？就在韦老师犹豫不决时，班上的"问题大王"陈菲菲急不可耐地提了个问题："平时我们想要抓住一只蝴蝶，那可不是一件容易的事，盲女孩安静又怎么可能抓住蝴蝶呢？这只是她的运气好吧！"教室里立刻沸腾起来，韦老师还没来得及插嘴，学生就很自然地分成了观点截然相反的两派。面对那一张张涨红了的小脸，韦老师的心头一震：也许这正是她想寻找的新的"期待视野"，何不顺着学生的兴趣走下去呢？于是一场精彩的辩论开始了：

甲派学生：双目失明的小女孩安静只是在浓郁的花香的吸引下去摸月季花的，无意中捉住了那只蝴蝶，这只是巧合而已。

师：你们有什么证据吗？

甲派学生为证明自己的观点，引读了课文中的句子："安静在一株月季花前停下来。她慢慢地伸出双手，在花香的引导下，极其准确地伸向一朵沾着露珠的月季花。"（为强调这一观点，他们在朗读时特意强调了"在花香的引导下"。）

师：你们能紧扣课文中的句子来阐述自己的观点，很会读书，也懂得说话要有根有据，了不起！

乙派学生反驳：在花香的吸引下，安静一开始的确只是想摸一摸那朵月季花，当她离花越来越近时，凭着灵敏的听觉，她可能已经听见了花上有什么小东西在扇动翅膀，她便有意识地去捉了。

师沉思片刻：有这种可能性吗？

甲派学生情绪激动地说：蝴蝶扇动翅膀的声音极其微弱，安静怎么可能听到呢？

乙派学生振振有词地解释说：人的某一样器官如果丧失了功能，那么，另外的器官便会特别灵敏。安静的眼睛看不见了，她的耳朵便会变得特别敏锐，能听到平常人不会注意的一些声音。（为此，他们还特意引用了著名聋盲女作家海伦·凯勒的一段话："如果我幸运的话，在我把手轻轻地放在小树上时，还能偶然感到小鸟在枝头讴歌时所引起的欢乐的颤动。"）

师大为惊叹：想不到你们的课外知识这么丰富，还能运用课文后面"阅读链接"的资料来说明，真是有理又有据呀！

甲派学生马上读文中句子："安静的手指悄然合拢，竟然拢住了那只蝴蝶，真是一个奇迹！"（他们紧扣"竟然""奇迹"两个词来说明连安静自己都不知道花上有蝴蝶。）

教师还来不及插话，乙派学生反驳说：安静知道花上有蝴蝶，只是不知道自己能抓住蝴蝶，所以用上了"竟然""奇迹"两个词。

老师干脆一语不发，坐山观虎斗。

甲派学生又读文句："蝴蝶在她的手指间扑腾，安静的脸上充满了惊讶。"从"惊讶"中可以看出安静事先并不知道花上有蝴蝶，所以她"惊讶"。

老师点评：你们很会联系课文，善于到课文中找依据。

乙派学生又接招说：你们应该联系下文的一句话"这是一次全新的经历，安静的心灵来到了一个她完全没有体验过的地方"，她惊讶于自己抓住了这只小生灵，她甚至可能不知道这手中的小东西就是蝴蝶，所以她惊讶！从这里可以看出，她不仅是用手和鼻子在触摸春天，更是用敏感的心灵在触摸春天、感受春天。

一场激烈的争辩平息了，但紧接着，新的问题又冒出来了。

一生质疑：课文中写着"蝴蝶扑闪着翅膀飞走了，安静仰起头来张望"，安静是个盲童，她怎么可能张望呢？

另一生：安静虽然眼睛看不见，但她心灵的眼睛却亮得很呢！在她的想象中，世界照样精彩！

师：是呀，安静用她那颗善于捕捉和感受的心张望到了什么呢？

生：她仿佛看到蝴蝶划过的那道极其优美的曲线变成了一道七色的彩虹！

师评价：你有诗人般丰富的想象，你的语言美得如诗如画！

另一生：她仿佛看到了漂亮的蝴蝶，看到了美丽的春天，看到了新的人生！

师评价：你有哲学家一样深刻的思想，你的话耐人寻味！

又有一生抢着说：她还仿佛听到了蝴蝶在对她说："安静，你有一颗坚强、乐观的心灵，世界属于热爱生活的人……"

《语文课程标准》指出："要利用阅读期待、阅读反思和批判等环节，拓展思维空间，提高阅读质量。"阅读期待是读者自己内心所预想的情景，反映读者的知识层次、个人爱好和阅读能力，构成一种综合的阅读要求和欣赏水平。同一一年级的学生，虽然学过的课程一样，但由于经历上的差别、家庭文化背景的不同，以及个体的心理差异，所体现出来的"阅读期待"也是千差万别的。例如：有的想印证自己预想的结果，侧重于情节的发展；有的想提高自己的语文素养，对阅读的方方面面都有兴趣；有的则仅是猎奇，关注的是能否获得新奇信息。在教学中，教师可以看到这样的现象：学生对预习课文比对精读课文更有兴趣，对课外阅读比对上语文课有兴趣。"阅读期待"的心理取向是重要原因。学生喜欢情节，喜欢形象，预习了课文，他们就知道了课文的大概情节，"阅读期待"得到了满足。就像上述案例中，学生在初读课文后已能对老师的提问做出如此到位的回答。这时，老师如果不能及时调整教学进程，学生对进一步学习就会失去兴趣。学生和教学内容之间要构成一种协调的张力平衡，即"期待视野"与教学内容两者水平相当，才能相互沟通，发挥"阅读期待"的作用。在这一案例中，正当教师陷入尴尬的时候，有学生提出了一个问题，并且迅速成了大家共同感兴趣的问题，这说明这一问题在学生的"期待视野"里，他们自然有继续阅读的兴趣。于是教师顺着学情走，这种随机应变被证实是最有效的方法。而且，教师能继续随着学生的辩论因势利导，或煽风点火，或袖手旁观，为学生搭建了一个很好的思维交锋的平台，通过探讨性的思维活动，让学生拓宽思路，碰撞出思维的火花，加速认知过程，达到思辨互动、思辨融合。

（三）随机调控提升课堂

随机调控是课堂教学艺术的重要内容，是教师教学智慧的集中体现。教育智慧是良好教育的一种品质，表现为教育的一种自由、和谐、开放和创造的状态。教育智慧在教育教学实践中主要表现为教师对教育教学工作的规律性把握、创造性驾驭和深刻洞察、敏锐反应及灵活机智应对的综合能力。真正的教学智慧难以为人所察觉，是一种整体的品质，因为任何一个具体的、机智的行动是很难区分和描述的。为了研究和改进的方便，这里还是将全息阅读教学中最需要的随机调控策略加以分解，细化后展开分析，希望有助于说清问题。

1. 捕捉信息

在全息阅读教学课堂这个动态生成的系统中呈现的信息是非常丰富的，尽管教师会事先预测学生的信息走向，但在实际的课堂教学中还是会不断出现意想不到的问题，听到出乎意料的声音。事实上，有许多"意想不到"正是全息互动的课堂期盼的精彩生成，问题的关键是教师能否捕捉到这样的信息。

在全息阅读教学的课堂中，我们需要关注的信息很多，学生的学习起点是其中的一个方面。这些起点包括跟所学内容相关的生活经验，学生的知识基础，学生的生理、心理特点。教师在备课的时候必须以学生的这些起点为基础进行预设。但是任何预设都不一定完全准确、切合实际，因此教师在课堂中要善于捕捉学生的信息，判断自身对学生起点的估计是否准确，并及时进行调整。一名教师上一堂识字课，预设目标是让学生学会 12 个生字。在课堂推进过程中，教师注意观察学生学习时所呈现的状态，发现学生的识字能力相对薄弱，于是果断减了目标量，只要求学生学会 8 个生字，教学重点落在如何培养识字的兴趣和提高识字的能力上。其中，对"伞"字的教学，教师用了非常生动的方式进行。教师先用多媒体呈现这个字，然后引导学生观察，在观察中，学生发现这个"伞"字很像平时撑的伞。

生：我发现上面的"人"字很像伞的篷。

师：对，那叫"伞面"。

生：我还发现这个字中间的点、撇、横很像伞里面的钢丝。

师：对，那叫"伞骨"。

生：我知道了，那一竖就是"伞柄"。

师：你真是太能干了。那你们知道这个"伞"字该怎么写了吗？（师生合作）先写"伞面"，再写"伞骨"，最后写"伞柄"。好了，多么漂亮的一把伞呀。

上述教学充分发挥了象形文字的优势，激发学生隐性的识字愿望，为课堂持续发展提供动力支持。尽管学字的量少了一些，但学生的收获并不见得少。而到了另外一个班，学生很快学会了 12 个生字，教师随即又增补了两个会意字的教学，形象直观，学生同样学习热情高涨。在课堂教学中，教师明察秋毫，及时删减目标，能使学生相对容易地摘到"桃子"；及时增补目标，激发起学生学习新知的强烈欲望。

语文是人文性很强的学科，注重情感的体验。在情感的共振中熏陶，是阅读教学基本的教学方式，因此关注学生的情感信息是阅读教学必不可少的内容。这些信息很多写在学生的脸上，他们的一颦一笑，甚至是眼神的一闪，都是极其准确的信号。这些信息也可能就呈现在学生的读、写、说的语文实践活动中，他们读得声情并茂，写得言真意切，说得娓娓动听，是情感体验到位的终极表现，是理想的阅读教学的表现方式。倘若没有达到这样的境界，那教师就要发挥教师的引导功能，引导学生在语言实践中不断体验、不断提升。请看下面这则教学案例。

《画家和牧童》是二年级下册的一篇课文，这篇课文讲述的是唐代一个牧童指出著名画家戴嵩画中的错误，戴嵩虚心接受的事。戴嵩身为著名画家，十分受人尊崇。在不绝于耳的赞美声中，一个牧童却挤进来高声喊道："画错啦！画错啦！"人们的反应是："这声音好像炸雷一样，大家一下子都呆住了。"

在研读这一段时，教师让学生转换角色：假如你就是那围观的人群中的一员，听了牧童的话，你会有什么样的表现？学生一个个进入了情境：

"快嘴"李挺瞪大了眼睛，说："哼，一个乡村的野孩子，你懂什么呀！""小调皮"王天彦撅起了小嘴："这么著名的画家怎么会画错呢？小孩子别在这里胡言乱语了。"也有的学生涨红着脖子说："就是就是，你这小孩懂什么，大画家就是大画家，不会错的。"还有的学生脸上露出鄙夷的神态，说："这孩子真不知天高地厚，大画家怎么会画错呢？"

那场面有趣极了！这时，教师蓦地发现平时一贯爱抢着发言的任玲玮正看着课本，并不时发出会心一笑。这孩子在想什么呢？教师轻轻走到她身边，和颜悦色地说："嗨，小女孩，你有什么高见吗？""老师，其实牧童这么说是对的，他观察过两牛相斗的情形，尾巴的确不是翘起来的，而是夹在两腿中间的。"她急着告诉大家。"哦，很会读书，你读到大家的前面去了。"这时，其他小朋友也纷纷举手，有的说："我觉得这个小小的牧童很了不起，敢向大画家提意见！""牧童是多么勇敢啊！""他还能仔细地观察生活，比画家还行！"教师见时机已到，便小结道："是啊，一个小小的牧童，面对鼎鼎大名的大画家出现的错误，竟然'挤'进赞叹着的人群大喊'画错啦'，这是何等的大胆，何等的率真！"

此时，教师扫视了一下全体学生，他们脸上流露的满是对小牧童的钦佩与认同，但有一个学生却是例外，他似乎皱着眉头。教师再仔细地看了看，对，他是在皱眉！难道有异议？教师十分好奇，平时有些腼腆的卢轶在教师的鼓励下，吞吞吐吐地说出了自己的想法："我想，牧童这样大声地喊，有些不礼貌。"话才说到一半，他停住了，慌乱地看了看教师。教师知道这孩子生怕自己说错了话，于是便走近他，用信任的目光看着他："没关系，只要说出自己真实的想法，就是最棒的！"他终于抬起了头，继续说："我觉得，如果牧童能把戴嵩轻轻地叫到一边，悄悄地告诉他这一切，就更好了。老师在礼仪课上不是说过吗？别人有缺点要委婉地提，这样对方更容易接受。"

"说得多好啊！我为你喝彩！"教师禁不住为卢轶鼓掌。

是呀，"高声喊'画错啦'的牧童"与"委婉地指出错误的牧童"，这是完全不同层次的两个人。可以这么说，后者更有人情味儿，更能适应社会的需要。难道不是吗？这样的人在现实生活中更受人欢迎！在本堂课上，学生的体验显然已超出了教师的预设，他们不仅体会到了牧童的勇敢与画家的虚心，更能带着自己的生活经验与精神世界来思考，这是在创造性地理解课文。

教师庆幸自己发现了那一瞬间的皱眉，更庆幸自己抓住了那一瞬间的精彩。的确，在课堂中，许多信息是稍纵即逝的，学生的一个点头、摇头，一抹微笑，一个眼神，无一不传达着肯定、否定、听懂、没听懂、有疑问、会意等丰富的教学信息，这些信息充满了整个课堂，如果教师不加理会，或者只是简单地把它们纳入预定的答案中去，那么擦出的"火花"就会即刻消逝。教师应善于察言观色，及时捕捉课堂教学中生成和变动着的各种有价值的信息，将其及时纳入临场设计之中，巧妙运用于教学活动之中，作为活的教育资源，努力创造条件去扶植它、栽培它，让擦出的火花熊熊地燃烧起来，以此推进课堂进程中的双向互动。

《语文课程标准》指出："阅读教学是学生、教师、文本之间对话的过程。""阅读是学生的个性化行为，不应以教师的分析来代替学生的阅读实践。""要珍视学生独特的感受、体验和理解。"因此，在全息阅读教学的课堂中，教师还需要关注学生的独特体验，这是宝贵的语文信息资源。

有人说，孩子在错误中成长。是的，错误也是教师需要关注的信息。因为错误是学生真实的思维反映，是教师调整教学的重要信息；错误也可能是学生刚刚闪现的智慧的火花，需要教师去点亮；错误还可以是一个生长元，促进教师的教学智慧的生成。

2. 重组资源

教学智慧的最初表现是及时捕捉信息；在捕捉到信息后如何处理又对教师提出了挑战，是教学智慧的进一步体现。教师要在教学的瞬间对信息做出判断，并迅速调动相应的程序进行处理，重组资源，继续有效地推进教学进程。在全息阅读教学中，有以下两个基本的重组资源的策略。

（1）及时利用有效资源

有利于学生知识技能的掌握，能展现学生独特思维方式和良好学习方法，能体现学生的真实感悟，促进学生认识深化、情感发展的生成性资源即有效资源。在课堂中，及时捕捉与利用有效资源经常会生成许多精彩。请看下面这则教学案例。

在教学《我是国宝》一文时，就曾出现一个小插曲。课文中说："我是中国的国宝，中国的小朋友都喜欢我，外国的小朋友也特别喜欢我。"正当学生读得津津有味时，"问题大王"厉鹏突然站起来大声说："老师老师，我有问题！大熊猫又不是什么金银财宝，怎么能说是国宝呢？"一时间，全班学生都七嘴八舌地议论起来。有的学生附和着说："是啊是啊，只有金银财宝才能算是国宝。"也有的马上反驳说："才不是呢，不是的不是的。"顿时，原本安静的教室变成了一个争辩的大会场。看着这个"闹哄哄"的课堂，看着一张张涨红的小脸，教师心里不禁一阵欣喜：看来，孩子们不仅能读出问题，而且能勇敢地提出疑问，更令人兴奋的是，他们对问题有自己的主见。只是在"国宝"这一问题的看法上，大家有了分歧。在许多学生心目中，只有金银财宝才称得上是国宝。显然，他们对"国宝"这个词的理解是片面的。怎么解决呢？是告诉他们，还是将"球"抛给其他学生？看着众多学生急切的眼神，望着那一只只高举的小手，教师在瞬间做出了决定：这是一次极好的交流和提高的机会，绝不能轻易放过，让学生自己解决！不过不着急，先"等待"一下，先让他们再读读课文，与文本进行再次的对话。

于是，教师让小朋友们先自己读读课文，跟学习伙伴商量商量，再说说自己的观点。结果许多学生生成了自己的有效观点。例如：①难道只有金银财宝才能算是国宝吗？大熊猫非常可爱，它也是一种宝贝呀！②大熊猫是一种珍稀动物，很多地方都看不到它的影子，它非常稀少，所以是国宝。③大熊猫曾经是亚运会的吉祥物，它是中国的象征，所以是国宝。学生说得多好啊！让他们"等待"一下，就等于给他们留了思考的时间，他们就会去判断、去发现、去创新。

在课堂中出现"闹哄哄"的场面时，教师不仅能意识到这是有效的教学资源，而且做了及时的引导，学会了"等待"，促成了许多新的有效生成。

（2）及时开发中性资源

在动态生成的资源中，有一些内容表面看上去和知识与技能、过程与方法、情感态度与价值观三维目标没有直接联系，但是只要教师用心感受，就可以发现它蕴含着的闪光点、生长点、转折点、链接点。对于这些资源，教师通过挖掘、开发、引申、利用，见机行事，就能使"麻烦"不再"麻烦"，反而成为有价值的教学资源，优化教学。

3. 善抛绣球

互动与生成互为因果，互动的深度与广度将直接影响生成的深度与广度。人们很喜欢用传球来比喻课堂的全息互动状态。通常的课堂中交往的线路基本局限于教师与学生之间，就如排球教练与队员之间的初次练球，以教练为中心，不断地向四周的队员辐射，但其传球线路一直没能突破"教练—队员"的格局，并且教练的活动占了更多的分量。若能把"球"从教师手中传出去，让其更多地停留于学生手中，并且能在学生之间主动地传开，让"球"在学生、教师、文本间自由地穿梭，那是一种多么理想的状态啊！这就是人们追求的"全息互动"。那样，学生必然成为学习的主动参与者，教师也必然由教学中的主角转变为"平等中的首席"，全息互动的功效必然得以有效地发挥，真正的"学习共同体"也有望实现。

互动生成的课堂首先需要教师学会"传球"的基本功。下面是教师对几种传球状态的有趣比喻。

踢一个回传球：你说呢？你也这么认为吗？

踢一个侧传球：哪位同学会？谁来帮助他解决这个问题？／这些问题中哪些可以通过读书来弄明白？

停球：问得好，动了脑筋！（然后问）你是怎么想到这个问题的？

踢出界：这个问题需要查资料才能知道，课后我们一起查资料，谁先查到就告诉我。我们大家一起谢谢你！

踢一个定位球：我们先选择其中的一个进行研究，大家说，先研究哪一个？为什么要先研究这个问题？

教师何时传"球"，传什么"球"，还需要适时调控。学生传出"球"后，对于大多数教师来说驾轻就熟的是把"球"接回，因此在调控中首要的是强化抛球意识，要适时地把"球"再抛向更多的学生。

抛球的方式有：①大智若愚，暂缓接球。这一般适用于比较复杂的问题的探讨，一个学生讲了，教师觉得有道理，但不甚明了，需要再强化。当引起更多的学生共鸣的时候，教师装聋作哑，暂缓接球，可以调动学生的参与积极性，取得好的效果。②顺水推舟，快速传球。这一般适用于对某一问题有多种看法、发言的人比较多的时候，教师可以用眼神、动作或简短的提示语快速传球，使学生畅所欲言，全息互动。③调整球路，起死回生。当学生出错的时候，教师应善于捕捉信息，将错误化为有用的资源，打开新的视窗，许多没有预估的精彩会就此生成。

（四）共同分享

全息阅读教学的全息互动的根本目的在于激活课堂，因为全息互动的课堂具有典型的动态性和丰富性，这种动态性和丰富性只有在过程中才能体现。

能被激活的课堂首先是民主的课堂。随着新课程的推进，人们对课堂中师生关系的认识已经逐步深刻，建立一种民主的、平等对话式的师生关系已成为共识。因此，教师的职责将"越来越少地传递知识，而越来越多地激励思考；除了他的正式职能，他将越来越成为一个顾问，一个交换意见的参与者，一位帮助发现矛盾论点而不是拿出现实真理的人，他必须集中更多的时间和精力去从事那些有效的和有创造性的工作：相互影响、讨论、激励、了解、鼓舞"，否则就不是真正的民主教育。民主的课堂是师生生命活力焕发的前提，是课堂真正激活的保证。在全息互动的课堂中，教师尊重学生的个性，尊重学生的独特体验，因势利导，随机调控，不断激活课堂，使师生的生命活力得到积极的发挥。

已被激活的课堂的最高境界是共同分享。师生都是生命体，理想的课堂能使这两个生命体的潜能发挥，活力尽显。但是，这还不够，我们不但要使师生的生命活力在课堂上得到积极发挥，而且要使过程本身具有生成新因素的能力，具有自身的、由师生共同创造出的活力。全息阅读教学之所以构建全息互动的课堂，就在于追求生成新的因素，这种生成是非常丰富的，包括新的知识、新的体验、新的学法、新的习惯、新的意义等。全息阅读教学的课堂文化的精髓是"全息、动态、生成"，它坚持"在全息中互动，在互动中生成，在生成中拓展，在拓展中创新，在创新中发展"的基本理念。这种生成无论如何都是令人欣喜的：对于学生来说，有生成就可能意味着有实实在在的收获；对教师来说，有生成就可能意味着教学目标的达成、教学智慧的迸发。师生沉浸于生成后的喜悦中，共同分享这份收获，这就是被激活了的课堂最高境界。

三、组织课后综合实践的策略

全息阅读教学有一个完整的前延后伸的模式框架，这是全息阅读观的体现。在探讨了阅读前的全息拓展与课中的全息互动后，接着要讨论的是该模式的第三板块——课后综合实践。这一节的内容包括课后综合实践的设计思路、课后综合实践的类型及课后综合实践的实施。在这里，笔者希望通过充分展示，更加清晰地呈现"让大语文更大"的构想，更加准确地阐述全息阅读教学模式的完整体系。

（一）多维设计多元发展

全息阅读教学课后综合实践属于语文学习范畴的综合性学习，语文综合性学习主要体现为语文知识的综合运用、听说读写能力的整体发展、语文课程与其他课程的沟通、书本学习与实践活动的紧密结合。因此，这种综合实践的设计还应本着与课内学习全息相关的宗旨，多维设计、多元发展。

1. 实践空间：从文本走向生活

加德纳的多元智力理论已成为 20 世纪 90 年代以来美国及许多西方国家教育教学改革的重要指导思想。在《智力的结构》一书中，他提出了一个新的智力定义，即智力是在某种社会和文化环境的价值标准下，个体用以解决自己遇到的真正难题或生产及创造出有效产品所需要的能力。这一观点在强调智力的社会文化性的同时，更强调解决现实生活中的实际问题或生产及创造出社会需要的有效产品的能力。因此，多元智能理论认为充分提供情节背景下的学习是最有效的。

语文教学将实践的空间从课内延伸到课外，从文本走向生活，这样的延伸强化了语文的实践性与综合性，这样的综合实践必然涉及多个智力领域，其意义是深远的。首先，对课内学习的延伸能巩固基础知识和基本概念的学习。因为涉及多个智力领域的实践活动必然从不同的角度、以不同的方式帮助学生理解和体验，充分调动学生的多方面智力潜能，提高活动的质量。其次，消除传统教学中重语言及数理逻辑智能的弊端，使各元智能都有了充分发展的机会，从真正意义上保证学生的全面发展。这样的实践活动指向人的和谐发展，全面提高学生的语文素养。

顾名思义，全息阅读教学课后的综合实践是一种课外的活动，实践空间将从课内拓展到课外。这样的理解显然还是最基本的，是狭隘的时空思考，甚至有可能增加学生无谓的课业负担。因此，教师必须把握好这种空间拓展的实质。

（1）实践任务是学生生活所需。可以肯定地说，像是在生活中遇到的疑难问题会引起他们的高度重视。学生的知识虽然贫乏，但当他们全力以赴探讨需要解决的问题时，就会像科学家那样肯动脑筋和费心血。正如杜威所说的："思维起源于疑难。"也就是说，真理与生活需要分不开，探求真理不能脱离实践经验。就语文学习来说，王尚文先生甚至直接提出了语文生活的构想："语文就其本真状态而言，它不是客观意义上的、有待我们去把握的存在物，而是人之为人的生活世界。我们不是用语文来生活，我们就生活在语文中，语文就是我们生活之所在。"语文学习若离开了语言的活动和交往，离开了生活的运用和实践，便难以提升为真正的语文素养。所以学习语言只有介入人的生活，介入人的生命活动，才能取得好的效果。语文与生活建立紧密的联系，不光体现在课内，更应延伸到课外。这种延伸依然遵循全息相关性的原则，基于课堂但高于课堂，是语文学习的拓展，又是学生的生活所需，由此，全息阅读教学的"全息性"又一次得到很好的诠释。比如，学生过了一个愉快的暑假，回校后突然发现学校被装饰得美丽温馨。而有位细心的教师发现在图书馆门口还缺少一副合适的对联，在语文园地中学习了对联后，这位有心的教师就举办了一次对联征集活动。因为是打扮自己的学校，被选中意味着巨大的成功，每一个学生的学习热情都被如此真实的生活所需点燃了。

（2）实践过程应融入学生的现实生活。从课内到课外的拓展应从课堂的学习出发，从学生的生活需要出发，最终又要融入学生的现实生活。这样，学生的动力将得以维持，并且可以将所学更好地生成为生活的智慧。比如，有教师看到学生爱抓小蝌蚪玩，就在学完了《自然之道》这篇课文后，设计了一次喂养小蝌蚪的综合实践活动，大家将抓到的小蝌蚪养在教室的鱼缸中，观察它们的生长规律。结果在养了几天后，他们突然发现，小蝌蚪之间居然会自相残杀，一只小蝌蚪被伙伴吃掉了一条尾巴和一个脑袋。这究竟是怎么回事呢？经过观察，学生发现原来是值日的同学忘了喂养，小蝌蚪们在饿极了的情况下，为了生存吃了同伴。这就是实实在在的自然之道：物竞天择，适者生存，任何动物都有求生的本能。大家深有感触，赶紧给小蝌蚪喂食，类似的惨剧果然不再重演。学生把这次难忘的经历记录下来并拿去投稿，希望能将这一重大的发现公之于众。正是因为缘于生活，服务于生活，学生很自然地完成了一次非常出色的探究乃至习作的综合实践活动。

2. 体验渠道：从单一走向复合

全息阅读教学的课后实践活动必然与体验相关联。建构主义的早期，哲学家杜威有一基本的观点叫"学习是基于真实世界（真实情境）中的体验"。体验的最大特点在于必须经过自己的某种亲身实践。相应地，这种亲身实践若能在较为丰富的真实情境中，体验的渠道就将从单一走向复合，学生的锻炼将更具挑战性，得到的发展也更加全面。所以课后综合实践的设计应尽可能集听、说、读、写，知、情、意、行于一体，要尽可能创设丰富的真实情境，体现体验渠道的复合性。体验渠道的复合性首先体现在调动学生的各种感官，知觉、嗅觉、听觉、味觉等全部参与，必然能使体验更加深刻，学习更加有效。下面一则案例很好地体现了这样的精神。

在学了《日月潭》《葡萄沟》等课文后，教师想让学生夸夸自己的家乡。这时教师正好得到了一包香榧，于是心生一计，在学生面前吃起了香榧，一边吃一边频频点头，做出夸张的面部动作，似在品尝人间极品一般。马上有学生唏嘘起来，又有学生张大了嘴巴。那馋样真是可爱极了。"吃香榧没问题，可是还有一个任务。"这时的学生在香榧的诱惑下，哪有那么多的考虑啊？他们二话不说，把话讲得响当当的："说吧，我们都能行！""你说吧，我们都能做到。"教师为难地说："哦，就是老师想借香榧来考考大家。""嗯？"学生一脸的疑问。"你们在吃香榧之前，要先观察香榧的形状，闻闻它的味道，剥开以后还要观察一番，直到最后才可以把香榧送入嘴。"教师顿了顿，"最重要的是，你还得把它写下来，在写的时候可以用上你摘抄本上那些优美的句子，让人家看到你所写的香榧就流下口水。"教师边说边做流口水状。学生都迫不及待了，兴奋地喊："好，没问题！"教师笑了笑，抓了一把香榧分给学生。

每个学生都有了香榧。不知谁大声吼了一声："口水流下三千尺！"这引起了学生的共鸣。"老师，外面的这层硬壳是香香的。""哦，了不起的发现啊。""老师，有一句话是这么说的：'赠人玫瑰，手有余香。'那你手上是不是有了香榧的味道了？"教师闻了闻手，还真的是这样的。为了让那些注意自己举动的学生得到满足，教师深深地吸了口气："啊，真的是这样的！"学生开心地继续研究。"我发现了，香榧的外形有点像眼睛。"一石激起千层浪：

"我也发现了，那个小小的黑点是它的眼珠子。"

"是啊，用力一按眼睛就会开哦。"

"真的是这样的。"

"里面还有一层有点黑又有点灰的东西。"

"是啊，这个还是不能吃的，要把这个剥了那才香呢，才可以吃。"

"哇！黄宝宝！"

"哇，太好吃了！又香又脆。"

见火候已到，教师抛出了"绣球"："小朋友们，你们吃得那么开心，又说得那么棒，如果不把它写下来真是太可惜了，写下来能吸引更多的人来品尝呢。"

在一片沙沙声后，文章就出来了。虽说不上妙语连珠，但学生也都写出了自己心中香榧的形象。

王黎强：我东看西看，看不出香榧的特点，但是最后还算是尝出了点香榧的特点，就是又香又脆。

施涵允：香榧是东阳的特产，它的外形像火箭的头，屁股后面有许多条纹，里面有黑色的衣服，最里面还有黄色的小褂。香榧看见了我，叫我把它吃了，我看见香榧，口水已流下三千尺了！

许冰：它是棕色的，外壳像一只小老鼠的头，又像小蜜蜂的身子，我闻了闻就馋得直流口水。后来我迫不及待地把它剥开了，有一层黑色的东西，这不能吃，要把这黑东西剥掉，接着黄灿灿肉就露了出来。我吃了一口，啊，真好吃！

一堂课下来，相信学生学到的东西有很多很多……

体验渠道的复合性也体现在活动形式的综合性上。比如，学了《燕子》一课后，经过一段时间的准备，教师组织了一次以"颂春"为主题的活动。在教室前面，多媒体展示出一幅和风拂面、桃红柳绿的春景图及如音符般优雅的燕子的身影，再配以燕子欢快的啼鸣，伴着这如诗如画的意境，《春天在哪里》的旋律响起，学生一边表演一边齐声欢唱。随后是关于春的古诗诵读、现代文朗诵、对联展示、美术作品呈现……真可谓好戏连台。此时此刻，从学生优美的动作、沉醉的表情中可以看出，他们心中感受到的已不只是黑白的文字，而是充满了生命活力的春的世界。活动围绕"春"这一概念，用多元的渠道，打开多扇体验的窗户，全面提升了学生的语文素养。"多扇窗户"体现在：用春景图和燕子的身影及燕子的啼鸣，从视觉、听觉两方面调动学生的空间智能，使其凭借丰富的想象进入美妙的意境；用优美的乐曲调动学生的音乐智能，打通大脑发展的"天然通道"，使各种信息飘进他们的潜意识；借助表演，打开学生运动智能的窗户，使学生更加沉浸于生机盎然的春景之中，陶醉于芬芳醇美的春意之间。可见，这项活动涉及多项智力领域，打开了"多扇窗户"，确实取得了很好的效果。

3. 实践过程：从操练走向探究

阅读教学的课后综合实践重在语文素养的提升。语文素养是一个综合性的概念，体现了比较稳定的、最基本的、适应时代发展要求的学识、能力、技艺和情感态度与价值观，融合了语文课程的整体目标追求。以往的语文教学，课后比较重视巩固练习、识记背诵，这对静态的知识掌握是有一定好处的。但是，教学若一味地要求机械操练，效果会很差。研究表明，缺乏理解的记忆很容易被遗忘，而深刻认知的东西不但可以长久保存，还可以产生积极的迁移，促进其他领域的学习。为了帮助学生更有效地理解所学的知识，实践应该是很好的选择。全息阅读教学的课后实践活动实现了从单一操练向综合探究的转型，这对学生的有效学习是非常有价值的。

在尝试中探究是设计全息阅读教学课后综合实践活动常用的思路。比如，在学了《两个铁球同时着地》后，教师设计的实践活动是"扔鸡蛋"，让学生回家做一个扔鸡蛋的实验，将生鸡蛋从三楼的阳台上扔下，设法使其不破，尝试成功后写一篇习作。结果，有的学生将鸡蛋包裹到棉衣中，有的学生将鸡蛋扔到水池里，也有的学生做了降落伞，还有的学生干脆将鸡蛋煮熟了，真是妙趣横生。在这一过程中，学生调动了他们掌握的所有这方面的知识。据说有个学生做了七次实验才获得成功，最后的习作丰富多彩，有声有色。这样的实践活动是很能发挥学生的聪明才智的，是对学生知识、能力的一次综合锻炼。

在考证中探究也是一条很好的设计思路。在这里，考证指的是收集资料、观察访问、分析判断等活动的综合运用。这种探究必然围绕一个主题，需要费心费神，需要探究的勇气和毅力。比如，学了《一个小村庄的故事》后，教师设计的实践活动是完成一份以"家的变迁"为主题的调查报告。因为学生的生活经历不丰富，对家的变迁的直接感受不多，需要用探究活动来充实。有的学生找来了爷爷奶奶年轻时拍的发黄的照片，从穿着打扮体现生活条件的改观；有的学生选择家中的电器作为研究的窗口，非常形象地让其他人感受到了生活的日新月异；还有的学生制作了图文并茂的画册，全方位展示家的变化，并配以真切感人的解说，让人感慨万千。这样的综合实践活动对学生的锻炼是多方面的，同时又不失语文性。

在合作中探究也很有现实意义。因为一个较为复杂的探究实践活动若由团体来完成，就可以促进交流，扬长补短，学习会成为一种社会性的交互活动，成为培养学生的合作意识与合作能力的良好途径。有研究表明，社会性交往是学习赖以发生的主要途径。心理学家维果茨基发现，儿童的学习是通过内化其成长过程中所交往的社区成员的活动、习惯、语言、思想而进行的。因此，以小组为单位进行探究实践活动是富有成效的，非常有利于学生的成长。比如，教师组织学生以小组为单位，选一篇课文改编成剧本，然后进行排练，并在活动时间进行汇报演出。这样的活动过程复杂，既要编剧本，又要备道具，还要集体排练，是离不开协调与合作的。对语文素养的提升来说，又是典型的集听、说、读、写为一体的综合实践。

4. 智能发展：从一统走向多元

美国心理学家加德纳在1993年出版的《多元智能》一书中提出人类至少存在七种以上的智能，即语言智能、数学逻辑智能、音乐智能、身体运动智能、空间智能、人际关系智能和自我认知智能（1997年新提出的另外两种智能正在论证之中）。他认为，每一种智能在人类认识世界和改造世界的过程中都发挥着巨大的作用，具有同等的重要性。他还认为，每个人都在某种程度上拥有这七种以上与生俱来的智力潜能，环境和教育对于这些智力潜能的开发和发展具有重要的作用。

全息阅读教学课后综合实践的基本特征就是综合性、实践性，即在较为复杂的环境中，学生运用多种知识、技能，在实践中完成较为综合的任务，这就决定了活动的过程必然涉及人的多元智能的发展问题。全息阅读教学的综合实践的最终目标是在实践中促进课内所学知识、技能的有效迁移，促进消极语言向积极语言的转化，促进学生语文素养的提升、多元智能的发展。

这里借鉴太阳系的结构来描述学生智能发展由一统走向多元的内涵：学生智能＝核心智能＋亲近智能。核心智能在整个系统中处于"权威"，在活动过程中要保证核心智能发展目标的最佳达成。亲近智能在自身发展的同时要使整个系统始终处于和谐稳定的状态，并且能促使核心智能更充分地发展，最终使学生的智能目标达成，内涵扩大，教学效果更佳。这里的核心智能必然是语言智能，这是使课后实践活动不失语文味的根本保障。就是在注重将语言智能发展作为核心智能的同时，也要将身体运动智能、空间智能、音乐智能及人际交往智能和自我认知智能等作为亲近智能列入目标体系，两类智能发展的目标构成完整的学生智能发展目标体系。

这样的综合实践活动具有如下特征。

（1）参与对象的主体性。这是一种学生充分展示自我体验的实践活动，它以活动者自身的内部体验为基础。比如表演等活动表现形式，直观生动，符合学生的认知特点，因而备受学生的喜爱，有利于激发学生主动参与的积极性，体现学生学习的主体性。

（2）表现内容的全息性。一篇课文是一个全息和开放的系统，如《草船借箭》既可以反映不同人物的丰富个性，也可以映照三国时代的历史、文化、军事风貌。凭借这一全息的、开放的物质基础，课后延伸的综合实践活动过程可集听、说、演、唱、做于一体，涉及多个智能领域。它不仅可以帮助学生以多元的方式建立语言的形象，展现丰富的想象，还可以帮助学生在实践中获得全面的信息，经历充分的体验。

（3）实践过程的创造性。阅读理论认为，作品的意义不是作者已定的或文本自生的，而是在读者参与阅读过程中生成的。读者生命体的唯一性使其对文章产生多维、多元的理解。况且，每一个体的智能差异也必然决定主体创造方式的殊异。因此，学生的每一次实践活动从起始到终结都体现了充分的差异性。

（4）素质培养的发展性。现代人才观强调人应当具备健康的人格，广博且融会贯通的"网络形知识"，以及多种智能有机交织的复合能力。综合性实践活动需要学生自己调动多种智能参与才能完成。这一过程是对学生的智能综合开发的过程，是培养学生具有良好品质的重要途径。

比如，在学习《家乡的秋白梨》后，教师安排这样的实践活动：请学生当推销员，先通过自己的图片，通过有声有色的介绍，把江湾的秋白梨推销出去，然后试着推销自己家乡的特产。从推销课文中的特产到推销自己家乡的特产，这是生活意识越来越浓的体现。21 世纪的教育需要培养学生在未来瞬息万变的社会中的"生存能力"。在这一教学过程中，学生需要运用多种智能应对复杂的生活：介绍商品需要语言智能；想象绘图需要空间智能；根据不同的资源设计相应的促销方式，使它成为畅销的商品，需要数学逻辑智能；与不同的顾客沟通，需要人际关系智能。由此可见，具有综合特征的实践活动的确可以使教育与个人的潜能、社会的需求协调一致，使教育的个人化和教育的社会化两者协调一致，通过发展多元智能，为社会培养复合型的人才。

（二）多种类型、多样情趣

多种类型、多样情趣能更好地激发学生的学习热情。综合实践活动的类型很多，根据活动的形式，可以划分为以下几类。

1. 探究类

此类综合实践活动主要指学生带着问题研究，通过观察、实验、查询等手段收集材料，然后分析得出结论，形成观察日记、调查报告等成果。这类活动对培养学生的探究意识和探究能力有很大的帮助。比如学过鲁迅的《少年闰土》，感兴趣的学生可以进一步研究中年闰土，在阅读相关的文本后写写感受。又如学过《奇怪的东南风 —— 关于爸爸咳嗽病因的研究报告》，让学生学习小作者的探究勇气和方法，学做小侦探，寻找生活中的一些奇特现象深入研究，并把研究过程写成观察日记。

2. 收集类

这类实践活动主要是在学习文本的基础上进行拓展延伸，让学生收集更多的语文学习资源，进行专题研究的一种形式。例如：收集贺岁的春联、勉励勤学的对联；收集中秋节的传统习俗、文化作品；收集民间工艺、民间俗语；等等。只要学生在语文学习后有强烈的拓展意识，抓住适当的时机，开展此类实践活动，效果就是理想的。

3. 交流类

课后的辩论会、跟同学或亲友的交流都属于这一类。如跟父母谈谈"关于减负"的话题，然后把谈话的过程写下来。这可以引导学生关心社会、关心生活，而且也帮老师了解现状，有利于改进教学工作。

4. 创作类

该类综合实践活动是在学习课文后，针对课文特点进行的适合学生的创作活动。比如，学了《海滩上的小姑娘》，让学生自由组合创作一本连环画；学了诗歌，尝试让学生排演一个诗朗诵的节目；学了一则童话，让学生改编成课本剧。

5. 应用类

此类综合实践活动让学生将在课内学习的某些知识、技能尝试在课外应用，在应用中真正形成能力，同时也让学生真切地感受课堂学习与生活的密切关系，激发学习的热情。比如，在课堂上学了一组描写春天的课文，可以让学生走进大自然，寻找春天的足迹。又如，学了《寒号鸟》，知道得过且过、懒惰的人是没有好下场的道理之后，让学生在课后找一找生活中的"寒号鸟"，然后想方设法劝导他。

（三）多途实施、多方保障

首先，课后综合实践活动的实施要体现活动与课内阅读教学的全息相关性。作为全息阅读教学模式的一个板块，这种课后的综合实践有别于一般的课外活动，它是课内学习的有益延伸，是对课内所学知识的巩固，也是对课内所学能力的提升与完善。所以这种课后综合实践活动的内容必须结合课文学习，让学生反思自己的学习过程，实践所学技能，反思自己的生命成长，在生活中体悟人生的哲理。这种实践活动的目标在尽可能追求多元的前提下，比起教材中安排的语文综合性学习又可以相对的单一，比如收集资料，作为课后的实践活动，其可以仅仅是查找后阅读，不一定写成完整的研究报告。

其次，全息阅读教学的课后综合实践活动要确保"语文味"。作为阅读教学的课后实践，提升语文素养是活动的根本目标。不然，"耕了别家的园，荒了自家的田"的现象还会出现，语文教学实效性不强的现状还将延续。如前所述，教师要坚持核心智能和亲近智能和谐发展的原则，确保语言这一核心智能在综合实践活动中得到有效的发展。那么，如何保证课后综合实践活动的"语文味"呢？以听说读写的实践活动为基点展开综合实践活动是根本。这样的基点能确保活动目标指向语言智能的发展，比如，学了《五彩池》后，请学生回家当一回小导游，把这一迷人的景象介绍给家人，这就是一项以语言表达为中心的实践活动。学生在表达的同时，也将对课文的理解、课文语言的内化、与人交流的素养一并展现了出来，实践的过程就是学生把书读活的过程。此外，成果汇报的方式体现浓厚的"语文味"也是确保"主阵地"不丢的良策。无论活动的过程多么复杂，涉及的智能多么广泛，只要坚持这一点，万源归宗，提升语文素养就不会成为一句空话。语文味的成果形式很多，有作文、日记、广告、诗歌、表演、演讲等。例如：培养学生听说的能力，可采用与人聊天、收听广播、收看电视的方式，然后说说得到的信息；培养读写的能力，可多引导学生收集资料，写写调查报告等。

第三，课后综合实践活动要力求经历体验的过程。这里所说的体验是指学习者将知识主动地纳入自身的认知结构，将课文中的情感主动融入课外的实践并产生共鸣的内化过程，它是将外部的客观现实转化为内部的主观感知与体验的心理过程。只有通过这种内化的过程，学习者的智能才能得到世纪的发展。为了有效地促进学生的心理内化，教师设计的活动要有趣味性、可操作性，以活动本身来吸引学生参与实践。

第十一章　全方位指导下的学生阅读能力培养研究

第一节　教师指导下的阅读能力培养策略

一、阅读能力策略培养资源选择

在现在的阅读教学中存在这一矛盾，那就是学生日益增长的课外阅读需要与阅读资源之间的矛盾。现在书店、网上的阅读资源丰富多彩，学生看得眼花缭乱，如何帮助学生选择适合他们的阅读资源显得尤为重要。该怎么帮学生选择推荐适合的书目呢？应该遵循以下四个原则。

（一）关注年龄特点

学生在不同的年龄阶段应阅读不同层次的书籍，比如：低年级阅读绘本、故事书，中年级阅读童话故事、儿童文学，高年级阅读名著、科普、历史、数学、天文、传记、经典。根据学生的年龄特点，阅读书目由浅入深，由易到难，书目的推荐既有阶段性，又尽量保持连贯性，读物语言水平要略高于学生，内容不能总是浅显的、过于形象的，应多选择一些有深度的、稍微超过学生的知识积累、认知水平和理解能力的内容。只有这样才能激活感性、磨炼理性，使学生在阅读中不断成长。

（二）进行同步阅读

在教学中，教师可以结合教材内容进行拓展阅读，选择与平时的教学内容相关联的书籍，推荐学生进行阅读，这样既可以深化学生对课堂内容的理解，又可以拓展学生的知识面，提升学生阅读能力。比如：学习了《去年的树》，可以向学生推荐读《时代广场的蟋蟀》；学习了《草船借箭》，可以向学生推荐《三国演义》；等等。通过这样的同步阅读，可以将课内教材的阅读延伸到课外阅读，既培养了学生的阅读习惯，又使得学生的阅读能力不断提升。

（三）经典浸润心灵

著名作家余秋雨先生曾说过：幼小的心灵纯净空朗，由经典名著奠基可以激发他们一生的文化向往。阅读经典名著是课外阅读的最高境界，看到学生沉浸在阅读经典名著的喜悦中神采飞扬时，教师会感受到经典名著对于学生心灵的呵护、精神的滋养，已如春雨点点入土，滋润学生心田。因此，在教学中，教师可以应根据学生的文化基础，相继推出适合学生年龄阶段的经典名著，引领学生迈进经典的文学殿堂，让经典名著给予学生精神的滋养、文化的熏陶，从而温暖他们的心灵，激发他们心中善良的、温柔的一面。

（四）符合心理特征

教师在为学生选择推荐书目时应注意，学生的心理需求是具有年龄特征的。小学阶段的学生一般好奇心强、表现欲强，他们比较喜欢充满冒险、刺激和神秘的书目，羡慕勇敢、机智、大气的人物。因此，教师可以向他们推荐具有类似特点的书籍，如《吹牛大王历险记》《木偶奇遇记》《海底两万里》等，这肯定会受到学生的喜欢。《哈利·波特》誉满全球，风靡校园，那个戴着黑框眼镜的男孩成了众多男孩及女孩的偶像。学生非常着迷，都希望自己能够拥有这样一套书。

读书让学生幼小浮躁的心灵得以宁静，读书能让学生的生活更加充实，读书能让学生的心灵趋向高尚，读书能让学生增长知识。也许读书无法延长生命的长度，但却可以增加生命的厚度，让每个学生都爱上读书，让每个学生都读到适合他读的书，这是教育者义不容辞的责任。教师应静下心来博览群书，潜心阅读，研究出适合每个年龄阶段的必读书目，让学生从小积淀丰厚的文化底蕴，打下坚实的语文基础。

二、阅读能力策略培养工具开发

随着课程改革的深入发展，课外阅读已经成为提高学生语文素养、提升阅读能力的"宠儿"。教室、图书馆、书店里的书琳琅满目，学生的阅读活动看似丰富多彩，但是总是缺少引导学生的真正有效的阅读操作途径。因此，应设计提高学生兴趣与能力并举的"阅读学习单"，以"阅读学习单"引领学生课外阅读，以"阅读学习单"开展阅读指导课，以"阅读学习单"评价激励学生兴趣、培养阅读习惯，最终使学生掌握自主阅读的技巧，使学生学会自主阅读。

通过调查，教师发现：大多数学生的课外阅读，只注重故事情节的浏览，经常谈不上对人物的深刻认识，更谈不上对语言的欣赏积累、对篇章结构的揣摩模仿。学生做阅读笔记时，常常浅尝辄止，随随便便抄上文中的几个句子，写上诸如"真令人感动""我好激动""真棒"之类的泛泛之语。读后感也只记录了故事内容，没有深入的个人体会，读起来枯燥乏味。如何激发学生的阅读兴趣，使其习得阅读方法，提高其自主阅读的质量亟待研究。

（一）设计"阅读学习单"的前期准备

设计阅读学习单，需要做好哪些准备呢？

首先是学什么。在课前教师要深入钻研阅读的教材，把握教材重难点，更要认真地进行学情分析，不仅要了解学生已有的知识经验基础，还要关注学生的学习方式和思维习惯并进行分析。然后，将教材、学生两方面的情况有机结合，找准切入点，培育生长点，激发创新点，明确合理的教学目标，再进行设计。

例如，《昆虫记》这本书记录了法布尔一生的心血。书中深刻地描绘几种昆虫的生活，如蜜蜂、螳螂、蝉、甲虫、蟋蟀、苍蝇等。用通俗易懂、生动有趣和散文的笔调，深入浅出地介绍了他所观察和研究的昆虫的外部形态、生物习性，真实地记录了几种常见昆虫的本能、习性、劳动、死亡等，既表达了作者对生命和自然的热爱和尊重，又传播了科学知识，体现了作者观察细致入微、孜孜不倦的科学探索精神。作为三年级的学生，教师应该逐步培养他们的概括能力。许秋端老师在学习单的第一板块设计了回顾故事的主要内容，是以填空的形式呈现的。这样的设计是可以的，因为毕竟这本书比较厚，不是一篇课文，如果让学生直接说说故事的主要内容，对于三年级的学生来说是有困难的。只是，这样的设计在训练的时候可以再进一层，可以在填空完毕后，让学生连起来用自己的话再说说故事内容，这样达到的效果会好一些，能更好地培养学生的概括能力。

其次是怎么学。根据学习内容的特点，需要设计学习的任务，更要采用点拨的方式给学生以学习方法的指导。例如，许秋端老师在带领学生阅读《昆虫记》时，在第二板块的"设计名片"的学习单上先设计了螳螂等昆虫的名片，让学生猜猜是哪一只昆虫，然后透过名片着重交流文章中几只昆虫的主要特点，最后要求学生模仿两张名片给蜜蜂和蟋蟀各设计一张名片。学生设计的名片精彩纷呈，这主要归功于设计之前教师悉心的学法指导，由此学生才能设计出主题突出、个性张扬的名片。

（二）编制"阅读学习单"的基本框架

在指导学生进行课外阅读时，为了避免学生在课外阅读出现盲目、不知所云的现象，教师根据学生的书目特点、年龄特点、目标方法等，编制了课外阅读"学习单"的基本框架。

学习单可以分为三类，要求不同，形式不同，难度更是不一样。三类学习单分别为圈圈画画、批注体会、写写练练。

学习单一是基础阅读，是让学生大体了解文章的主要内容，了解内容层面的学习单类型框架，大多采用圈圈画画型。

学习单二是咀嚼阅读，是让学生在感受深刻的地方记上自己的体会，在积累和评价层面上的学习单类型框架，大多采用批注体会型。

学习单三是延伸阅读，是在学生读完文章后，让学生谈感受和体会层面的学习单类型框架，大多采用写写练练型。

当然，对于不同的书目，学生深入学习的内容也不一样。因此，课外阅读学习单的设计并不是一成不变的，教师应根据具体的书籍内容、阅读指导课类型，进行适当的调整和改变。

（三）展示阅读学习单的形式与应用

阅读学习单是指教师通过对学生的学习过程进行具体、深入的指导，以一个个小建议让学生充分经历语文学习的过程，为学生的学习提供一份"自助式"的辅助工具。它的活动形式是多样的，可以是合作探究，可以是动手操作，可以是动脑思考，可以是动口交流，可以是独立阅读，也可以是动笔整理。不管哪种形式，目的都是使每一个学生都融入学习任务之中。基于以上几点，阅读学习单可以有以下几种形式及运用。

1. 动手操作式学习单

动手操作式学习单是指设计的学习单要增强趣味性，形式生动活泼，激发学生探究的兴趣，让学生能够主动动手操作。这样的学习方式对学生充满吸引力，学习成效也会比较显著。

案例：《鲁宾逊漂流记》阅读学习单设计。

《鲁宾逊漂流记》主要讲述了主人公鲁宾逊·克鲁索（Robinson Crusoe）出生于一个中产阶级家庭，一生志在遨游四海。一次在去非洲航海的途中遇到风暴，只身漂流到一个无人的荒岛上，开始了一段与世隔绝的生活。他凭着强韧的意志与不懈的努力，在荒岛上顽强地生存下来，经过 28 年 2 个月零 19 天后得以返回故乡。为了能够引导学生自己进入文本，去体会鲁宾逊的漂流历程，许秋端老师设计了一份动手操作式学习单，处处体现着教师的独具匠心。如要求学生"细读书本，边读边动手"，实则是培养学生"边阅读边思考"的良好读书习惯，通过同伴之间的交流与合作，共同探索、动手解决问题，动起手来摆一摆，真正体现自主性、探究性、合作性。

2. 动脑品鉴式学习单

动脑品鉴式学习单就是指让学生带着鉴赏的眼光直接面对文本，在自主阅读活动中获得积极的、个性的阅读体验，用最原本的认识来品赏和鉴别文本，毫无顾虑地批判和赞扬文本。

案例：人教版五年级下册《地震中的父与子》阅读学习单设计。

教学《地震中的父与子》这篇课文时，在进行了字词认读、理解词意、朗读检测和感知大意这些基本环节之后，许秋端老师出示这样一份课堂学习单，指导学生从内容和形式上品鉴作品。

《地震中的父与子》阅读学习单：

（1）课文哪些地方、哪些语句告诉你这是位了不起的父亲？请同学们默读课文1～12自然段，找出有关语句，体会父亲在救助儿子的过程中的心理变化。

（2）当看到这片废墟时，一些孩子的父母是怎样做的，阿曼达的父亲又是怎样做的？请找出相关的句子进行对比，看看你有什么体会？

（3）想象写话：在漆黑的瓦砾下，没有水、没有食物、没有爸爸妈妈，有的只是14个七岁的小伙伴，阿曼达和小伙伴们会说些什么、做些什么、想些什么呢？把你想到的写下来。

动脑品鉴式学习单特别适合一些写法上较有特色的文章，运用此类学习单，学生的主体作用得到充分的体现，学生对文本的体会更深刻、更多元，思维浓度更高，学生真正成为学习的主体，学生的阅读体验和感悟更加突出。

3. 朗读感悟式学习单

朗读感悟式学习单是指在教学中让学生充分地读，在读中整体感知，在读中有所感悟，在读中受到情感的熏陶。尤其是在课堂中要保证充裕的读书时间，但读不是乱读、滥读，每一次读要有明确的目标指引或要有具体的问题来引导，在课堂中进行朗读积累，使课堂焕发生命力和活力。

4. 拓展延伸式学习单

拓展延伸式学习单是指学生已经能够领悟一定的学习方法，在此基础上，教师不失时机地通过学习方法上的适度迁移和必要的拓展，唤醒、激活学生的固有知识，举一反三，从而达到事半功倍的效果。

阅读学习单的设计与运用，给学生的学习方式带来了巨大的转变，它让每一个学生都参与到阅读活动中来，让学生用自己的眼睛去阅读，用自己的嘴巴去表达，用自己的头脑去思考，用自己的手去书写，用自己的身体去经历，实现学生根据已知信息获取知识由"扶"到"放"的过程，让学生真正成为学习的主人，体现了"以生为本"的教学理念。

三、阅读能力策略培养综合运用

传统的语文阅读学习方法有背诵、批注、精读、略读、浏览等，这些阅读方法比较零散，关注字词局部，注重对文学性作品的阅读。通过几年来的阅读教学实践，课题组总结出阅读能力发展基本策略：预测、联结、自我提问、比较、图像化、摘要、推论、批注等。这是从读者阅读发生的心理过程出发，自上而下，连贯完整，适应面广的阅读策略。在教学过程中，教师应如何综合运用各种阅读策略培养学生的阅读能力，实现在学生视域下所确定的阅读教学目标呢？这里归纳出几种阅读教学模式。

（一）品读体味式

对于学生来说，最基本的语言感知能力是语感。培养语感最直接有效的途径是让学生进行朗读，从朗读中理解语言文字的含义，使学生从字里行间欣赏语言文字的优美，体会语言文字表达情感的作用。教师应指导和帮助学生把句子读通顺，在读通顺的基础上读出画面、读出情感，从中品味语言文字的准确与优美，提升语文阅读能力。

在低年级的语文教材中，多次出现同语反复、相同句式反复等句式的课文，特别是一年级的课文，多为儿歌或简单的并列构段式课文，一般具有结构相似、情节反复、选材讲究之特点，这样的文章节奏感强，读起来活泼，琅琅上口，符合低年级儿童的心理特点。在阅读教学中，教师要在学生理解课文的基础上着力进行语言表达的实践研究，提高学生的语言运用能力。

例如：人教版一年级上册的《雪地里的小画家》这篇课文，开篇以"下雪啦，下雪啦！"引入，短句节奏感强，词语的反复体现了孩子看到雪的好奇和新鲜感，为下文奠定了喜悦的情感基调；同时，这一反复形成轻快愉悦的节奏符合儿童的心理特点，容易增强低龄儿童对语言的感受力。

运用图像化策略拓展的这一语境既充分挖掘了学生已有的表象与积累，又迁移课文中的言语范式，潜移默化地训练了学生的语言能力。教学时，教师只有抓住这样的反复语言点的奥妙，在不同文本的反复训练中明确表达出应注意事物特征的逻辑对应关系，才能让学生形成语言定式，养成严谨的表达习惯，为今后的语言学习奠定坚实的基础。

（二）情境创设式

在阅读教学中，经常出现这样的现象：无论课文描述的景色怎么迷人，叙述的事情怎么感人，学生就是无动于衷。原因可能是多方面的，但其中有一重要原因是学生角色模式的定式，使得他们在阅读课文中多把自己置于文外，语言内容难以引发学生的感觉，语言情感也很难激起学生的共鸣。为了更好地让学生感受到语文阅读的魅力、激发学生的阅读兴趣、提高学生的阅读能力，教师应当积极地创设多种多样的阅读情境，努力营造轻松愉悦的阅读学习氛围，构建学生情感的桥梁，调动和发挥学生的积极性和主动性，让学生在课堂这块民主自由的天地里充分施展他们的手脚，锻炼他们的才华，让学生能在阅读中感悟，在感悟中升华，从而提高阅读能力。

学生的形象思维能力是极其活跃的，生动、鲜活、有趣的教学情境能让学生的想象力丰富起来。多媒体技术图、文、声、像并茂，向学生提供形式多样、功能各异的感性材料，创设了良好的课文情境，为学生学习起到了很大的帮助。创设良好的教学情境，可以让学生处在和谐轻松的教学环境之中，能极大程度地调动学生的学习积极性，实现学生的全面发展，提高学生的阅读能力。

（三）迁移拓展式

在阅读教学过程中无论采用何种阅读策略，只有最适合、有效的，才是最好的。教师不仅可以在某一教学过程中运用一种阅读策略，还可以综合运用各种阅读策略，灵活运用多种阅读方法，让学生更好理解课文，提升阅读能力。

人教版二年级上册《纸船和风筝》一文中有这样一句话：

> 松鼠一把抓住风筝的线一看，也乐坏了。风筝上挂着一个草莓，风筝的翅膀上写着："祝你幸福！"

对于二年级学生来说，"幸福"一词很难用语言来表解释。什么叫"幸福"？学生讲不出来。为了让学生能更好地体会"幸福"的含义，在教学时许秋端老师设计了这样的问题："什么时候你觉得很幸福？"此时，学生都理解了这个问题的意思，纷纷举手说。一个学生说："我生日的时候，爸爸妈妈带我去酒店吃大餐，还送我很多礼物，我感到很幸福。"一个学生说："暑假的时候，我们全家一起到风景优美的九寨沟游玩，看到了许多美景，吃了很多美食，我感到很幸福。"一个学生说："我每天一大早来到学校，看到许老师在教室里等着我们，组织我们进行早读，我感到很幸福。"一个学生说："我觉得我每天开开心心、健健康康的，就是幸福。"幸福只有自己才感受得到，也许幸福就是快乐，幸福就是舒心，幸福就是愉悦，也许平常的一个动作，寻常的一句话，足以让人感受到幸福。幸福就在身边，只是看人有没有感受到。简简单单的一个问题，使学生懂得感受"幸福"。

学生的学习都是以原有的知识积累为基础的。教师引导学生运用生活积累，采用了迁移拓展策略，使词语的内涵具体化、形象化。

阅读策略的学习是随着学生年级的升高循序渐进，不断深入的。在"阅读策略"指导课上运用多种阅读策略，可以激发学生的阅读兴趣，更好地实现"理趣共融"。

第二节　家长指导下的阅读能力培养策略

学生阅读能力的发展离不开家庭的熏陶、家长的陪伴。家长陪伴学生阅读，会进一步激发学生阅读的激情、探究和创造的热情。在学生的阅读过程中，根据不同学段的学生的身心特点，从学生的兴趣点入手，与家长一道默契配合，形成合力，给学生创造一个良好的学习气氛，让他们感受到读书是愉悦的；保障学生阅读的有效时间，家校互补、融合，共同促进阅读习惯的养成。这样可使学生爱上阅读，阅读时勤思考、善问难、肯钻研，从而开启并拓宽自己的内心世界，在潜移默化中提升阅读能力。

一、让家中充满"书"香

学生的成长离不开书籍的滋润。大量的阅读主要在课外完成，这就要求每一个家长要尽量成为学生课外阅读的有益引路人。家庭应是一个伴着浓浓书香的快乐之家，家长与学生一起遨游书海，在读书中体验生活，在读书中学会勤思乐学，在读书中快乐成长。家长要对学校推荐的必读书目进行认真研究，根据学生的性格特点，找准学生阅读的兴趣点，亲子共读，并在亲子阅读中不断总结读书的经验，形成一些适合自己家庭的读书方法，从而提升学生的阅读能力。家长以言行引导，使学生爱上阅读；引领学生的课外阅读，使阅读更持久；打开学生的阅读之窗，让学生的未来更精彩。

（一）家庭亲子阅读的重要性

儿童是国家未来的主人，如今的他们身处在瞬息万变、一日千里的信息社会之中，到处充满着新知，除了亲身体会外，亦可经由阅读学习知识。

有人说："喜爱读书的孩子不会变坏。"这指是书中蕴藏着丰富的寓意，可以启迪学生的思维，帮助他们的人格养成，进而教导他们的行为。其实，亲子阅读最好的方式就是家长陪着学生一起读书，不管是家长和学生人手一本书，还是共同阅读一本书，都会让学生体会到阅读的庄严和重要性。父母的以身作则、亲力亲为，会在潜移默化中润物无声。在这样的环境中，学生自然会把读书当成一件重要的事情来对待，并乐在其中，而通过家庭亲子阅读，在提升阅读能力的同时，家长和学生将因共同的阅读产生心灵的共鸣，让亲子关系更加密切。

1. 家庭亲子阅读的益处

随着社会的发展，生活节奏日益加快，父母都非常忙碌，与学生在家庭中接触的时间减少。但是，陪伴学生阅读的时间要充足，因为亲子共读的魅力大、益处多。

（1）增进亲子情感

学生自懂事以来，最先接触的人就是父母。所以，父母是学生最好的老师。亲子共读分享书籍，就能分享彼此对阅读的感受，在无形中增进了感情。

（2）培养语言能力

热爱阅读的学生的语言能力比同龄人要更加出色，在听、说、读、写方面远比不爱阅读的学生更高，更懂得欣赏语言的美妙，更能从书中领悟深层含义。

（3）增强沟通能力

自小培养与同伴或家人间的协调沟通能力，对于学生而言是一项极为重要的事情。除了在日常生活中学习外，阅读书籍并从其中获得经验和启迪，是一种非常棒的体验。

（4）经验传承交流

家长的成人视角和学生的视角有交汇、有碰撞、有互补。亲子以不同的视角去看待生活中的事物，并彼此分享、交流及共同讨论，从中获得想法与心得，产生有趣、有益的共鸣，同时能相互解决问题与困惑。

（5）促进独立思考

阅读可培养学生批判性的思考能力。亲子阅读时，家长的引导会让学生更好地吸收书中更深层的论证，以及更好地把握故事的走向。在家长的引导下，学生渐渐学会边分析边理解，形成自己独立的见解，具备独立思考的能力。

2.家庭亲子阅读的方式

阅读书籍，对学生而言是认识纷繁世界的重要渠道。父母都希望自己的学生喜欢阅读，也期望学生把这种愉快的经验延伸到未来的成长阶段。亲子共享阅读的乐趣与经验，是激发学生爱上阅读的重要种子。

学生在不同的年龄和发展阶段需要各种不同的书籍伴着他们成长。因此，父母为学生挑选适合其认知程度与兴趣的书籍，将是吸引学生阅读的关键。材料选定之后，亲子间可以开始阅读。据研究发现：六岁到十二岁是阅读的丰沛期，学生就像一块海绵，遇水即吸，不限题材、不拘类别，凡是新奇的、有趣的，他们都喜欢，表现人生种种考验的故事更能够满足他们。他们在碰到感动人的文字时会融入其中，随着人物的跌宕起伏而又哭又笑。对于六七岁的学生，家长要每天坚持朗读故事。同时，更需要选择一些文字比较生动、蕴含浅显哲理、句子多变、情节较复杂和篇幅较长的故事朗读给学生听。八至十岁的学生对讲述学校和家庭生活的故事非常喜欢，通过这些故事，学生会产生强烈的共鸣，还能帮助他们解决生活上遇到的问题。因此，父母应为学生选择他爱看的，情节和人物较复杂、不同种类的书。对于十一二岁的学生，父母应该为他们准备一些能帮助他们探讨价值观和道德观的书籍。另外，故事性和趣味性强的杂志和报纸也是阅读重要的、有益的补充，亲子可以共同阅读探讨。

3.破除家庭亲子阅读的障碍

要培育学生良好的读书风气，形成良好的读书习惯，父母的作用尤为重要。因此，在推动家庭亲子阅读活动时，父母即使遇到一些困难和障碍，也应该迎难而上。在家庭亲子阅读过程中，可能会出现以下一些障碍。

（1）父母缺乏"以身垂范"的观念

要培养学生的阅读兴趣，需从树立良好的榜样开始。父母本身喜爱阅读，闲暇时手捧一卷，沉醉其中，学生就会受到感染，对书本产生一种亲近喜爱之情。但若是父母不能以身作则，对阅读毫无兴趣，亲手机、远书籍，则会造成父母言之无力、学生听之无感，更不会产生亲子共读想法。

（2）父母未能多读给子女听

对于低段的学生而言，要培养其阅读兴趣，多读必不可少。儿童富于想象，敏于感受，所读的范围应该广泛。上自童话故事，下至玩具说明书，甚至是路边的指示牌，都是现成材料。然而，许多家庭的父母常常以忙为借口，只为学生购置书籍，很少读书给学生听，造成学生阅读缺少了重要的一环。

（3）缺乏各式各样的阅读材料

亲子阅读需要各种各样丰富的藏书，很多家庭通常没有为学生购置品类齐全的书籍，没有向图书馆借阅或和亲朋好友交换传阅，以弥补家里书籍不足的习惯。

（4）主导学生的阅读

兴趣源自愉快的经验，主导学生的阅读，甚至对学生的阅读过程进行自以为是的干涉，会使阅读成为一种痛苦的经历，是惩罚而不是享受，与兴趣成长背道而驰，导致学生产生逆反心理。到头来，学生对阅读非但不感兴趣，还会心生反感、敬而远之。

（5）把学生交给电子产品

电子产品对整个社会的影响无处不在，会在无形中控制个人的说话、动作、行为，甚至思想；它还使人头脑钝化，想象力贫乏，生活乏味。不少家长为图一时痛快，将学生交给了电子产品，长此以往，学生头脑钝化，缺乏思考和创造力，不知不觉中，大好的时光消耗掉了，学生沉迷其中不可自拔。因此，电子产品对于亲子阅读的危害不言而喻。

（6）欠缺温馨宁静的阅读环境

现今的家庭，家长往往愿意花费大量的金钱去装饰亮丽的客厅、舒适豪华的卧房，却忽略了应为学生开辟一个阅读的空间，致使学生无法拥有温馨宁静的阅读环境。《三字经》中的"孟母三迁"讲述孟母为了让孟子有适合读书的环境，三迁其所，终于让孟子得以成为学究通人的圣人先哲的故事。如果一个家庭无法提供温馨宁静、舒适自在的阅读环境，亲子阅读活动则无从谈起。

亲子阅读对于每一个家庭而言，除了可以让学生增强语言能力及知识、提升写作能力及独立思考外，更能增进情感交流，让家庭温馨和睦。时代在巨变，社会日新月异，身为成人的家长如果稍不留意，就会与社会脱节，更何况是处在最美好时光的学生，如果耽误了他们最好的成长时期，悔之晚矣。因此，如何有效推动家庭亲子阅读，是一件不能回避且要全身心投入的大事、要事。家长要行动起来，为亲子阅读这块园地辛勤灌溉、倍加努力。

（二）亲子阅读更长情

1.陪伴，打开阅读之门

学生的阅读一开始是从听故事开始的。陈江春老师在儿子上幼儿园前，每天给儿子讲故事，如《大红狗》《小猪奥莉薇》《青蛙弗洛格的成长故事》等。讲到弗洛格的小熊的时候，因为弗洛格的小熊会说话，会陪弗洛格玩，孩子问："为什么我的熊宝宝不会说话，不能陪我玩。"陈老师告诉他："熊宝宝能听懂你说的话，只是你听不懂他说的话而已，你可以每天跟熊宝宝说话，把你开心的、不开心的事情告诉他，只要你想说。"很多时候，家长是一边看书一边给学生讲故事的，在陪伴学生读书的同时，自己也经历了一次心灵的洗礼，仿佛又重新体会到了童年成长的乐趣。和学生一起读书，一起在书中感受故事的精彩、词语的优美，一起回味生活的千滋百味，体验自然的美妙天成，探索科学的奥妙和神秘，让学生感受到读书的乐趣。让书深深地吸引着学生，吸引着他打开阅读之门。

陪伴学生阅读，首先要做的是找到学生的兴趣点，并以此为出发点，找一些相关的，充满童趣的书籍，和学生共同阅读，拓宽学生的知识面，让学生的思路变得灵动起来。学生遇到问题时会不断提出疑问，而为了解决这许多的为什么，他愿意去看更多的书，探究问题的答案，而寻找答案的过程本身就是一种兴趣的激发。这个过程会涉及他以前不感兴趣或未曾关注过的领域。探索就是一种乐趣，能拓宽他的兴趣面，长此以往，学生的阅读习惯就会形成良好的循环。对学生来说，书本丰富了他们的生活，为他们提供了无尽的想象。家长所要做的就是正确引领学生去阅读，让他们发现阅读是一种有趣的、愉快的经历，激发他们读书的欲望，以使他们形成良好的读书习惯，这是做家长的责任。就算工作再忙，也要抽出一点时间和孩子共同读书，在充满亲情的氛围中，和自己的孩子一起沉醉于书的世界里，享受读书带来的快乐！

2.环境，营造阅读的氛围

亲子阅读的环境会使阅读的过程更加愉悦舒适，好的环境会让学生更加享受阅读的过程。著名作家豪尔赫·路易斯·博尔赫斯（Jorge Luis Borges）曾说过："我总是想象天堂应如同图书馆一般。"家长应为学生建构一个小窝，一个阅读的天堂，为学生创设舒适惬意而又童趣化的阅读环境，以吸引学生进来阅读。在家中选一个采光良好的房间或角落，布置成暖色调，在地上铺一块卡通图案的地毯，准备一个小书架、几张舒服的小沙发。学生选取自己喜爱的书籍，坐在舒服的沙发上或松软的地毯上，放松自在地去阅读。墙壁可依据学生的想法，布置成一个童话的世界，书本可以或开或合地放置在书架上，使整个小窝充满闲适和温馨的味道。家中如果有这样一个童话般的读书角，学生一定会有强烈的阅读欲望。俗话说得好，"好马配好鞍"，有了好的环境，还需要能吸引学生的好书。家长应该对学生的读本进行精心挑选。家庭藏书应立足与"有趣"和"实用"。一般说来，家长可以选择能够引起他们共鸣、唤起热情向往和兴趣的书，如童话、神话、民间故事、历史趣闻等，而对于第三学段的学生，还可以为他们准备一些阅读性、趣味性强的杂志和报纸，进一步开拓学生阅读的宽度和广度。

3. 共享，让亲子阅读零距离

在阅读的过程中，要耐心地回答学生提出的各种问题，或者也不必急着回答，根据学生的问题反过来向他提问，启发他主动思考，引导他说出自己的见解，要允许学生有不同的看法，哪怕其想法是粗浅的、幼稚的。耐心的解释，热烈的讨论，是彼此思维和观点的撞击，能激发学生的思维向深处漫溯。倘若仍然无法达成共识，可以一起查资料，再看书，寻求最佳答案，这样的过程会让学生印象深刻，且富有成就感，阅读的兴趣也会越来越浓厚。此时，家长和学生之间会越来越有默契，共同感受书籍带来的喜怒哀乐；同样的心情让家长和学生贴得更近，彼此间原有的隔阂渐渐消散无形，越发像朋友那样亲密无间，无话不谈。家长在陪伴阅读中，就可以零距离感受学生思想和心境的变化，有利于及时调整教育的方式方法，从而为学生创造良好的学习环境，家庭环境。其实学生的成长，也是家长的再次学习，再次成长。榜样的力量是无穷的，家长从自己做起，在闲暇时捧起一本书，静静地品读，学生就会在潜移默化中受到积极的影响，以此给学生创造一个极佳的读书氛围。具体有以下几种做法。

一是规划阅读时间。可将晚上八点至九点作为亲子阅读的固定时间，这个时段是晚上的黄金时间，而且学生已完成当日的作业、预习完功课，家长也忙完了家务事，一家人一起在书海中畅游，享受读书的乐趣。二是做好导读准备。根据学生的读书水平，将全书划分精读、选读、略读的不同区域，让学生重点阅读书中的精华内容，因为阅读时间不长，还要注意编排，阅读时注意寻找书中的悬念，适时吊吊学生的胃口，增加阅读的趣味性。三是开展一些亲子游戏，能够有效地密切亲子关系。分享阅读时，学生可以和家长扮演各自喜欢的角色，将文字变成有趣的表演，逐渐在学生的脑海中形成一段段鲜活的影像，融入故事人物的世界。

读书及一些拓展游戏活动不仅增加了学生对读书的兴趣和对事物的感性认识，也使学生获得了大量的知识经验，更重要的是为家长与孩子提供了更多在一起共享快乐的机会，从而进一步密切了亲子关系。

读书是与智者的对话，也是心灵的旅行。陪伴着学生阅读，不仅学生从被动读书慢慢转变为主动读书，家长也会从被动的陪伴慢慢转变为主动陪伴，不断改进教育的方式方法，进一步激发学生阅读的激情、探究和创造的热情，使学生与书为友，与家长为伴，在读书中健康快乐地成长。

二、重视课外阅读的指导

"读书破万卷，下笔如有神。"只有大量阅读才能加强学生的语言积累、知识积累、实践积累，培养学生的语言能力，激发学生的创作灵感，陶冶学生的情操，使学生逐步学会阅读、爱上阅读，进而提高思维能力和运用语言的能力。课外阅读习惯的养成，重要性不言而喻，而课外阅读习惯的养成任重道远。教师要营造良好的语文课外阅读环境，由课堂延伸到课外，拓展阅读的宽度和广度。教师深厚的积淀、幽默的语言，能有效地激起学生浓厚的课外阅读兴趣，从而为指导学生掌握正确的阅读方法，让学生持久有效地坚持课外阅读，提升学生课外阅读的能力和素养。

（一）重视课外阅读指导、培养学生阅读素养

重视课外阅读指导，激发学生阅读兴趣，指导学生养成良好的课外阅读习惯，针对学生能力选择不同的读物，指导学生正确的阅读方法，培养学生阅读素养。

一个人的阅读素养的高低，关键在于个人阅读积累的厚实程度。当阅读积淀到一定程度时，就会在人身上形成一种富有个性的文化底蕴，而积淀最有效的途径就是广泛阅读。因此，要培养学生的阅读能力，单靠课内阅读是不够的，必须加强课外阅读指导。那么如何有效加强课外阅读，培养学生的阅读素养呢？

1. 激发学生主动的阅读兴趣

（1）榜样的力量激发阅读兴趣

榜样的力量是无穷的。首先，教师要储备丰厚的知识，以身作则，为学生做出榜样。在课堂上，教师能旁征博引，语言幽默风趣，好词佳句能娓娓道来，让学生从教师身上真切地感受到读书的价值和魅力。学生会因为老师的博学多才而发自内心敬佩老师，"亲其师，信其道"，不知不觉地爱上阅读。其次，还可以向学生介绍适合他们年龄特点的读物，吸引学生的阅读注意力，从而激发学生的阅读兴趣，爱上读书。

（2）从经典课文中拓展延伸

以教材为引，延伸拓展学生的阅读广度和宽度，能够达到激发阅读兴趣和拓展阅读广度的双重目的。根据每一单元的主题，教师可有目的地选择一些和课文类似或相关的文章推荐给学生阅读。比如，学习了《走近毛泽东》，教师可推荐学生阅读中外伟人、名家的传记。陈江春老师向学生推荐了《乔丹传》一书，并选取书中的几个章节，精心准备了一堂阅读分享课，让学生感受乔丹的巨星成长历程。学生在分享阅读的过程中不知不觉受到了教育和影响，阅读兴趣大增，主动去购买品读。借此机会，陈老师又向学生介绍了更多的名人传记，有效地拓展延伸了学生的阅读面。

（3）借助班级图书角的平台

要想读好书，必先有好书。每个学生的家庭购买的书籍毕竟有限。在学校的图书

室也不可能每次都能借到自己喜爱的书。班级图书角很好地为学生创造了大量阅读的机会。一方面，好书可以大家分享，另一方面，也方便大家交流。学生阅读了同一本书，在进行阅读交流时就会有话可说，还可以相互谈论自己阅读收获和阅读感受，相互启迪，读书兴趣和效果会显著提高。

（4）读书活动夯实提升

为提高学生的阅读积极性，扩大阅读效果，教师要精心组织并开展丰富多彩的阅读实践活动，来展示课外阅读的成果，让学生品尝成功的喜悦。一是经常组织故事会和朗读、演讲比赛，通过读、说、演，加强课外阅读指导，展示读书成果，同时提高学生的口语表达能力；二是上好阅读汇报课和阅读经验交流课，让学生把自己喜爱的读物介绍给同学，可以介绍读后感，介绍书中的人物，展示自己的阅读成果，互相汲取营养，共同成长；三是定期举办读书笔记交流会，让学生互相学习，取长补短；四是中高年级学生编写阅读手抄报，内容可以是好书推荐、精彩片段、作者生平、阅读感想等；五是组织亲子读书活动，通过父子之间、母子之间的读书互动，培养学生的阅读兴趣。

采取多角度、多层次、多种形式，让每一个学生都有展示自我的机会，使他们在成功的阅读体验中获得心理上的成功感受，在活动中培养阅读兴趣，形成阅读习惯，润物细无声。

（二）重视课外阅读指导、提高学生阅读素质

阅读教学是语文素质教学的重要组成部分，在语文教学中实施素质教育，提高学生的语文素质，仅靠课堂教学远远不够，还必须积极开展课外阅读。

课外阅读有助于学生从各种材料中摄取创造性成分，获得养料，培养创造能力和创造精神。课内阅读和课外阅读是阅读教学的两条腿，二者是相辅相成的。教师不能只重视课堂教学而忽视课外阅读。忽视课外阅读易导致学生囿于狭小的"课本"空间，成为"井底之蛙"，视野窄小，在课堂上回答问题总是缺少新意，作文总是千篇一律，假话、空话和套话大行其道。"多读书，才能见识广博"，这也正是课外阅读所承载的任务，要治愈语文的致命伤——"贫乏"，最佳的药方就是走进课外阅读。随着素质教育的不断深入，课外阅读越来越受到教师的重视，课外阅读能够有效地开阔学生的视野和心胸，提高学生的知识储量，也是学生开眼看世界的有效途径。但是，由于受到长期以来传统教学方式的影响，教师师在语文教学时还是会忽略对学生课外阅读进行指导，造成语文的水平提升难。因此老师在保证正常教学的同时，要加强对课外阅读的指导，提升学生的语文素养。

1. 活用课堂平台，指导阅读策略

授以"鱼"不如授以"渔"。小学阶段是学生吸收精神营养的黄金时期，教师不仅要培养学生的阅读兴趣，更要引导学生在阅读中提高各方面素养。教师应当利用课堂教学传授阅读文章的一般方法，让学生把阅读策略运用于课外阅读的实践之中。正所谓得法于课内，得益于课外。只有养成良好的阅读习惯，掌握正确的阅读方法，才能有效地提高课外阅读的效果。

（1）以"写"促学，学以致用

要让学生的阅读素养得到切实的提高，就必须沉淀语言，汲取丰富的文学养分。古今中外的经典文学名著都经受过时间的验证，文字中无不凝聚着人类的智慧和情感的精华，这些经典著作中，人物刻画细腻得如同一幅幅艺术画卷，直击人的心灵；进行环境渲染时，那美轮美奂的描写，让人如临其境，沉醉其中。这一篇篇经典值得学生细细地品读，细致地品味。学生读到这些极富想象力和创造力的语言，不仅会开阔视野，还将感染他们的心灵。当他们与这些精彩的篇章邂逅时，他们的身心不知不觉地就会受这些优美语言的感染，经典文化的熏陶，从而积累并丰富自己的语言，在幼小的心灵中深深植根，为今后的文学创作打下坚实的基础。有一句名言说得好："好记性不如烂笔头。"让学生边阅读边画下好词好句并誊抄下来，不仅可以提高学生的阅读效率，而且对于提高学生的文学素养也是很有好处的。教师师鼓励学生把每天阅读时看到的好词好句摘抄下来，积累在阅读积累本中，并且利用课堂平台，引导他们在恰当的时机灵活运用。当学生在发言或者在写做过程中运用了这些词语时，就给予充分肯定，让他们感受到"学以致用"的乐趣。

（2）"画"中感受，加深理解

让学生把所读的书中自己喜欢的人、物、场景或故事用自己喜欢的一种方式画出来或者描述出来是一件很有创意的事情。陈江春老师在几年高年级的课外阅读探索中尝试以阅读策略教学为支点，以人物传记为载体，通过让学生运用"文字画面互转法"展开丰富的想象，深入体验和感悟，把看不见的、不容易理解的，变得看得见的、容易理解的，把阅读材料的文字变成生动立体、充满张力的画面。

在学习《落花生》一课时，陈江春老师出示了课文的中心句："人要做有用的人，不要做只讲体面，而对别人没有好处的人。"陈老师让学生运用"文字画面互转法"进行描述。一名学生的描述令人眼前一亮，他说："我眼前出现这样一幅画面：一辆自行车翻倒在地，车篮里的蔬菜水果洒了一地，一位西装革履，穿着体面的男子袖手旁观，他的背影投射在墙上，显得那么渺小；另一位衣着朴素，长得不起眼的小伙子伸出了他的援助之手，他的背影投射在墙上，显得那么高大。"寥寥数语，画面感十足，道出了这句话的精髓。文字画面互转法，给学生提供了一个想象的空间，让学生结合自己的生活经验与感受描述画面，培养了学生的灵活性和创造性，促进学生创新思维的发展；使学生在文字思考拓展到图像思考，甚至是影像思考；使学生的阅读理解更富创造力，充分开发学生的阅读潜能。

文字画面互转法是阅读教学的一种新尝试，能加深阅读理解，启发阅读联想，促进语言运用，开发阅读潜能。该方法激发了学生学习的主观能动性，训练了学生良好的语言风格品味、赏析人物特点，使学生感受人物丰沛的情感。

（3）"演"中渐悟，提升能力

从阅读到表演有着质的飞跃，学生只有深刻细致地研读文本，走入主人公的内心世界，才能生动形象地把书中的人、景、情表演出来，他们的表演才有张力和感染力。故事里那些生动的、极富传奇色彩的人物，那些生动有趣的故事会像磁铁一样深深地吸引住学生。如《小嘎子和胖墩摔跤》中的小嘎子和胖墩，他们的内心活动通过一系列的摔跤动作呈现出来，值得细细品味；《冬阳·童年·骆驼队》中的小林海音看着骆驼，认真学骆驼咀嚼，学生仿佛透过她清澈天真的眼神，看到童年岁月中那条纯净的蓝河在学生的心间流淌；《鲁宾逊漂流记》中，学生又好像跟着"鲁宾逊"一起去经历一次次惊心动魄的冒险。这些生动有趣的故事是学生课本剧表演的丰富素材。

学生读了《小嘎子和胖墩摔跤》以后，在阅读交流课上让他们根据书中描写摔跤的片段来表演。学生很快就进入了人物角色，通过丰富的肢体语言，精彩的情境再现，真切地走进人物内心，感受到了人物品质。因此，读后的课本剧表演的确是阅读交流的一个更高的层次，一种更有趣的形式。

（4）"说"出感受，触动心灵

教师在培养学生阅读理解能力，丰富学生阅读联想能力的同时，还可以发展学生的口头表达能力，促进语言运用，有利于学生阅读运用能力的培养。比如，《别饿坏了那匹马》课文教学中，一课时，学生对"文中的'我'发现真相"的一幕体会不到位，迟迟打不开思路。于是，陈江春老师让学生运用文字画面互转法，再现文中的"我"发现真相的那一幕场景。学生的学习热情被调动起来。为了描述文中的"我"发现真相的那段话，学生用心揣摩人物当时的心理活动，将人物神态刻画得细致入微，一位学生是这样描述的："当'我'推开那扇门，看到院子里那堆干枯的马草时，'我'惊呆了，手一松，马草'啪嗒'一声，落在地上。'我'两眼直勾勾地盯着那堆干枯的马草，嘴巴微微张开，眼里有一抹晶亮的光芒一闪而过。一瞬间，'我'全明白了。"这位学生刚说完，全班响起了热烈的掌声。

学生的阅读热情被充分点燃，阅读时能细致地揣摩书中人物的一举一动、一言一行。这样的分享既是"不吐不快"的需要，更是班级阅读氛围"速浓"的催化剂，会激发其他学生的阅读兴趣。同时，通过引领学生从不同角度、多种形式让学生来走近这些优秀的人,使学生的心灵深受高尚的灵魂涤荡,从而树立正确的人生观、价值观,感受高尚的人格魅力。在无形之中为学生开辟出一片创造的天空,让他们有机会运用课外阅读的收获,享受阅读的乐趣,提高语言运用能力。

2. 通过描述,让学生意识到课外阅读的重要

俄罗斯教育家苏霍姆林斯基说过:"我认为一个非常重要的教育任务,就在于使读书成为每个学生最强烈、精神上不可压抑的欲望。"所以,提升学生语文素养最好的方式就是提高学生的阅读量。如果学生意识到课外阅读重要性,进行课外阅读的积极性和热情也就有了,大大提高了学生参与课外阅读的自主性,降低了教师进行指导的难度。

(1)穿插故事,激发兴趣

学生最重要的一个特点就是爱听故事,因此教师在语文课堂中联系文本穿插故事时,学生的注意力都非常的集中,被精彩的小故事深深吸引,想要知道更多的故事内容。陈江春老师在教学《青山处处埋忠骨》一课时发现,因为年代久远,且学生对毛主席的生平了解不多,很难体会到伟人作为普通的父亲时,失去儿子那种深入骨髓的悲痛之情。陈江春老师就给学生们讲述了毛岸英颠沛流离、艰苦奋斗的成长历程,而这一切即将结束时,却传来这样的噩耗。学生被故事深深打动,甚至流下了眼泪。在故事的铺垫下,学生此时的情感完全被跌宕起伏的故事情节激发出来了,教学目的也就水到渠成了。此时,陈老师又向学生介绍了《走下神坛的毛泽东》一书,从课后的阅读反馈来看,学生反响热烈,阅读兴趣高涨。

(2)因材施教,因生而异

由于学生个体之间存在差异,其在学习的表现上也存在着很大的不同,因此老师在制定课外阅读的要求时要因材施教,根据学生自身的实际情况进行,以满足各个层次学生的具体需求。如果老师对于课外阅读要求过高的话,会超过一部分学生的能力,导致学生完成不了课外阅读的任务,打击他们课外阅读的积极性,造成反效果。因此,老师在课外阅读要求制定的过程中要因材施教,确保制定的课外阅读的要求都能够满足不同水平学生的需要,从而保持学生的课外阅读积极性,提高学生课外阅读的兴趣,以提高学生的课外阅读水平。

(3)陶冶性情,开阔视野

指导学生加强课外阅读,是陶冶他们性情的一个好方法,这样既有利于对学生进行思想品德教育,使他们树立正确的人生观,又可以培养健康的审美情趣。学生生活在学校、家庭中,也生活在社会上,不健康的思想必然也会渗透到他们的精神生活中去。教师很有必要指导学生在课外阅读思想进步的书报,例如:阅读名人传记及可歌可泣的英雄事迹的报道,可让他们从中学习先进人物的思想品德,这些英雄志士的形

象也会潜移默化地影响他们，有利于他们树立正确的人生观；而引导学生看有关文学、美学、音乐、绘画等的书籍，可以从多方面培养学生健康的审美情趣，使学生的身心得到和谐发展，成为具有崇高情操和富有实践能力的人。

课外读物纵横古今中外，浩如烟海。唯有在课外广泛地涉猎，才能弥补课堂学习的不足。书读得多了，学生就能广泛地接触自然科学、社会科学，这自然就开阔了他们的视野，拓宽了他们的知识领域。引导学生阅读自然科学和社会科学的书籍，就会学到很多科学知识。例如：爱读天文学方面书籍的学生，可饱览天文学的知识，增加对人类探索太空的历史和现状的了解，从而激起探索宇宙奥秘的兴趣；爱读时事政治书刊的学生，就能了解到国际政治局势、国内的政策变化；爱好文学的学生能够大大地开阔文学视野，扩充文学知识，丰富文学底蕴；等等。

在语文课外阅读指导中，要养成学生良好的语文课外阅读习惯，重视开端，由易到难逐步养成。向他们提出不同的阅读要求，做到有计划地循序渐进。培养学生的语文课外阅读能力，不可能一蹴而就，要根据不同学段的学生的身心特点，从学生的兴趣点入手，循序渐进，持之以恒，培养学生"理解想象""运用创新""评价鉴赏""体验感悟"的阅读能力。

三、家校配合开展阅读活动

小学阶段是阅读的黄金时期，在这六年中，没有什么比海量阅读、大幅度提高阅读能力更为重要。那些阅读量大、效果佳的学生综合能力提升快、视野开阔、潜力无限。学生的阅读活动更多发生在家庭，因此要激发家庭对学生课外阅读的影响，让家长意识到课外阅读能力培养的重要性。在学校教育外，家庭对学生的成长起到非常重要的作用。而家校配合、互动引领是比较有效的培养课外阅读兴趣的方式。家校配合，互动成长，是以教师为核心，优化设计、整体策划学校与学生、学校与家长、学生与家长、学生与学生、家长与家长的阅读互动活动。家校合力，培养学生良好的阅读能力和习惯，共同促进学生课外阅读的可持续发展，让学生在未来拥有更多可能。

（一）家校合作背景下学生阅读能力的培养

学生在进入校园后开始系统性地接触语文知识，这一阶段语文教师的主要任务是帮助学生认识到语文学习的重要性，培养他们对语文知识的兴趣，并形成语文学习方法。课外阅读是语文培养中非常重要的一环，当学生具有了较强的阅读能力后才能够更好地理解文字背后的深刻含义，同时这也有助于学生提升自己的写作能力及表达能力。课外阅读能够有效拓宽学生的阅读量，帮助学生形成自主阅读兴趣及能力。

1.学生课外阅读及自主阅读能力培养的现状分析

课外阅读是培养学生自主阅读能力的有效手段，而自主阅读能力的强弱直接关系到学生获取知识能力的高低。学生正处在情、智两商培育和人格塑造的关键时期，课外阅读及自主阅读能力的培养能够帮助学生提升情、智两商，并塑造良好的人生观、价值观和世界观。语文阅读能力的培养是一个比较复杂的过程，在这个过程中，学生的家长扮演着重要的角色，特别是家长对于教育看法、教育理念和个人阅读爱好等情况。现阶段大部分语文教师对于阅读教学的认识都停留在以课堂知识传授为主上，而且过于看重学生语文成绩，认为学生阅读能力培养要围绕学生的阅读成绩与阅读效果来展开。一部分家长受到现今社会环境及自身理念影响，不够重视家庭阅读习惯的培养和家庭阅读氛围的营造，与教师的沟通不多，也未在家庭环境中采取有效措施培养学生的课外阅读习惯及自主阅读能力。很大一部分学生受到学校和家庭环境影响，未能形成课外阅读意识及自主阅读能力，没有自我选择的意识，完全依赖教师和父母推荐的课外阅读读物，还有一部分学生则完全不知道如何选取哪类书籍阅读，进行系统阅读。造成很多家长在购入课外书籍后没有指导学生阅读，造成学生被动选择、被动阅读，很少真正进入课外阅读，课外阅读训练处于停滞不前的状态。学生还未能够形成强烈的自我意识，他们在很多时候会受到教师和家长意识及行为的影响，大量的课后作业及各种辅导班、兴趣班占据了学生的业余时间。语文课外阅读及自主阅读能力培养现状不容乐观，教师安排的课外阅读练习完全被学生当成一种作业被动完成，而家长自身阅读习惯的缺乏及对课外阅读培养的不重视都导致学生自主阅读能力培养效果较差，很多学生甚至对课外阅读完全缺乏兴趣。所以教师应和家长建立常态化交流，让家长配合监督学生在课外完成教师所布置的阅读任务，这样学生就可以在课外提高自己的阅读能力，还能养成一定的阅读习惯。

2.学生课外阅读培养及自主阅读能力提升中存在的问题

学生课外阅读及自主阅读能力培养现状的产生具有较强的深层次原因，学生自身、语文教师和家长等多方面原因的共同作用导致阅读培养中出现了一系列问题。

（1）学生阅读时间不足及阅读习惯培养缺乏

现阶段学生的阅读时间十分有限，他们将大量时间花费在课堂知识巩固学习及作业的完成上。而学生家长通常会耗费大量的时间给学生安排课外学习任务，例如当下非常流行的各种兴趣辅导班，如乐器班、书画班等，挤占了学生本就不多的课余时间，而不少学生并不是非常喜欢这类强迫性的课外学习，但是他们并没有自主选择权，只能被动接受家长的安排。学生能够自由支配的时间很少，在这些有限的休息时间里，学生通常选择上网、玩游戏、看动画片、看漫画书等娱乐活动，基本不会将课外阅读作为一种娱乐休闲的方式。而学生在课外阅读遇到困难时通常会选择求助家长或网络，很少通过查阅资料等方式解决，这种阅读方式对于自主阅读能力提升作用有限，不良的阅读习惯也导致学生阅读能力的缺乏。

（2）教师对课外阅读缺乏重视

语文教师对课外阅读教学缺乏重视，他们通常认为阅读能力培养应该集中在课堂上进行，很多教师没有系统地安排课文阅读任务，也未能根据学生实际情况及个性差异选取最适合他们的课外阅读材料。学生在课外阅读过程中未能得到教师的点拨，使得他们的阅读没有方向，也没有方法，阅读效率低下，无法准确把握阅读重点，课外阅读指导未能行之有效地开展。

（3）家校互动未能有效开展

很多家长自身没有的阅读习惯，对于语文教育的认识不足。这就使得很多家长并不重视学生语文课外阅读习惯的养成与自主阅读能力的提升，只关心学生的成绩，不注重学生的自主阅读能力。自主阅读能力的培养是一个漫长而系统的过程，家校互动是一种有效加强家庭与学校联系的教育模式，家长和教师在互动沟通中才能更加深入地了解学生的情况，形成有针对性的培养机制，从根本上提升语文课外阅读的质量。但是大部分学校及家长没有意识到家校合作的重要性，家校互动没有得到推广，制约了学生课外阅读能力和自主阅读能力的提升。

（4）学生课外阅读培养及自主阅读能力培养的措施

①培养课外阅读兴趣

学生处于行为习惯养成的关键时期，教师及家长应该积极沟通和互动，从家庭和学校两方面入手，为学生营造一个良好的阅读氛围。应鼓励学生阅读，积极为学生推荐有助于他们成长的课外读物，设立家校阅读协会或定期开展阅读分享会等活动，使学生逐渐认识到课外阅读的重要性和紧迫性。

②创造良好阅读氛围

学校和家庭是对学生影响最大的两个场所，学生每天的主要活动都集中于这两个地方。要营造良好的阅读氛围，教师和家长应该进行有效交流与沟通，交流方式并不应局限于家长会或家访，教师及家长可以通过 QQ 或微信等网络平台进行沟通交流，针对学生课外阅读教育情况进行深入沟通。教师和家长要通过共同的努力为学生创造一个良好的阅读氛围。

③辅导方式要有创新

课外阅读内容的选取直接影响学生学习兴趣的养成及自主阅读能力的培养，教师和家长要尽量选取一些具有趣味性且符合学生阅读能力的名著，教师与家长的有效沟通和互动能够保障阅读内容选取的科学性与有效性。在学生开展课外阅读过程中，教师和家长不要过度指导，要给学生充足的自主阅读时间。当学生遇到难题，向教师和家长寻求帮助时，教师和家长要引导学生主动思考，鼓励学生通过查阅资料等方式解决疑问，这种辅导方式可以有效提升学生的自主阅读能力。课外阅读培养及自主阅读能力提升对于学生的教育具有非常重要的意义。教师与家长应该展开积极合作和互动，有效推动学生课外阅读兴趣的提升，进而实现自主阅读能力的发展。

（二）家长的配合是课后培养学生阅读能力的基础

1. 榜样的力量营造良好的家庭阅读氛围

阅读是一种习惯，对这种习惯的培养不能只是单纯地在课堂上进行，更多地需要让阅读走进学生的生活，家庭是培养学生阅读能力习惯的重要场所，在这个场所中，父母就是学生的老师。通常情况下，对学生的阅读习惯影响最大的往往是家庭环境，所以在家中，家长应该给学生营造一个良好的阅读环境，在这个过程中，教师需要给家长提一些意见和建议，让家长成为课外培养学生阅读能力的主力军。例如：教师可以让家长多多鼓励学生读课外书籍、国外经典、国内名著，而不是只是让学生一个劲地做题；除此之外，教师还可以建议家长将书作为学生的生日礼物、儿童节礼物，这样学生就会很珍惜书，产生了这种珍惜的情感，学生在潜意识中就会觉得书是一个好东西，这样就可以激发学生的阅读兴趣了。教师还可以建议家长让学生在晚上，最好是睡觉之前，看一些故事和文章，这样学生就可以渐渐养成在睡前阅读的习惯，这对于学生的阅读能力的培养是有很大的影响的，而且这样的习惯还使学生的阅读量增加。教师还要建议家长营造家庭阅读的氛围，如在学生的阅读时间，家长和学生人手一本书，一起阅读，营造出一种良好的家庭阅读氛围。这种阅读氛围对学生的阅读习惯的养成会有很大的促进作用，因为榜样的力量是无穷的。长此以往，就会在无形中帮助学生提高他们的自主阅读能力和兴趣了。

2. 教师在课堂上的阅读指导为学生课外阅读提供保障

当然，只是在家里阅读还不够，因为学生的阅读辨别能力不强，如果教师不给出一定的指引，那么就会产生一些阅读问题。比如，学生会因自己的喜好而读到一些没有营养的书，还有学生的阅读速度太慢、阅读方法不对，造成对阅读的厌烦。这些问题都可能会产生，在这种情况下，教师的阅读指引就非常重要了。

首先，针对不能读好书的问题，教师应该在课堂中有意识地拓展阅读，激发学生的阅读兴趣，还可以推荐阅读书目，这些书可以是从课本中延伸出来的，这样学生还可以在阅读的过程中加深对课本的理解。比如《七律·长征》这首诗，诗篇虽短，但里面有很多关于红军长征的可歌可泣的故事，从中延伸出来，挑选几个精彩的、学生喜闻乐见的故事讲一讲，一方面可以让学生更深入地了解长征的历史背景，另一方面可以激发学生的阅读兴趣。此时教师可以推荐学生看《地球上的红飘带》，这本书对这段历史有着详细而生动的记录，这样教师就相当于给学生一些书目，让学生在课下阅读的时候可以参考，可以避免读的书不好的问题了。其次，针对阅读能力不强所造成阅读效率不高的问题，教师应该在课堂上讲授一些提高阅读能力的方法。比如，在学生阅读课本上的文章的时候，像是《白杨》这类表现特定历史时期的文章，教师就应该让学生先了解历史背景，了解为什么当时的人们会主动投身祖国边疆，这样学生才能读懂这样的文章，明白当时建设者的爱国情怀和无私奉献的精神。同样，学生在课下阅读同类型的文章的时候，就可以按照这样的方法阅读，从而提高自己的阅读能力。

3. 家校合作为学生阅读能力的培养插上翅膀

教师课堂上的指导及家长在家庭中的氛围创设，在一定程度上为培养学生良好的阅读的习惯打下基础，如果能够让课上和课后的阅读齐头并进就更好了，这样的阅读不仅更有针对性，而且更加高效，对提高学生的阅读能力有很大帮助。对于如何让阅读保持课上课下的统一性，教师是解决这个问题的重要角色，教师要有针对性地布置课下的阅读内容，并让家长配合，监督学生完成，家校合力，让课后培养学生的阅读能力成为课上的一种延续。比如，在学习《桃花心木》这篇文章之前，教师可以安排学生自己阅读，并且布置一定的问题，如了解作者林清玄的写作历程和幕后故事，让家长监督和反馈，这样学生在家里也可以很好地完成阅读任务。在讲授这篇文章的时候，教师可以提问：这篇文章的主人公是谁？读了这篇文章大家有什么感想？文章中有没有哪一个部分很特别？请学生结合课前的阅读来交流，这样可以检查学生的课外阅读的情况，并根据学生课前阅读的效果和家长进行定期的沟通和交流，让双方对学生课下阅读的情况有一个清晰的了解。还可以借助网络平台，经常和学生的家开展阅读教育的探讨，可以让阅读能力比较好的学生的家长讲讲自己在家里是怎样培养学生的，一些教育经验较为薄弱的家长可以通过平台，了解别的家长的看法和建议，调整自身的阅读教育方式。通过这样的交流模式，可以使家长对培养学生阅读能力更加熟练，并不断地改进、优化、提升培养方法，保持课堂和课下的阅读的统一性。

4. 精心选书，家校互补，促进阅读习惯养成

（1）家校互通有无，用精彩内容吸引学生阅读

书籍是学生成长的精神食粮，教师应该关注学生的心灵成长，结合学生的兴趣，引导他们进行高品质的阅读。因此，吕珈臻名师工作室的教师历经三年时间，通过大量阅读和反复讨论，为学生精选了低、中、高三个学段的必读书目，以及大量各年级推荐阅读书目，可作为教师、家长为学生挑选适合阅读的作品的主要参考依据。

学校图书馆。图书馆中的很多藏书，是每一学年班主任依据阅读书目及学生的兴趣精心挑选的。这些书籍深受学生喜爱，每天下午放学后，很多学生迫不及待地到图

书馆去借阅书籍。

家庭书吧。教师会主动推荐一些适合本学段学生年龄特点的经典书籍给家长，由家长自行购买，放在家庭书吧供学生选读、品读。

班级图书角。根据每个学段的班级具体情况，充分利用图书角的阅读功能，由教师和家长共同讨论，确定适合的书籍，放在班级图书角供学生阅读。

流动图书角。学校和家庭一起努力为学生准备经典好书，为学生的阅读提供丰富的内容。渐渐喜欢阅读的学生渴望与小伙伴和老师分享自己的阅读心得和快乐。于是，学校的"流动图书角"应运而生，学生将读过的好书放在流动图书角，推荐给其他小伙伴，分享共读一本书的快乐。这样的阅读环境让学生随时都可以读到好书，静静地与好书交朋友，促使学生更自觉地去探索丰富多彩的阅读世界。

（2）保障时间，用不懈的坚持促进阅读习惯养成

俄罗斯著名教育家苏霍姆林斯基说过："课外阅读，用形象的话来说，既是思考的大船借以航行的帆，也是鼓帆前进的风。"学生时期是培养良好阅读习惯的最佳时期，为了帮助学生养成良好的阅读习惯，要保障阅读时间，家校互补，促进阅读习惯的养成。

①开设校本阅读课

图书馆阅读课程分为三类：图书馆课、阅读课和午间阅读。图书馆课由图书馆教师执教，重点是指导学生认识图书馆，了解图书馆借阅规则，学习如何使用图书，了解书的结构与功能。班级阅读课由语文教师授课，主要包括原生态阅读、读前指导课和读后交流课。午间阅读利用每天午间休息时间进行，根据不同的年级特点，设置多种阅读方式：低年级主要以家长、教师讲故事的方式进行阅读；中高年级主要由学生自己举行阅读与读书分享会，也可邀请家长一起表演故事或者分角色朗读故事。

②倡导亲子共读

班主任与家长沟通，在班级网络平台上提倡亲子阅读，引导和鼓励家长抽空和学生一起读书。由教师提供一些好的亲子共读建议，如：家长与学生比赛，谁有时间谁看，看谁看得快，谁看完一部分都要给对方讲讲看了哪些内容；在阅读过程中，家长和学生互相讨论、交流，提高学生的语言表达能力；家长给学生读一段，让学生享受倾听的快乐，然后共同讨论书中的故事、人物、语言，让学生养成读、讨论、思考的习惯；边读边记，把看到的好词好句画下来，注重引导学生记录好词好句，让学生逐步养成用心读书的习惯，而不是光看故事情节。与学生共读不仅要分享快乐，同时也要分享困惑。对于学生不懂的地方，家长可以谈谈自己的理解或和学生一起查资料。通过这样潜移默化的阅读分享，家长和学生都在阅读中增长了知识，训练了思维能力。让学生与书为友，与书为伴，在读书中健康快乐地成长。

③周末阅享时光

每个周末，家长带着学生到市、校图书馆享受阅读时光，并拍下他们惬意阅读的照片，教师将照片收集整理起来，放到学校网站和班级网络平台进行推广，以吸引更多的家长与学生共享周末阅读时光，让阅读得到更好的推广。

④举办家长故事会

家长故事会是亲子共读的一种形式，能很好地激发学生阅读的兴趣。家长将自己和学生亲子阅读的经历、故事带进校园，用精彩的PPT课件生动呈现，和学生一边看图一边听故事；有的家长根据故事中的角色制作了人物的服装，和学生现场排演故事。形式多样的阅读分享方式深深地吸引了学生，极大地激发了学生的阅读兴趣。

有了阅读时间的保障，学生更加喜欢阅读，他们逐步掌握了阅读的方法，通过交流增强了阅读的兴趣。良好的阅读习惯就这样在学生心中生根发芽，悄然成长。

总之，教师要重视对学生课外阅读能力的培养，与家长默契配合，形成合力，给学生创造一个良好的学习气氛，让他们感到读书是愉悦的；保障学生阅读的有效时间，家校互补，促进阅读习惯的养成；不断摸索行之有效的阅读指导方法，使学生爱上阅读，并能够在阅读时勤思考、善问难、肯钻研，从而开启并拓宽自己的内心世界，在潜移默化中提升阅读能力。

第三节　学生自主学习下的阅读能力培养策略

一、实现课程课内课外的再融合

阅读的最终指向并不局限于语文学科，更不只是阅读测评中的分数，而是一个独立的人用以理解、交流、生存的工具，并最终依赖这个工具塑造其思想和人格。因此，把这些策略内化并在任何情境下灵活运用格外重要。当下，语文课程局限于课内文本，学生死记硬背的学习方式、呆板低能的学习效果遭到诟病，也引发了许多"走在前面"的语文老师的思考。获得"全美最佳教师"称号的《第56号教室的奇迹：让孩子变成爱学习的天使》的作者雷夫·艾斯奎斯（Rafe Esquith）就曾说过："阅读是学校里最重要的一门课程，其重要性远远超过其他课程。如果孩子不能学着好好读书并且喜欢阅读，那么这个孩子在其他方面发现成功和幸福的机会就很小。"而今，国内各类引导学生将课内文章、方法运用于课外的研究开展得轰轰烈烈，如主题阅读、群文阅读等新型课堂等，实现课程内外的再融合成了学生成长中最迫切的需求。

（一）依据文体类型实现课程内外的融合

文章有文体或体裁之分，每种文体行文特点各不相同，如记叙文、议论文、说明文、应用文几个大类，还可细分为小说、散文、诗歌、剧本、寓言、童话、日记、书信、说明、评论等，根据文体类型结合课内外文本，有助于学生迅速掌握读懂此类文体的诀窍。比如，在教学议论文"由论据支持论点"的特征时，教师可以自主选取一些论点鲜明、论据充足的议论文章，和学生共同阅读，发现这一规律，以期对这一原则有更深刻的理解。再如，有些学生在课堂上第一次接触剧本形式的课文《半截蜡烛》就非常喜爱，对此产生了极大的兴趣，在明确剧本的特征之后便自己找来大量剧本，如《莎士比亚戏剧全集》、老舍先生的《茶馆》《龙须沟》等开始阅读。

当然，在根据文体类型进行课内外再结合的课程中，文体类型最好划分得更加细致一些，比如低段教学儿童诗也可分为颠倒诗、连锁调、绕口令、谜语歌等，这样更能快速明确文体的特点，或者集中某一类都运用了比喻手法的儿童诗、都运用了拟人手法的儿童诗，更有助于学生快速抓住文体特点。甘月红老师执教的儿童诗案例《有趣的连锁调》，以"感知连锁调的特点"为教学目标，学生特别喜欢，当再次遇到这样一环扣一环的诗歌时，学生就会自然地对原来学过的《孙悟空打妖怪》等连锁调进行回忆、联结，在"表演读""节奏读""接答读""拍手读"等多样的诵读形式中领略"连锁调"的特点和趣味，实现课内外的再次融合。

（二）依据文本主题（内容）实现课程内外的再融合

依据文本主题应是最贴合生活实际，也是对学生日后生活最有效用的方式。比如蒋军晶老师的示范课《草莓新闻》就以"草莓大好还是小好"为主题，组织学生阅读一系列有关草莓的新闻报道，引导学生从阅读中获取信息，理解草莓个头变化的原因，从而做出理性的分析和判断。学生对一件事情或一项事物的理解就是在不断的信息填充中变得更客观、更丰满的。依据文本主题或内容可再次融合的议题有很多，如第一学段学生感兴趣的某种动物，小学高段、初中学段学生所喜欢的世界未解之谜等，不胜枚举。在这样的议题中，学生能够主动收集各种资料，新闻报道、科普专栏、口头介绍稿件都能够成为阅读的文本，同时积极进行交流，这样的再融合让学生在极为有趣的阅读中运用策略，练习阅读。

（三）依据作家风格特征实现课程内外的再融合

作家的风格是作家创作个性与具体话语情境造成的相对稳定的特色，一个趋于成熟的作家，其作品常带有深深的印记，读懂了作家的风格便能读懂他的文字。比如鲁迅先生的犀利、海明威的简洁、欧·亨利的短篇小说的结尾出人意料的特征，读之总是令人兴趣盎然，时而拍手称快，时而惊叹不已，这种结局反转的风格也被一些作家所学习。若学生能够做到依据作家的风格特征实现课程内外的再融合，说明他们已经理解了这样的方法，也许能够自觉不自觉地运用到自身的写作和表达中。

（四）依据其他切入点实现课程内外的再融合

所谓依据其他切入点，实际是指文章的选材并没有硬性的规矩，文本只是用以让学生领会"精髓"的范本，只是一个"形"而已，唯有积累了足够的阅读量，学生才能明了需要怎样的范本，有怎样的范本可用，从而建立阅读图示，将最有益的材料纳入其中。如仅以"学习推论"为阅读目的，集中选取一些可读性强的、可以进行严密推理的文章就极为重要。再如以学习诗歌中的"类比"的方法为目的，选择《飞机和小鸟》《萤火虫》《豌豆·蝴蝶花》等几首儿童诗就能较为明确地了解如何运用此类方法。由此可见，真正的阅读并不是教师抛给学生一些书，而后进行谆谆教诲："读吧，多读书吧！"而是需要更多能够自己阅读、自我成长的学生，把时间投入到真正有意义的"劳作"中，这不仅在很大程度上能弥补部分家庭教育的不足，更能让学生明白：读书的目的不仅仅是考试，在学历上再上一个台阶，而是在生命的各个阶段保证读书都能够成为自己提升和进步的利器，在书中获得解决实际问题的经验。

人们期待着教师能以更高的视野，站在全学科、全育人的角度，架起教材与儿童文学作品、课内与课外的桥梁，系统地梳理出帮助学生实现课程内外再融合的有效途径，进行结构设计，在提升学生阅读能力的基础上实现课程内外的有效再融合，大幅度提升学生的阅读能力。

二、实现阅读能力发展的进阶

阅读能力是以理解为核心的复杂的思维活动，包括认知能力、记忆能力、理解能力、阅读速度、言语信息的思维加工能力、阅读程序与方法的掌握能力、在阅读中认知策略的运用能力、在阅读中联想与想象的能力、对阅读行为的注意及情感的投入与调控能力。阅读能力的发展有赖于阅读能力的积累及背景知识的储备，因此阅读能力发展的进阶一定是各种能力相辅相成的提高。2018年国际学生评估项目（PISA2018）对阅读素养的定义是：为达到个人目标，增长知识和潜能及参与社会，而对文本的理解、使用、评价、反思和参与的能力。随着无纸化时代来临，人们的阅读方式的更迭也更加快速。从今天往前回顾十年，手机的智能化还没有到如此地步，人们大都阅读纸质书和杂志，从网络获取信息是比较前卫的方式。而到了2018年，连六七十岁的老人家都能用手机随时随地进行碎片阅读，三岁幼童也能划拨智能手机屏幕，Kindle等电子设备在年轻人很受欢迎，信息量处于前所未有的爆炸时代，使得人们的阅读目的与方式也悄然变化，主要表现在以下方面。

浅阅读占据了人们阅读的大部分。阅读带上了消遣和休闲色彩，最"热"的文章往往关于养生、化妆、烹饪、理财等，人们阅读的随意性增强，浏览代替了精读。

读图时代的来临。社会发展速度变快，人们要适应快节奏的工作和生活，因此只愿意读图、不愿意读字的读者越来越多。同时，受到漫画、速食文化等理念的影响，商业推广、出版物中使用图片的频率越来越高，图片中所包含的信息量也越来越大。读图时代的到来，可能是由两个原因决定的：一是文本的符号特征相比于图像不够直观；二是消费社会的特性使人们都更热衷于视觉冲击力强的形式。

网络阅读的推广。文本的电子化带来了网络阅读这种新型的方式，社会的技术进步使得阅读文本不断地发生变化，从印刷到电子信息，还有近年来兴起的各种网络学院、听书软件等，把阅读的变革从视觉带向了听觉等多感官的体验。

现下人人都需要从阅读中获得信息，由此产生了阅读的四种基本情境：个人原因开始的阅读、公共的阅读、职业的阅读和教育的阅读。还有些阅读可能是以上几种情境的综合。因此，处理碎片化信息，从中甄别出真实、有效、有用的信息成了最为重要的能力。教师应该如何引导学生，才能使他们良好地适应这样的变化呢？可在未来从以下方面做出努力。

（一）引导学生做"会选择"的读者

阅读不再是教师布置的任务，也不是来自家长的压力，而是习惯和融入社会的必要措施。人们的阅读行为是自发自愿的，对书籍的选择也有着自己的判断，这其中最重要的转变恐怕是从被动阅读变为主动的探索型阅读，从"我不得不读这本书"到"这本书中有我想要知道的"，实现知识的连通。阅读的情境不再局限于个人兴趣和消遣，在公共的阅读情境中、在职业的阅读情境中、在教育的阅读情境中读者都能选择自己所需要的书籍，并能较顺畅地理解。教师应注意培养学生阅读目录、读前通过目录猜读内容、读后通过目录进行总结的习惯，引导学生了解自己的阅读兴趣，逐步形成自己的阅读品位。

（二）引导学生做"会提问"的读者

苏霍姆林斯基说过："提出一个问题远比解决一个问题难。"教师应当将学生提问的水平适当地提升到运用和分析水平，教会学生发现问题的方法，鼓励学生提出问题，给予学生提出问题的时间。只有善于提问并解决问题，才能使学生真正由"读懂"到"会读"。传统课堂的对答模式已经不适用于现今的人才培养要求，教师分辨学生真伪问题意识的最基本标准应当是该学生提问的水平是否是处在运用和分析水平。因此，教师在传授提问技巧时应做到以下几点。第一，提问的宽广性。首先是对象的宽广性，每一个学生都是读者，学生对文本的解读有自己的视角。其次是内容的宽广性，教师在课堂上花大量时间揣摩学生已懂的知识点会削弱学生的求知欲，教师在备课时尽可能预设更多的问题，保证教学环节的有效性。第二，提问的目的性。教师不妨在上课之前统计学生有疑惑的点，将学生的问题按照"可以在课文中找出答案"和"需要思考一会才能得出答案"这两方面进行统计，让学生对自己提问的水平有基本的认识。如果是第一类问题，那么可以将基本提问技巧传授给所有的学生，甚至可以把答案写在黑板上。以课文《桂林山水》为例，教师可以引导学生关注课文的中心句，比如"桂林山水甲天下"的"甲天下"是什么意思，顺势诱导学生进行思考，引导学生观察文章是如何写它"甲天下"的。第三，提问的差异性。每个学生的认知水平存在着差异，要求教师对学生提问技巧的传授做到层层推进，分层传授提问技巧，或引导学生制作提问技巧集，让学生在预习时将自己的疑问按照提问的水平进行分类，逐步引导他们学会归纳，最终有梯度地提升学生提问的水平。

（三）引导学生做"会阅读"的读者

有八种阅读策略，分别是预测策略、推论策略、联结策略、图像化策略、自主提问策略、比较策略、批注策略、摘要策略。但关于阅读策略，并非只有一家之言，专家看法未达统一。所谓阅读策略，即一些读者能够自觉调整运用的阅读中可用、好用的方法，教师在课堂进行策略的教学、训练，这是有意识的，是伴随着教学目标的。而学生真正能够在平时的阅读实践中根据文本类型、阅读目的自主选择阅读策略，甚至能融会贯通，生发出自己方便使用的阅读策略，这才是真正掌握了这些策略的精髓。

图式阅读理论认为概念只有和个人的已知信息相联系才具有意义，阅读并非单向、被动地接收信息，而是主动建构意义的过程。因此，人们在阅读时除了辨识文字，也在不停地作用于文本，从文本中截取、获得自身想要的信息。人们在学习阅读时普遍重视技巧的训练、策略的选择，却忽视了最基本的迅速自动辨别大部分词汇的技能，而这种低层次的快速解码的能力能够弥补在阅读时缺乏背景知识的缺陷，让读者快速理解文本意义。

从近年的国际阅读素养进步研究（PIRLS）及国际学生评估项目（PISA）等测试的试题中可以发现，如果浏览及快速检索信息的能力不足，很可能造成规定时间内无法完成试卷；在实际生活中，如果只能够采用精读、细读的方法阅读文章，在很多情况下，完成每天的工作量和学习任务就成了很大的负担。快速浏览并检索信息的能力也需要培养和锻炼，尤其是对于小学阶段的学生，成为一名"熟练的阅读者"可以在很大程度上补足知识架构，扩充文字的背景知识。

（四）引导学生做"会学习"的读者

随着社会的不断发展，知识在社会中发挥的作用也将越来越大，在此过程中人们越来越重视知识的运用。也就是说，光有知识是不够的，还必须进行有效的知识管理，通过了解概念，建立自己的体系，正确地处理知识与知识之间的架构关系，并能够激活知识、为我所用，发挥知识的最大效应，这样每个人才能达到阅读能力与思维能力的互相转化，才不会成为一个"移动的书柜"，人们的脑袋也不至于成为别人思想的"跑马场"。

（五）引导学生做"会思考"的读者

会思考的读者是拥有批判阅读能力的读者。所谓批判阅读的能力，不仅是指读者反驳作者的观点，站在作者的对立面，更多地是指读者独立思考的能力。其中包括洞悉作者写作的角度，评价作者所引数据的可信度及适用范围能判断作者是否有曲解概念或忽视某些因素，并能够表明自己的看法。人们所处的是一个信息爆炸的时代，网络中的大量信息对人们的生活造成了强烈的冲击，许多新闻经过朋友圈、微博的转载成为热文，在这样的大环境下，批判阅读的能力就尤为重要了。

最典型的如曾经在网络上出现的募捐诈捐事件，许多募集人"卖惨"博眼球，获得了民众大量的捐款，却隐瞒了一部分事实，而后被知情人曝光真实情况，造成网络舆论；有些新闻报道者为炮制热文成了"标题党"，对被采访人的话断章取义，或者偏听偏信一些不实数据，造成了不良影响，甚至引发社会恐慌。这其中孰是孰非，都有赖于读者独立的判断能力，一个成熟的读者的批判阅读能力更强。

人们期望所有的学生都能在教师的扶持和引导下拾级而上，成为会选择、会提问、会阅读、会学习、会思考的读者。相信到那时，他们的个人发展也够被阅读推动，而他们也能够让社会舆论更加清明，让社会发展更加协调。

三、实现学生自主阅读的超越

吕叔湘先生曾说："同志们可以回忆自己的学习过程，得之于老师课堂上讲的占多少，得之于课外阅读的占多少。我想大概是三七开吧，也就是说，百分之七十得之于课外阅读。"吕老的这一观点充分说明一个人的语文素养要靠长期的、大量的课外阅读的积累才能形成，正如庄子所说："且夫水之积也不厚，则其负大舟也无力。"学生课外阅读成果的收获与习惯养成的关键是培养学生自读自悟、自我创新的能力，即首先以兴趣引学生入课外阅读之门，然后引领学生采用课内外多种阅读策略自主阅读、自主探索，让学生在"初步理解、鉴赏各类文学作品"和"受到高尚情操与趣味的熏陶、发展个性，丰富自己的精神世界"的过程中学会发现，学会创新感悟。希望在阅读策略教学的影响下，学生能够形成以下价值取向。

（一）从被动接收走向主动创造

在目前的语文教学课堂中，大部分学生都是"跟着老师走、按照老师的要求做、读老师要求的文章、以老师的讲解为准"。如果离开了老师，学生自身对文章的理解是什么呢？学生是否知道拿到一篇文章要从哪里入手解读呢？现代的阅读理论认为，阅读活动是由作者、作品、读者共同构成的"三R关系"的整体，作者是发出交际信息的源，读者是接收和处理交际信息的另一头，而文本正是交际信息的载体，充当着作者与读者之间的媒介。作品的价值是由读者在阅读过程中实现的，阅读过程是读者和文本相互作用的创造性活动。以往的教学其实存在一个严重的问题：没有阅读主体，阅读不是读者与作者之间通过文本的对话，而是教师与作者的对话，教师把自己的理解强加给了学生。找回阅读的主体，这看似简单基本的要求，实则常常不能做到。找不回阅读主体，谈何自主阅读呢？自主阅读应是一种享受，是读者透过文字对作者的独特理解。因此，找回阅读的主体，是实现自主阅读的第一要务。

（二）从兴趣阅读走向意志阅读

学生课外阅读往往以兴趣引入，但仅靠阅读兴趣维持是不长久的，也很容易形成严重的"偏读""偏科"等情况，要完成课外阅读量、养成课外阅读的习惯，还需学生形成阅读的自觉性、自制力，需要阅读意志的支撑。课外阅读指导在激发兴趣后，还应注重阅读意志的磨炼，使学生从兴趣阅读走向意志阅读。鲁迅说过，要看各种各样的书，即使是和本业毫不相干的，也要泛览。

（三）从功利阅读走向经典阅读

学生喜欢读作文选、卡通画、通俗故事、流行杂志，这是功利性阅读。功利性阅读来自两个方面：一是休闲，二是应试。人们需要功利性阅读，因为在某些时候，它是人们成长的台阶，关键是要对这些信息进行合理转化，切忌生搬硬套。功利性阅读不能成为主流，多读经典作品才能完善人们的人格，丰富人们的文化底蕴。所以，教师要引领学生品味经典，从功利阅读走向经典阅读。

（四）从随意阅读走向策略阅读

学生的课外阅读一般情况下都是浏览、欣赏故事情节，从读书中思考书中之理、品味精彩的少。因此，教师要引领学生把课外阅读变为智慧型阅读。教师尤其期待看到在学生学会、能运用前几章所述的阅读策略之后，形成自己良好的阅读习惯，在离开了教师的引导和要求之后也能自觉摘抄精美传神的词、句、段，积累丰富的语言；在读书时独立思考写下书评于空白处；在课外阅读记录本中写下自己的发现与新见解。

（五）从领悟文字走向领悟精神

清代学者王国维提出了读书三境界的理论，他在《人间词话》中说："古今之成大事业、大学问者，必经过三种境界：'昨夜西风凋碧树，独上高楼，望尽天涯路。'此第一境也。'衣带渐宽终不悔，为伊消得人憔悴。'此第二境也。'众里寻他千百度，蓦然回首，那人却在灯火阑珊处。'此第三境也。"读书的三重境界就是古人治学所讲究的"厚积薄发"。对于一本经典好书，初读时隔只读懂了文字和故事，但在人生的任何阶段对这本书再次"反刍"，总能有不同的感受和领会。这便是从领悟书中的文字走向了领悟书中的精神。

20 世纪 60 年代，阅读受到行为主义心理学的影响，慢慢形成"自下而上"的模式。阅读通过视觉到达口头，再编码后做出字义反应。这样的阅读，读者容易淡化上文跟下文的关联，只能被动对文章做出单一反应，不能提高阅读水平。皮亚杰曾说，个体和环境的相互作用使个体形成对外部世界的认知，这样才可以促进认知结构的完善。许多人反复读《红楼梦》，每一遍读都有不同的感悟，每个人都在书中找出了自己的影子，就是这个意思。

在教学中，教师要努力发掘学生的潜力，促进他们个性的全面发展。初能望文生义，死记硬背，可小成。进能变通运用，巧舌如簧，有一得。终能深入浅出，知行合一，方大就。希望每位语文教师都能引导学生关注过程性评价，关注阅读的过程和对文本的深入理解，而不是只关心成绩，这样才有利于增强阅读效果。

（六）从语言文字走向语言文化

美国语言学家萨丕尔（Sapir）在他的《语言》一书中指出："语言的背后是有东西的，语言不能离开文化而存在。"语言背后的东西就是文化。文化是语言最重要的属性，语言是文化最重要的载体，两者交叉渗透。语言是人类历史文化的结晶，它也是文化的载体，承载着文化的方方面面，从物质文明到社会制度，从价值观念到审美情趣，等等。人类的知识和经验需要用语言来记载，风俗、习惯、行为方式等也要用语言来描述，社会制度、价值体系、世界观等也需要用语言来表述。语言可以记录文化各个层面的内容，它就像文化的一面镜子，文化同时也影响着语言的发展，二者互相影响、密不可分。语言基本上是一种文化和社会的产品，因此必须从文化和社会的角度去理解它。一个经过训练的成熟的读者，在阅读文章时必然会考虑文章的文化背景，从而加深自己对文章的理解。

在以往的教学中，教师可能过多地把目光聚焦在语言的学习和传授上，忽略了语言背后所承载的文化，而文化却渗透在生活的方方面面。在文章中出现的方言词汇常常使读者疑惑不解，而作者可能经常使用这类词汇而不自知。因此，要想真正地透彻理解文本，语言文化是必须考虑的因素之一。

美国未来学家阿尔文·托夫勒（Alvin Toffler）曾在著作《力量转移 —— 临近 21 世纪时的知识、财富和暴力》中写道："掌握知识是明天在全世界范围内进行的赢得每一个机构中的权力斗争的关键。"而掌握知识的最关键、最重要的渠道就是阅读。

对人的大脑来说，语言学习的敏感时期在 16 岁以前，其中音韵学习的关键期在幼年，而语法学习的关键期则为 6 到 16 岁。因此，教师在基础教育中一定要抓住各种阅读学习的关键期，使学生的阅读能力得到一个质的飞跃。让学生成为创新型多元智能者是教师践行阅读策略教学最期望看到的，也是教育最终的目标。

参考文献

[1] 丁群．浅谈小学语文教学中学生阅读与写作能力的培养[J]．当代家庭教育，2021（27）：143-144.

[2] 侯宪龙．小学语文阅读教学中培养学生阅读能力的策略探析[J]．天津教育，2021（26）：170-171.

[3] 张玉霞．刍议小学语文阅读教学中如何培养学生的阅读能力[J]．家长，2021（26）：64-65.

[4] 刘丽．小学语文教学中如何培养学生的阅读能力[J]．家长，2021（26）：185-186.

[5] 林美香．浅析如何培养初中学生的英语自主阅读能力[J]．考试周刊，2021（71）：74-76.

[6] 郝玉红．小学语文教学中学生阅读能力培养途径探究[J]．天津教育，2021（25）：132-133.

[7] 张德金．小学低年级语文教学中如何培养学生的阅读能力[J]．基础教育论坛，2021（25）：45，47.

[8] 熊翠兰，熊妍．如何在小学语文教学中培养和提升学生的阅读能力[J]．当代家庭教育，2021（24）：123-124.

[9] 陈忠芸．如何在小学语文教学中培养学生的阅读能力[J]．读写算，2021（24）：62-63.

[10] 蒋蕴颖．中年级语文教学中如何培养学生自主阅读能力[J]．格言（校园版），2021（24）：62-64.

[11] 张宁．大数据背景下小学高年级英语阅读能力的培养策略[J]．校园英语，2021（34）：229-230.

[12] 邸萌萌．让思维引领学生深入阅读：初中语文教学中培养学生阅读思维能力的方法[J]．新课程，2021（33）：111.

[13] 彭钧．浅析如何在语文教学中培养学生阅读能力[J]．新课程，2021（33）：194.

[14] 苏彪．谈小学语文教学中如何培养学生的阅读能力[J]．散文百家（新语文活页），2021（08）：61-62.

[15] 李洁琼．浅析小学语文教学中学生阅读能力的培养策略[J]．散文百家（新语文活页），2021（08）：131-132.

[16] 万莉娜．全阅读理念下学生阅读能力的培养探索[J]．成才之路，2021（23）：68-69.

[17] 张国翰. 小学语文阅读教学与学生阅读能力培养研究[J]. 新课程，2021（32）：48.

[18] 王锡智，徐含花. 在小学语文低年级教学中培养学生阅读能力的探究[J]. 新课程，2021（32）：62.

[19] 杨艳雪. 解读小学语文教学如何培养学生的阅读能力[J]. 新课程，2021（32）：186.

[20] 马富宝. 小学语文教学应注重学生阅读能力的培养[J]. 新课程，2021（32）：187.

[21] 白栋祥. 小学语文阅读教学与学生阅读能力培养的策略[J]. 学周刊，2021（26）：135-136.

[22] 马丽磊. 基于阅读素养培养的初中英语主题阅读教学研究[J]. 英语教师，2021，21（15）：140-141，148.

[23] 燕红艳. 分析小学语文阅读教学与学生写作能力的培养措施[J]. 课外语文，2021（22）：125-127.

[24] 王娟娟. 课外阅读在小学语文教学中的重要性[J]. 知识窗（教师版），2021（07）：37.

[25] 马梅仙. 探究在小学语文阅读教学中培养学生阅读能力的策略[J]. 天天爱科学（教育前沿），2021（08）：85-86.

[26] 贾晓艳. 学生英语阅读兴趣的培养策略刍议[J]. 成才之路，2021（21）：43-45.

[27] 赵奎武. 小学语文教学中培养学生阅读能力的途径分析[J]. 试题与研究，2021（21）：143-144.

[28] 曹艳霞. 初中语文教学对学生阅读理解能力的培养方法探析[J]. 新课程，2021（29）：113.

[29] 刘淑娟. 小学语文教学中培养学生自主阅读能力的策略[J]. 天津教育，2021（21）：157-158.

[30] 石蔚. 小学语文阅读教学对学生阅读能力的培养策略[J]. 语文世界（教师之窗），2021（Z2）：101-102.

[31] 毛建泉. 核心素养背景下学生阅读能力的培养策略[J]. 中学语文，2021（21）：65-66.

[32] 包立. 刍议小学语文教学中学生阅读能力的培养[J]. 试题与研究，2021（20）：101-102.

[33] 薛梦丹. 浅析小学语文教学中学生阅读能力的培养策略[J]. 试题与研究，2021（20）：111-112.

[34] 杨佩莲. 核心素养视角下小学语文阅读教学的实践探索[J]. 读写算，2021（20）：129-130.

[35] 周翠婷. 试论在小学语文教学中培养学生的层进性阅读能力[J]. 新课程，2021（28）：174.

[36] 颜红梅. 学生的阅读能力在小学语文教学中的重要性及培养策略[J]. 小学生（下旬刊），2021（07）：26.

[37] 李静. 如何在小学语文高年级教学中培养学生的阅读能力[J]. 小学生（下旬刊），2021（07）：108.

[38] 贾铁霞. 小学语文教学中如何培养学生的阅读能力[J]. 智力，2021（20）：79-80.

[39] 卓玉红. 浅谈小学生语文阅读能力的培养[J]. 名师在线，2021（19）：83-84.

[40] 覃丽. 浅谈小学语文教学中如何培养学生阅读能力[J]. 学周刊，2021（24）：13-14.

[41] 刘宝倩. 初中英语教学中学生英语阅读能力的培养[J]. 中学生英语，2021（26）：26.

[42] 杨兴娟. 有效创设阅读环境 提升学生阅读素养[J]. 成才之路，2021（19）：62-63.

[43] 洪顺全. 浅谈如何在小学语文教学中培养学生的阅读能力[J]. 考试周刊，2021（53）：29-30.

[44] 闫守勤. 小学语文教学中学生阅读能力的培养策略探究[J]. 天津教育，2021（19）：135-136，139.

[45] 唐彩艳. 小学语文阅读教学中培养学生阅读能力的策略[J]. 文科爱好者（教育教学），2021（03）：212-213.

[46] 陈伟红. 初中语文教学中学生阅读能力培养策略分析[J]. 考试周刊，2021（52）：23-24.

[47] 郭静. 小学语文教学中如何培养学生阅读能力[J]. 青海教育，2021（06）：32.

[48] 唐国梅. 浅谈如何在小学语文教学中培养学生的阅读能力[J]. 考试周刊，2021（51）：36-37.